U0504858

廖鲁言文集

人民出版社

▲ 1932 年，廖鲁言在北平

▲ 1937 年，廖鲁言、陶桓馥在山西太原结婚

▲ 1947 年，廖鲁言在整理《中国土地法大纲》的草稿

▲ 1938 年，廖鲁言在山西青年抗敌决死 6 总队

▶ 1952 年 5 月 6 日，中央人民政府政务院参事室主任廖鲁言在北京向各国工会代表团作中国土地改革情况的报告（吕厚民 摄）

▲ 1954 年 10 月 14 日，中华人民共和国农业部部长廖鲁言在北京和阿尔巴尼亚政府代表团团长、外交部部长贝 · 什图拉在中阿技术和技术科学合作协定上签字（新华社记者邹健东 摄）

▶ 1957 年，廖鲁言率中国农业代表团访问南斯拉夫、保加利亚、苏联。图为参观南斯拉夫葡萄园

◀ 1957 年，廖鲁言参观保加利亚农舍

▼ 1957 年，廖鲁言参观苏联农业展览馆

▲ 1958 年，农业部部长廖鲁言在浙江黄岩县焦坑乡参观农具手表演用双铧犁耕田边地角（新华社记者章耕辛 摄）

▲ 1958 年 12 月 26 日，中共中央农村工作部副部长、农业部部长廖鲁言在全国农业社会主义建设先进单位代表会议上作关于农业问题的报告（新华社记者邹健东 摄）

◀ 1958 年 5 月 5 日，全国农具展览会在北京农业机械化学院院址开幕。前排左起：谭震林、陈正人、廖鲁言、薄一波

▲ 1960 年 12 月 16 日，西哈努克亲王等柬埔寨贵宾在国务院副总理乌兰夫和农业部部长廖鲁言陪同下，参观全国农业展览馆（新华社记者刘长忠 摄）

▲前排左起：朱则民、马辉之、王玉堂、徐子荣、刘亚雄、刘锡五、廖鲁言、孔祥祯、魏文伯、薄一波、安子文、刘澜涛、周仲英、胡锡奎、冯基平（摄于 1961 年 6 月）

► 1962 年 12 月 22 日，阿尔巴尼亚驻中国大使雷兹·马利列为阿中友协代表团访问中国举行酒会。前排右起：佩蒂·沙姆布利团长、陈毅副总理、马利列大使、李先念副总理、廖鲁言部长（新华社记者刘长忠 摄）

◄ 1964 年 4 月 20 日，农业部部长廖鲁言到山西省昔阳县大寨公社大寨大队视察工作。图为廖鲁言在劳动休息时间和陈永贵及社员们交谈（新华社记者冀连波 摄）

▲ 1979 年 1 月 25 日，廖鲁言、徐子荣、胡锡奎、刘锡五、王其梅追悼会在全国政协礼堂举行

▲李先念主持追悼会

▲胡耀邦在追悼会上致悼词

▲ 1949 年，廖鲁言与妻子陶桓馥、长子廖玉、次子廖仲武合影于北京香山

▲ 1952 年，廖鲁言与父亲廖华卿（中）、叔父廖润之（左）合影于北京孟端胡同

▲ 1965 年，廖鲁言与家人合影于北京。前排左起：陶桓馥、廖开颜、廖鲁言，后排左起：廖玉、金戈、廖仲武

目　录

附　录

快来援助绥远*

（1936 年 11 月 16 日）

这两天的绥东战事，随时都有爆发的可能，而且事实上早已发生过若干的小接触了。但是昨日各报仍然刊载着“唯事实不如外传之严重”的消息。我们不知道这种消息的用意在哪儿；但我们热诚地希望着，这种客观上麻痹国人视线的消息，不应该再出现于我国的报纸上了！

事实上，不是那么严重吗？某种徽号的匪方飞机，不时在集宁等处盘旋；王英、李守信等部，各得巨炮二十四门，备犯绥之用；匪伪军多已集中在绥东绥北一带，俟集中完成，即下总攻令……每一分钟每一秒钟都有爆发战事的可能！

我们敢大声疾呼地说：绥远问题的严重远过于“一·二八”的淞沪战争；远过于数年前的长城抗战！全国人民再不能容许丢失寸土了。华北是整个中国的生命线，而绥远是华北的生命线！倘若再不经意地断送了绥远，前途将不堪设想！中国是没有“堪察加”的，这种亡国论调应毫不顾惜地送到坟墓中去。誓死保卫绥远是全国上下一致的职责，谁要不这样作，谁便是中华民族的罪人，亦就是全国人民的公敌！

最可怜的是，人家在公然地有计划地以飞机大炮坦克车等等武器援助匪军，而我们却看不到听不到有什么实力开到绥远去。也许是因为军事机密或某些顾忌的关系？不，某方不是一再声明绥东事件只是“匪患”，绝不影响两国外交关系的吗？我们的国土又有继续失掉的危险，还作些无理由的顾忌作什么？我们相信，绥东抗战的胜利是更能帮助着打开外交僵局的！

如今的事情没有什么公理可言，只有力量对力量的问题，但我们的力量并不像想象的那么弱得可怜！在这么多年的内战里，中国军队曾表

---

* 本文原载《民声报》1936 年 11 月 16 日第 1 版。1936 年 10 月底，廖鲁言出狱；11—12 月间，组织安排他为进步报纸《民声报》撰写社评。

现出不少的“英勇战绩”来。这次是应该更英勇地用到捍卫国土的神圣战争中！我们不能坐视着英勇抗战的傅主席孤军独斗！我们希望，并且号召国人一致地来要求，中央迅速地派遣大军开到绥远前线去！我们希望全国各军将领抛除一切旧日的成见，一致对在冰天雪地中抗战的绥远军队作精神上的及实力上的援助。

匪伪军从某方获得不少近代化的武器，这自然也需要以近代化的武器来对抗！但我们并不是没有这种武器的。蒋公五十寿辰时全国各界不是非常热烈地捐助了不少的飞机吗？不是一再声明这些飞机是为了充实国防捍卫国土的吗？我们竭诚地希望着把这些飞机开到国防的最前线——绥远去。以副蒋公忠诚救国的至意，以副全国人士献机祝寿的宏愿！

全国的同胞，我们不能再做被宰割的羔羊。快起来，准备一切，为绥远的生存而努力！

部队中之"团"的建设问题*

（1939 年 8 月 30 日）

部队中之团的建设问题是一个重大艰巨而又急待解决的问题。虽然，我们的团自开始成立以来，就在部队中，特别是新军中展开了团的建设工作。但是，不可讳言的，我们在这一方面并未能获得应有的成绩，而且，在许多地方还表现着严重的弱点与缺点，这不能不使我们把这一问题重新提出来加以讨论。

同时，我们认为，为了适应客观的要求，也有将这一问题重新提出的必要。

第一，为了满足政治工作发展的现实需要，无疑的，二战区的军队政治工作，由于两年来的努力与艰苦奋斗，已经走完了它的开闯草创的路程，而进入深入发展的阶段了，这一发展的新情势在新军中表现得特别明显。但是，我们可以肯定地说，没有一个革命的、进步的组织做基础、做灵魂，军队政治工作之深入的发展是不可能的。苏联及中国大革命时代，各军队政治工作的历史都已充分证明了这一点。什么样的一个革命的进步的组织可成为军队政治工作的基础与灵魂呢？我们也可以肯定地答复，只有我们的团，团在两年来创造与领导新军的经验与历史也

---

* "团"指"民主革命青年团"（简称"民青"），是当时山西的进步青年组织，名义上属于阎锡山领导，实际上领导权由中国共产党山西省公开工作委员会掌握。1936 年 12 月"西安事变"后，中国进入"国共合作，全国抗战"的历史时期。山西的抗日民族统一战线有其自身特点，山西的"牺牲救国同盟会"、"民族革命青年团"和抗日军队"抗日决死队"（也叫新军）编制都是属于阎锡山的，但它们的实际领导权掌握在中国共产党山西省公开工作委员会（共 14 人，廖鲁言是其一）手中。之所以能形成这种局面，是由于山西省公委坚持并宣传了"全民抗战"的党的方针，全国大批抗日救亡青年（学生）涌入山西，加入牺盟会、决死队。决死队从 1937 年 8 月 1 日建立到 1939 年底，已经从一个团发展到 40 多个团、5 万多人。

廖鲁言的这篇文章和《争取正规化》、《牺盟在二战区的既往与将来》都写于 1939 年下半年。《部队中之"团"的建设问题》是讲在决死队部队中如何保持共产党的绝对领导的问题。本文取自《山西新军政卫二〇九旅》，中共党史出版社 1993 年版。

已充分证明了这一点。

因此我们说，为了使军队政治工作深入地发展，就必须在部队中进一步地展开团的建设工作。

第二，为了完成司令长官的建军计划，我们团的最高领袖提出建立三十万现代化有基础的团力的铁军之计划与号召。为了完成这一计划，响应这一号召，在部队中建设团的工作是绝对必要的。因为，任何一支有基础的团力的铁军，必须有其骨干，有其灵魂。两年来，新军在二战区中奋斗的历史充分证明了，只有一个革命的、进步的组织才能成为建设现代化有基础的团力的铁军之骨干与灵魂，也只有我们的团才能成为铁军的骨干。

因此，我们说，为了完成司令长官建军计划，就必须在部队中进一步地展开团的建设工作。

第三，为了坚持抗战到底，目前国内外的时局是在急剧的变化着，为了保证我们的部队乃在最最困难、最最艰苦的环境中坚持抗战到底，为驱逐日寇出中国而斗争，为以后收复一切失地而斗争，那就必须保证部队之革命的领导，谁能胜任这一领导呢？只有一个革命的、进步的组织，只有我们的团。

因此，我们说，为了坚持抗战到底，就必须在部队中进一步地展开团的建设工作。

这就是为什么提出在部队中团的建设问题之客观的根据与理由。

虽然，团是同志会的青年部分，由于提出这一问题之重要性与必要性，并未因之减少。相反的，正如司令长官所说："民青是先产生的、进步的。同志会是后产生的、不够进步的。"提出这一问题是更加重要与必要的，特别是在新军中，由于它是由民青创造起来的，自始至终是在民青领导之下的，团的建设问题更成为目前非常迫切的问题。

因此，我愿意以抛砖引玉的精神，提出在部队中建设团的几个要点来，供同志们讨论：

（一）要在英勇战斗的模范中，要在实施四新的模范中吸收团员。部队的基本任务是争取战争的胜利，部队要完成这一基本任务，就必须实施四新，走上政治化、主义化的道路。团是部队的核心，部队的灵魂。团必须以最大的努力，保证部队实施四新，争取战争的胜利。因此，只有模范的英勇战斗者，为争取战争的胜利而不惜牺牲者，才有资格做一个团员，也只有模范的实施四新者，为实现四新而顽强地斗争者，才有资格做一个团员。因此，团就必须在每一次战斗过程中，根据指战员英勇的表现来吸收模范者入团；团就必须在每一次为实施四新而展开的斗争中，根据指战员的顽强积极的表现，而吸收其模范者入团。这就是说，我们应该主要地在斗争中发展组织，不要局限于和平的发展。这就是说，我们要吸收模范分子入团，而不是滥竽充数。我们在部队建设团，应该是在斗争中发展，应该是宁缺勿滥。

（二）要根据部队的系统健全团的组织机构，部队的行政系统是非常严密的，上下级的关系是非常严格的。因此，我们必须适应着部队的系统，建立团的各级领导机关，正如我们团的组织章程上所规定的一样。当然，在各级领导机关中，有各该级的军政首长参加，那是好的。不过，这往往形成了军政首长的个人领导代替了组织的领导，使组织成为点缀品，使组织失去其作用。因此，在各级领导机关中，应该吸收下级的干部乃至于队员参加，反对那种各级领导机关一律由各该级军政首长担任主要负责人的，使组织形式化的现象，尤其反对那种各级首长借组织领导之名而行个人领导之实的恶劣现象。同志会在许多正规军不能发挥其组织领导作用的基本原因之一，就在于此。我们团绝不能走上这一条死亡的道路。

（三）要适应部队的生活，健全团的组织生活，部队的生活是非常之规律化的，也是非常紧张的。因此，我们团的组织生活与组织教育，必须适应部队的这种特殊性，必须是规律性的、必须是计划性的、必须是连续不间断性的、必须是有弹性的、更必须是节短势险富有实质性的，要竭力避免一般性的东西，与部队之一般的政治生活与政治教育，绝不可重复。

（四）要依据部队的要求，严格团的纪律，发扬团的民主，部队的纪律是非常严格的，部队是要求集中的，但部队不是不需要民主的。相反的，没有民主的适当应用，自主性与自觉性的提高，只能是一种空谈。纪律只能是建筑在军棍上的纪律，集中也只能是威势与权利的独裁，这是非常不可靠的。因此，这就是说，正因为部队需要高度严格的纪律，需要高度的集中，因而也就特别需要高度发扬民主。这种民主与集中的适当配合，最好靠的就是团，最好就是经过团的民主来实现部队中的民主，就是说，使团更切实地深入群众，更密切地接近群众，更具体地反映群众的呼声，体现群众的利益与要求，像这样以团为桥梁来发扬部队中的民主，才能真正做到部队之严格的纪律与高度的集中。因此，我们说，在部队中必须严格团的纪律，使团成为群众服从纪律的模范，更必须发扬团的民主，使团成为部队民主实现的桥梁。因此，我们反对说部队中的团应该少些民主，多些集中。这种说法是把部队中的团变成部队了，那就不会适当的应用民主，也不能在民主的基础上来实现集中，严格纪律了，结果将使部队成为形式上的严格与服从，实际上的离心离德、涣散瓦解，这是非常有害的。

（五）坚决实施组织决定一切，组织决定一切是部队之组织领导的基本保证。因此，部队中的团必须坚决实施组织决定一切。但在这里要反对两种说法：一种是事务大小必须先由组织批准才能执行，一种是大事归组织，小事归个人。第一种说法将使组织领导陷于事务主义的泥坑，而且，在部队中也根本不可能实现。第二种说法是变相地反对组织领导，结果是实际上的个人领导。正确的说法应该而且必须是：个人对组织负责，原则的问题必须先由组织决定，始能执行，日常的问题可以自己负责执行，但组织如提出不同意见，就必须自己负责改正。尤其是不允许借口自己未参加组织的领导机关，组织决定自己不在场，于是就不负责执行，以致以个人之行政的领导与组织领导对立。只有如此，才能真正实现组织决定一切，才能保证部队之组织领导。这是部队中之团的建设工作的一个基本课题。

（六）必须与政治工作适当地配合，这是部队之团的建设工作中的最后而且也最重要的一个问题。我们可以这样说，政治工作是军队的灵魂，部队中团的建设工作又是政治工作的灵魂。因此，团的建设工作必须与政治工作适当地配合起来，政治工作必须在团的领导之下，团又必须成为政治工作的支柱。

以上六点，是我随便想到的几个要点，当然还十分的不完备，但我认为这是最最起码的、必备的几个要点。只有如此，才能在部队中完成团的建设的任务。也只有如此，才能满足政治工作发展的现实要求，才能完成司令长官的建军计划，才能坚持抗战到底，一直到最后驱逐日寇出中国。

牺盟在二战区的既往与将来*

——为牺盟三周年纪念而作

（1939 年 9 月）

在壮烈的伟大的神圣的抗战第三年中，我们来纪念最悲苦最惨痛的“九一八”，因为在八年前的“九一八”，日寇不战而亡我东北；同时我们也来纪念最辉煌最灿烂的“九一八”，因为在三年前的“九一八”，我们成立了推动支持并领导二战区以至华北抗战的牺盟会。在这样双重伟大意义的纪念日，真令人可歌可泣，亦悲亦喜；尤其是在目前抗战危机异常严重的时局中，我们在二战区的新情势下来纪念支持二战区抗战的牺盟三周年，更令人不能不以万感交集的心情来追怀既往，瞻望将来啊！

三年前的“九一八”，我们发表了牺牲救国同盟会的成立宣言。这在当时阴郁沉闷的空气中，犹如投放出一道万古不灭的强烈的异彩；它好像一声震雷冲破了密云不雨的阴沉，带来了排山倒海似的暴风雨；它是抗战的前奏曲，它吹奏出“抗敌救亡”的进军号，它启示着“和平已至绝望之日，牺牲已到最后关头”；它以“牺牲救国”的大旗给中华民族以新生命，它以“抗敌救亡”的总口号给中华民族以新出路，它从五年来的忍辱负重，沉沦灭亡的深渊中挽救了中华民族，因而它使得晋绥成为中华民族新生的策源地；它又从悲伤苦闷徬徨幻灭中拯救了中华民族的优秀儿女，他指给他们以新的奋斗的方向，因而它使得晋绥成为全中国满怀壮烈的热情青年的圣地，他们像八月的海宁潮之拥进钱塘江口一样拥进娘子关来；他们成为今日支持二战区抗战之各部门工作的主要干部。这就是说，牺盟自成立之日起就奠定了二战区抗战工作的干部基础。

牺盟开始成立时，在它最初的纲领上就明白地确定：“目前摆在我们

---

* 本文选自山西省史志研究院编：《山西牺牲救国同盟会历史资料选编》，山西人民出版社 1996 年版。

面前的严重问题，是敌人已经用政治和武力的压迫，来侵夺我们的领土和财产，我们是屈辱以死呢，还是奋斗而生呢？这问题需要我们立刻决定，因此守土抗战成为我们目前的主要任务。”所以，当民国二十五年（1936年）冬绥东战争爆发之际，由于在阎司令长官领导之下，晋绥将士以英勇杀敌的精神做出了守土抗战的实践，牺盟在当时成立虽不满三个月，然仍以最大的努力支持与帮助这一战争，一直到绥东抗战的胜利。这一胜利使日寇的铁蹄不得不退出绥东，这一胜利昭示给国人只有抗战才能阻止日寇之无止境的疯狂侵略的真理。绥东抗战是全国性大规模抗战的先声，刚刚产生的牺盟就贡献出全部的力量支持绥东抗战，这是无可否认的事实。因此，我们说，牺盟自成立之日起就是支持抗战的力量，这首先表现在对绥东抗战之拥护支持与帮助上。

同时，牺盟在当时并不是局限自己以守土抗战为满足，正如阎司令长官当时在《对今日抗战主张之检讨》一文中所说：“不应因准备而不守土，也不应该憧憬守土而不准备”，牺盟当时坚决主张“加强准备收复失地”。因此，牺盟当时不仅对日寇之侵略提出“守土抗战”，而且进一步对国内之不统一提出“反对对抗阵线”的明确主张，因为他深知道“形成对抗阵线为民族之大不幸”，因为他深知“如欲取得最后胜利，必须不分任何派别、任何职业、任何阶段的男女，只要是不愿作亡国奴的人们，都应组织到我们的队伍中”。因此，牺盟从成立之日起，就表现了为统一战线之形成而奋斗的精神，就为动员民众，组织民众，训练民众与武装民众而努力。它主张“实现爱国自由及人民集会结社言论出版之自由”，主张“改革政治机构，使能适应抗战需要”，主张“改善人民生活，彻底执行合理负担的累进税，减租减息，以巩固全民抗战的基础”。（均见牺盟全省第一次代表大会所通过的修改纲领的决议）牺盟在为实现这些主张而奋斗的过程中，在给人民以民主权利及民生改善的实践中，组织了晋绥百万民众，成立了国民兵军官训练团，号召了少年先锋队，组织了决死队，在民主进步的基础上建立了普遍全省的一直到各编村的各级总动员实施委员会——这一切直到今天还是在二战区中敌后的救亡运动，抗日政权与游击战争的基础。因此，我们说，牺盟自成立之日起就为组训民众、武装民众而努力，就为坚持统一坚持抗战而努力，就为创造坚持敌后游击战争，坚持山西以到华北的抗战之基础而努力。

特别是自临汾失守以后，更具体地证明了，牺盟的努力奋斗是没有白费的，阎司令长官对牺盟的扶植与培养也不是徒然的。由于临汾的失守，由于敌人沿同蒲路南下，一直扑到风陵渡，山西是整个陷入于敌后了。那时候正是敌人乘胜前进，长驱直入，我军则节节后退，一直退到背临黄河，虽有不准渡河之严令，然大多数部队都已溃不成军，逗留于黄河沿岸的“万山丛中”，此窝彼躲，大有“绕树三匝，无枝可依”之慨；地方行政人员中，狼狈渡河者有之，卷款潜逃者有之，甚至有极少数之更无耻的败类附敌免死，卖国求荣；至于惨遭蹂躏、幸得余生的千百万晋绥人民也就像失去了父母的孤儿，一任其流离失所，辗转沟壑而已，当时之惨痛凄凉，仓皇狼狈的窘状是人人都能回忆起来的，与河北山东撤退时的惨状也初无二致啊！然而，山西毕竟不是冀鲁，因为山西有阎司令长官所领导的牺盟会在，那时候，在敌人狼奔豕突，到处横行之中，承凄凉凋敝，空前浩劫之余，挺身而出，支持危局的，不是别人，正是阎司令长官所培植的牺盟会！那时候，留在严重艰苦的敌区中，组织民众救亡运动的是谁？事实的答复也是牺盟会。那时候，恢复敌后抗日政权，把从村政权到县政权重新建立起来的是谁？事实的答复也是牺盟会。那时候，仍然留在敌后，留在敌人所占领的据点周围，交通线的两侧，展开游击战争，与敌人周旋的是谁？收容了撤退时所溃遗的散兵散枪的又是谁？事实的答复也是在牺盟会领导之下的决死队及其他于当时成立的政卫队、工卫队、游击队、自卫队等牺盟所领导的武装。当时，在敌后之军事行政与民运的工作与活动之唯一的支持者就是牺盟！甚至就目前的实际情形看来，在晋绥边区已经坚持了两年游击战争的不就是牺盟游击队吗？全二战区以至全中国之最模范的抗日游击根据地晋察冀边区及晋东南，不就是在牺盟的主要负责人宋时昌、薄一波同志领导之下而获得的成绩么？冒九死一生在太原及其他敌占领区域中，在伪军中从事秘密的抗日活动的不就是牺盟的优秀干部么？在山西的每一角落中不是都有牺盟及其所领导的抗日政权与武装部队在坚持着敌后的抗战么？在山西全省二分之一的地区中唯一的支持者不就是牺盟及其所领导的武装部队么？这一切都是无可争辩的铁的事实。因此，我们说，自临汾失守之日起，牺盟成为支持二战区坚持敌后游击战争的主要力量，如果没有牺盟，临汾失守后二战区的情形是不可思议的。

从牺盟成立之日起，三年来英勇奋斗的成绩就是如此。从这里，我们所得出的结论只有一个，正如司令长官所说："牺盟是支持山西抗战的力量！"

可是，有些人忽视了敌后游击战争的艰苦性，为相持的假象所迷眩，更不懂得愈是相持局面真正到来，则敌后抗战就愈是艰苦；他们以为现在可以苟安一时"做太平官"了；他们认为牺盟是他们"做太平官"的障碍，因而他们竭力反对牺盟，他们想抹杀这一切事实，而以"莫须有"的罪名来陷害牺盟。当然，我们深信培植牺盟的阎司令长官是能洞烛其奸而不变其爱护牺盟的初衷的。同时，我们要正告那些打错了主意的人们，牺盟是支持山西抗战的力量，这已有无数的事实证明了，事实是胜于雄辩的，事实是无情的铁碑，谁想玩弄事实，谁就得当心碰得头破血流！你们反对牺盟，你们想抹杀上述的一切事实，正告你们，事实是最后的胜利者，你们试来反驳一下看！

"追怀既往"可以就此结束了，开始来瞻望瞻望将来吧！说到瞻望将来的问题，我觉得最好是就以下几点来谈：

第一，牺盟会是在抗战的要求已经即将由一种愿望变为实践的伟大的历史转换期中产生的，没有这种时代的基础，牺盟的产生是不可思议的，没有抗战的实践，牺盟的巩固与发展也是不可思议的。因此，我们不仅要指出，"牺盟是支持山西抗战的力量"，牺盟支持了并继续在支持着抗战；而且还要指出，抗战也培养了牺盟，壮大了牺盟，因此，牺盟的生命与坚持抗战是密切不可分的。因此，早在两年以前，牺盟第一次全省代表大会所通过的修改纲领的决议就指出："本会以坚决实行民族革命，争取中华民族的彻底解放为当前的主要任务"；在随后发表的民族革命十大纲领中更具体地确定："贯彻全民抗战，组织自卫队游击队，开发游击战争"，这就是说，牺盟当前的第一个任务就是坚持抗战。牺盟是不能不，也不会不坚持抗战的。牺盟如不坚持抗战，那就等于自掘坟墓！牺盟是坚持抗战到底的，它绝不中途屈服。有些不明二战区真相的人们，他们不谅解二战区，我们可以告给他们，二战区是坚持抗战的牺盟之最高领袖所领导的；我们拿坚持抗战的牺盟在二战区的存在与发展去答复他们。同时，又有些人们企图玩弄牺盟，那么这些人似乎也应该注意到牺盟之这一本质的特点——坚持抗战到底。

第二，牺盟是在统一战线运动在晋绥的具体环境中之发展的产物。牺盟的基本工作是团结一切不愿做亡国奴的人们，不分党派，不分职业，不分阶级把一切不愿做亡国奴的人们团结在“抗敌救亡”的旗帜之下来。因此，牺盟自成立之日起，即表现了为统一战线奋斗的精神，牺盟是民族革命统一战线之最坚决最彻底的执行者。同时，牺盟本身就是统一战线的组织；因此，没有统一战线运动之发展，牺盟的巩固与发展是不可思议的；没有统一战线之存在与形成，甚至牺盟的产生与存在也是不可思议的。因此，我们说，牺盟的生命与统一战线的发展是密切联系着的。牺盟的基本任务之一就是坚持统一，坚持团结，坚持民族革命统一战线。牺盟是不能也不会破坏统一战线的，因为，牺盟如果破坏统一战线，也就等于自掘坟墓。有些挑拨离间吃磨擦饭的人们，故意造谣中伤，危言耸听，说牺盟是某党某派。我们的答复是：“牺盟是统一战线的组织，牺盟是统一战线之最坚决最彻底的执行者，绝不会摇身一变而为某党某派，以破坏统一战线”。但同时，那些制造分裂，制造磨擦的人们，也似乎应该注意到二战区中还有领导着千百万人民、领导着各部门的抗战工作的牺盟会存在，似乎应该注意到牺盟会之另一个本质的特点——坚持统一战线。

第三，牺盟是有其明确的政治路线的。它主张以坚持民族革命统一战线来完成从抗战到复兴的民族革命的使命。这就是说，它不仅要求每一个不愿作亡国奴的人们，都不惜牺牲地争取抗战的胜利；而且要求每一个不甘心使中国长期陷于落后状态的人们，都不惜牺牲地争取建国的成功。也就是说，它不仅主张以统一战线来抗战，争取最后的胜利，而且主张以统一战线来建国，争取复兴的成功。因此我们说，牺盟是有最终的目的、有其确定的路线的，它绝不屈服，绝不苟同，绝不盲从，绝不变节。可是，有些人们，他们看不清这一点，或者是不愿看清这一点，他们要说，牺盟是“替别人作事”的，我们觉得，上述的结论是给这些人们的最好的答复！

第四，牺盟的将来又是寄托在它所收罗的成千成万的青年干部身上的。牺盟干部是最热情最积极的，是抗战之最坚决的拥护者与执行者。他们抱定了为抗战的胜利而不惜一切的决心，他们为满足他们的这种热望与要求，他们像基督徒之到耶路撒冷朝圣一样地涌进山西来，他们是为抗战而来的。因此，这就保证了牺盟是必然能为坚持抗战而奋斗到底的。牺盟干部是没有派别成见的，他们是赤诚纯洁的热情青年，他们只认识真理，他们只知为真理的实现而奋斗，他们绝不会为派别的成见所囿而放弃其为实现真理的斗争的，这就保证了牺盟是必然能为坚持统一战线而奋斗到底的。他们是真诚的为实现新社会而奋斗，他们是追求光明的热情青年，他们以殉道者的精神去追求光明，至死不渝；因此，他们不仅要求抗战的胜利，而且要求光明幸福的新社会之实现，这就保证了牺盟必然能为从抗战到复兴而奋斗到底的。因此，我们说，牺盟的干部是牺盟之辉煌前途的保证。有些人看不清这一点，而只看到目前环境之恶劣，因而感到无前途的悲哀，我们希望他们能从上述的结论中找到了回答！

在牺盟三周年纪念的今日，我们追怀了牺盟之既往，也瞻望了牺盟之将来。我们深信牺盟过去是现在是将来仍是支持二战区抗战的力量；牺盟要坚持抗战到底，牺盟也要坚持统一战线到底，牺盟更要为实现从抗战到复兴的艰巨任务而奋斗到底；牺盟有无数热情积极真诚纯洁的青年干部，这保证了牺盟定能达成其任务，这也保证了牺盟之光辉灿烂的前途！

我在这里仅以这最后的几句话作为对牺盟三周年纪念的献辞！

争取正规化*

——为决死队二周年纪念而作

（1939 年 10 月）

决死队在两年的奋斗中成长起来了！我们记得，当决死队初成立时，那只是在“七七”事变，抗战爆发后，一群热血的青年学生，睹暴日之侵凌，有加无已，痛神州之陆沉，危在旦夕，于是义愤填膺，投笔从戎。他们没有受过作战的军事训练，他们也没有充分的武器，然而，他们毅然决然地走上了战场，决心与敌人搏斗，而流他们的最后一滴血。因为，他们有无畏的精神，有满腔的热血；他们深知“天之将降大任于斯人也，必先苦其心志，劳其筋骨，饿其体肤，困乏其身，行拂乱其所为”；他们也深知自己是大时代的青年，大时代所付以自己的使命是应该英勇承当起来的；因此，他们高度地发扬了“富贵不能淫，贫贱不能移，威武不能屈”的民族精神，度过了无饷无粮，失去后方，断了接济的难关，克服了关山千万重似的层层障碍，在鄙视、讥诮、污蔑、攻击中长大了！

现在，决死队已经不是一群武装学生的队伍，而是一支拥有二十几个团的庞大武装了；它已经不是破败杂乱的游击队，而是能够吸收无数的游击小组与游击队在它自己周围来与敌人搏斗的吸引中心了（晋东南最近的战斗证明了这一点）；它还拥有数万的青年战士，数千的优秀干部，他们都是最忠实的献身于民族革命事业的。他们的英勇曾使敌人震惊，也曾使敌人敬佩！沁水城中“支那勇士之墓”的碑碣是素具“大和民族优越感”，而看不起国军的日寇所树立起来的。在短短的两年中获得偌大的成绩，使我们不能不深信在伟大动荡中的一年胜过平常时代中的十年之真理；在这里我们不能不归功于司令长官的培植，也不能不归功于决死队全体同志的努力。现在，我们有起码的资本了，依赖着这一资

---

* 本文原载 1939 年 10 月《牺牲救国》杂志。

本我们能以大胆地提出争取正规化的任务，来纪念决死队二周年。

决死队是并不满意于已有的成功的，因为，它知道自己还必须要承当重大的任务；它并不满足于胜任了辅助主力作战的任务，它自己也要发展成为主力。它要使自己成为三十万团力铁军的组成部分之一，它不以在坚持敌后游击战争中之英勇灵活的活动，打击敌人为满足，它还要成为无坚不摧，无攻不克的一支铁军，在反攻阶段中成为收复失地的先驱——在二战区中，在晋绥军中，它是不能卸掉这一任务的。而且，它还有其更重大的任务，它不仅要成为抗战中的铁军，而且要成为建国时的铁军，保卫复兴民族事业的铁军；它要彻底地完全地为完成三大任务而斗争，它要成为新中国的保卫者，新社会的保卫者；它要为担当这一伟大的事业而成为跨时代的胜利者；它要永远地存在下去，发展下去，扩大下去，一直到所谓军队这种东西应该成为历史上的名词的时候为止。因此，我们在今天应该而且不得不以云程发轫的精神提出争取正规化的任务来纪念决死队二周年。

这一个具备了提出的条件，而且是不能不提出来的问题，已经提出来了。争取正规化的任务已经摆在我们面前了，我们将怎样来完成这一任务呢?

首先，就需要纠正两种错误倾向。最近这次整编以后，在编制上、番号上、体制上似乎都已经正规化了，正由于这种形式上的正规化，于是产生了两种不正确的认识与倾向。一种以为既是正规军，决死队所特有的传统的优长就要被取消了，因而出现了反对正规化的倾向；另一种以为既是正规军，好像什么都绝望了。因而趋于消沉悲哀腐化堕落。我们以为这两种倾向都是错误而且有害的。因为拒绝正规化就是使部队长期停滞于游击队的阶段，在战争中不能担负主导的任务，不能使部队发展成为主力，也不能完成与满足民族革命战争之日益发展着的需要。反之，自甘堕落的表现，结果必然会使部队日益消失其优长，而日益趋于瓦解。因此，这两种倾向都是非常要不得的，我们必须严格地予以纠正，我们必须明确指出，这两种倾向之产生都是由于根本没有认清什么叫正规化，什么是正规化必备的基本条件。我们认为正规化的起码条件有四，因此我们争取正规化的努力方向也有四点：

（一）进步的统一的政治思想与健全的有组织的政治领导。没有政治思想与政治领导的军队，无论如何也不配称之为军队；没有统一的政治思想与健全的政治领导的军队，无论如何也不配称之为正规军。比方说，土匪也有武装，也有训练，作战技术素养也未必不好，组织也很严密，制度也很严格；但是它终于只是土匪，只是一群乌合之众，始终没有人称之为军队。为什么呢？因为土匪是没有政治思想与政治领导的，他们只知道杀人越货，打家劫舍，他们根本谈不上什么统一的政治思想与健全的政治领导。因而，他们根本不是军队，更不配称为正规军。而且，假使一种军队没有政治思想与政治领导，即令它已经侥幸获得了军队之名，但是也无军队之实，更说不上是正规军了。譬如北洋政府时代的军队，不都是被人民视同土匪一样么？他们在实际上不也是与土匪很少差异么？这就说明了，任何一种军队必须是有政治思想与政治领导的，任何一种真正的名副其实的正规军也必须是有统一的政治思想与健全的政治领导的，这是正规化的第一个条件，我们要争取正规化，在这一方面就必须加紧努力。

当然，决死队在这一方面是有基础的，因为决死队的产生是建基于政治思想之上的，是建基于抗日的思想之上的，没有普遍深入的抗日思想贯串于广大青年群众之中，就不会有青年抗敌决死队之出现于西战场。因为决死队之发展是建基于健全政治领导之上的，是建基于一切为了抗战的胜利的政治路线的领导之上的，没有这种健全的政治领导，决死队两年来的发展与成绩也是不可能的。正因如此，决死队之坚定的政治思想，统一的健全的政治领导就是决死队能以完成争取正规化任务的基本保证。现在，我们尤须进一步的努力，我们不仅要做到政治思想目的与任务之统一，而且要做到完成任务的政治路线之统一；我们不仅要树立一般的正确领导，而且要树立健全的，具体的与有组织的政治领导。我们必须加强政治教育，思想教育与组织教育，统一思想与健全领导，使决死队真正成为组织领导的政治化主义化的军队，这是实现正规化的第一个必要条件。

（二）提高战斗经验与加强战斗力。正规军不是游击队，它不是以游击活动辅助主力部队作战为主要任务，它本身就是一支主力，它要成为坚强的战斗中心，它要团聚许许多多游击小组与游击队在自己的周围，帮助自己来完成主力作战的任务。也就是说，它不仅要有灵活神速、飘忽无定的机动性，而且要有“攻坚挺进”、“负隅顽抗”的坚韧性；它不仅要能胜任游击活动的任务，而且主要的要能完成运动战的任务。必要时，还要能胜任个别据点阵地攻防的战斗任务。因此，一支正规军不仅在政治上要成为围绕于其周围的诸多游击队的核心，而且在军事上也要足以愉快地胜任这种核心作用。因此，一支正规军与围绕于其周围的诸多游击队比较起来，就必须是战斗经验较多，战斗力较强的。不然，所谓的正规军也只是徒拥虚名而已！因此，提高战斗经验与加强战斗力是争取正规化的第二个必要条件。

决死队要实现争取正规化的任务，在这一方面还应该作更大的努力。因为决死队是新生的队伍，它的历史才不过两年，它的经验还是非常之缺乏的，它的战斗力还是很不够的。我们很坦白地承认这一点，但是我们要声明，我们在这一方面的缺乏与不够是不能为某些人拿去作攻击蔑视之借口的。因为，我们决死队虽然是战斗经验不够多，战斗力不够强，然而，我们决死队是生长于战斗之中的，战斗并没有吓得我们向黄河边上的万山丛中逃避，战斗却教育了我们，壮大了我们，两年来决死队所获得之十数倍的发展是战斗之赐。某些人故意夸大地说，“决死队之无能作战”，他们并不是在批评我们，帮助我们；相反的，他们是企图以此来污蔑我们，攻击我们，污蔑攻击司令长官所手创的所领导的决死队。因此，我们坚决反对这种攻击与污蔑，我们也可以大胆地说一句在战斗经验与战斗力上未必比那些攻击决死队的人们所统率的部队为差，这并不是我们的空夸海口，从敌人的口中，从敌人惧怕决死队的心理可以得到这种回答。可是虽然如此，我们却仍极力欢迎各方面对我们决死队之战斗经验与战斗力方面的善意批评与友谊帮助，我们要在这种批评与帮助之中学习各方面的优长；同时，我们也决心更展开英勇的战斗，在与敌搏战中来增加我们的战斗经验，加强我们的战斗力。也只有如此，才是实现正规化的第三个必要条件。

（三）提高技术装备。正规军当然不能像游击队一样，武器必须是相当充分的，也必须是整齐划一的。一支武器极不充分，武器的品种也极不一致，技术装备非常低，甚至根本没有自动火器的部队，当然就很难胜任如第二点所列举的任务，就难以成为战斗中的主力，因而也够不上成为正规军。因此提高技术装备也是争取正规化的必要条件之一。

决死队要争取正规化，在这一点上就更需要加倍地努力。因为，决死队的技术装备，直到今天，还是很低的。有的团，火器的品种还是很不一致的；有的团，自动火器还是不充分的；有的团，还没有步兵炮的配备。这一缺点，我们也是毫不隐讳地坦白承认的。但是，在这里，我们也必须反对某些人的说法，他们说我们武器不够，说我们技术装备太低，他们并不是为了帮助我们克服这一弱点而提出的，他们之所以提出是为了攻击我们，好像我们不配成为军队，应该取消一样，他们的这种攻击与企图，我们是要坚决反对的！他们忘记了一件小小的事情，就是我们决死队从抗战开始以来，枪支并没有丢了，少了；相反的，决死队的枪支在抗战之中是大大的增加了。除了最初编成的几个总队以外，以后发展的几个总队与游击团的枪支并不是由兵工厂领来的，因为当时已是无处可领了，那些火器的来源是从民间收集起来的，说得更正确些，是溃不成军的部队散失在民间而由决死队收集起来的，以及以血肉的代价从敌人手中夺取过来的。现在决死队的枪炮 2/3 以上的来源都是如此。有些部队是丢枪的，我们决死队是替司令长官收集了一万以上的枪支。这一个对比虽然是一件小小事情，我们希望那些攻击决死队枪少的人们不要忘记这件小事情，而且每逢他们作这种攻击时，我们就要提起他们在这件小小的事情上加以注意。不过，决死队虽然是以这种光荣的斗争的方式来武装自己，然而，我们却并不以此为满足，我们仍然认为我们的技术装备，还是太低了，为了完成今日我们所应完成的任务，我们的技术装备还是太不够的。因此我们要加紧为提高决死队的技术装备而努力，我们要请求司令长官在可能范围之内给我们补充自动火器与重火器，而更重要的是努力于英勇战斗之中，夺取敌人的武装来武装我们自己。因为，我们深深地知道，我们所进行的是民族革命战争！我们要实现“夺取敌人武装来武装自己”的口号，提高决死队的技术装备，实现争取正规化的第四个必要条件。

（四）建立统一的制度与作风。统一的制度与作风是正规化的必要条件，正规军不能和游击队一样，游击队的制度与作风之不统一，这是游击队发展之必不可免的过程。但是游击队要争取正规化，就必须克服这种凌乱无序，各自为政的现象，不然，还不足以成为正规军。因此，统一制度与作风是争取正规化之必要的工作。

决死队要争取正规化，就必要为统一制度与作风而努力。决死队虽然已经在两年的奋斗中，创立了不少工作制度，从生活的到工作的各种制度，从财政的到教育的各种制度都已初步地建立起来了。决死队虽然已为统一作风而奋斗了两年，从决死队成立之日起即展开了统一作风的斗争，然而，直到今天，制度还未能完全统一起来，作风也还未能完全统一起来。这是事实，我们并不想隐蔽这一事实，但我们也坚决反对某些人抓住了这一空隙而对我们横加攻击。我们要把这种不统一的缺点摆在同志们的面前，号召同志们共同为统一制度与统一作风而斗争，实现争取正规化的第五个必要条件。

在决死队二周年纪念的今日，我们要为统一政治思想，健全政治领导而斗争，为提高政治经验，加强战斗力而斗争，为提高技术装备而斗争，为建立统一的制度与作风而斗争，实现争取正规化的五个必要条件！

我们要以争取正规化来纪念决死队二周年！

我们要在明年的今日，纪念决死队三周年的时候，决死队能以真正正规军的姿态出现于二战区，成为二战区的主力部队之一，完成司令长官的计划，使决死队成为30万现代化有基础的团力铁军的组织部分之一，活跃于西线上，为民族革命的胜利与完成三大任务而奋斗到底！

我们纪念决死队二周年的战斗口号就是：

争取正规化！

悼十年来共患难的亲密战友*

——决死三纵队政治委员董天知同志

（1940 年 9 月 12 日）

在一个阴暗凄凉的傍晚，突然接到董天知同志在百团大战中，在晋东南战线上光荣殉国的噩耗，我及其他几位熟悉天知同志的同志们，听到这个不幸的消息后，都同声悲叹，致深切的痛悼！好像受到剧烈的震荡一样，我们的心停止了搏动，往下沉，沉，沉……，然后，又突然一跳，好象要跳出胸腔，又好像要破裂了一样。因为，天知同志是一个久经锻炼的老干部，同时，又是一个年青有为，前途无量的老干部。天知的死，不仅是我们长期共患难的战友中少了一个青年战士，而且是中国革命事业的一个很大损失。因此，这更增加了我们无限的哀悼。这时候天好像也助我们悲思。中秋的皎月，掩在密密的乌云里，阴沉欲泪。

董天知同志，现年 29 岁，河南荥阳县人，中国共产党党员，1931 年夏，河北党大破坏，天知同志当时正担任共产主义青年团北平市委书记工作，因叛徒告密被捕。

天知同志当时是不满 20 岁的青年，在统治阶级的秘密法庭上，经几度的拷问，以致损失了他尚未完全发育起来的身体健康，以致使他后来在狱中卧病数年，但他迄未供出党的任何秘密。这是每一个革命青年，在统治阶级法庭上所应该学习的榜样。

但是统治阶级对被俘的青年革命战士天知的进攻，并未就此停止，他们更进一步地企图利用天知同志的爱人叛变来劝诱动摇天知同志。然而天知同志非常英勇果断地揭穿了这种无耻的“美人计”，斩断了青年人所富有的情丝。把那个无耻叛党的女人推回统治阶级肮脏的怀抱中去——她曾与法官在密审室中演过拥抱、跳舞的丑剧。统治阶级本以为

* 本文原载 1940 年 9 月 12 日《新中华报》。

天知同志是热情而意志薄弱的青年，可以用女人的柔情来动摇他，天知同志却以这种布尔什维克的英勇果断，党的利益高于一切的坚强党性，击破了统治阶级这种无耻的进攻。在今天，在特务工作惯施美人计的当儿，我们追悼天知同志，我们指出他不满20岁的时候，对女人问题、恋爱问题的模范行为是有非常严正的意义的。

天知同志在狱中是青年政治犯的组织者、领导者。虽然他由于统治阶级的摧残，而经常卧病在床。但是，一般青年政治犯围绕在他的周围。在监狱里每一次的斗争中，天知同志总是站在斗争的最前列，真正表现了青年的模范作用。在1934年冬的绝食斗争中，他虽然病得不能起床了，但仍然坚持了七天的绝食，一直到取得胜利，全体复食为止。由此可见，天知同志在狱中，虽然重病缠身，仍然站在斗争的前列，反对统治阶级牢狱的黑暗，仍然未忘记党的组织工作与宣传教育工作，坚贞不渝地为党的事业而努力。

1936年秋冬之际天知同志出狱了，那时正是绥东战争开始的时候。天知同志以备受五、六年牢狱摧残的虚弱之躯，仍立即奔赴前线，跑到领导绥东抗战的阎锡山先生的麾下来，为抗日救国事业而奋斗。

天知同志到太原后，即参加牺牲救国同盟会的工作，当时牺盟会只是在形式上成立起来了，并没有开展丝毫的实际的组织工作。开展牺盟会实际工作中，最初的负责人之一就是天知同志。因此，天知同志真正是牺盟会创造者之一。因此在1937年9月召开牺盟第一次代表大会时，天知同志被选为总会首届执行委员。

在牺盟会工作开展过程中，积极的先进的青年牺盟会员发起组织“抗敌救亡先进队”时，天知同志由于其在实际工作中所建立起来的威信，被选为抗先的总队长。

1938年冬，当牺盟会的干部组织——民族革命青年团成立后，在民青第一次代表会上，天知同志又被任命为民青团总团部委员。

“七七”抗战爆发以后，牺盟会太原军政训练班、民训干部训练团及太原市各学校的代表，组织慰劳团上前线劳军。天知同志又被选为慰劳团团长，这种慰劳团的组织，在当时尚属创举。该团于抗战爆发后十天内，即由天知同志率领，从太原出发到前线慰劳。他们经过几道火线，一直达到门头沟长辛店一带，这对前线上战斗中的官兵，给了一个极大的兴奋鼓舞。他们说："这究竟是打日本，后方的学生农民的代表冒着枪林弹雨到火线上来送东西给我们。"

不幸由于战局的变化，天知同志及其所率领的慰劳团，在进行中，后路被敌人打断了，于是，他们不得不化装潜入北京，经过许多艰难周折，直到九月初，他们才从敌人的虎口逃回太原。

本来当天知同志一行到达保定时，国军将士即告以战局最近恐有变化，就劝他们停止前进。然而天知同志为达到亲赴前线慰劳的目的仍率领该团继续前进，到险遭不测。由此可见是天知同志之英勇负责的精神。

在太原失守前后，牺盟所领导的国民兵军官教导团编成决死队，天知同志就担任第三纵队政治主任工作。

由于天知同志正确的政治领导，在当时具体条件下，第三纵队由一个团很快就发展到五六个团，扩编成决死队第三纵队，天知同志即被任命为三纵队的政治主任，领导整个三纵队的政治工作，并且他还兼着山西省第五行政区保安司令部政治主任工作。后来又升为决死三纵队的政治委员。

天知同志深入下层，工作条件是颇艰苦的。当他开始创建牺盟组织时，他就是太原市青年学生中和工厂与铁路工人中的牺牲救国事业的宣传者。太原市牺盟组织所以获得一万以上的会员成绩。其基础是由天知同志一点血一点汗所积累起来的。

当他担任三纵队政治委员时他还是经常到团里去帮助各团工作，有时甚至到连里帮助工作，特别是在战斗中，他常常是到最前面去，到营或连里帮助工作，和战斗员一起在火线上滚。因此，三纵队的战斗员没有一个不认识董主任的。而且，每当一个团成立时或整理时差不多总是他亲自下团。他有时担任着七总队（团）的政治主任，有时又到八总队（团）当政治主任，由此可见天知同志是很富有创造力的。同时，天知同志的工作作风是友爱的、民主的，因此，三纵队的干部是团结的。虽然，决死队一般地讲起来，有很大的一部分干部，特别是军事干部是从山西旧军队中蜕变而来的，其他各队内部都闹过内部斗争——新旧斗争与军政斗争，然而，三纵队的干部是比较团结的。

也正因为天知同志的工作是友爱的、团结的。因此，当天知同志担任晋绥军官训练团附设的军政研究班当指导员时，在受训的军官中获得热烈的拥护。第一期军官毕业后，回到原部队以后，都极力提倡改造旧军队，这也可以看到天知同志给他们的影响和教育。

天知同志在百团大战中的晋东南战线上，在进攻潞城时身中四弹，英勇地牺牲了。百团大战是华北以至全国第一次在敌人后方所进行的主动的大规模的战役进攻。“百团大战”——推动全国更加坚决抗战，更加团结进步，对于克服当前的投降危险以及战胜困难，起了很大的作用，百团大战的胜利，在敌人区内及在敌人的远后方也起了非常巨大的影响。一切敌伪组织，在百团大战的影响下更加动摇起来。同时，百团大战的胜利，必将促进国际革命运动的更加发展，必将引起各国人民对中国人民抗战更大的同情；对那些企图出卖中国，压迫中国，对日投降的帝国主义者是一个警告；而对那些愿意帮助中国抗战的国家，表示了中国民族是有最伟大力量与伟大前途的。因而，在中国抗战外交方面也将产生良好的影响（以上均系彭副总司令语）。百团大战的意义也是非常重大的。因此，在百团大战中光荣殉国的天知同志，其牺牲的意义也是非常重大的。

天知同志以一个军队政治工作的高级干部在战场上光荣殉国了，这证明了八路军决死队的政治工作，不是挂羊头、卖狗肉，作特务工作，卖狗皮膏药的政治工作。不是在后方在平时吹吹牛皮的政治工作，而是在前方与士卒同甘苦共患难，在战场上与指战员共浴血牺牲的，真正革命的政治工作，继承并发扬北伐时期光荣传统的革命政治工作。我们要求国民政府与军事委员会对光荣殉国的决死第三纵队政治委员董天知同志以褒恤，以为全国政治工作模范。天知同志！如果您泉下有知，请您瞑目吧！我们要以百团大战的伟大胜利，要以抗战的最后胜利，要以民族彻底解放与社会解放之神圣事业的成功，实现他们对你的悼念，来表现我们对敌人的愤恨。

瞑目吧！天知同志！

关于农代会问题的草稿*

（1947 年 7 月）

（一）关于农代会的问题

各级农民代表会或称人民代表会，但无论其名称如何，在土地改革中被打击的地主富农，今天是没有选举与被选举权的。在解放区成千万人的土地改革运动中，农代会应该起它巨大的作用，在土改后，就应使各级农代会成为各级人民代表会的政权，将一切权力交给它。

A. 它在目前解放区是农民进行土地改革的一种主要组织形式……。因为土地改革是一个成千万人的革命运动，仅仅依靠那些成分不纯、思想不纯的旧组织的干部是不行的，而单纯依靠工作团也进度缓慢，不普遍，不能完全解决问题。此外，还需有一种组织形式，能以迅速普遍的把分散在各地方的农民组织起来，并且农民自己决定自己动手解决问题，实行平分土地与反官僚主义。各级农代会就是比较最适合于担任这一任务的组织形式。因此在运动一开始，甚至在各县召开干部会，传达土地会议，进行整编队伍时，即同时召开县区村的农代会。自然在初次召集时，不可免的要混进一些不纯洁的代表，但是这

---

* 本文写于 1947 年 10 月全国土地会议以前。中央在 1947 年 3 月延安撤退前就组织了土改工作团出发了，由康生任团长、陈伯达任副团长，到了晋西北，插在四地：1. 康生带领曹轶欧、凌云、毛岸英在晋绥老区二专区临县郝家坡工作，那里是工作团总团部；2. 陈伯达率田家英（后来参加）、史敬棠二人到静乐县工作；3. 张琴秋率李国华、张越霞等老同志及曾彦修到新解放区朔县工作；4. 廖鲁言率于光远等到半老区保德县工作。下乡一个多月后，由于刘少奇、朱德、董必武等率队的中央工委调走了陈伯达、田家英，土改工作团便取消了静乐县这个点。这几个分团各相距数百里，又无长途电话，全是各自为战。7 月，晋绥分局召开土改工作试点汇报会。9 月，中央工委在西柏坡召开全国土地工作会议，土改试点工作团全体参加了会议。1948 年 1 月，任弼时在《关于土地改革中的几个政策问题》中，阐述了“左”的错误必须要纠正的问题。

并不可怕，因为农代会是公开的群众性的会议，是要见太阳的，一切肮脏东西鬼蜮伎俩是公开拿不出说不出的，在会议上公开表示反党反农民的、及在会议上举手赞成回去又反对的两面派的坏代表，可以随时请求原选出单位罢免之。开始时，代表可以无一定任期，开一次代表会，选一次代表，以便在运动中逐渐淘汰坏代表，而使农代会逐渐纯洁，逐渐提高；同时还可用党的纪律，强制代表中的党员不准在代表会议上有违反党的方针政策的言论行为，在表决时，必须站在赞成党的方针政策方面，即使某地农代会多数以至全体反对党的方针政策时，还可以由上级农代会否定其决议，并下令解散，另行召集。列宁在十月革命刚刚胜利，还很不巩固的时候，就敢于召集并解散地主资本家占多数的立宪会议。我们还不敢召开农代会或贫雇农代表会吗？无论其怎样不纯，也不会比当时的俄国立宪会议更坏吧！因此切勿因噎废食，切勿惟恐农代会的成分不纯而不敢召集，相反要在运动一开始即大胆召集农代会。代表甚至并不完全经过选举，可以挑选指派的方式产生若干代表，并立即使之成为土地改革的领导机关，土地改革的一切措施都由农代会决定通过，一切疑难都交农代会讨论解决。在交通便利之区，县区农代会可每月每星期开会一次，有事就开，在这一运动过程中，逐渐提高代表的质量，淘汰坏的代表，使农代会逐渐纯洁坚强起来，使之真正成为以贫雇农及乡村工人为骨干的、联合中农及一切反封建分子的组织。并依靠它来贯彻土地改革消灭封建及半封建性剥削的土地制度，实现耕者有其田。使农民群众逐渐熟练地使用这个形式来表达自己的意见，并实现自己的要求，使它建成有权力能解决问题的有威信的农代会组织。

B. 领导骨干与广大农民相结合的一种具体形式，因而也就是反官僚主义的比较最好的组织形式……土地改革的领导骨干如何与贫雇农与广大农民相结合呢？农代会就是具体实现这种结合的具体形式……我们将来的制度，应该是人民代表会制度。

C. 打破农民宗派纠纷，实现农民阶级团结的一种组织形式……

D. 一种新的政权形式……我们要改造现有的政权为代表会议制的政权，各级政府对各级代表会议负责，各级政府人员受各级农代会或其主席团农会委员会委托，并执行农代会或其主席团的决议，受农代会及其主席团的监督……最后发展到“一切权力归农会”。

（二）关于民主与命令，群众路线与强有力的领导问题

现在有不少人似乎有这样一种误解，认为实行民主则一切命令强制之类的东西都要不得。认为实行群众路线则可以不要领导，这就可能引起无政府状态，恰恰相反，越实行民主，则在民主基础上的命令与强制越为有力，越是走群众路线，则越需要有、也越可能是依靠于绝大多数群众的强有力的领导……就阶级关系而言，是工农兵学商的民主专政，在农村中讲，就是农民的专政，对农民是民主的，对地主富农是专政的；就农民阶级内部而言，是在民主基础上的集中，对多数人是民主的，对违反多数人利益的少数坏分子，是集中的专政的……不过，实行这种命令与强制必须具备下列四个条件：A 是为着群众，代表最大多数群众利益，为最大多数群众拥护；B 是经过群众，是由群众自己或群众选举的代表经过考虑所决定的；C 是经过群众自己或依靠群众的委托去执行的；D 是用以对付那些反对平分土地、坚持官僚主义、违反大多数群众利益、并为群众所反对的地主富农及少数坏分子。

（三）关于领导骨干的配备问题

在这次运动中，领导骨干的配备，不要集中在中央局。中央局的主要干部要分散下去，以区党委为领导中心，以县、区为基本指挥单位，地委一般只是一个承启机关。区党委应有由二三个人组成的坚强的领导核心，地委有一个人带一两个助手即可，提倡“降级使用”，把得力干部尽量分派到县区去，县区是最接近群众的，要直接解决问题，要真正形成县区的指挥中心，与县区农代会结合起来，依靠县区农代会，贯彻土地改革与反官僚主义。在此次整编队伍中，强调配备干部时，切勿形式的配齐书记、组织、宣传、政权、锄奸等部门，不要设人等事，而要因事设人。否则将依然是一套官僚机构。

（四）其他

A. 在对地主富农的问题上，经过这次土地会议以后，在同志们中可能逐渐发展一种左倾情绪，虽然左倾还不是当前的主要危险，也还用不着在干部中宣传反对，但是在领导的掌握上却值得注意，不要肉体消灭地主，也不要消灭富农经济，否则就要重复苏维埃后期的错误……应向农民说清楚，地主问题也是一个社会问题，我们不能不解决这个问题。

B. 土地分配的单位，还是以乡或等于乡的行政村为宜，过大过小都不好。没有乡或等于乡的行政村的地方，由县区农代会重新划分。划分的标准应该是：a. 使利于土地的平均分配；b. 适合于组织农民群众；c. 也便利于发展生产及经济上的来往；d. 在边沿、在游击区，还要适合于游击战争的需要。

C. 现在不少农村，中农及新富裕中农反对平分土地，这一问题是需要很好解决的。应该鼓励他们继续拥护民主政策、拥护党的政策。指出他们是在党与民主政府的领导与扶植下翻身的，他们应该拥护民主政府和党的政策，自动拿出一部分土地来平分……至于对那些由于窃取果实而翻身致富的分子，今日竟反对平分土地，特别是党员干部，那应该严格指出，他们窃取了群众的斗争果实，他们反对平分是毫无道理的。不然，让他们退出侵占果实后再与农民同样分地好了。如果这些人是党员，就应由党命令他们自动拿出一部分土地来平分，不要反对，如果反对党的平分政策，党要制裁的。

政策研究室的工作报告

（1948年10月9日）

政策研究室六月中成立。……中央书记处决定各部委均必须每两个月向书记处做一次报告。

由于机关的初创，干部和机构均不健全（只11人），是担不起“政治参谋部”的任务。实际上就已执行的工作看来，还只是“政治秘书室”的性质。只做了四项工作：（一）根据书记处同志的指示，起草若干电稿。（二）派人出去搜集材料。（三）阅读各地送来的书面材料、报纸等，并汇报给中央书记处同志。（四）编辑“党内资料”五期。就客观要求说来差得很远。而且，书记处曾制定政策研究室把收到的书面材料完全看过，这一任务，我们尚未完全完成。为长远着想的有计划有系统的积累材料的工作也没有做。关于内容看，我们所草拟的电稿，所做的汇报，所编的“党内资料”，缺点尚多，还需进一步学习改进。

其次，在这一时期的工作中，我感觉：（一）应进一步组织各地向中央呈送书面材料的事宜，直到现在各地送材料来是缺乏计划性系统性的，今后应该除区党委以上的领导机关所出的各种材料按规定呈送中央外，还须以一个运动为中心，选送若干好坏典型的材料，以及以一个或几个足以代表全区的典型县为中心，系统地连续地选送材料等等。为此，建议允准政研室与各地研究室建立业务上的联系（应该建立这种联系——周注）。（二）做研究工作的干部，必须加强马列主义的学习和业务学习，我在这一方面抓得不紧。这也因为人少事忙没有经验，比较吃力，学习时间也被挤掉了（研究材料，提出问题，解决问题，答复问题的本身就需要同马列主义、主席著作商量，就需要同负责同志商量，就需要找几个好坏典型研究和参考，并为此目的，有时需查阅几本书或读完一本或几本书；这就是业务学习，也就是马列主义的学习——周注）。（三）每一个研究工作的干部，必须掌握和积累一定的材料，不宜多调动，但另一方面，除经常有计划派人下去了解情况外，还需经常吸收熟悉下面情况的同志参加工作，因此，研究室的干部要在保持一定的骨干，熟悉情况的骨干不致中断的前提下，有计划地分批交错地送老人下去工作，又吸收新人上来，这样吸收上来的人更熟悉下面新的情况，送下去的人在研究室搞了几年工作，政策学习较多，对下面工作也会有些帮助。

最后，在本室的业务领导上，我也有很多缺点。没有明确的分工，没有具体的工作制度，工作忙乱，一把抓，缺乏计划性、主动性，形成工作中的无政府无组织状态，集体领导的核心和制度也未建立起来。这些错误和缺点，虽有其客观原因，但主要是应该由我负责的。

十月份起彭真①同志已到职视事，现在，彭真同志回来了，政研室的领导加强了，工作定能逐渐健全起来，我也能在彭真同志更直接的领导督促之下学习前进。政策研究室今后的计划，正由彭真同志主持草拟中，随后报告。

---

① 1948年9月26日，中央致电各中央局、中央分局、各前委："中央政策研究室负责研究解放区城市与农村各项政策，新区工作及不属于其他部、委、校的各项工作政策"，"原城工部分管解放区城市政策的研究工作，划归中央政策研究室"（《彭真年谱》，中央文献出版社2002年版，第504页）。1948年8月24日，刘少奇向毛泽东报告，"……将城工部改统战部……解放区城市政策及工人运动归彭真及政策研究室管。"（《刘少奇年谱》，中央文献出版社1996年版）1948年12月，中央政策研究室联系协调中央有关部门起草的文件：城市军管会组织条例、入城守则、对伪警察局人员处理办法、国民党三青团员登记办法、对国民党特务处理办法、对外侨管理暂行条例。（《彭真年谱》，中央文献出版社2002年版，第510页）

关于目前解放区农业生产中存在着几个问题的报告*

（1949 年 2 月 21 日）

目前解放区农业生产中存在着几个问题。

（一）畜力的缺乏。据华北局估计，全区现有的耕畜 250 万头，比战前约减少 50%，山东耕畜较战前减少 1/3 到 1/2，华中耕畜较战前减少 1/3 到 2/3。东北现有耕畜 296 万头，较“8・15”前约减少 60 万头，晋西北较战前减少了 44%，陕甘宁老区的耕畜较之 1946 年，牛减少 10%，驴减少 25%。为此各地均先后颁布了保护与繁殖牲畜的办法，以改善牲畜服战勤劳力的年工制度，减免孕畜、种畜、幼畜的战勤，征粮时也扣除牲畜的免征点及对种畜配种成绩优良者给以奖金等办法，奖励喂养耕畜和种畜。近数月来在繁殖牲畜方面已获有若干成绩。增加牲畜的计划，主要着重于牲畜的繁殖，不可能急求速效。

（二）劳动力的缺乏。华北农村劳动力战前约占全国总人口的 25%，现只占 17%，减少 8%；华中劳动力减少，也约当农村总人口的 5%到 7%；另一方面东北农村现有劳动力 600 万个，较“8・15”前增多了。劳动力的缺乏虽不如畜力缺乏之严重普遍，但越是老区，劳动力缺乏的程度越重。为增加农村劳动力，提高农业生产，除在参战支前中力求节省民力及尽量利用现代运输工具、减少人力动员外，还须考虑到将城市中流浪人口有计划地疏散下乡参加农业生产的问题。

（三）变工互助。变工互助，在过去是收到一定成绩的，但的确有相当大的一部分互助组织是建筑在村干部的强迫命令之上的。1947 年的土

* 本文是廖鲁言给毛泽东并党中央的报告。

地改革与整党运动，猛烈反对了强迫命令，有些互助组织就垮了。但接着在所谓“贫雇农路线”之下，许多地方，产生了中贫农的不等价的互助。在1948年纠正土改中的左倾错误以后，这种不等价的互助也随之垮台，组织起来的工作就陷于放任自流状态。

但是，由于劳动力与畜力的缺乏，以及土地改革后农民生产情绪之提高，农民群众是要求互助的，所以1948年在许多地方又比较普遍的发展了临时的小型互助组，而且多数是自发组织起来的。例如冀中区，据估计约有40%到50%的劳动力已组织起来。组织起来，是农民在土改后生产发家的主要方向，要在自愿两利与组内生活实行民主的原则下，整顿恢复过去的互助组织，从临时的小型互助组逐步适当提高之。

（四）农贷。各地在农贷工作中，均已注意克服平均发放与单纯救济的观点，东北、华北、华东均已订出1949年的农贷计划，并规定保本与付息的政策。这是正确的。但由于对这一政策的宣传解释不够，加之过去习惯上农贷是有借无还的，现在不仅要还本，还要付息，而且从货币数字看，利息又是高的，因而发现个别群众有不满的反映。

（五）农业生产的计划性。东北、华东已订出1949年的农业经济计划，华北之冀南与太行部分的计划亦已拟定出。计划的重点，均在增产粮食，保证粮食供给，提倡种植经济作物（如棉花、花生等），以供给原料与对外贸易的需要。

最后，要提高农业生产，发展农村经济，还须适当组织并领导处于农村包围之中的小城镇的工商业。小城镇的工商业主要是农产品的加工业、农具修理制造业与农民之部分日用品制造业。小城镇的商业主要是供给农民以日用工业品、收购农产品（粮食与经济作物）、农村副业的生产品、以及猪鬃、羊肠之类的东西。如此，才能使小城镇成为城市与农村、工业与农业相结合的纽带与桥梁，才能使农民经济活跃起来。所以小城镇在整个社会经济生活中的作用与地位，与抗日战争时期和解放战争初期的情况是有所不同的，有许多问题需要我们重新考虑，在这里，要反对经验主义。关于小城镇的问题，现正在搜集材料研究中，待后续报。

就上海、南京、苏南、浙江等城乡的一些问题向毛主席、中央书记处的报告

（1949 年 11 月 15 日）

与饶漱石、唐亮、柯庆施诸同志及华东局，南京市委研究室的同志们谈了谈沪宁及江南新区情况，有以下几个问题值得反映：

（1）上海市面一般看来是繁荣的，工业生产之恢复亦有成绩，职工劳动态度也有改进。但另一方面，劳动时间的浪费现象仍存在，职员一般怕上级偏听工人的反映，于己不利，而采取睁一眼闭一眼的态度。工人中有些积极分子也怕工友讽刺，而不敢放手带头努力生产。在支部与工会工作中，一切为了搞好生产的观念较差，工会工作有形式主义偏向。

（2）南京市面是比较萧条的。一批旧公务人员失业了，一批过去靠反动官僚享受挥霍为生的行业，冷落关门（如百货、绸缎业等），店员雇工（中西厨子、茶房、看门、看花的等）失业。现南京失业人口共有 30 万人，约占全市人口的 1/3。这些失业人口的生活出路问题是南京市委市府最感头痛的问题，因为南京没有什么现代工业的基础，特有的手工业（如纺织）一时又难有大量发展，商业上除上新河之木行（二百余家木材集散地）及米市（有部分转口）可力谋恢复发展外，其余商业都是供本市消耗外没有发展前途的。南京市其他几家公营工厂，如电器厂等，销路尚未打开，生产亦陷于萎缩状态。

（3）旧人员的处理，这在南京市表现得比其他各地尤为复杂困难，国民党反动统治时期，南京有公教人员约 12 万人大部未走，由我接管者 5 万人，有些人不愿随国民党撤退而由国民党给资遣散的（实际多数仍在南京），还有些人当我刚入城时尚有顾虑，并未及时报到，共有 7.8 万

人。现正式及额外留用者及已送学校受训者共约3万余人，少数已遣散回乡。南京市现仍有失业的旧公教人员约3万人，市委市府感觉在南京市的范围内，对这批人确属难于安置，希望上级能有通盘的筹划，尤其希望中央人民政府各机关加以考核甄审，分别录用。

南京市府各局中，旧人员现占70%以上，教育改造工作进行较差。

(4) 城市中区街级机构问题。南京市府深感南京市民几乎全是零散的住户和分散的小职业单位，没有区街级的组织，一切集中于市，很难管理，也很难了解情况；他们提出：区可以不算一级政权，但区公所要加强，街可以不设街政府，但在相当于街的范围内，须配置工作组进行工作，否则派出所实际成了上级委派的街政府而放松了治安工作，或者是一切工作贯彻不到人民群众中去。

(5) 人民币下乡问题。根据杭州附近几个县的材料，华东财委计划部的估计，在剿匪工作也大体完成的地区，人民币也只在一个县的工商中心点（县城或大镇）流通，但信用较沪锡等地差，至于一般集镇，人民币则尚未占领市场，农民手中可以说还根本没有人民币。

(6) 新区农村问题。苏南、浙江新区农村情况比较复杂，的确有些地方，习惯上农民有田面权（即永佃权），地租较轻；也有的地方从大革命时期取得二五减租，一直保持到现在，有的地方是老游击区，地租已减。在这些地方（今天又无匪患者）有的农民实际已抗租不交，对减租后又要出公粮感觉不划算。有些干部据此认为江南新区可以提早进入土改。其实这只是很少数地方的情形。

目前江南新区中乱捕人乱打人的现象仍严重存在，这种现象已引起华东局严重注意，请指示纠正。

浙江省委所提今冬明春普遍减租的要求，华东局政策研究室根据目前浙江四明、会稽山等山区的匪情，认为省委做法有点太急，这一要求恐不能实现。

关于农业生产互助合作运动的介绍（提纲）*

（1952 年 9 月）

（一）中央关于农业生产互助合作决议草案下达后的新发展

当时下面地方干部（“下面地方干部”六字是修改所加）的情况是：对于农村中滋长着自发的资本主义倾向，有的成了俘虏（廖稿接着有“有的消极束手”被删），有的（廖稿这里有“苦闷”两字被删，后面加“无策”两字）彷徨无策，有的积极斗争，但其中也有的在斗争中带有左倾冒险情绪。

决议草案下达后，与自发的资本主义倾向作斗争的信心提高了，有了明确的发展方向，把毛主席所早已指示出来的组织起来互助合作的方向更明确更肯定起来，若干老区的农民（廖稿这里有五个字被删，看不清，似为“也熟悉方针”；把删的改为下面的十二字）因此懂得了自己发展的道路，同时也警戒（这两字廖稿是“提出”）了左倾冒险情绪的错误应该避免（廖稿在这里即用句号，后九字为修改所加），虽然这种错误也是有的。一年来互助合作运动获得了巨大的发展（发展数字见另表）。

（二）目前互助合作运动发展中心的几个问题

（甲）与自发的资本主义倾向的斗争仍需加强，自发的资本主义倾向已侵蚀到若干互助组和合作社的内部来。

---

* 这是廖鲁言为 1952 年 9 月第二次互助合作会议准备讲话的手稿。从档案中查到的只有一页，还有续页遗失，原文提到的一个附表未查到。

——黑龙江省委党校学生中有剥削行为的例子：1949 年，85 人；1950 年，167 人；1951 年，247 人；五常县委部长中有三人放债，县科长 17 人中有 7 人放债，区委委员中半数放债；干部如此，普通农民、社员、组员更可想见。

——互助组合作社中，变相雇工（且有公开雇工入组入社的个别例子），变相工资、吃粮、放债，变相剥削，变相的隐蔽的商业投机（工价低也是促成因素之一）。

（乙）地主、富农入组、入社问题，鳏寡孤独残疾人等入组入社问题（中央已屡有电示）。

（丙）分红比例与工价高低问题——人工、畜工折合问题。

——土地分红比例大是个别的，一般不高。

——畜力分红比例大的不少（包括农具），东北有例子；互助组中畜工价高、价低的都有。

——似乎应有适当的原则规定，不是具体百分比的规定（正在研究中）。

三年来土地改革运动的伟大胜利*

（1952 年 9 月 28 日）

土地改革运动已在全国范围内基本上完成。约有三亿农业人口的地区，在这三年之中完成了土地改革。加上三年以前即已完成土地改革的老解放区，完成土地改革地区的农业人口已共占全国农业人口总数的90%以上。除新疆、西藏等少数民族地区及尚待解放的台湾以外，只有3 000 万农业人口的地区尚未完成土地改革，这些地区也将在 1952 年内至迟于 1953 年春耕以前完成土地改革。在新疆各民族的农业区，也将于今冬明春实行土地改革。

两千多年来在封建大山重压之下的中国农民已经翻了身。他们由地主阶级的牛马变成了农村的统治者，他们由土地的奴隶变成了土地的主人。这一翻天覆地的历史胜利，是中国工人阶级及其政党——共产党 30 年来领导着农民并和农民在一起不屈不挠顽强斗争而得来的胜利；是毛泽东思想的胜利；也是马克思、恩格斯、列宁、斯大林关于农民问题的理论在中国的胜利。

（一）土地改革是怎样取得胜利的

为什么在这短短的三年之中，能在三亿农业人口的地区完成土地改革呢?

第一，在土地改革中，坚决执行了毛主席和中国共产党中央所规定的关于土地改革的总路线与总政策——依靠贫农、雇农，团结中农，中立富农，有步骤地有分别地消灭封建剥削制度，发展农业生产。

三年来土地改革运动的实践完全证明：占农村人口 70%无地和少地

---

* 本文原载《人民日报》1952 年 9 月 28 日第 2 版。

的贫农和雇农，是运动的骨干，他们在土地改革斗争中最积极、最坚决。他们在各地农民协会的领导成分中占多数。消灭封建的土地改革，就是依靠着广大的贫雇农群众才得以胜利实现的。同时，贫农、雇农也得到了相当于当地每人占有土地平均数的90％左右的土地，基本上满足了他们迫切的土地要求。

占农村人口20％的中农的利益，在土地改革运动中也得到了坚决的保护。土地改革法第七条规定："保护中农（包括富裕中农在内）的土地及其他财产，不得侵犯"。各地都坚决执行了这一条规定。在土地改革中对占有土地高于当地每人平均数的一部分中农，保护不动，而一部分缺地的中农则分进了土地，因而整个中农阶层每人占有土地的平均数较之土地改革以前增加了。同时，中农从土地改革前的反霸、减租和退押运动中，一般都获得了巨大的利益。在各地农民协会的领导成分中，也保证了中农成分不少于1/3。因而，这就保证了雇农贫农与中农的巩固团结，形成了占农村人口90％以上的农民的统一战线。这就使贫雇农避免陷于孤立，而孤立了地主，保证了土地改革的胜利。

采取了保护富农经济的方针。土地改革法第六条规定"保护富农所有自耕和雇人耕种的土地及其他财产，不得侵犯"，各地也都坚决执行了。富农在土地改革实行后，每人所保有的土地，一般仍相当于当地每人占有土地平均数的两倍。有些地方，对富农的小量出租土地也未征收，仍予保留。这的确使历来在农村中作为地主阶级同盟者的富农，在土地改革斗争中中立起来了，使地主阶级更陷于孤立，更有利于消灭地主阶级。

土地改革的结果，消灭了地主阶级，但并没有消灭地主个人。按照土地改革法第十条的规定，地主亦被分给与农民同样的一份土地，使他们在劳动中改造自己；对地主兼营的工商业及其直接用于经营工商业的土地和财产，亦不予没收，把地主的封建土地财产与其兼营的工商业区别开来，分别对待。只有对那些罪大恶极，血债累累，民愤甚大和抗拒或破坏土地改革的不法地主恶霸才依法惩办，直至判处死刑。这在地主阶级中也起了一定的分化作用，减弱了地主阶级对土地改革的抵抗，而有利于土地改革的进行。

由于各地认真贯彻与正确执行了土地改革的总路线与总政策以及具

体体现这一总路线与总政策的土地改革法，这就保证了三年来的土地改革运动获得了空前伟大的胜利。

第二，认真贯彻了有领导地放手发动群众的方针，做到了领导骨干与广大群众相结合。

土地改革是一场激烈的阶级斗争，必须放手发动广大农民群众，由广大农民群众自觉地行动起来，没收地主阶级的土地，分配给无地少地的农民，土地改革才能彻底实现。而放手发动群众又必须是有领导的，教育群众掌握政策，使政策法令真正为群众所熟悉，成为群众向地主斗争的武器。

为了深入地发动群众，各地都组织了大批的土地改革工作队到农村中去，每年达30万人以上。土地改革工作队到农村以后，一般采用了访贫问苦、诉苦串连与召开农民代表会议、举办农民积极分子短期训练班相结合的方式，逐步深入地而又广泛地把农民组织起来，由少数人的贫雇农小组逐步发展到包含中农在内的群众性的农民协会。经过多次的农民群众大会与农民代表会议，以诉苦的方式，用农民群众自己亲身的经历教育农民，启发农民的阶级觉悟；并向农民解释政策，以提高农民的政治觉悟与政策水平，然后由广大农民群众自觉地行动起来，与地主阶级进行面对面的尖锐的斗争，逼使地主阶级在群众的威力面前屈服低头。没收地主阶级的土地及耕畜、农具、粮食等财产，分配给无地少地及缺乏生产资料的农民，实现土地改革。三年来的经验证明，没有广大农民群众的放手发动，土地改革是不能真正彻底实现的。不放手发动群众，单纯依靠行政命令，从上而下的所谓“和平土改”、“官办土改”，一定不能真正地打倒地主阶级，不能真正实现土地改革，当然更谈不到土地改革成绩的巩固了。

第三，建立了城乡最广泛的反封建统一战线。三年以来，不但在农村建立了占人口90%以上的贫雇农和中农的统一战线，保护了小土地出租者，中立了富农；而且在城市中，工人、职员、青年学生也是拥护土地改革的。并有许多大学教授到农村中去参观和参加了土地改革。同时，又因为在土地改革中执行了保护工商业的政策，因而许多与封建土地剥削有联系的工商业资本家，也都被吸收到反封建的统一战线中来。地主阶级中有某些个别的开明绅士，他们曾经反对蒋介石反动统治和帝国主义侵略，以积极行动赞助人民民主事业，并拥护人民民主专政和赞助土地改革，也吸收他们参加土地改革或人民政府、人民团体的工作。这就争取了他们仍与我们继续合作。

各地在土地改革过程中，都认真地贯彻了这些政策，建立了城乡最广泛的反封建统一战线，更有力地孤立了地主阶级，更有利于土地改革的顺利完成。

（二）土地改革后农村的新面貌

土地改革在经济上、政治上、文化上都产生了巨大的效果，引起了飞跃的变化。土地改革完成以后，农村面貌为之一新。

第一，在经济上，广大农民在获得土地及其他生产资料和生活资料后，农民的生产积极性大大提高，农业生产迅速恢复和发展，农民生活也获得显著的改善。

土地改革中获得经济利益的农民约占农业人口的60%至70%，全国得利农民连老解放区在内约三亿人，约有七亿亩土地分给了农民。在土地改革以前，农民为耕种这七亿亩土地，每年给地主交纳的地租即达3 000万吨以上的粮食，现在已不再交租了。农民已不再为地主劳动。

农民在自己的土地上，正在开展大规模的爱国增产竞赛运动，为自己的幸福和国家建设而劳动着。数以千万计的农民都积极参加互助组和农业生产合作社，并把分得的若干生产资料变换添置为大量的耕畜、水车及新式农具，以改善和扩大自己的经营，从而农业生产技术也逐渐提高，整个农业生产也得以迅速恢复和发展。1951 年全国粮食生产量较1949 年增加 28%，今年可较 1949 年增加 40%左右，可超过抗日战争以前最高年产量 9%。棉花等工业原料作物 1951 年的产量均已超过了历史上的最高纪录。随着农业生产的发展，农民生活自然也随之改善。在许多地区，中农在农村人口中所占的比例，已由过去的 20%左右发展到80%左右；贫雇农则由 70%左右减少到 10%或 20%；而且在逐年减少中。

第二，在政治上，由于土地改革的进行，极大地提高了农民的政治觉悟，广大农民已成为农村里人民政权的支柱，因而巩固了人民民主专政，也巩固了工农联盟。

在土地改革以后，广大农民更加热爱毛主席、共产党和人民政府。

经过土地改革斗争的锻炼，村村涌现出大批农民积极分子，1951 年仅华东地区就有 30 余万农民积极分子加入中国新民主主义青年团。农民协会会员仅华东、中南、西南、西北四大行政区已达 8 800 余万人，其中妇女约占 30%左右。一般乡村均已树立了农民的真正优势，农民协会在那里有很高的威信，真正掌握了农村政权，解除了地主的武装，武装了自己，管制着那些不安分的不服从劳动改造的地主，农民真正成了农村的主人。同时，在土地改革中发展起来的农民代表会议的基础之上，充实健全并建立了人民代表会议的制度，真正在农村中巩固地树立了人民民主专政，真正使我们国家实现了民主化。

第三，在文化上，土地改革也大大地促进了农村文化的发展。农村小学的学校数与学生数均有显著的增加。今年下半年全国小学学生数可达 4 900 万人，占学龄儿童总数 7 500 万人的 65%。同时，在现有的小学学生中还有一部分超龄的学生。成年男女农民参加冬学的人数也逐年加多，且有不少冬学实际已成为成年农民的常年补习学校了。识字班、读报组、黑板报，在许许多多偏僻的农村中，也都建立起来了。现在全国各地正准备在农民的这种提高文化的迫切要求基础之上，于今年冬季开始广泛运用祁建华速成识字法，展开扫除文盲工作，这将成为土地改革完成后农村中新的文化高潮。

（三）土地改革的胜利完成与国家工业化

我们国家大规模的计划经济建设即将开始。土地改革在全国范围内基本完成，是开始大规模计划经济建设的前提条件之一。

三年来的实践证明，土地改革大大地促进了整个农业生产的迅速恢复与发展，保证了全国人民粮食的需要量，增产了工业原料作物。农民的购买力也迅速提高了，1951 年全国人民的购买力较之 1950 年即增加 25%左右。从几种日用必需品的销售量看：纱布 1951 年较之 1950 年增加 10%，纸烟增加 14%，火柴增加 20%，糖增加 44%，煤油增加 47%，茶叶增加 70%。这可看出广大农民群众在土地改革后购买力增长的趋势。

农业生产逐年发展，农民购买力将逐步提高，这就给我国的工业产品提供了无限广阔的国内市场。

在土地改革完成后，农民按照毛主席所指示的组织起来的道路前进。特别是近一年来，各地农业互助合作运动更有很大的发展，东北和华北老解放区，组织起来的劳动力一般占农业劳动力总数的60%，有的达80%以上；在华东、中南、西南等解放较晚的地区，组织起来的劳动力一般在25%至40%左右。东北、华北两区还各组织起一、两千个农业生产合作社。现在农村中开展的互助合作运动，将更进一步地提高农业生产力，发展农业生产，给我们国家工业化以更大的推动，并从而在国家工业化的基础上实现农业机械化。中国农民将沿着这一条光明、幸福的道路前进。

关于乡村财政、农民负担、乡村小学教育及乡政工作的情况和意见*

（1952 年 10 月 21 日）

总理并报主席、中央：

今年七、八月间，由国务院、财政部、内务部、教育部、农业部、监委会、人事部、中组部及中央政策研究室等单位，先后组成七个调查组，派往华东、中南、西北、东北四大行政区，在 16 个省 53 个县中选择了有代表性的 14 个乡镇进行了乡村财政、农民负担、乡村小学教育、乡政工作的调查。调查归来后，由各组分别整理讨论，由中央政策研究室召集了各组负责人座谈，交换材料，分析研究提出意见。此外，在第二次农业生产互助合作会开会期中，又与各地同志零星交换了一些意见，兹择要综合报请核示：

（一）农民负担与乡村财政问题

农民负担。根据 61 个乡的统计，国家公粮平均为常年应产量的 14.87％，地方附加平均为 3.34％，抗美援朝捐献平均 1.09％，乡村摊派平均为 2.23％，四项合计共占常年应产量的 21.53％，若与实产量相比，一般不过 20％。地方附加及捐献、摊派三项与国家公粮相比，则为国家公粮的 44.74％弱，期中乡村摊派一项相当于国家公粮的 15％弱。从这个总的平均数字看，农民负担似乎并不过重，地方摊派并不太多。

---

* 中共中央于 1952 年 11 月 12 日向全党转发了廖鲁言的报告，指出：其中反映各地许多命令主义与形式主义的严重情况值得十分警惕，应设法加以克服。廖所提各种意见，除公粮负担、乡村划分，中央已有决定外，其余可供各地研究和参考。

但是，分开来看，情况就不同了。单就国家公粮一项而论，老区公粮占常年应产量的百分比高于新区，而农民的实际负担新区重于老区，例如在华东调查的19个乡中就有七个乡的负担额占常年应产量的25%以上。而且，新区的乡村摊派一般较重，又很杂乱。据湖南、湖北、河南三省十县14乡统计：地方附加及捐献摊派平均当国家公粮的53.6%。广东的乡村摊派更重，广东省财政厅1951年底在18个县35个乡（村）58个墟镇调查出有苛捐杂税125种。苛杂摊派占公粮的比例：潮汕专区全专区平均为100%，其中潮安县西峰村为235.5%，五华县大都乡为560%。

此外，由于银行、贸易、合作社、邮政局、新华书店等系统的所谓“发展业务”与下面干部的作风不纯，也造成农民许多苛重的负担，这并未计算在上述的比例之内，数目也难于估计。例如人民银行，有的地方按亩摊派或按农贷比例强迫群众购买有奖储蓄券，群众说：“银行左手贷款给农民要农民出利，右手强迫农民低利储蓄简直是剥削农民。”苏北昆山县龙潭乡陶老太（地主军属）为被逼购买储蓄券而自杀。长沙农民不满意强制耕牛保险，说“人民政府打耕牛保险的牌子来要钱”。有的地方，新华书店强迫推销毛主席画像和书刊，口号是“不强迫、不命令、不要不中。”如河南省许昌县二郎庙乡行政委员王水秀不能完成上面分配的推销《中南农民》和《婚姻法》的任务，自己只好认购了八本，村财粮王立水认购了七本。湘乡县新华书店硬给该县一区育塘乡推销500张毛主席像及280种书，至今书价收不起来，湖南长沙的群众说：“毛主席冒钱用，拿自己的像来卖钱。”邮政局强迫推销报纸，推销邮票，湘乡育塘乡每个居民组被迫承订《新湖南报》和《大众报》各一份，乡政府现仍存邮票70多万元销不出去，而价款已由邮局预先支去，现在要向邮局退还邮票邮局不肯。合作社为流转资金，把积压的肥料在非施肥季节同样以不认购不散会的方式派给群众，皖北并发现农民在施肥期已过后被迫接受了合作社贷给的饼肥，摆着未用，麦收后归还饼肥价时还要付8‰的利息，群众对此非常不满。据湖南省委材料，常德专区且有因此而被逼自杀者。苏北泰县土产公司在许陆乡要乡干部代为推销粉条和红枣；皖北发现收购麦子付麦价时搭付二斤桂圆，农民捧着桂圆大哭。还有的小学向群众“募捐”腰鼓、篮球，民兵向群众“募捐”军号、口哨。这些所谓“认购”、“募捐”负担很重，群众对此普遍不满，开“认购”会时把席子带去，不散会，就睡觉。

乡村财政收支，据16省34乡（村）镇的收支统计，各项收入所占的比例是：上级拨款占34.26%，捐募及其他摊派占33.45%，非法动用斗争果实占19.4%，（严重者如广东省揭阳县十个乡的调查，非法动用斗争果实占收入的43%，等于从贫雇农阶层男女老少全部人口中每人摊派27 000余元），公产收入占7.91%，其他收入占4.98%。

各项支出占的比例是：文教费占38.73%，行政费占20.36%，社会事业费（优抚、代耕、救济等）占14.26%，建设费占9.25%，其他支出占17.4%。支出中根据河南、河北、平原三省已初步建立了村财政制度的六个乡（村）统计：制度以内的开支占56%，制度以外但比较合理的支出约占24%，制度以外不合理的支出约占20%。在新区，不合理的部分所占比重更大于此。乡村干部中贪污现象，新区有，老区也有，新区较老区严重。还有一些县和专区挪用大批地方经费于修建购置，铺张浪费，例如据平原省财政厅会计科反映：定陶县和阳谷县还买了小汽车。

“三反”以来，乡村财政的上述严重现象已有减轻，但并未完全解决。

几点意见

第一，同意五月中央财经会议提出的“包、禁、筹”方针，把乡（村）干的津贴、乡（村）政府的办公费和乡村小学教员的薪资和乡村小学的办公费由国家财政包下来。据此次调查，各乡平均这两项支出在乡村财政支出中共占60%左右，此外有条件地准许部分筹款，其余一切摊派则一律严格禁止。但要确实保证不加重农民负担，给农民以几年时间休养生息，关键还在于如何控制所准许的筹款。为此，必须：（甲）准许筹款与办的事业的项目不宜规定得太少太死，因各地情况不同，规定太少太死难于行通，但总额应有限制，全年筹款总数不许超过全年公粮的10%，否则势将加重农民负担。（乙）实行乡村财政半年一期的预算制度，只有在制定每半年的预算时，可以提出应筹款与办的事业项目及其所需的经费数目，不得随用随筹，时时摊派。（丙）乡村自筹经费必须确实处于人民自愿，经乡人代会通过，再经县人民政府批准，始得筹款。如无甲、乙两项的限制，光有丙项的原则规定，是不起作用的，这是指一般筹款，至于为了救灾救死之类的临时紧急用途，自然不在此限。

第二，代耕优抚的开支，在新区所占的比例很小，如中南三个省14个乡的调查，仅占国家公粮的0.95%。而在老区一般是仅次于乡村教育费和行政费的一项最大的支出。如华北的调查，代耕粮占国家公粮的8.12%，陕北的材料有的县比这个数目还高得多。但是老区的烈军工属中大部分已是干部，建议由民政部门协同人事部门与军委总政治部加以研究，考虑可否实行对其中一部现在军队十六级以上和地方二十级以上的干部停止代耕，因为在实行津贴办法以后，这些干部已有可能每月节省三、四万元寄回家去，一年四五十万元，在农村中可买500斤米以上，完全可以抵过代耕的收入；此外，再加以清理，对一部已转为薪资制人员者当然应停止代耕，家中仍有劳动力可以不用代耕者亦不代耕，如按此做法，估计至少将有一半以上的代耕户不用代耕，这就大大减轻了老区农民对代耕粮的负担。

第三，乡村的小家务，亦应加以清理，其属于斗争果实部分者，应合理分配给贫苦农民，属于公产收入者应依其性质和范围的大小以及原有习惯，分别划归乡村或区县或县以上的各级财政收入。

（二）乡村小学问题

广大农民在政治经济翻身之后要求文化的情绪非常高涨，目前乡村小学却赶不上需要，除师资缺乏及经费不足一时难于完全解决外，还有以下几个问题：

整顿乡村小学。有些地区，特别是新区，学校过于分散，教员和经费都有浪费现象，例如广东省南海县雅瑶村直径不及三华里，办了八所小学，蕉岭县文福乡文怀村仅60余户，办了三所小学。又如潮安县在去年九月以前，共有小学402所，2 129个班，学生64 342人，员工2 521人；九月间加以整顿，适当地合校并班后，小学校并为251所，1 459班，员工减为2 176人，而学生则增至71 257人，教育经费反减少开支50%左右。整个潮汕专区，在未整顿前，学校支出全年达1 200亿元，经整顿后，700亿元就完全够用了。由此可见，乡村小学确需加以整顿，也只有在整顿后才能由国家财政包下来。经过整顿也可以把教育素质加以提高。

同时在人口分散的地区，可采用巡回教学，以解决学生集中学习的困难；在学生多师资缺的地区，可采用半日学习两班轮流制。整顿乡村小学必须是与保证小学经费，增加儿童就学的人数相结合。否则，如湖北省孝感县硬性地把一部分小学停办，使一部分学生退学，把一部分教员解职；河南省民权县对一部分教员实行半薪待遇，对出身地主的教员不给待遇，名之曰“劳动改造”，势必造成不良影响。

安顿超龄学生。全国现有 4 000 多万小学学生，如按此次调查材料，七岁至十二岁的适龄儿童不过占人口 11%左右，全国不过有 5 000 万左右的学龄儿童，现有的小学容量已可基本满足需要。但事实上由于目前小学中超龄学生相当多，占 30%以上，其中且有十八九岁，以至二十岁以上者。结果形成一面有 40%左右的学龄儿童想入学，而没有学校，不得入学，另一面小学中有十八岁以上的学生，这是很不合理的。可否考虑对十八岁以上的小学生和十六岁以上的小学初年级学生，采取适当办法，劝说他们离开普通小学，而一面参加劳动生产，一面转入常年民校学习。

小学是否收学杂费。原则上，小学应取消学费和杂费，但为了弥补目前教育经费的困难可考虑在一贯有收学费的习惯，且教育特别发展的地区，暂仍继续收，但比过去少收，且逐年减少；在原来不收学费的地区则不收。最后做到一律免费。这比在全国一律实行“普遍轻收，贫苦减免”的办法，要容易得多，不致引起原来不收学费的地区的群众不满。

（三）乡政组织与工作

乡政府有五多。乡政工作目前情况是号称“五多”，即机构多，会议多，兼职多，任务多，报表多。

乡人民政府所设委员会，除常有的民政、财政、治安、文教、生产、卫生等委员会外，上级为推动某项工作，又经常指示成立一些组织，如抗旱、护麦、查田评产、征收入仓、防疫、防洪、军人转业、捕虫等委员会，甚至新华书店、保险公司、人民银行、贸易等部门有的地方亦派人到乡组织直属自己的推销、牲畜保险、储蓄等委员会。例如平原省安阳县北山庄行政村竟有 25 种组织。机构多，当然乡村干部的兼职也多，例如北山庄村全村人口不过 1 204 人，而组长以上的干部有 160 人，这

160 人共兼任着 517 个职务。又如绥德县义尚坪乡九个乡干部兼任着 110 个职务。许昌于庄乡乡长身兼 19 职，农会主席身兼 17 职。而乡村会议之多已严重影响到农村生产，例如湘潭县栗塘乡干部参加的会议，今年三月份有 106 次，六月份是会议最少的月份，而乡农会主席在六月一个月内到区开会 17 次。又如许昌于庄乡在农忙的六月份中开了人代会一次，全乡群众大会三次，村群众大会四次，农协干部会 14 次，农协会员大会 15 次，六、七十人以上的扩干会 15 次，30 人左右的民兵会 19 次，队员大会一次，妇联会 15 次，乡人民政府委员会 15 次，共 102 次。再加上县区干部下乡工作，动辄召集干部或群众会、耽误生产实多。例如河南一个区干部下乡召集干部会，上午十一时到齐，会开到十二点，休会吃饭，饭后区干部午睡到四点钟才起来又开会，一共开了三小时的会，叫所有乡村干部误工一天。群众说："政府只讲生产，不搞生产"，"生产会一连开了 20 多天，地都荒了"；乡干部说："区里豆大的事（通知乡派人到区挑谷）也要开半天会"，"我们现在成了新二流子了"。这充分反映出乡干部及群众的对此不满的情绪。

各部门在乡村插下腿后，又各自强调系统，垂直领导，乱派任务，乱发公文、表报，东北有一句话："一齐向下整，一搞一大堆。"这是很形象化的。乡村干部任务很多，而又"不务正业"，群众说他们是卖书的，卖邮票的，卖红枣、粉条的，卖彩票（有奖储蓄券）的，……影响极坏。而公文表报之多，简直难以想象。例如许昌县的调查，1952 年 1 月至 7 月初发到乡的表格共 139 种；湘潭县人民政府 1951 年全年共收文 7 557 件，照抄照转，发文也达 9 575 件，每天平均收文 20 件以上，发文 25 件以上。其中有 50％是重复的；20％是根本要不得的，甚至有调查一乡有多少斗笠、牛粪、狗粪和尿桶的调查表；陕西省郎县的区干部收到上级发下的干部调查表，项目包括着大行政区和省的主席、部（厅）长、处长、专员、县长，而县长以下没有了，只有其他一栏，区长无法只好把自己的名字和情况填入其他栏内。绥德县的乡政府甚至还收到上级发下的统计工厂资金情况的通知和统计表。乡干部普遍感到："表繁难填，看见就头胀"。结果有的假填假报，有的干脆不理。

纠正办法

第一，严格禁止要乡村干部推销红枣、粉条、储蓄券、邮票、书报等业务，禁止在农村中成立推销这些东西的群众组织，也不准业务部门派人下乡挨门逐户强迫推销。做买卖有做买卖的办法，经由行政系统或群众团体系统以强迫认购的办法来做买卖，这是完全错误的，必须立即纠正。禁止了这一些，群众的负担就减轻了不少，乡村干部才能“务正业”。

第二，纠正高级机关的系统垂直的思想，不能要求乡村政府像高级机关一样地明细分工，上面的思想通了，才能真正做到乡村政府简化机构。并建议省以上由农委在党委的领导之下，根据上级各个系统的指示，统一部署农村的工作任务；专区以下则由地委、县委与区委统一布置之。

第三，要求县区干部与半脱离生产的乡干部改变工作方式，他们自己要多下去传达布置检查，少召集干部到县、到区或到乡开会，要严格纠正“豆大的事也开半天会”的形式主义的“民主”，而把工作真正深入下去。特别是区一级干部，要多采用分头包干方式，一个干部负责管一、二个乡或三、五个乡。区委会议之后，分头下去传达，定期回来汇报，隔一个时期再下去。

第四，适当调整乡的区划。按目前的种种条件，乡太大了，工作固难做好，如四川一个乡有两三万人，这个乡该划小。但乡太小了，反而在工作中造成人为的分割。例如中南地区，平均一个乡不过 1 500 人，甚至有一个镇而成立三个镇政府，一片衔接的居住区而成立两个乡者，这也不利于工作。建议在人口稠密交通便利的平原地区，大体可以 3 000 人左右划一个乡，丘陵地区可以 1 500 人到 2 000 人左右划一个乡，山地一般是 1 000 人左右划一个乡，人口稀少的偏僻山区，还可以更少些，而人口集中的集镇和自然条件联成一片的大居住区，即令超过 3 000 人，也只应建立一个乡（镇）政府，而不要分割开。华北、东北现无乡的组织，是否一律要划乡，也值得考虑。根据山东的材料，把原有的行政村合并成乡，利少弊多。

以上意见，是否妥当，敬请核示。

贯彻《婚姻法》运动的性质、目的、方针和政策问题*

（1953年2月）

中共中央在1952年11月向全党发出了关于贯彻《婚姻法》的指示，中央贯彻婚姻法运动委员会在今年1月9日经中央人民政府政务院决定成立了，准备在今年三八妇女节前后展开一个全国规模的贯彻婚姻法的大运动。为使这一运动进行得健康彻底，达成预期效果，少出偏差，不出偏差，现在来谈一谈贯彻婚姻法运动的性质、目的、方针和政策诸问题，我想不是没有益处的。

（一）

首先，贯彻婚姻法运动是一种伟大的社会改革运动，是一种反对封建的民主改革运动。自然，它不是反对封建主义政治统治的民主运动，因为在中国人民打倒了代表帝国主义、封建主义和官僚资本主义的蒋介石国民党的反动统治，中国人民民主革命取得全国胜利的时候，封建主义的政治统治已经被打倒了。它也不是消灭封建主义经济基础的运动，消灭封建土地所有制的土地改革运动已在全国范围内基本完成，封建主义的经济基础业已基本消灭了。它是要废除旧社会遗留下来的封建婚姻制度，克服人们思想中关于婚姻方面的残余的封建思想意识形态，代之

---

* 本文原载《新中国妇女》1953年第2期。1950年5月1日，《中华人民共和国婚姻法》公布；1951年9月21日，第103次政务会议讨论检查婚姻法执行情况；1953年1月9日，第166次政务会议决定成立“贯彻婚姻法运动委员会”，开展宣传贯彻婚姻法运动，本文即此时应邀而写；1953年4月，刘少奇批准《中共中央关于结束贯彻婚姻法运动的指示》，1953年4月19日，该《指示》下发。

以新民主主义的自由自主的婚姻制度，树立男女平等的彻底民主主义的思想。男女完全平等的彻底的民主主义，它不仅是重男轻女的封建主义的对立物，也是在玩弄虚假民主的资本主义社会中所不能实现的。只有在无产阶级的政党——共产党的领导之下，在新民主主义的社会中，以至在社会主义、共产主义社会中，才能实现男女完全平等的彻底的民主主义。也只有在男女平等的基础上，才能真正实现自由自主的婚姻制度。

但是，旧的封建的包办买卖婚姻、早婚、童养媳等不良制度和封建的思想意识形态给予人们的影响，是几千年积习相沿而遗留下来的东西，并不能随着封建的政治制度和封建的经济基础的消灭而一下子都消灭掉，须经过长期艰苦深入的工作。1950 年 5 月，中央人民政府公布了中华人民共和国婚姻法，在法律上即已规定了废除旧的封建主义的包办买卖婚姻制度，代之以新民主主义的男女平等的自由自主的婚姻制度。然而，在实际上，除了一部分先进的老解放区和群众工作基础较好的地区，认真地贯彻了婚姻法，获得了一定的成绩外，多数地区对婚姻法的执行情况，是不能令人满意的。其中主要的原因，还是由于封建的思想意识形态在干部中，在党员中，在群众中还有一定的残余影响，这成为贯彻婚姻法的障碍。

同时，贯彻婚姻法，改革婚姻制度，实现男女平等，又完全不同于农村中的土地改革和其他社会改革。它不是一个阶级对另一个阶级的问题，而是各阶级各阶层内部的事情，人民内部的事情，是女农民与男农民之间的问题，是女工人与男工人之间的问题，是丈夫与妻子之间的问题，父母与子女之间的问题，公婆与儿媳之间的问题。从旧制度旧思想的根源上讲，从其阶级实质上讲，是属于封建阶级的封建主义的范畴，所以说贯彻婚姻法是一种反对封建的民主改革。但如果发生纠纷的话，从纠纷的具体对象看，是女人对男人，妻子对丈夫，子女对父母，儿媳对公婆的争执问题，完全不是这一阶级对另一阶级的问题，而纯粹是阶级内部、人民内部的问题。因此，绝不应该采取粗暴对立的态度与阶级斗争的方法。

总之，贯彻婚姻法运动是一种反对封建的民主改革运动，但又不同于农村中的土地改革和其他社会改革运动，它完全是人民内部的事情，各个阶级各个阶层内部的事情。婚姻制度不是一种政治制度，也不是一种经济制度。在新中国中，阻碍和破坏婚姻制度改革的不是哪一个没落腐朽的阶级，而是人民自己思想中封建的没落腐朽的思想意识的残余影响。贯彻婚姻法运动就是要经过长期耐心的工作，克服这种影响，实现婚姻制度的改革。贯彻婚姻法运动的性质便是如此。

（二）

贯彻婚姻法运动的目的，是在于克服人们思想中关于婚姻问题方面的封建的思想意识形态，树立男女平等的彻底民主主义的思想，废除旧社会遗留下来的封建主义的买卖包办婚姻制度及与之伴随而来的早婚、童养媳等不良习俗，代之以新民主主义的自由自主的婚姻制度。

但是，贯彻婚姻法运动之目的是否仅只如此呢？不，不仅如此，而更在于有了这种男女平等的自由自主的婚姻制度，就可以在此基础上建立起民主和睦团结生产的新家庭。这样的家庭，是有利于生产、有利于社会的，对于子女的身心健康也是有良好影响的。正因如此，我们在反对封建的包办婚姻、主张自由恋爱的同时，也反对资产阶级腐朽的玩弄妇女的观点与性乱的行为。因为玩弄妇女，乱搞男女关系，势必发生家庭纠纷，破坏同志之间的友谊，这不利于生产，不利于社会，也必将给子女的身心健康以非常不良的影响。因此，我们一方面提倡男女自由恋爱，另方面又提倡在男女婚姻问题上的共产主义道德，反对藉自由恋爱之名乱搞男女关系。

有人说，“贯彻婚姻法，就是乱搞男女关系。”这种说法，如果不是有意地曲解和污蔑，就是最大的误解和无知。有人说，“婚姻法就是离婚法”。这也是一种误解。中华人民共和国婚姻法固然规定了离婚自由，给无法再继续夫妇关系的女方或男方以提出离婚的自由，特别是给受封建压迫虐待的妇女以提出离婚的自由，任何人妨碍这种自由，都是不允许的；但绝不是提倡随便离婚结婚，恰恰相反，是要在自由恋爱、自主婚姻的基础上建立民主和睦的新家庭，稳定夫妇关系和家庭关系。就是对于现有的非自主婚姻而结合的夫妇关系家庭关系，在贯彻婚姻法运动中，也是帮助他们改善夫妇关系，婆媳关系，而不是一概离婚了事。

也有人说，“贯彻婚姻法就是要寡妇再嫁”。这种说法也是不全面的。

婚姻法确实规定了寡妇有再嫁的自由，如果反对不许寡妇再嫁，这是对妇女的一种封建束缚，几千年来不知为此而死了多少妇女。为什么寡妇不许再嫁，而鳏夫可以再娶呢？这显然是男女不平等的，是应该反对的。至于寡妇本人是否愿意再嫁，应该由她自己做主，婚姻法既不许任何人禁止寡妇再嫁，也绝不是强迫寡妇再嫁。

总之，贯彻婚姻法运动是要克服重男轻女的封建思想，树立男女平等自由自主的婚姻制度，废除旧的封建的婚姻制度，改善家庭中的夫妇、婆媳之间的关系，建立民主和睦团结生产的新家庭，使人们的家庭关系给子女的身心健康以良好的影响，并有利于生产，造福于社会。贯彻婚姻法运动的目的就在于此。所以说，贯彻婚姻法运动与我们国家即将开始的大规模经济建设又是密切相关的。福建省贯彻婚姻法运动试点的结果业已证明，贯彻婚姻法运动是大大有助于发展生产，有利于经济建设的。

（三）

贯彻婚姻法运动的性质和目的已如上述。基于这种性质和目的，贯彻婚姻法运动的方针，就必须是按照我们党中央关于贯彻婚姻法的指示中所指出的：“一方面需要展开一个大张旗鼓的群众性的宣传婚姻法及检查婚姻法执行情况的大运动，非此不足在广大人民群众中和干部中划清思想界限，把几千年相沿的旧制度根本摧毁，恶风习根本扭转。但另一方面又必须坚持教育的方针。”

这就是说，首先要广泛深入而正确地宣传婚姻法。我们党中央的指示中说：“贯彻婚姻法运动的首要工作就是宣传婚姻法。”“必须在广大群众中，首先在干部中宣传婚姻法，树立对婚姻法的正确认识，从上到下，从干部到群众进行一系列的思想批判，针对许多违反婚姻法的具体事实作出具体分析，以求在思想上认清封建的婚姻制度的阶级实质及其对社会对人民群众的危害性，把封建的婚姻制度以及关于婚姻问题方面的封建残余思想的种种表现，在干部和群众中充分予以揭发，使大家深恶痛绝，从而在思想上划清新民主主义婚姻制度与封建婚姻制度的界限，扫除认识婚姻法和执行婚姻法的障碍，打下贯彻婚姻法的强固基础。”因为关于婚姻问题的封建残余思想和旧的封建的婚姻制度与恶风习，是人们思想中的问题，是人们的风俗习惯问题，不是轻而易举一下子可以消灭掉的，没有大张旗鼓的宣传和运动，就是所谓“积习难返”，“行之若素”，一下子扭转不过来；同时，经过一次大的运动把它基本扭转过来以后，也还不能就此完全解决问题，仍须有长期耐心的宣传教育工作，在一件一件的婚姻登记和解决婚姻纠纷的工作中，经常坚持教育说服群众按照婚姻法办事。

其次，在今年三八节前后展开的贯彻婚姻法的大运动中，也必须如我们党中央所指示的“坚持教育的方针”。有人说，“应该采取教育与惩办相结合的方针”。我看这样说是不妥当的，因为婚姻问题“纯粹是人民内部的事情”，是关于人们思想和社会风俗习惯的问题，对于人们思想和社会风俗习惯的问题，采取“惩办”的方针，或者说采取“惩办与教育相结合”的方针，必然在实际运动中造成粗暴的做法，而粗暴的态度和惩办的办法是不能解决人们思想和风俗习惯问题的。是不是在运动中一个也不惩办呢？不是的，而应该是如我们党中央所指示的，“对一般干涉婚姻自由和违反婚姻法行为的干部或群众，并未造成严重恶果者，经过深刻的揭发批判和教育，只要他决心改正错误，不必再予以处分。对极少数虐待虐杀妇女以及干涉婚姻自由而造成严重恶果致民愤很大的严重犯罪分子，则须按法律予以惩处”。

曾有若干地方，不少干部对争取婚姻自由的妇女采取“熟视无睹，不告不理，见死不救，死了不问的态度；或者在处理时不问情由，见而生怒，采取开会斗争，滥施刑罚，以致酿成青年男女特别是妇女被虐杀或自杀的悲惨事件”。在中共中央向全党发布了关于贯彻婚姻法的指示以后，这种恶劣现象已有改变，但还远未解决问题。这是在贯彻婚姻法运动中以及无论在任何时候都必须坚决纠正立即制止的。另一方面，有个别地方对夫妇不和和婆媳不和，也不问其程度，甚至是偶有的争吵，也都弄到群众中去检讨批判，而不是予以劝解，帮助他们开好家庭民主会，改善夫妇婆媳之间的关系。这种做法是不妥当的。在贯彻婚姻法运动中必须切实照顾到群众的思想状况，否则是要出乱子的。例如，有个别地方，在农民群众中追问男女关系，开大会坦白男女关系，因而发生了当事人羞愤自杀的个别事件，这是极不应该的。因为农民群众中有些不正确的男女关系，正是封建的买卖包办婚姻制度所产生的对立物，但又在封建思想意识的影响下，是不愿意被人张扬的。这种不正确的男女关系是应该否定的。但要解决这一问题，必须依赖于长期耐心的共产主义道德的教育，乱追乱问，开大会坦白及其他斗争方式是不能采用的。当然，这里说的是一般的不正确的男女关系，至于对极少数仗势欺人，奸占妇女，民愤很大的坏分子，那已不是什么不正确的男女关系，而是恶霸行为，犯罪行为，应坚决斗争，依法惩处。我觉得诸如此类的政策界限问题是开展贯彻婚姻法运动时所必须切实予以解决的问题，否则，这一规模宏大的运动一经展开，将难以掌握，而发生偏差。

因此，在贯彻婚姻法运动中，必须广泛深入而正确地宣传婚姻法，说明运动的性质、目的、方针和政策界限，使运动得以少出偏差、不出偏差，健康地向前发展，并使这一运动有助于发展生产，密切配合大规模的经济建设运动。

农村工作部干部配备及农村生产互助合作社运动情况的报告*

（1953年3月17日）

主席、中央：

中央农村工作部主要干部已大致配备就绪，惟第三处因干部不够，暂未成立，将其执掌的农林水利业务交第一处兼理。月余以来，我们听取了中央人民政府农业部、林业部及合作总社党组负责同志的汇报（水利部李葆华同志因公外出，尚未汇报），了解了互助合作运动、农业税收、查田定产诸问题的情况，兹简报如下：

（一）目前在农业生产互助合作运动中，一方面，固然在某些地方和若干干部中尚存在着消极态度，放任自流和在互助组农业生产合作社中允许地主加入，允许富农剥削的现象；而另一方面，自去年冬季以来，比较普遍存在着的主要倾向，是急躁冒进与对互助组合作社是建在私有基础上的这一特点认识不足。其具体表现，在新区和互助合作运动基础较差的地区，打击单干农民，侵犯中农利益，强迫编组，满足于单纯的形式主义。这些错误的倾向对发展生产的危害是很大的，必须纠正。我们认为，在新区，土地改革完成不久，贫农确实有些生产困难，需要从组织起来互助变工中求得解决，但同时必须广泛和深入宣传党的保护农民私有财产的政策，克服干部中的急于过渡到社会主义的思想，打消农民“怕归公”的顾虑，以安定农民的生产情绪。在老区和组织起来而比较大的地区，急躁冒进的具体表现是忽视落后村的工作，放弃对互助组的领导，盲目追求高级形式，试办生产合作社贪多贪大，将耕畜农具变相地无价归公，不根据生产发展的程度而贪多贪快地增加公积金和公共

---

* 本文选自《合作社史料》1994年第2期。

财产，盲目强调增加社会主义因素。因此甚至在个别地方造成牲口落价，杀猪砍树，大吃大喝，破坏生产的严重现象。此外，各大区所提出的农业增产计划与互助合作发展计划的数字失之过高，也容易助长下面的急躁冒进情绪。除已经中央批准电告各地压低计划数字外，我们还帮助华北局农村工作部压缩了华北区 1953 年农业生产合作社的发展计划，纠正了耕畜农具变相的无价归社的错误；又由本部副秘书长和处长级干部带领三个调查组分别到华东（新区）、河南（半老区）、山西（老区）了解情况，以便进一步解决这一问题。

为了澄清干部思想，扭转某些干部过分强调互助合作社的社会主义因素，把互助组当做“半社会主义性质”经济组织和把农业生产合作社与集体农庄混淆起来的这一类错误。我们认为，需要对互助组、农业生产合作社与集体农庄在认识上加以明确的区别。集体农庄是生产资料集体所有，生产收获按劳分配的社会主义性质的经济；农业生产合作社是在农民私有财产的基础上，土地入社统一经营，但生产收获应以部分给入社的私有土地、耕畜及其他生产资料以一定的报酬，其余部分实行按劳分配的半社会主义性质的经济；互助组，按照主席在《论联合政府》一文中的指示，它是“建立在农民个体经济基础上的（农民私有财产基础上的）集体的互助的劳动组织”，这里互助组又有临时的和常年的这两类。一般说来，互助组和农业生产合作社都是引导个体农民走向集体农庄的在不同程度上的过渡形式。因此互助组、农业生产合作社与集体农庄三者是有严格区别的，互助组与农业生产合作社也是有区别的。互助组之集体互助劳动是一种社会主义的因素，但是这个因素还是在萌芽的状态，如果过分夸大这一因素，把互助组说成已经是“半社会主义制度”的经济，这是不对的。把农业生产合作社与集体农庄混淆起来，这也是不对的。目前在农村中工作的许多同志还没有充分地了解到：中国农村还是广大的小农经济占优势，要改造这种小农经济，决不是一朝一夕的事，而是必须配合整个国民经济的发展，进行长期的耐心的工作。因此，他们也就在许多工作中，把苏联对集体农民的要求和工作方法，机械地应用于中国个体农民和参加互助组、合作社的农民身上，自然不免于错误。因此，有必要在干部的思想认识上，把互助组、农业生产合作社与集体农庄三者之间的区别明确肯定下来，同时把改造小农经济是长期的工作这件事明确肯定下来。我们这种看法是否正确，请中央批示。

（二）关于农业税负担与查田定产问题。根据农业生产恢复与发展的情况和农民的负担能力，在三两年内，如国际形势无重大变化，农业税最好能固定在375亿斤上下。今年如在农村发行合细粮50亿斤的公债，那么，就是在370亿斤公粮和乡村筹款7%（合25亿9 000万斤）以外再加50亿斤，共约450亿斤，全国农业负担人口除依法减免少数民族地区外，不过4亿人多点，即每人平均需要负担110斤细粮，每户以四口半人计平均需要负担细粮495斤，折原粮700斤，实嫌过重。恐怕影响到农民的生活和再生产的能力。尤其在秋后，公债与秋征同时进行，则无异较1952年加征90亿斤（52年征350亿斤弱），恐将引起农民大的震动，故请中央再加考虑。是否公债不发或少发。查田定产工作，根据此次物价，除新疆、宁夏、青海、西康、云南等边陲省份和少数民族地区曾议决定不实行查田定产外。只在广东和广西一部分结合土改复查进行抽查外，其余各省今年均不再搞查田定产，就在现有基础上肯定下来，对局部偏高偏低的地区则电各省加以必要的适当调整。

（三）鉴于目前干部调动频繁，专县区干部抽调的过多过急，未调动者亦不安心工作，有的敷衍塞责，“五日京兆”。这势将大大影响农村工作与农业生产。因此，我们认为，一方面应教育地方抽调大批得力干部到工业中去，克服某些地方机关的本位主义；但另一方面，建议中央规定每省应有一至两个专区，每专区应有一至两个县，每县应有一至两个区，重点地配备干部，保留较强的领导骨干，长期坚持工作下去以便帮助省专县领导机关了解下情发现问题创造经验，典型示范地推动全面工作。同时把这些重点的专、县、区的工作做好了，也就会源源不断地从这里培养出大批新生的干部来。这个意见是否可行，请中央考虑决定。

（四）由于农村工作部在党内是一个新建立的工作部门，工作规划、制度和上下关系等等问题均待解决，我们拟在四月中旬召集一次大区的和省的农村工作部长会议（到会人数约40人左右）。并拟出版党内刊物一种，主要是刊登中央关于农村工作的指示决定和交流各地农村工作方面的一些成熟的经验，可否，亦请中央批准。

在全国第三次手工业生产合作会议上的报告

（1953年11月20日）

（一）关于过渡时期总路线问题

毛主席指示："从中华人民共和国成立到社会主义改造基本完成，这是一个过渡时期。在这个过渡时期的总路线和总任务是要相当长的时期内，逐步实现国家的社会主义工业化，并逐步实现国家对农业对手工业和私营工商业的社会主义改造。这条总路线是照亮我们各项工作的灯塔，各项工作离开它就会犯右倾或左倾的错误。"总路线就是：1. 工业方面实现国家工业化。2. 对农业的社会主义改造。3. 对手工业的社会主义改造。4. 对私营工商业的社会主义改造。这四方面的作战任务，合作社是担负着其中的一个半（对手工业的社会主义改造，全部由合作社担负，对农业的社会主义改造合作社担负着一部分），任务是很大的。

总路线的实质，就是逐步地解决所有制（生产资料归谁所有）逐步地解决生产关系的问题，具体地说，实现国家工业化，将工业不发达的中国变为工业发达的国家。我们要实现的工业化，肯定地讲，是要实现社会主义的工业化（现有的工业一部分是国营、一部分是私营的），使社会主义成分的比重越来越大。第一个五年计划达到计划中苏联帮助我国建设八四八个厂矿，另外我们自己还要搞它几百个工厂，这些统统是国营的，这样社会主义的比重就扩大了！私营是不能搞，不会增加的。

对农业手工业私人资本主义的改造，也是解决所有制的问题，今天农业手工业私人资本主义都是个人所有制，农业手工业（虽有些变化，但耕地农具手工工具基本上还是个人所有）是劳动人民的个人所有制，资本主义是资本家个人所有制，资本家是依靠他个人所有制来进行剥削的，因此必须采取国家资本主义道路，即通过公私合营（社会主义与资本主义合营）加工订货、经销包销等方式逐步地进行改造，到最后改造为国营（公有制）的，当然生产关系也就改变了。对劳动人民（农业、手工业）个人所有制的改造，主要是经过互助合作道路，由低级的互助组到高级的生产合作社、集体农庄，即改变为集体所有制了！手工业亦是经过合作道路把所有制改变。

逐步改变所有制，逐步改变生产关系，从中华人民共和国成立起就开始这样做了。过去有人说：要确保私有财产的提法是错误的，因为过渡就要上船，上船就要一步一步地划行，因此就不能确保私有制。

今天我们开会是来研究如何对手工业改造问题，即将来手工业的个人所有制怎样慢慢的合作为集体所有制。现在手工业有生产小组、生产供销社、生产合作社（其中有半社会主义的有社会主义的）等组织形式，这样由低级到高级，把手工业者组织起来就是我们的任务，对小生产者不能采取剥夺的办法，劳动人民数目多，不是一次会、一次口号就改变了。斯大林说："对农村中的小农民，不能采取剥夺的办法，这是犯罪荒谬的行为，会破坏工农联盟。"因此不能性急，要采取教育、典型示范、国家帮助的办法，吸收农民一步一步走向合作化，对手工业亦应该如此。

所谓教育，即是向小生产者进行两条道路的教育，用他们耳闻目见，亲身体验同他们讲清楚：走资本主义道路是少数人靠剥削发财，多数人贫困破产，手工业者也想走资本主义道路，资本主义是大鱼吃小鱼、小鱼吃虾米，少数人可以走通，大多数人走不通的。小私有者时时刻刻产生资本主义因素，兜里有些钱就是放高利贷、囤积粮食、做买卖，小手工业者有点钱就要多雇两个人，把铺子开大点，走资本主义的道路，这些都是资本主义自发势力，必须拔掉它。因此需要教育他们，说明走资本主义道路是少数人爬上去，多数人破产的道路；走社会主义道路是大家富裕共同发展的道路。

同时要做好例子，逐步试办，办出一批样子，确实证明农业生产合作社能增产，每个社员能增加收入，过去个体农民不能办的，但组织起来就能办到了，如改良土壤、杀虫等。生产合作社劳动力更能合理组织，分配明显增多，使他们看到生产社比互助组要优越，互助组也会跟着办。毛主席说："办好生产合作社可以帮助互助组大发展。"手工业亦必须这样做。当然要加上一些国家的帮助。列宁说过："公社是一种创举，国家帮助他，而后取得农民信任。"工人阶级的国家，执政的工人阶级应该帮助这些创举，而手工业也应该有此帮助，但必须是适当的，不能过多地帮助。过去由于没有经验，贷给款弄得利息还不起，过分了也影响了生产，其他农民不满、眼红了，如果因为贷款引起脱离群众也不好，因为我们要带领整个农民走社会主义，合作社就应该是农民中的核心。

对农民要有正确的看法，对手工业者亦应该如此，必须加以分析。手工业是劳动者，劳动就有互助合作的要求，这积极的一方面是我们引导他走互助合作的基础，另一方面小生产者是分散、独立经营、出卖产品的（不像工人，工人自己并不出卖产品，只是拿工资），由于小生产者自己出卖产品，结果就会产生资本主义的因素，他这落后反动的一方面，就是我们要改造的一面。合作道路就是发挥扩大积极的一面，和资本主义因素作斗争。

手工业大部分在农村小城镇，它和农业的关系很密切，农民需要的生活资料大部分是手工业产品。从供销社销售的商品来看，手工业产品占比重很大，从农民手里买来的副产品，又往往经过手工业加工，所以手工业的生产合作亦是对农业社会主义改造不可缺少的部分，在农村改造小农经济必须要做的工作，最基本的是互助合作。但还需有农村供销信贷合作、粮食统购，手工业也搞合作，这几方面工作都配合起来才行。所谓资本主义自发势力，主要是放高利贷、囤积粮食、作买卖。如果不把这些问题改掉，实现社会主义改造也是不可能的。互助合作是社会主义的大门，另外还有一个后门必须堵住它，供销社就有这个任务。你要存粮，我即统购，你要放高利贷，我即搞信用合作，我们再搞手工业生产合作社即全部配合起来了。

供销社任务有三条：（一）为农业（就是社员、农民）生产服务。毛主席讲："小农经济是不好的，但是现实"。通过供销关系，收购其产品，供给其生产生活资料，帮助他搞好生产。（二）通过供销将小农经济纳入国家计划轨道，现在是计划经济，小农是分散的，供销社就是要挂上这个钩，火车挂上钩就一起走了；同时供销社有了计划也能推动农业的计划。（三）供销合作社要占领农村商业阵地，逐步代替私商，这样把农民的自私势力和城市的资本主义的联系割断，和国家半社会主义挂上钩。粮食就是这样的，富农的囤粮要卖就是卖给国家或合作社，现在不准城市粮商下乡，只准其在城市代销，使农村中存粮的资本主义自发势力即发展不起来。在农村搞信贷合作社，它的任务是和国家银行结合起来，同高利贷作斗争，因为这种组织利息低、手续简单，扶持农民生产生活上的困难，就能逐步缩小高利贷的阵地，最后即要消灭高利贷。

手工业与农业关系很密切，各方面的合作农村即合作化了！使农村整个面貌改变。毛主席说："农村只有互助合作，没有计划地收购粮食是没有堵住这门"。依靠这些方面，农村中的资本主义自发势力有堵住的可能，因此希望在这次会议上将农业手工业搞得更明确，以便进行农村中的社会主义改造。

（二）介绍一下农村的情况

手工业大部分在农村小集镇，因此对农民有个正确的了解有好处，有些人讲怪话，农民生活很苦，农民负担很重，进了城对农民不管了……

农村约有10%的缺粮户，每年有2 000万到4 000万农民，这些是有些苦，但是否那样苦呢？毛主席讲："比国民党统治时代强得多，农民分了三亩地"。农民一人平均600斤粮，工人工资每月平均40万至50万，这两句话都是对的，可是需要算算细账，工人的老婆、娃娃没有发给工资，农民大小人口平均600斤，农民每户五口人是3 000斤粮，农民除交公粮外，剩下是自己的。工人创造的价值亦不同，一个纺织工人一年创造十余亿，除去成本还有一亿，值两万斤粮，要比只有农业走向合作化，用机器生产提高生产率，生产就一样了；不然就是国家下命令让工人把工资补添给农民，这是不行的。农民负担很重，也不是重得不得了，1950年是最重的一年，才合3.275亿斤，15%不到；今年还少了，可是给农民办了多少事呢？国营合作社的不算，光国家拿出来的就20万亿（社会救济、救灾、农林、水利、农贷等），算一下是90%又送回农民了；今年据说有七万亿农贷收不回来，有些干部进城看到大楼就讲：唉，这还不是我们的小米子，他未算账！国家收入只有10%强一点是农业税，靠小米子什么也成不了，过去是靠小米子，今天不行了，如国庆节天上飞的地下爬的，用小米子行吗？就是铁路赚收铁路，工厂搞了也是工业化，为了农业进入机械化，对农民也有利，农民说工人都是吃的农民的，是的，是工人也要自己创造出来吃的，工人搞国家工业化是供给农民进行机械化生产。

组织起来，发展农业的互助合作，逐步过渡到社会主义[*]

——纪念《组织起来》发表十周年

（1953年11月29日）

1943年11月29日，毛主席在招待陕甘宁边区劳动英雄的大会上做了一篇有关农业生产发展方向的有历史意义的演讲。毛主席指出："在农民群众方面，几千年来都是个体经济，一家一户就是一个生产单位，这种分散的个体生产，就是封建统治的经济基础，而使农民自己陷于永远的穷苦。克服这种状况的唯一办法，就是逐渐地集体化，而达到集体化的唯一道路，依据列宁所说，就是经过合作社。"

在最困难的敌后抗日战争中，以及在其后反蒋反美的人民解放战争中，当时的陕甘宁边区和其他各解放区的农民，在经过减租减息、合理负担和平分土地这一些不同形式与不同程度的土地改革的基础上，遵照毛主席这一英明的指示，"组织成为一支劳动大军"，发挥了集体劳动的优越性，一般地两个人可以抵三个人用，大大地提高了农业的劳动生产率。在这些困难的时期和进行伟大战斗的日子，毛主席这个号召对于克服解放区经济财政的困难，战胜国内外敌人的经济封锁，把农业生产推向前进，起了很巨大的作用。毛主席对当时的互助组、变工队，给以极高的评价。他认为这种生产合作虽然"生产工具根本没变化，生产的成果也不是归公而是归私的，但人与人的生产关系变化了：这是生产制度上的革命，这是第二个革命"。（《一九四二年在陕甘宁边区高干会上的讲话》）

人民革命在全国胜利以后，农业生产上的互助合作，在土地改革胜

---

* 本文原载《人民日报》1953年11月29日第3版。文中引语，未注明出处者，均引自毛泽东《组织起来》一文。

利完成的基础上，无论在老解放区和晚解放区都有了发展。虽然有的地方，由于土地改革刚刚结束，曾有一度未积极宣传互助合作；或者由于对毛主席所指示的，经过合作社逐渐集体化是克服分散的个体经济的唯一办法这一真理体会不深，甚至忽视，而一度对互助合作采取放任自流的态度。但是在1951年冬季，党中央作出了关于农业生产互助合作的决议以后，这些情况就随即改变了。两年以来，互助合作运动在全国各地有了更大更好的发展。我国农业生产能在1952年达到并且超过抗日战争前的水平，这固然由于各方面工作的配合，但必须了解互助合作运动的发展是一项重要的因素。根据今年十月的统计，生产上组织在临时互助组、常年互助组和农业生产合作社里面的农民已达4 700余万户，占全国农村总户数的40％以上，在农业户口中所占的比例则更高。以土地入股和统一经营为特点的半社会主义性质的农业生产合作社，现已有14 000多个。由具有社会主义性质的萌芽的互助组，到半社会主义的农业生产合作社，再到更高级的完全社会主义的农业生产合作社（也就是集体农庄），这一条逐步改造小农经济，逐步过渡到社会主义的具体道路，已经为许多农民群众（特别是老解放区的农民群众）所理解，所接受，并且成为他们实践的纲领和任务。他们已经从实践中懂得，这是他们自身经济发展所必须经历的道路，是高度发展农业生产，从而高度提高他们自身的生活所必须经历的道路。

不仅在农业生产方面有了群众规模的互助合作运动，而且在对农民的生产生活资料的供应和农副产品的推销方面，供销合作社也已成为一个全国性的新型的商业网，它拥有32 000个基层社和10 000万以上的社员，分布在全国的农村中。此外，还采取了信用小组、信用合作社和供销合作社信用部等组织形式，初步开展了农村中的信用合作。农业生产合作、农村供销合作和农村信用合作，三者结合起来，相互推动，共同发展，无疑将逐步实现农村的合作化。毛主席说，有了这种种合作社，“我们就可以把群众的力量组织成为一支劳动大军。这是人民群众得到解放的必由之路，由穷苦变富裕的必由之路”。

我们国家的计划经济建设已经开始了，农业个体经济的分散性跟国家经济的计划性是不相适应的。工业发展了，就要求农业有相应的发展，要求大量增产粮食、棉花及其他原料作物；而个体经济的农业，增产是有限的，不能适应国家工业化的需要，也不能适应人民生活不断提高的需要。过渡时期的总路线和总任务之一就是对农业实行社会主义改造，逐步把全体农民引导到集体生产大家富裕的社会主义。这是一个克服个体经济与集体经济的矛盾的过程。个体经济时刻滋生着资本主义的因素，这种资本主义的自发势力，如任其自由泛滥，结果将是极少数人靠剥削而发财，变成富农，绝大多数农民被剥削而赤贫破产。如果我们安于个体小农经济的现状，而不积极引导农民走上组织起来，互助合作，逐步过渡到社会主义这一条光明大道，那么，农村的两极分化就会大大发展起来。这就是说，社会主义不去占领农村阵地，资本主义必去占领；其结果就是妨碍农业生产的发展，造成农业与工业之间的发展不平衡，从而破坏计划经济建设，破坏国家的社会主义工业化，也从而使广大农民失掉其在土地改革中所得到的果实，重新陷入破产穷困，生活极其痛苦的境地。这是害了国家，害了全体人民，害了广大农民。毛主席在十年前给中国农民指出的组织起来，互助合作的道路，在目前的过渡时期中，成为实现我们国家的总路线和总任务，改造个体农业经济的具体道路。遵循着这条光明大道前进，就一定能够大大地提高农业生产，逐步增加农业生产的计划性，战胜农村中的资本主义自发势力，从而保证国家的计划经济建设，支援社会主义工业化，也从而保证广大农民的物质文化生活的不断提高。这既有利于国家，也有利于全体人民，有利于广大农民。

逐步改造小农经济，就是逐步改变几万万农民的生产关系，其实质就是逐步改变土地及其他主要的农业生产资料的所有制，从劳动农民的个人所有制改变为社会主义的集体所有制。列宁说，“我国有千百万分散于各穷乡僻壤的个体农户。要想用某种急速办法，某种命令来从外面，从旁边去强迫加以改造，那都是完全荒谬的思想。我们明白懂得，要想影响千百万小农经济，只能采取逐渐的谨慎的办法，只能用实际模范例子来表明，因为农民非常讲求实际，又与旧式农业联结得非常巩固，要使他们作某种严重的改变，单靠忠告和书本知识是不行的”。（《在农业公社和农业劳动组合第一次代表大会上的演说》）毛主席也说，互助合作组织“要使群众自愿参加（绝不能强迫）”。“我们应该走到群众中间去，向群众学习，把他们的经验综合起来，成为更好的有条理的道理和办法，然后再告诉群众（宣传），并号召群众实行起来，解决群众的问题，使群众得到解放和幸福”。根据列宁的思想和毛主席的指示，在改造小农经济工作中，我们共产党员就必须深入到农民群众中去，向农民群众进行说服教育，使农民懂得走社会主义道路和国家工业化对他们自己的好处，是他们自己永远摆脱贫困的“唯一办法”；并且有领导地办好一批典型的农业生产合作社和互助组，这也就是对农民最实际最有效的教育，从而使农民自觉自愿地参加到互助合作组织中来，逐步过渡到社会主义。主观主义地强迫群众组织起来，是不行的。另一方面，当群众有了一定的觉悟，看到互助合作组织的优越性而自发地组织起来，如果我们采取主观主义的态度，不予承认，不去领导它和逐步提高它，甚至强迫命令加以解散，那也是错误的。毛主席在十年以前就指出：“无论叫什么名称，无论每一单位的人数是几个人的，几十个人的，几百个人的，又无论单是由全劳动力组成的，或有半劳动力参加的，又无论实行互助的是人力、畜力、工具，或者在农忙时竟至集体吃饭住宿，也无论是临时性的，还是永久性的，总之，只要使群众自愿参加（绝不能强迫）的集体互助组织，就是好的”。我们必须按照这一指示，深入农民群众，总结群众的创造和经验，采用群众业已行之有效的一切办法和形式，一步一步地加强教育，予以提高，把农民一直引导到社会主义。绝不要限定于一种经验，一种规格，一个模子到处套。列宁说：“……采用对农民尽量简单，容易和便于接受的办法过渡到新制度方面来”，“少用些高明办法，少来些巧妙的花样。”这完全合乎目前中国农村文化水平较低的实际情况，是我们在互助合作运动中必须切实注意的。归根结底，就是说，在逐步改变几万万分散的小生产的农民的生产关系的时候，逐步改变劳动农民的个人所有制的时候，绝不能采取粗暴的方法，强迫命令的方法，更不能像土地改革中没收地主阶级的封建剥削的土地所有制一样，去剥夺农村的中小生产者，也不能靠一声号令的办法来实现，必须处处想到群众，为群众打算，依据群众的自愿办事，又从而教育群众，一步一步地提高群众。正如毛主席经常告诉我们的：主观主义在任何时候都是不允许的，命令主义在任何时候也是不允许的。只要我们去掉主观主义，又去掉命令主义，遵循着毛主席所指示的经过合作社来改造小农经济的道路，积极领导，稳步前进，那么，在过渡时期中对农业的社会主义改造的历史任务就一定能够逐步实现，胜利完成。毛主席在十年前所指示的组织起来，互助合作这一真理，在过去的革命战争时期领导人民发展了生产，克服了困难，取得了胜利；在目前的过渡时期中也像灯塔一样，照耀着全体农民，引导他们一齐过渡到全国的社会主义时代。

中国的农业合作化运动*

（1954年7月）

中国农民在工人阶级领导下，消灭了封建主义，完成了土地改革以后，进而经过合作化的道路实现对农业的社会主义改造。这是中国共产党为中国农民所规划的、引导中国农民走向幸福生活的道路。1943年毛泽东同志在招待陕甘宁边区劳动英雄大会上的讲话中就指出："在农民群众方面，几千年来都是个体经济，一家一户就是一个生产单位，这种分散的个体生产，就是封建统治的经济基础，而使农民自己陷于永远的穷苦。克服这种状况的唯一办法，就是逐渐地集体化；而达到集体化的唯一道路，依据列宁所说，就是经过合作社。"（见《毛泽东选集》第三卷，人民出版社1991年版，第931页。）

早在抗日战争时期（1937年—1945年）和第三次国内革命战争时期（1946年—1949年），解放区的农民在胜利地实现了减租减息和土地改革的基础上，就开始发展了农业生产方面的互助合作运动。全国解放后，中共中央曾于1951年12月发出了"关于农业生产互助合作的决议"。这个决议进一步地明确指出，互助合作是小生产的农民个体经济逐步走向大规模的、在农业生产中有可能广泛使用机器的集体经济所必经的道路，并肯定当时农民群众所创造的各种农业生产合作社是农业走向社会主义化的过渡形式。

这个决议大大推动了农业生产互助合作运动，使之在全国各地都有了不同程度的发展。根据截至1953年10月的统计，组织起来集体劳动的农户已达全国农户总数的43%，其中有农业生产合作社14 000余个，参加的农户有28万余户。

中共中央进一步总结了互助合作的经验，特别是1951年以来发展农

---

* 本文原载《人民中国》1954年第7期。

业生产合作社的经验，在1953年12月发布了“关于发展农业生产合作社的决议”。

与此同时，在全国范围内又普遍开展了关于我们国家过渡时期总路线的宣传教育运动，宣传社会主义，宣传我们国家如何实现社会主义工业化，如何实现对农业、对手工业和对资本主义工商业的社会主义改造。由于受到了总路线的教育，广大农民群众对组织起来、发展互助合作的要求更加迫切了。全国农业生产合作社的数目已大大增长，现在共有四万个以上。

对农业逐步实行社会主义改造所采取的组织形式是互助组和农业生产合作社。

互助组是农民在个体经济基础上，也就是土地及主要生产工具私有制的基础上的集体的劳动互助组织。互助组组员的土地是各人按其自己的意愿来经营的，但田间作业是全组组员彼此互助共同来进行的。这种集体互助的共同劳动就是社会主义的萌芽。互助组又分为临时性的、季节性的互助组和常年的互助组。有许多常年互助组不仅在农业生产上彼此互助，而且集体从事某种副业生产，也有许多常年互助组在集体劳动过程中积累了若干公共财产。因此，非常明显，常年互助组比之临时性的、季节性的互助组具有较多的社会主义因素。

现有的农业生产合作社绝大多数还不是完全社会主义性质的，主要的生产资料一般还是为私人所有。这种合作社的特点是农民入社时将土地入股，由合作社统一经营，但土地的所有权仍属于社员个人私有。所有收获的农产品扣除投资、公积金等项开支后，仍需拿出一部分作为土地的报酬，其余部分则按各个社员劳动的多寡优劣进行分配。由此可见，农业生产合作社不同于常年互助组的地方是在于其中具有更多的社会主义因素，但还不是完全社会主义性质的。在现有的农业生产合作社中，也有很少数的社，土地为国有或社员集体所有，耕畜和大农具也是集体所有的公共财产。在这样的合作社里，全部收入扣除投资和公积金等项开支后，完全实行按劳取酬的社会主义的分配原则。这种更高级的农业生产合作社是完全社会主义性质的合作社，也就是集体农庄。

由于在农村生产关系上开始实行了这种具有伟大意义的变革，我国的农业生产就大大增加了。曾经遭受长期战争破坏的我国的农业生产，到1952年就已完全恢复并超过了抗日战争前的最高水平。1953年农业总产量较之1952年又有增加。土地改革在全国范围内的胜利完成对农业增产起了决定性的作用，互助合作运动的发展也是刺激农业发展的另一重要因素。农民的个体经济，由于人力财力的局限性及其不稳定性，增产是有限的，是不能经常扩大再生产的。个体农民所不容易做到的许多有利于增产的事情，例如土地加工、土地改良等等，互助组特别是农业生产合作社就可以做起来。土地单位面积产量，互助组一般高于个体农民，农业生产合作社又一般高于互助组。这已为无数实例所证明。广大农民群众认识到这种增加农业生产、增加社员收入的集体劳动形式的优越性，都愿意加入互助组，加入农业生产合作社。

我国经济建设的中心任务是发展工业，首先是发展重工业。但同时也必须相应地发展农业生产，以适应对商品粮食、棉花以及其他工业原料作物的日益增长的要求。个体小农经济是不能适应这种要求的。只有在农业机械化的基础上和国营农场大大发展的条件下，才能保证生产足够的商品粮食与技术作物。

中国是一个地广人众的大国，但工业并不发达。现在中国的工业还不能出产足够数量的农业机器，也不能依靠进口农业机器在很大的范围内来实现农业机械化。花过多的钱来办国营农场也不是适当的，因为这样便会影响重工业的建设。因此在国家计划建设的最初几年之内，必须主要依靠发展互助合作，发展农业生产合作社，来增加农业生产。现在我们的农业机器很少，有些地方甚至完全没有农业机器。把广大农民组织起来，组成农业生产互助组，组成农业生产合作社，这样就可能利用集体劳动和统一经营的优越性，发挥农民的生产积极性，发挥土地潜在力量，提高农业生产。我国现有的农业生产合作社中，使用机器耕种的还是极少数。例如东北全区，1953年有4 926个农业生产合作社，其中只有104个社在拖拉机站和国营农场的帮助下使用机器耕地，仅占4 926个社的2%强，其余98%的农业生产合作社还是依靠人力、畜力，使用着原有的旧式农具或改良了的新式农具从事耕作。但是这些农业生产合作社，仅仅由于根据集体的原则组织生产，就已提高了产量15%至20%，某些合作社甚至提高了30%。把广大个体农民组织在互助组和农业生产合作社里，在这个基础上逐步实现农业合作化，这就意味着农业的主要生产资料将由劳动农民的个人所有制逐步改变为劳动农民的集体所有制。这将大大便于实现农业的机械化，因为只有在大块土地面积上才适于使用巨大的现代化的农业机器。随着工业的发展，农业将获得更多的机器。在合作化与机械化的基础上，我国的农业将成为社会主义的农业经济。

组织起来，互助合作，这是一条引导农民通往社会主义的道路。广大农民只有走这条道路才能永远摆脱贫困，走向幸福的生活。小商品生产者的个体农民，既是劳动者，又是小商品出售者。正如列宁所指出的，小商品生产时刻滋长着资本主义因素。这种资本主义自发势力的自由发展对于广大农民是极其不利的，它将会使少数人依靠剥削而发财，绝大多数人被剥削而贫困破产。劳动农民要免于被剥削而贫困破产，只有在工人阶级领导下走向社会主义。中国共产党在广大农民群众中享有极高的威信。中国工人阶级及其政党——中国共产党的领导，在长期的革命斗争中所建立起来的坚固的工农联盟，以及以工农联盟为基础的人民民主专政的政权，就是社会主义战胜资本主义的保证，也就是胜利完成对农业的社会主义改造的保证。

经过互助组和农业生产合作社这种过渡形式，在一个相当长的时间内，引导广大农民逐步地过渡到社会主义，将劳动农民生产资料的私人所有制转变为社会主义的集体所有制，这就是我们党在农村工作中的最根本的任务。由于实行这种转变是采取逐步改造而不是采取突然改变的方法，这样就可以避免突然改变所可能引起的种种损失，而同时更易为广大农民群众所接受。中共中央曾再三指出，对于互助合作运动，对于农业的社会主义改造工作，必须采取“积极领导，稳步前进”的方针。“积极领导”就是说党的领导不应当落后于群众的要求和国家建设的需要；“稳步前进”就是说党的领导应当照顾到群众的觉悟程度和实际的可能。我们正在遵循着这一方针，有计划地有步骤地展开对小农经济的改造工作，使农业生产适应着国家有计划的经济建设和国家工业化的需要而不断上升，使农民生活不断获得改善，使工农联盟进一步地坚固起来。沿着这条道路前进，我们将会顺利地完成我们的伟大任务——在中国实现对农业的社会主义改造并建设社会主义。

关于一九五四年农业生产基本情况和当前农业增产措施的报告*

（1955 年 3 月 3 日）

农业部原定在 1955 年 1 月召开全国农业工作会议，后因各省（市）农业厅（局）长都参加国家计划委员会召开的第二次全国省（市）计划会议，所以全国农业工作会议就与全国省（市）计划会议的农业组合并举行。兹根据会议讨论的结果，把 1954 年的农业生产基本情况和当前增加农业生产的措施报告如下：

（一）一九五四年一年内，以互助合作为中心的农业生产运动是有成绩的，但也存在着缺点和问题

第一，在全面的社会主义建设和社会主义改造事业胜利前进的推动下，互助合作运动的发展是比较迅速的。1954 年春耕以前有十万个农业生产合作社，夏收以后建立的新社有 12 万个，秋收前后又有很大的发展。到 1955 年 2 月初，新老社合计已近 60 万个，入社农户已占农户总数的 13%，其中华北、东北等老解放区已达 30%以上。运动的发展是迅速的，一般说来也是健康的，正常的。互助组也有一定的发展。1954 年春耕前已有的十万个农业生产合作社，大多数都有不同程度的增产，这就在群众中广泛地显示了社会主义经济的优越性。

第二，在百年少有的洪水袭击下（局部地区还有旱灾和霜灾），由于大力开展了灾区的排涝、救苗、抢种、补种和非灾区的超额增产运动，

* 本文 1955 年 3 月 3 日由国务院全体会议第六次会议批准，原载《人民日报》1955 年 3 月 10 日第 2 版。

1954年的粮食总产量较1953年仍增加了约3%，油料和其他经济作物（除棉花外）也都有不同程度的增产。水产计划预计可以完成。除水牛和羊以外，其他大牲畜和猪的发展计划也完成了。

第三，农业部门的各项工作也有所改进。在技术干部和科学研究机关中明确了“为促进合作化和提高农业生产服务”的思想，发扬了深入农村、深入群众、科学技术与群众生产实践相结合的作风。发展和整顿了技术推广站，推广新式农具、推广良种、改良耕作技术和防治病虫害等增产措施，在部分地区已成为群众性的实际行动。为农业生产合作社训练了大批的会计员、技术员和农具手，帮助合作社改善经营管理，对于互助合作组织的巩固和发展起了一定的促进作用。协同工业部门和供销合作部门改善了新式农具、农药器械和肥料等供应工作。协同水利部门发展了农田水利。整顿了省专县农场，试办了拖拉机站，加强了它们的示范作用。开展了牲畜配种和兽疫防治工作。国营机耕农场、牧场和水产企业的经营管理都有提高，国营农场产量低、成本高的状态已经有了基本的改变，水产企业超额完成了利润上缴计划。

1954年的农业生产，在自然条件十分不利的情况下，取得了一定的成绩，这是由于广大群众（包括农民、牧民、渔民和国营农牧渔企业的职工）劳动热情的高涨、社会主义觉悟的提高和互助合作运动的发展，由于各级党政的抓紧领导和各级农业部门干部的努力而获得的。

第四，另一方面，农业工作中的缺点和问题也是存在的。当前最严重的问题是，连续两年（第一个五年计划的头两年）都没有完成粮棉增产计划，这就加深了粮棉供应的紧张程度，更加显示出农业生产的发展赶不上国家工业化和人民对于农产品的需要，也加重了后三年的农业增产任务。不仅粮棉如此，油料、丝、茶、烟、麻等经济作物和畜牧、水产等，一般也都是供不应求的。

客观上的严重自然灾害固然是造成这种情况的重要原因，但是主观上的努力不够和工作中的缺点则必须检讨。缺点的主要表现是：依靠互助合作来发展农业生产的思想一般是明确了，但是农具推广、技术指导、干部训练和其他经济援助等实际工作还落后于合作化运动的发展。对于整个国民经济的发展变化和各地农业资源的了解研究还很不够，对于发展农业经济缺乏全盘规划，计划的准确性差。农业部和各级农业部门中有些干部的思想方法和工作作风还有毛病，对于当前的客观实际认识不深刻，不全面，在具体工作中有时片面强调需要，而脱离实际；对于农业工作是具体细致的经济工作这一点体会不深，往往习惯于用动员方式和一般号召来对待这种具体经济工作；对于农业工作的对象多数还是分散的小生产的农民这一点也认识不足，在推行各种增产措施时还不善于运用群众路线的工作方法，或则强迫命令，或则放任自流。这些缺点都是今后工作中必须改进的。

（二）第一个五年计划后三年的农业增产任务是艰巨的，困难也很多，但任务必须完成，也可以完成

自从我国进入计划经济建设，农业生产的发展怎样才能跟国家工业化和人民需要的发展大体相适应的问题，就提到议事日程上来了。首先，农民生活消费的需要，跟土地改革以前、解放以前大不相同了，那时候农民吃不饱、穿不暖，现在农民打下来的粮食是自己的，就不仅要吃饱，而且要求吃细一点。全国农村以五亿人口计算，每人每天多吃一两粮食，一年就要增加 110 亿斤粮食。每人每月多吃二两油，一年就要增加 7 亿 5 000万斤食油。农民卖了粮食，口袋里装了票子，就想多买点布，全国农民每人每年多穿一尺布，一年就要增加 500 万匹布。同时，工业发展了，城市和工矿区的人口增加了，商品粮食的供应量也随着增加。纺织等制造人民生活日用品的轻工业发展了，它所需要的棉花等工业原料作物的数量也随着扩大。为了换进必要的工业设备，就不能不出口一定数量的农产品。所以，如果农业生产跟不上去，就会打乱国家的经济建设计划，影响国家工业化的速度和城乡人民生活的继续改善，影响工农联盟的巩固。

几年以来，农业生产是逐年发展的，但是发展的速度还跟不上客观要求的增长，因而粮食、棉花、油料和若干农产品就呈现出某些供不应求的现象。根本解决的办法只有努力生产，第一个五年计划的后三年各项农产品的增产任务都很大。单就 1955 年粮食和棉花的增产指标看：粮食总产量要比 1954 年增加 200 亿斤，棉花总产量要比 1954 年增加约 450

万担。农业增产任务是艰巨的。

完成增产任务是不是有困难呢？困难是很多的。

第一，现在虽然已经建立起近60万个农业生产合作社，参加社的农户已占农户总数的13%，但是85%以上的农户仍然是分散的小生产，互助组虽然集体劳动，经营还是分散的。分散的小农经济跟大量增加农业生产的要求是不相适应的。

第二，目前正处在对小生产的农民实行社会主义改造的过程中，暂时发生某些对生产不利的影响是很难完全避免的。粮食统购统销和农业合作化，都是社会主义改造不可缺少的措施，根本讲来对于发展农业生产都是有利的，也完全符合于广大农民的利益，这都是毫无疑问的。但是它跟农民小生产者的自发资本主义情绪和习惯势力是有矛盾的。一部分余粮较多的农民对于粮食统购统销政策就有抵触；再加上粮食统购统销还没有完整的一套办法，有些地方任务分派不很恰当，执行中又有缺点，评定产量偏高，口粮和饲料留得紧，这就在农村中造成了紧张现象。也有个别地方和部分农户评定产量偏低，供应标准偏高，这种不公平不合理的情况也引起农民不满。在农业合作化方面，由于发展较快而经验不足、准备不够、工作较粗，合作社的各项具体政策还缺乏统一详明的规定，在下层实际工作中就难免有些地方未能切实贯彻自愿互利原则，或者在处理有关社员实际问题时照顾不周；也由于有的地方对合作化的政策和步骤宣传解释不够或不很恰当，部分农民对合作化还有若干怀疑和误解。1954年秋收前后发展了一大批新社，紧接着就忙于粮食的统购统销，而放松了合作社的整顿巩固工作。再加上一部分地主、富农分子和潜伏的反革命分子乘机造谣破坏，从而引起一部分农民（主要是中农）的生产情绪不够稳定，对于添车买马、购置农具和整理土地以扩大再生产的积极性不高。少数地区还出现了畜价大跌，滥宰耕畜等现象。这对于农业生产的发展都是不利的。

第三，农业生产资料的生产和供应跟不上、科学技术也跟不上。要发展生产，到处要肥料，而商品肥料不足是长时期内难以完全解决的问题。1955年计划推广40万架新式畜力农具，有些省份还要求增加。现在我国还不能自己生产农业机器，也不能大量进口农业机器。耕作技术的改进也跟不上，技术干部也不够。

第四，国家的财力有限，为了集中力量发展重工业，第一个五年计划中的国家在农业上的投资是不很多的。既没有很多投资，又没有很多机器，就不可能大规模地开荒。按现有国营机耕农场的标准，开垦一亩荒地，至少要投资四五十元，开垦一亿亩荒地，就要四五十亿元，这是目前的财力所不可能办到的。

第五，每年都有若干地区因水旱风虫等灾害而减产。1954 年灾情特别严重，减产粮食估计达 250 亿斤以上，1953 年也因灾减产粮食 100 多亿斤。这个问题不是短短几年之内所能完全解决的。

总之，困难是很多的，但是完成任务的有利条件也还是有的。

第一个有利条件就是靠互助合作的发展。事实证明：互助组的产量高于个体农民，农业生产合作社的产量又高于互助组。农业生产合作社由于实行了统一经营，就能够合理使用土地、耕畜和农具，合理组织劳动力，就能够更好地推行各种增产措施，较多地增加农业生产。农业生产合作社平均增产 15％至 20％，个别还有更高的。这是可以依靠的。靠合作化，靠广大农民群众的劳动积极性和社会主义觉悟的提高，来实现增加农业生产的要求。

第二，农业的增产潜力还是很大的。一亩水田打的粮食和一亩旱地打的粮食相差就很多。引用良种就可以大大提高产量。同样的一亩旱地，改种玉米等高产作物，产量也可以提高很多。一般农民的单位面积产量跟劳动英雄的丰产纪录相差也很多。同一个乡村同一样的土地，产量也很不一样。在一个乡村中，往往是中农土地的收获量高些，因为他牲口农具齐全，经营及时，施肥也多；贫农的收成就差些，这是很普遍的现象。这证明增产是有潜力的，很有文章可做的。此外，加强对自然灾害的斗争，减少灾害的损失，也是挖掘增产潜力的一个方面。

第三，合理使用有限的财力和物资，要做到花钱少、办事多，一个钱当两个钱用。只要把有限的财力和物资合理地使用，还是能办些事的。在这方面，要反对那种在定计划时心中无数，“霸预算”、“霸编制”，实际上没有那么多干部，钱也花不出去，结果不是胡乱开支，就是年终结余上交；乱花固然是浪费国家财产，年终结余上交，就使国家有限的资金积压了一年，也同样耽误了国家建设事业的发展。

第四个也是最重要的一个有利条件，就是党的领导。最近中共中央指示各省委要以农业生产做为中心工作，这就是增加农业生产的有力保证。各级农业部门必须在党委和政府的领导之下，认真做好自己的各项具体业务工作，依靠党的领导力量，把所有的农民发动起来，掀起一个普遍热烈的以互助合作为中心的农业生产运动。

所有这些有利条件运用得好，艰巨的增产任务是可以完成的，也必须完成。

（三）怎样完成农业增产任务

第一，贯彻党在农村中的阶级政策，依靠互助合作，发展农业生产。在发展互助合作中要贯彻阶级政策，要依靠贫农（包括全部原来是贫农的新中农），又要巩固地团结中农。必须坚持自愿互利的原则，既要反对互助合作组织中的变相富农剥削，不能让贫农吃亏；也要克服过早过急地实行牲畜折价归社公有，而折价过低，归还期限过长，以及私有公用的耕畜报酬过低等现象，防止侵犯中农利益。土地报酬应略低于劳动报酬，但也不宜过低。在分摊合作社所需要的生产资金时，对无力交付的贫苦农民应该在新老中农自觉自愿的基础上给予照顾，但也不能要新老中农负担过重。在合作社的领导成分中，要树立贫农和新中农的优势，但也要让老中农占 3/10。总之，贫农和中农的关系必须摆正，农业合作化运动才能健康地向前发展，才能使社会主义改造过程中难免发生的某些对生产不利的影响缩小到最小限度。

生产不是一件孤立的事情，也要根据阶级政策办事。我们是在社会主义改造的大前提大环境下发展农业生产，首先就不能发展富农经济，否则就跟大前提不相适应，就违反了国家在过渡时期的总路线。在生产的具体工作中也要贯彻阶级政策，同样要依靠贫农（包括全部原来是贫农的新中农），巩固地团结中农。

许多增产技术措施要靠互助合作来推广，合作社所以能增产就是因为采取了这些措施。合作社组织起来，劳力、土地和耕畜等使用合理了，劳动积极性提高了，如果新式畜力农具、小型水利跟不上去，种子改良、技术改进也跟不上去，增产效率就难以很好发挥。各项增产措施靠合作社来推行，反过来这些措施又帮助合作社的巩固和发展。在合作化运动中是合作社带动互助组大发展。在生产工作中也应该是合作社带动互助组和广大农民，改进农业技术，推行增产措施，提高单位面积产量，增加农业生产。这就是在目前时期，在我国还不能大量制造农业机器以前，增加农业生产的主要途径。

第二，保证农业增产的各项具体措施。

（甲）合理地、充分有效地利用土地。这就要求各省各县对当地的土壤、气候、雨量、水情等自然条件和群众的耕作习惯做一番调查研究，然后根据当地的特点，因地制宜地提出当前切实可行的增产措施方案。这个方案开始粗糙一些也不要紧，可以在实践过程中逐步具体化。安徽省根据淮北地区的特点所提出的“三改”计划，改变（增加）夏季收获的作物在整个农作物中所占的比重，改种高产作物和耐水作物，改变粗放的耕作习惯，这就是一个好的例子。“三改”的具体内容并不一定各地都可推行，但安徽省的这种工作方法是各地可以仿效的。

我国气候条件较好，除部分地区一年只能种一季以外，多数地区在改善了水利和开辟了肥源的前提下，可以增加复种指数。有些地方粮食作物的单位面积产量过低，除从各方面努力提高外，还应从作物品种方面打主意，应该在保持商品粮食的品种需要大体平衡的前提下，根据当地的自然条件和群众食用的情况，多种玉米和薯类等高产作物。这是提高单位产量的迅速有效的办法，应积极加以提倡。各地都还有不少零星的或小片的可垦荒地，有的地方可以较广泛地发动群众在保持水土的前提下垦殖利用起来，例如黑龙江省用合作社办分社的办法集体开荒，就是一种好的办法。又如广东等省根据当地特有的气候条件，所提出的发展热带作物的要求很好，应该订出具体计划，积极推行。

还有很多山区没有开发，1954 年内已有不少省份提出了山区生产的初步规划，但认真把山区规划深入到群众中去，经过群众讨论然后订出一县一乡的山区开发计划，这样做的还不多。浙江开化县、山东平邑县和山西平顺县等例子是很可效法的。最近林业部召开的林业会议上要求全国凡有山区尚未开发的各县在 1957 年内基本上都订出山区开发的总体规划，农业部门应该尽力配合进行。

（乙）在改进耕作技术上，要求各地特别是县的干部深入到农村、农田和农民中去，在当地找出一乡一县的丰产户，把他所以能够丰产的经验总结起来，然后找来周围的农民进行实地参观，把这种先进经验加以推广。这是群众所易于接受的。这就是群众路线的工作方法。领导广大农民的增产运动，就必须采用群众路线的工作方法。技术推广站的干部，必须学会这种工作方法。当然外来的经过科学方法系统总结了的先进耕作技术也必须积极吸取，经过当地农场先行试验成功后再推广到群众中去。有些先进经验（例如适当密植）在许多地方已证明是可以增产的，应该积极推广。农业科学试验研究工作者应该深入农村，跟农民群众生产经验相结合的方针是正确的，但不能因而忽视农业科学研究机关和试验场站的试验研究工作。

奖励劳模的政策和竞赛评比运动，也是推广群众中的先进生产经验的较好的办法，应该在一乡一县的范围之内广泛进行。

（丙）各地普遍要求兴修水利，但要求的重点不一，有的着重于防洪，有的着重于排涝，还有的着重于防旱灌溉，也有的兼有两项以上的要求。

水利是一项效果显著的增加农业生产的重要措施。但大型灌溉工程只能量力兴修，在目前的条件下不可能多办；而且靠少数几个大型水利工程，并不能解决普遍的水利要求，不能达到大范围的增产。因此，必须大力发展小型农田水利。只要善于运用群众的人力、物力、财力，小型水利就可以多办，普遍办，民办公助，国家花钱不多，收益很大。农业部门应该协同水利部门做好这一工作。

（丁）农具改良也是相当时期内的一项重要的增产措施。在第一和第二个五年计划时期内农业机器数量有限，必须大力推广改良的畜力农具。在平原旱作地区（主要是北方），推广双轮双铧犁等新式畜力农具是很重要的一项工作。国务院已经批准农业部、第一机械工业部和供销合作总社所签订的协议，今年推广新式畜力农具40万部，到1957年共推广150万到180万部，推广计划由农业部负责提出，第一机械工业部负责制造，供销社负责供应。为做好新式农具的推广工作，各地已在农民中间训练了大批农具手，教会他们使用；并组织了铁匠炉、自行车铺和铁工厂帮助农民解决修理和添配零件等问题。此外，广东、广西和江西改良的水田犁，经过试用，已有成效，应该在水稻地区研究推广。还有些少数民族地区现在还是刀耕火种，农具和耕作技术都很落后，应该帮助他们解决农具和提高耕作技术。

（戊）繁殖耕畜和提高耕畜质量的要求，随着新式农具的推广而日益迫切。在相当长的时期内，主要还是靠牲畜和畜力农具，任何轻视耕畜和畜力农具的观点都是不实际的，都是不利于发展农业生产的，因而都是错误的。必须大力繁殖耕畜，改良畜种，防治兽疫，除办好国营牧场、国营配种站和兽医事业外，必须团结教育和使用民间兽医和喂养种畜户，组织他们为繁殖牲畜服务。并建议商业和供销合作部门开展贩运耕畜的业务，组织民间畜贩，做好耕畜的调剂工作；这是当前帮助灾区恢复生产的一项紧急任务。

猪和羊的繁殖，跟肥料、副食品和出口的关系都很大。第一个五年计划中，大小牲畜的繁殖任务很大，除在粮食统购统销中适当留出必要的饲料外，还须组织农民利用田边地垄屋前屋后的隙地、休闲地和废弃土地种植饲料作物，这是完成牲畜繁殖任务的重要保证。

（己）推广良种也是普遍可行的一种有效的增产措施。推广良种并不是非要从外地引进最有名的良种不可。据 1954 年 12 月农业部召开的种子会议上的统计，各地已经知道的民间良种有 1 000 多种，这是很可以在当地普遍推广的。推广良种最主要最普遍有效的办法就是组织群众自选自留优良种子，并在群众中有组织地进行串换良种。外来良种的推广也是应该努力的，但是必须经过一定的试种，成功后才能推广，开展起来较慢，也不容易普遍。过去农业部门在推广良种的工作中，有的地方确实有冒进和强迫命令现象，也有的地方放任自流。强迫命令和放任自流都是不对的，都要改正。应该积极教育群众，启发群众的自愿，开展良种推广的工作。

每年都有部分地区受灾，这在若干年内是难以完全避免的。灾区种子调剂工作和救灾种子的储备工作必须做好。

此外据许多地方反映，自 1952 年农业部把棉花良种轧花厂拨归供销合作社代管后，优良棉种发生混杂退化的严重现象，要求把这批良种轧花厂收回，归农业部门管理。

（庚）肥料和施肥问题。化学肥料、饼肥确实不足，这是一个长期问题。必须积极努力扩大肥源。有的省已经提出增加矿肥的办法，这是好的。更重要的是充分利用厩肥和自然肥料，发动农家积肥、沤肥和种植绿肥。

有的地方施肥不合理，施肥技术要改良，漫撒肥的办法要改变，肥料要节约有效的使用。

人畜粪尿是最大的一项肥料来源，必须充分加以利用。有的地方还有人无厕、猪无圈，种地不施肥的习惯。这种地方就要提倡施肥，把增加施肥面积做为一项计划指标。

（辛）防治病虫害，要采取重点防治和普遍防治相结合，群众性的一般防治、生物防治和药械防治相结合的方针，不能只注意重点防治和药械防治。

现在还只注意到稻螟虫、棉铃虫等少数几种为害严重的病虫害的防治工作，这是非常不够的。1954年下半年苏联植物保护专家考察团在中国考察了半年，去了许多地方，发现了不少问题，提出了许多宝贵的意见；归总一句话，就是我国的植物保护工作做的太差了。农业部门决心在1955年内把这一工作认真开展起来。中国的植物保护技术干部和专家并不少，60%在农学院校教书，农业部门必须善于取得他们的帮助，使他们的教学工作和当地的病虫防治工作结合起来，发挥他们的力量，使他们一面教学，一面直接为农业增产做出更多的贡献。

不仅在植物保护工作方面应该如此，在种子、肥料、耕作技术以及农牧业各项生产技术方面，都必须加强科学试验研究工作，充分发挥农业部门技术干部的力量，并与农业院校密切联系，尽量争取在院校教学的技术人员的帮助下，使一切可能使用的技术干部力量都运用起来，从科学技术方面来保证艰巨的农业增产任务的实现。

（壬）大力开展水土保持工作。从长期着眼，这是对农业生产一项至关重要的工作。水土流失，不仅在西北黄土高原地区是当前的严重问题；在东北由于森林的大量砍伐，迹地更新跟不上去，水土流失日趋严重；在南方许多私有林地区，近数年来也是大量砍伐，砍的多，栽的少，私人栽树有所顾虑，情况也是严重的。甘肃、陕西、山西等省在水土保持工作方面所创造的经验，适用于三种不同地区的三种做法（黄土丘陵区——打坝淤滩、护坡固沟；高原沟壑区——保原固沟；石山区——造林植草、增加覆被、蓄水拦沙、减缓径流），是很值得介绍推广的。甘肃天水专区预计在第一个五年计划期内做到："田田有埂，埂埂相连，坡上有林，沟内有坝”；如果各地都能在几年之内把本专区内需要做的群众性的水土保持工程都做起来，那就是一项重大的成就。

第三，健全县以下的农业机构。

县是领导农业生产的中心环节，而县的农业机构一般是不健全的，过去政务院曾经规定县一律设农林水利科，有的省份执行了，有的省份将农林水利科合并到建设科由它兼管农业生产。这种组织形式跟任务要求是不相称的。因此，请求国务院再一次指示各地县设农林水利科（或局），编制人数需略予增加，增加编制所需的名额，由省在原有编制人数中统一调剂解决。

区的农业技术推广站，是保证贯彻上述各项增产技术措施的组织力量，各地必须在国家核定的农业经费控制数字之内，本着精简的原则，逐步建立起来，要求在 1957 年内基本上做到区区有站。

县农林水利局（科）和技术推广站的干部配备必须注意质量，不得滥竽充数。

做好春耕生产，为完成一九五五年的增产任务而奋斗

——在中央人民广播电台向全国农民和全体农业工作者的讲话

（1955 年 3 月 27 日）

农业生产合作社社员、互助组组员和农民们！国营农场职工、农业部门工作人员和农村工作的同志们：

春耕季节已经到来了，做好春耕生产工作，不误农时，把土地耕好，把庄稼种下去，是当前最迫切的任务，也是保证完成今年农业增产任务的第一件要紧的事！

国务院已经公布了关于春耕生产的决议，提出了增加各种农产品的要求，特别是要求今年全国粮食总产量增加 200 万万斤，棉花总产量增加 450 万担左右，还有其他油料作物等等，也要增加产量。这是一个艰巨的任务。去年长江、淮河流域和其他一些地方，虽然遇到了百年少有的洪水，但是去年的农业生产远比 1953 年增加了，粮食就比 1953 年增加了大约 100 万万斤，这是全国农民和全体干部在中国共产党领导之下，跟自然灾害进行顽强的战斗所获得的结果。同志们！我们必须继续发扬这种顽强战斗的精神，来实现国务院所提出的 1955 年的增产要求，这个要求是可以实现的。但是实现这个要求并不是轻而易举的事，需要我们做极大的努力。

我们为了增加农业生产，要进行哪些工作呢？

首先要按照自愿和互利的原则，对现有的近 60 万个农业生产合作社做一番整顿和巩固工作。农业生产合作社是贫农和中农自愿联合起来的一种经济组织。加入合作社对贫农有利，对中农也是有利的。合作社里在处理劳力报酬、土地报酬和耕畜报酬等等问题的时候，在分摊种子、

肥料和其他生产资金的时候，既不能让贫农吃亏，也不能侵犯中农的利益。农业生产合作社的社员要积极行动起来，经过民主讨论，订立社章，评定土地产量和分红比例，议定耕畜报酬，制订生产计划，组织好劳动力，安排好生产。把去年秋收前后成立起来的一大批新社巩固下来，开始春耕生产。有些互助组，因为部分组员加入合作社而被拆散了，也要重新组织起来，并且还要发展更多的互助组。在互助组里，生产也要安排好。这样就能通过互助合作组织带动广大农民把春耕生产搞好。现在有些农民不愿意加入合作社，也不愿意加入互助组，也要抓紧时间，积极生产。党和国家教育和引导农民走互助合作的道路，但是绝不强迫农民加入互助组和合作社，也不允许任何人歧视或借故打击个体农民。国家给合作社和互助组以必要的经济援助，同时也给需要贷款的个体农民以适当的帮助，并且号召国营农场、农业生产合作社团结周围的互助组和个体农民搞好生产。

去年冬季的备耕工作，有些地方做得不够，秋耕冬耕、选种留种、增积肥料、添补农具、兴修水利等等工作不如往年做得好。要求农业部门和农村工作干部立即把工作中心转移到春耕生产方面来，领导合作社、互助组和全体农民，把春耕生产的准备情况，做一番切实检查。凡是准备不够的地方，都必须按照国务院关于春耕生产的决议切切实实地把准备工作做好。必须抓紧时间，在农忙和雨季以前修好塘坝、堤堰、沟渠、水井。尤其是去年遭受水灾地区的堵口复堤工程是十分紧急的事，更要加紧进行。种子和农具准备不够的地方，除了要求农民发扬互助精神，互相串换种子以外，还要求供销合作社努力做好种子和农具的供应工作。去年遭受水灾的地区，种子和农具的困难更大，更需要大力帮助解决。水灾区和冻灾区耕畜的损失很大，还有的非灾区在去年冬季，曾经发生大量出卖和宰杀耕畜的不正常现象，这些地区今年春耕中畜力不足，必须加强互助合作，有组织地合理使用耕畜；也必须把乡间牲畜贩子组织起来，发挥他们正当经营的积极性，做好耕畜的贩运和调剂工作。有的地方因为饲料不够，喂养不好，有的耕畜瘦弱无力。这种地方的饲料供应工作必须加强。化学肥料、饼肥数量有限，几年内不可能增加很多，依靠化学肥料和饼肥是不能解决问题的；要求全体农民充分了解这一点，积极另打主意，努力积肥、沤肥、种植绿肥、利用人粪尿和牲畜粪尿。

根据科学的分析，一个人一年的粪尿积在一起，肥田的效力等于200多斤豆饼。大家想想这是多么大的一种肥料来源呢！现在有的地方还是人无厕所，猪无圈，有的地方不用人粪尿肥田，这是多么可惜！在化学肥料和饼肥不够的情况下，要求全体农民积极利用各样的自然肥料，来增加农业生产。

国务院公布的决议中，已经规定：在布置春耕生产的时候，就把今年要统购的粮食的数量分配到乡，如果年景正常，无论增产多少，不再变动，如果有的地方遇到严重灾荒，灾区征购的数量必须照减，就要在丰收区多购一些，但是增加收购的数量不得超过增产部分的40％。这就是说增产部分60％归农民自由支配，增产越多，归自己自由支配的余粮就越多。

农民同志们！努力增加生产吧！

国营农场的全体职工也要及时行动起来，进行春耕，并安排好全年的生产计划，为国家生产更多的农产品，为提高产量，降低成本，增加社会主义积累而斗争。

全体农民、国营农场全体职工和担负农业工作、农村工作的全体同志！做好春耕生产，生产更多的粮食、棉花和其他工业原料作物，就是对祖国国家工业化和国防力量的一大贡献，就是对祖国社会主义建设的一大贡献！同志们！把高度的爱国主义劳动热情充分发挥出来，投入春耕生产，为完成和超额完成国务院所给我们的今年农业增产的光荣任务而奋斗！

在批准国营友谊农场场内土地整理设计会议上的报告*

（1955 年 4 月 4 日）

今天很满意地听了马斯洛夫同志关于国营友谊农场场内土地整理设计和尼科连珂同志关于国营友谊农场春耕与基建准备工作的报告。

土地整理设计符合国务院 1954 年 12 月关于建立国营农场的决定。设计中，谷物播种面积占全部耕地面积 80％以上，合乎国务院决定中规定友谊农场是谷物农场的要求。国营友谊农场场内土地整理设计规划，能很好适合使用机器，发挥现代化农业机器的效果，实行现代农业技术措施，这也合乎友谊农场将来在大规模开垦荒地中起模范作用的要求。

尼科连珂同志在报告中表示对完成国营友谊农场今年的播种任务和开垦荒地的任务有信心，这是很好的。

这些报告说明，国营友谊农场在一开始建场时就在各方面起了模范作用。

至于规划中规定大豆单位面积产量为 13 公担，春小麦单位面积产量 16 公担，巴列金同志提出要考虑修正，这个意见很好。开始这样规定是有原因的，但这个问题将来应求得解决，逐步提高单位面积产量，否则国营友谊农场将来在产量方面就不能起模范作用了。关于这个问题，我们的友谊农场的领导和苏联专家须共同研究解决。

我们批准国营友谊农场场内土地整理计划。国营友谊农场场内分设五个分场，并在各分场设置场部，第三分场场部和总场部合并设置。同时批准在国营友谊农场组织 13 个拖拉机田间生产队。同意设十一个大田轮作，五个牧场附属轮作，三个草地牧场轮作。也同意挤出一定数量的

---

* 本文按记录稿刊印。

土地做试验地、苗圃、果园、菜园和种密源作物。关于道路网、田间作业站、水井等设计都一概同意。

批准到1960年时，达到下面指标：轮作地为25 922.5公顷，其中大田轮作地20 465.9公顷，畜牧场附属轮作地2 746公顷，草地轮作1 767.8公顷；牛1 280头，猪5 900头，家禽16 000只，蜂300箱。

关于种玉米的问题，我们现在有多种高产量作物的要求。玉米在当地产量相当高，据说农民的玉米有收到600斤的。同志们知道，中国在粮食供应问题上是相当紧张的，因此政府提出要种高产量的作物。所以这次同志们自东北回来，我们看了计划很快提出了这个问题。我们同意巴列金同志的意见，先行试验在新开垦的荒地上种玉米，以研究其结果。我们要求国营友谊农场的负责干部和苏联专家同志在工作中积极研究如何来多栽培像玉米这样高产的作物。在新开垦的荒地上种植玉米的试验，不但对国营友谊农场有意义，对以后在新开垦的荒地广泛种植玉米都有其重大意义。

关于国营友谊农场建立水利工程问题，农场内有982.7公顷的水稻轮作，这一问题在今后要加研究。水稻轮作区的规划须有排水系统作为前提。而在这个地区种水稻是适宜的，因此我们通知过黑龙江省水利部门积极建立水利工程。关于水文试验站的设立问题，应在北京及时解决，这件事交给国营农场管理局局长负责。

关于国营友谊农场的基建问题，因为备料工作进行稍缓，应赶快进行，不要因为备料迟了便拖延下去，影响施工。特别是要赶快将苏联专家的宿舍修建好，现在苏联专家的家属都来了，这样拖下去是不好的。

关于基建方针问题，国家确定我们的建筑方针是经济、实用，在这种条件下做到美观。生产建筑物应尽量按苏联设计，而住宅、办公室等可以适合当地条件，实用为原则。友谊农场的建筑也要按这种原则进行，生产建筑物应按苏联设计，办公室、宿舍应进行研究。这件事要做得快，不能因为有问题需要研究而影响施工。

苏联专家在很短的时间内，做了很多的工作，而且成绩很大。他们完成了场界规划和场内规划工作，办了训练班。这些工作不但是为国营友谊农场工作，而且也是为今后大规模开垦荒地打了基础。苏联专家在这段工作时间内，以他们积极和认真工作的精神教育了和他们一起工作的中国同志。这一切，都应该向苏联专家同志表示感谢。

巴列金同志指出，苏联专家同志提出的意见不一定完全对，要求中国同志也提出自己的意见，共同讨论，这个意见非常对。无论是什么问题，一定要经过反复讨论研究以后才能得出真正的结论。可是不能因为需要讨论就放弃向苏联专家同志学习。责成国营友谊农场的全场职工好好向苏联专家同志学习。责成魏局长、王场长今后要很好向全场工人进行教育，使他们很好地工作。

同志们说，在这段共同工作的时期内中国和苏联的同志合作得很好，我希望今后合作得更好，从而就像农场的命名一样，充分表现出中苏两国人民的深厚的友谊。

关于农业技术推广站工作*

（1955年4月25日）

一、农业技术推广站是农业部门总结农民生产经验、推广农业科学技术、帮助农民提高产量、增加收入、促进农业合作化的基层组织，是当地党政领导农业生产改进农业技术的助手。办好农业技术推广站，并充分发挥其作用是贯彻各项农业增产措施的基本环节。为了适应合作化的发展，对现有各站应认真整顿提高，并根据具体条件积极稳步发展新站，要求到1957年基本上达到每区一站。

二、农业技术推广站是综合性的，它的具体任务：

（一）推广新式农具，传授使用和修理技术。

（二）推广作物优良品种，指导农民改进耕作栽培技术，选种、留种、积肥、施肥、灌溉、排涝，水土保持及病虫害防治等工作。

（三）指导改进牲畜饲养管理方法，推动家畜繁殖和防疫工作。

（四）宣传农业生产互助合作政策，帮助农业生产合作社改善经营管理并辅导其会计工作。

（五）培养农民技术骨干，帮助农民建立技术组织并指导其活动。

（六）注意搜集整理当地农民突出的增产经验，报告县农（林）业科（局），并报告农业试验站，提请农业试验站研究。

三、技术推广站应设在互助合作基础较好、位置适中、自然条件有代表性的乡或村。各站的编制，一般不超过五人，由省（市）根据业务繁简，指导范围大小，具体规定。人员配备必须注意质量，要有政治较强的领导骨干和熟悉业务的技术人员及会计辅导员。技术干部的条件一般要有中等农业技术学校毕业程度或具有丰富的农业生产经验和一定文化程度并经过半年到一年短期训练的农民积极分子，不得勉强凑数。

* 本文原载《中国农报》1955年第8期。

四、技术推广站在进行工作时，必须贯彻群众路线的工作方法，了解当地农业生产特点，认真总结群众先进生产经验。要和当地农业试验站及专、县农场密切结合，研究提高，并共同制定当地行之有效的综合的农业技术措施方案，作为推广依据。推广站应首先做好重点社、组的技术指导工作，树立榜样，然后通过群众技术推广网的活动推动全面。推广各项农业技术时，必须积极宣传示范，做到农民自愿仿行。一切措施均应注意采取“花钱少，容易办，见效快，收获大”的办法。根据农事季节举办技术传授会、小型的农业展览会，组织田间参观、评比竞赛等以教育群众。同时应注意对一般县、区、乡干部的技术传授工作，通过他们把技术教给群众。

五、技术推广站受县农（林）业科（局）领导，在所在区党政统一部署下进行工作。省、专、县农业部门内有一定机构管理农业技术推广站工作。各县并可选定一个站为中心站，以吸取经验，推动一般站的工作。

六、对现有各站干部，应有计划地提高他们的政治、业务水平。各省农业部门应分批抽调技术推广站干部到农业干部学校和有条件的中等农业学校进行轮训。并在工作中采取“边做、边学”办法以提高干部业务水平。技术推广站每年、每季、每月的工作，均须有计划，有检查，有总结。为了及时肯定成绩，克服缺点，避免错误，技术推广站在检查总结工作时，可邀请附近农业试验站、农场及当地乡、村党政和农民群众参加讨论。省、专、县领导机关定期召集技术推广站工作汇报、检查和总结会议，对成绩显著的站和个人给以表扬或奖励。

与越南农业部严春庵部长的谈话

（1955年6月28日）

廖鲁言（以下简称“廖”）：昨天去看了南郊农场，对农场的工作有什么意见？昨天准备不够，参观的安排不周到。

严春庵（以下简称“严”）：昨天参观农场回来以后，我们正在考虑派留学生来中国农场学习问题。考虑成熟后，将正式提出。

廖：我们欢迎越南的留学生。今天准备怎样座谈？

严：今天主要请中国部长同志给我们介绍以下几方面的经验。（一）土地改革后，怎样发展农业生产？（二）解放以后怎样制订和执行农业生产的恢复与发展的计划？农业统计工作怎样做？（三）农业部门和农业系统的组织机构、农业干部的培养问题。为了深入一步的了解，请给我们一些资料。如果需要了解越南的农业生产情况，可提出问题，我们帮助部长同志了解。

廖：我们先来介绍中国的农业情况。

关于第一个问题——土地改革后发展农业生产的问题。

土改后，农民获得了土地，首先就自然提出了发展生产的要求。他们这种发展生产的积极性表现在以下两个方面，一方面是互助合作的积极性，主要是贫农，他们在生产中还有若干困难，要求互助合作，来克服困难，发展生产，互助合作对他们的好处最大。另一方面是个体经济的积极性，就是有些农民还没有看到互助合作的好处，他们自己生产上的困难也较少，因此就仍然按照旧的路子发展个体经济。这两种积极性对土地改革后农业生产的发展，都是有利的。但是，这两种积极性是有区别的，互助合作的积极性跟我们引导农民走社会主义道路是一致的，所以应该用更大的力量发展这种积极性；个体经济的积极性虽然发展下去有产生资本主义的可能性，但个体经济本身并不是资本主义，小生产的农民也是劳动人民，个体经济也能有一定程度的增产，所以对于个体经济也不应该采取打击的态度。这就是土改后发展农业生产的方针。从我们的经验看，在土改以后，紧接着就要教育农民，引导农民经过互助组发展到农业合作社。早在土地革命时代（1927 年—1936 年）就有互助组之类的组织。抗战时期，实行减租减息后，也在农村中发展互助组。全国解放，土改完成以后，也发展互助组。1951 年我们党的中央提出发展农业生产合作社，并发出关于农业生产互助合作的决策草案（1953 年正式公布），农业生产合作社就在各地逐渐发展起来，尤其在最近一两年来发展比较快。1951 年是试办，1953 年有 14 000 多个农业生产合作社，1954 年春季有十万多个，今年春季已有 67 万个社。土改完成后，紧接着就发展互助组和农业生产合作社，经验证明是好的；有的地方中间隔了一个时间以后才提出发展互助合作，经验证明是不好的。我们说紧接着发展，并不是说强迫农民加入合作社，而是先办少数，给农民做个好样子，使农民自觉自愿地参加。也不是说只注意办互助组、合作社而不注意个体农民的生产发展。对于个体农民也要帮助他们发展生产。

根据我们的经验，要吸引农民到合作社来，必须从三个方面做工作：一是加强教育，使农民懂得走互助合作社会主义道路的好处，这条路是最后消灭贫困的道路。二是办好一些合作社，使合作社社员的收入能增加，以实际的例子教育农民。三是国家给互助合作组织一定的帮助，如帮助他们兴修水利及给予技术上的帮助，使他们生产有所增加。用以上三方面的工作来使农民自愿地加入合作社，而不是强逼他们参加合作社。无论对中农或贫农，都不能采取强迫的办法，只能用启发教育的办法，引导他们自愿参加。

在合作社里面，一定要做到互利，使入社的贫农和中农都有利，如果一方没有利，吃了亏，他就不愿意参加。合作社是贫农和中农联合的组织，应该做到贫农和中农都不吃亏。互利问题主要表现在下面三个问题上：一是土地劳力酬报的比例，二是耕畜农具的酬报，三是投资酬报，这三个问题处理得不恰当，不正确，就会影响互利原则的贯彻。如土地酬报定得高了，劳动的酬报定得低了，贫农因土地少就吃亏，反之劳动酬报定得高了，土地酬报就一定低，中农土地较多，也就不愿意。牲口、大农具的酬报也是同样的情况，这些东西，主要在中农手上。投资的利息问题也很重要，不然就不能很好吸引中农投资。这三方面是贯彻互利政策的真正问题，没有互利就没有自愿。这些问题需要向贫农和中农都说明白，只有互利合作走社会主义的道路，才能使农民永远摆脱贫困，对贫农和中农都有好处。这才是农民的根本利益。如有一方面吃亏，合作社就不能发展不能牢固，这就损害了贫农中农团结合作走社会主义道路这个根本利益。土改以后农民的生产积极性是高的，我们就是采取以上这些政策引导农民走合作化的道路。我们准备在第一个五年计划完成时，把全国 1/3 的农户组织在合作社里。现有的 60 多万个农业生产合作社，参加的农户只占全国农户的 1/7。大约在 1960 年就可以把全国农户基本上都组织到合作社里面来。不过，这还是半社会主义的合作社，也就是部分集体所有制的合作社。大约要到第三个五年计划才能基本完成对农业的社会主义改造，就是说，把半社会主义的合作社发展成为完全社会主义的合作社，完全集体所有制的合作社。

关于第二个问题——恢复和发展农业生产的计划的制订和执行问题。农业在中国还是非常分散的，农民有近五万万，有 1 亿 1 000 多万农户。农业的统计工作也是很困难的，不可能像工业那样详细精确，只能是典型加估计。我们的农业计划也不能像工业计划一样精确，我们的农业计划对农业机关，国家工作人员来讲是要求照计划执行的，但对农民来讲就不能强制农民来执行。工业计划是直接计划，农业计划是间接计划。我们用什么办法来推动农民执行农业计划呢？一是依靠发展互助合作，因为合作社是集体经济的组织，本身就是有计划的，农业合作社发展得越多，我们的农业就越能有计划。二是采取正确的价格政策，做好收购工作来推动农民执行国家计划。斯大林在论社会主义经济问题中曾讲过价格对于生产的调节作用。预购也是推动农民执行国家计划的有效办法，今年棉花预购工作就证明这种办法是很有效的。反之收购工作如果做得不好，譬如收购时手续很麻烦也会影响到农民不愿意种植某种作物，而影响到国家计划。三是给农民贷款的帮助，以及在技术上和物资供应上来推动农民按国家计划发展生产，比如国家计划发展哪一种农产品，就可在这些方面来奖励农民种植这些作物。

此外，在增产方面有以下几种措施，一是改良农具。如推广双轮双铧犁和水田改良犁，这都是用畜力拉的，所以就要同时注意发展耕畜。二、兴修水利。中国的气候不如越南，但就是北方的一些省份如河北、山东等，本是可以每年种两季或两年种三季的，但因缺乏水利，就只能一年种一季了，如果有了水利就可以一年种两次，至少两年种三次。水利不但可以增加土地利用率，还可增加产量，水地比旱地的产量能增加很多。三、改良种子。推广优良品种，特别注意老百姓自己选种留种。四、提倡积肥。化学肥料和豆饼效果当然很好，但数量不足，所以要提倡积攒自然肥料，如多种绿肥，利用人粪、畜粪等等。中国还有许多地方对利用人畜粪不够注意，我们现正大力提倡。在施肥方面，也注意学习苏联的先进施肥方法。五、改良耕作技术。如苏联的深耕密植等，我们正积极学习推广。我国的农民在耕种技术上也积累了很多很好的经验，但我们的总结工作是很不够的，现在我们已开始注意总结这方面的经验。六、与自然灾害作斗争。如与水、旱植物病虫等灾害作斗争，中国几乎年年有些地方闹水灾，有的地方闹旱灾，尤其植物病虫害是经常性的危害，我们要跟它作斗争，克服它。过去我们习惯于用人力与病虫害斗争，对于应用科学方法和药物来防治病虫害注意不够，最近在这方面有改进，加强了病虫害的防治工作。

除以上六点增产的措施外，还从以下三方面来提高农业生产。一、是扩大耕地面积。本来决定在第一个五年计划时期再扩大 3 800 万亩，现在认为这个数目太小。我们准备用拖拉机开垦，然后用人力畜力耕种，这种办法正是把我们现有的少数拖拉机的效用最大发挥起来，同时也把我们劳动力多这个条件应用起来。二、发展高产作物。譬如一亩地种麦子只能收 100 多斤，而种稻子和玉米收获就多得多。三、开发华南发展热带作物。解放以后尤其是土改以后就用以上这些方法来推动和发展农业生产。

关于第三个问题——农业系统的组织机构。我国农、林、水利是分三个部管的，农田水利归水利部管，造林归林业部管，水产事业归我们农业部管。但在每个省里并不一定都分成三个厅（或局），大部分根据他们省里林业和水利事业的多少而决定，如果多，就分开，如果少就合并在一起。目前各省的农、林、水利一般是设两个厅（或局）的较多，合设一个的和分三个的都占少数。在县以下的区，农业有技术推广站，计划在 1957 年内，把每区的推广站都成立起来。在乡村里面在乡人民委员会内设有生产委员会，这种委员会的委员是不脱离生产的。农业系统的组织机构，简单就是这样。我们农业系统现有的干部大多数是从土地改革、群众运动转来的，有做农运工作的经验，但农业技术干部，从农业大学毕业出来的比较缺乏。我们培养农业技术干部的机构，有农业大学，农业专门学院和中等农业技术学校。农业大学和农业专门学院差不多每个省都有，中等农业技术学校全国有 130 所。此外，还用办训练班的办法，把有经验的农民和农业工作者调来短期训练，学习后回到原单位去。我们还派了留学生去苏联学习，不过数量很少。除了从学校、训练班培养农业干部以外，还在实际工作中来培养农业干部，譬如昨天代表团参观的南郊农场的场长，本来不是学农的，现在也懂得一些农业技术了。我们培养干部的情况和来源就是这样。

严：请部长介绍一下，技术推广站是否是像科、局一样的行政机关。

廖：不算区的行政单位，而是事业性的机构，但受区长和县农科院的双重领导。

严：请部长同志给我们介绍一下推广站的机构和情况，因为我们越南的农业部门，到了下面就没有机构和组织，我们的农业部门只有头，没有脚。

廖：按我们的计划要逐步做到派大学毕业生到技术推广站去进行技术指导工作，但是现在推广站的干部一般是中等技术学校的学生和在训练班学习过的人员。推广站的干部分工，除一般农业技术干部外，还设有会计辅导员，专门指导农业生产合作社的会计业务。在畜牧业比较发达的地区，设有懂得兽医的技术人员，进行畜牧兽医技术指导工作。

严：这些技术推广站里有没有小的实验地，供他们实验。

廖：一般没有试验地，推广站可以跟农业合作社结合，在农业合作社的地里进行实验。目前有农场，和省有实验场，全国还有十个农业科学研究所，这就是各级的农业科学试验研究机关。

严：在全国十个农业研究所上面，有没有一个全国性的科学研究院，以指导这十个研究所的工作。

廖：现在还没有成立这样一个研究机关，正在准备中。

严：全国十个农业科学研究所，他们的分工是怎样的？是综合研究所，还是专业研究所？

廖：有七个是地区所，是在那些地区内的带综合性的研究所，另外三个是专业所，农桑、水产、兽医各一个。

严：关于培养农业技术干部，大学、中等技术学校和训练班是否都是由农业部领导？

廖：中等职业技术学校是由农业部领导的，农业大学由高教部领导，业务上与农业部联系。这些学校的经常工作由所在的省政府领导。训练班是由各级农业部门主办的。

严：训练班是训练有经验的农民，农民出来后去哪里？

廖：短期训练班毕业的多数是回原来的农业生产合作社去。农民中比较优秀的，具有一定文化水平的，可以投考中等技术学校，毕业后转为农业技术干部派到各地农业部门工作。现在中等农业技术学校已更加注意从农民中吸收学生。训练班也有一种是在职干部抽调短期训练，进修提高一下，训练结束后仍回原来工作岗位。

严：在越南也有中等农业技术学校，我们很需要学习中国的经验，如果那里的教员脱离实际怎么办？那里的教员是专职的，还是兼职的？

廖：中国农业中等技术学校的教员一般是专职的，短期训练班的教员一般是由农业部门的干部兼任的，专职的教员也有脱离实际的现象，学习内容也比较旧，我们是采取要他们多到农村田间去。

严：越南的中等技术学校的教员大都是以前的老教员，没有参加实际工作，因此在完成教育计划时就遇到困难，不知中国的情形怎样？

廖：我们的教员中也有大部分是解放以前的知识分子，我们就提出要他们深入下层，深入乡村和田间，结合对知识分子的思想改造，引导他们为提高农业生产服务。

严：中等农业技术学校学生的待遇怎样？

廖：都是公费。

严：关于农业部的机构，请部长介绍一下？

廖：农业部下面设办公厅（负责行政秘书工作）、粮食生产总局、经济作物总局、植物保护局、农业宣传总局（管理农业技术学校和农业科学研究所等工作）、农业机械总局、畜牧兽医总局、水产总局（管渔业）、国营农场管理总局（现有机耕国营农场九十七个）、计划局、财务司、物资供应局（管理农业机器药械等供应工作）、人事司（管理干部工作）、监察室、热带作物局（设在华南）、土地利用局。

严：上面这些问题的经验介绍，我们认为对我们越南的帮助很大。我个人的体会中国的经验能帮助我们解决最主要的问题，因为中国所遇到的情况与越南大体上一样，中国所走的道路也就是我们要走的道路。以上的经验我们还要很好的研究，希望今后两国增加联系，派中国专家去帮助我们，我们认为很重要。我们还想派些干部来中国学习，比如到国营农场学习，和学习机械农具的经验等，如部长同意我们就正式向政府提出来。

廖：我们很愿意尽力之我们所及帮助越南，现在正在谈判技术援助，这些可以提出来。此外，我想声明：今天所介绍的只是在中国条件下和适合中国的土壤气候的一些经验，不一定在越南适合。我们的这些经验，只是初步的不成熟的经验，还请越南同志们在引用这些经验时加以考虑。我们应该相互学习。今天的时间已不多了，很想能有机会再谈谈越南的农业生产情况和经验，尤其是热带作物的经验，我们很想学习一下。听说有些关于东京的水产资料，不知还在不在。

严：同意部长同志的意见，中国与越南的自然条件是有一些不同，但是中国的土地很大，中国南部与越南接壤的地方，自然条件还是比较相同的。此外中国与越南的政治、经济和民生情况基本上是相同的，如土地问题、农民生活问题等，正因为这些情况基本上相同，所以中国的经验对越南来讲基本上是宝贵的。今天的时间不多，希望能再有时间和部长同志谈谈，提出一小部分我们越南的经验，主要谈越南的情况，这样可以使中国的同志能更好的帮助我们。法国人办的水产研究机构，在十七度以南，北部的渔业是海岸打渔和河内养鱼。渔业资料，我们回去可以搜集，但北部的渔业材料很少。关于热带作物，越南有一些小的经验可以供给中国参考。在越南的南部，热带作物和畜牧业比较多，在北部少一些，待越南统一后南部的一些经验也可以供给中国参考。

为发展农业的生产和实行农业的社会主义改造而努力*

——在第一届全国人民代表大会第二次会议上的发言

（1955年7月）

我完全同意中华人民共和国发展国民经济的第一个五年计划草案，完全同意李富春副总理、李先念副总理、彭德怀副总理、邓子恢副总理和彭真副委员长的报告。

现在，我仅就农业生产、合作化运动和农村情况方面，发表一点意见。

（一）五年计划草案所规定的粮食、棉花、麻、烟、丝、茶、水果、糖料和油料作物以及牲畜、水产等增产指标，是比较可靠的，是可以完成还可以超过的，应该保证完成，力争超过。同时，这些增产指标也是积极的，不是保守的，要完成这些指标，还必须做很大的努力。由于五年计划的头两年都遇到严重的自然灾害，没有完成农业增产计划，后三年的任务就加重了。特别是今年，计划规定：粮食产量比1954年增加200亿斤，棉花增加400万担以上，甘蔗增产16%，烤烟增产38%，等等。任务是艰巨的，保证完成和超额完成今年的计划，对于能不能完成第一个五年的农业发展计划具有重大的意义。如果今年的农业增产指标不能实现，就会增加明年和后年的困难，就会给第一个五年的农业发展计划带来完不成的危险性。所以说，今年是完成第一个五年计划的关键的一年。

从今年的播种情况看。粮食基本完成了播种计划，棉花略有超过，烟、麻、糖料作物的种植面积没有完成原定的计划，但比去年都有增加。

---

* 本文选自《中国农报》1955年第14期。本文经过毛泽东修改（见《建国以来毛泽东文稿》第5册，中央文献出版社1992年版，第222页）。

除个别地方发生了范围不大的水旱灾情以外，春苗生长一般良好。当前的任务是加强田间管理，除草、追肥，加强同自然灾害做斗争，提高单位面积产量，力争生产保收。烟、麻和糖料作物等没有完成播种计划的原因，主要是由于农业部和有些地方的农业部门抓得不紧。一部分农民，存在着愿意多种粮食的心理，我们的政治工作和经济工作做得不够，而有的技术作物的收购价格还不完全合理，对于农民种植技术作物的积极性也是有影响的。

主要增产粮食和棉花，这是对的；同时也必须按照国家计划增产各种技术作物，繁殖家畜，增加畜产品和水产品。否则，就不能适应工业发展的需要和人民生活增长的需要。在讨论五年计划草案中，许多代表对于保证农业增产的措施，对于增加畜产品和水产品，都提出了许多积极的具体的意见。这充分说明，大家都理解到农业对于发展工业的极端重要性——农业为发展工业提供条件。我们农业工作者和全体农民的任务就是：全面地超额地完成今年的和整个五年的农业增产计划，为实现向社会主义前进的第一个五年计划而奋斗。

（二）五年计划草案所规定的工业农业投资的比例是否适当呢？可不可以削减工业投资来增加农业投资呢？

我们认为：工业农业投资的比例是适当的，是根据国家在过渡时期的总任务规定的，也是符合于我国当前农业生产的具体条件的。

我国农业生产当前的具体条件是什么呢？

由于我国还是一个工业落后的国家，还不能自己制造农业机器，石油的开采量还很小，所以还不能广泛实行农业机械化。同时，由于工业和技术条件的限制，技术资料的不足，更大规模的水利建设也还不能全面展开。一些应该兴修的较大的水利工程，常常由于技术资料不够，设计做不出来，而一时不能动手。在这样的条件之下，发展农业生产的途径，主要还是依靠互助合作，合理使用劳力，充分利用土地，改进耕作技术，加强抗灾能力，发挥集体生产的优越性，来增加农业生产；在装备方面，还是畜力和新式畜力农具；在水利方面，主要还是打井、修塘和新式水库、抽水机等中小型农田水利；在扩大耕地面积方面，除了各地农民就地开垦小片荒地、兴办少数的国营农场和试办机器开荒以外，也由于农业机器和石油的限制，移民垦种一时还不能大规模地进行。当然，农业生产互助合作组织是需要国家贷款扶助的，但贷款也不宜过多。后来的经济证明，贷款过多，就势必助长互助合作组织的浪费，增加它偿还贷款的困难，影响它生产收入的分配，并且可能促使它脱离群众。推广新式农具和兴修农田水利，固然需要国家支出一部分投资和贷款，但更重要的是做好群众工作，把广大农民的人力和财力发挥起来，单纯靠国家出钱是不能解决问题的。由此可见，农业生产能否增加和增加多少，并不是简单地由国家的农业投资来决定的，在我国工业还不发达，还不能用现代技术装备来重新装备农业的时候，不适当地大量增加农业投资，是没有好处的。

五年计划中用来发展农业生产的投资指标，就是根据目前农业的具体情况规定出来的。五年内农林水利的支出总数为 61 亿元，除去非农业性的基本建设投资以外，还有 55.2 亿元。加上军垦费、农村救灾费和农业贷款、国家在五年内用于发展农业生产的支出共 84 亿元。再加上农民自己用于扩大再生产的投资约 100 亿元，共 184 亿元左右，每亩平均投资十块钱以上。这个数目是不算小的，是同农业生产目前条件下的需要相适应的。

同时，还应该看到：有一部分工业支出，例如建设拖拉机工厂、农具工厂、肥料工厂、农业工厂等投资，虽然列在工业投资的项目之内，实际上是完全用于发展农业生产的。而这些工厂又是在钢铁及其他基础工厂发展的前提下才能获得发展，所以这些基础工业的投资中有一部分实际上也是为着发展农业生产的。这些重工业建设的投资，虽然不能立即收到增加当前农业生产的效果，然而是为农业生产进一步的更大规模的发展创造条件的。不仅生产生产资料的重工业的一部分是为着发展农业生产的，而且生产消费资料的轻工业主要也是为农民服务的，因为农民占人口的大多数，特别是在土地改革以后，他们需要大量工业产品的供应；还有广大的手工业，在满足农具和农民日用品的需要方面占着重要的地位，绝大部分的手工业是为农业生产和农民生活服务的。在人们的经济生活中，在社会的生产发展中，农业是不能离开工业的。那种把农业和工业对立起来，把农业投资从整个经济建设投资中完全孤立起来的看法，显然是不正确的。

从根本上讲来，工业是农业高度发展的基础。我国农业落后的基本根源就在于还不能制造农业机器，而小农经济在农业中还占着优势地位。因为不能制造农业机器，就不能用现代技术来装备农业，就不能大大提高农业生产力。因为小生产的农民分散耕种小块土地，也就不能使用农业机器和现代技术，不能大大发展农业生产。所以改变我国农业落后状态的根本道路，是实行社会主义工业化和实行对小农经济的社会主义改造。拖拉机、抽水机、化学肥料等等，都是靠工业供给的。只有在工业化的基础之上，农业的生产力才能大大提高。如果我们削减工业投资，增加农业投资，其结果就是推迟社会主义工业化。如果把工业化推迟了，难道可以完全采用进口农业机器的办法来开垦几万万亩荒地，来使我国的十几万万亩土地实现机械化么？可以用进口化学肥料来满足施肥的要求么？这显然是不能设想的。所以，削减工业投资，增加农业投资的办法，也就使我国农业的装备落后的状态继续落后下去，对于发展农业生产而言，还是本末倒置的。推迟社会主义工业化，是违反农民的最大利益的。是违反全体人民的最大利益的，是违反总路线的。因此，我们不能采取削减工业投资的办法来增加农业投资。我们认为，五年计划所规定的工业投资的比例是适当的。

当然，这并不是说，我们不在可能范围内尽量争取农业投资的增加。相反地，最近由于坚决执行了中共中央和国务院关于厉行节约反对浪费的指示，节省出大量的资金，因而就增加了五亿元（还可能更多些）的投资到农林水利方面来，主要用于开荒、移民和水利建设；并且在农业贷款方面已经决定增加贫农合作基金贷款两亿元，还将增加一笔农业生产合作社的基本建设贷款。这并不是削减工业投资来增加农业投资，而是把节省出来的资金的一部分增加到工业建设方面，也增加到农业建设方面。

厉行节约，反对浪费，把各方面可以节省的钱都用来发展生产，这正是社会主义资金积累的根本原则。从这个方面讲，各级农业部门及其所属的国营农业、牧业、水产企业和事业单位中存在着浪费现象是十分严重的，是不符合社会主义资金积累的要求的，我们农业部的领导工作是有缺点的，必须检查纠正。

（三）农业合作化运动是不是搞得不好，损害了农民的生产积极性呢？

我们认为不是这样。李富春副总理在报告中对于农业合作化运动做了恰当的估计。几年来，农业合作化运动的成绩是很大的，在农村任务十分重的条件下，每年都按计划地并且超额地完成了建社任务。到今年春耕以前，全国已经发展到67万多个社。中共中央关于发展农业生产合作社的决议已经成为广大农民群众的实际行动。这些农业生产合作社，90%以上是巩固的。从生产上看，去年春耕以前成立起来的十多万个老社，80%是增产的；50几万个新社中，麦收增产，春苗生长良好的社也占绝大多数。农业生产合作社增产的优越性更广泛地在群众中表现出来了。最近各地整顿农业生产合作社的结果，减少的社数不到5%，保持下来的农业生产合作社约有65万个，入社的农户有1 500多万户，约占全国农户总数的14%。这就充分证明：在去冬今春农业生产合作社的大发展中，一般是健康的正常的，只有个别的县和少数县的部分乡村发展得较粗较急，问题较多。有些省县虽然入社农户的比例较大，社数较多，但是，问题并不多，不能巩固的社极少，例如山西省入社农户已经占全省农户总数的40%，山东莒南县已经有1 230个社，这也证明发展是正常的。

由于农业生产合作社的大发展，也带动互助组有了很大的发展，全国各地参加互助组的农户和参加农业生产合作社的农户加在一起约占全国农户总数的2/3。贫农和由贫雇农上升的新中农，一般是积极拥护合作化，要求办社；老中农的一部分还在犹疑观望，另一部分已经被吸引到合作化运动方面来。互助合作走社会主义的道路已经成为农村中的主要潮流，现有的这一大批农业生产合作社就是引导广大农民继续向社会主义前进的有力阵地。

当然，在农业合作化运动的胜利前进中，不是没有缺点的。在一些地方，曾经发生过强迫命令，违反自由互利政策的错误，或者还存在着经营管理不善、生产组织不好等缺点。我们认为，这是运动胜利前进中所发生的局部的缺点和错误，是难以完全避免的。我们并不隐讳这些缺点和错误，而是公开地批评它，目的是纠正错误，改进缺点，更健康地更有信心地胜利前进。

必须了解：经过互助合作的道路，逐步过渡到社会主义，不仅是贫农的根本利益，也是中农的根本利益；不仅贫农积极拥护社会主义，中农也是劳动人民，也可以在工人阶级领导之下走向社会主义，因为小生产的农民，只有组织起来，互助合作，走社会主义的道路，才能永远摆脱贫困，大家共同富裕起来。特别是我国的农民，由于人口众多而耕地不足，除了合作起来，合理使用劳力，充分利用土地，发展农林牧相结合的多种经济和副业生产，并进行有组织的开荒移民，扩大耕地面积以外，还有什么别的出路吗！？

我们必须积极巩固已经建立起来的农业生产合作社，并积极发展新社。解放较晚的地区，农业生产合作社数量较少，必须积极发展。老解放区在农业生产合作社并不多的地方也要积极发展，空白乡村更要发展；农业生产合作社数量不少，但运动健康正常的地方也应该积极发展，不要停止不前；至于个别地方，农业生产合作社数量较大，质量不好，问题较多，就应该大力做好现有的社巩固工作，在巩固的基础上再进行发展。今后两三年内是农业合作化运动的关键时期，必须在此时期内，为合作化运动打下坚实的基础。

（四）关于农民生活问题，陈云副总理在21日关于粮食问题的发言中，已作了概要的分析。现在我根据许多具体的材料，再来作一些补充的说明。

由于完成了土地改革，也由于在土地改革完成以后紧接着就开展了互助合作运动，发展了农业生产，农村的阶级状况已经有了根本的改变，农民的生活水平已经有了显著的提高。过去是：除了约占农村人口10%左右的原来的地主和富农以外，中农在农村人口中占20%至30%，贫农和雇农占60%至70%；在一部分土地比较分散的地区，中农占30%至40%，贫农和雇农占50%至60%。现在，在老解放区，贫农只占10%至20%，新老中农占70%至80%；在晚解放区，新老中农占60%，贫农占30%。这就是说，在老解放区，原来的贫农中已有3/4以至4/5以上上升为新中农；在晚解放区，原来的贫农中也有一半以上上升为新中农了。而且，现在贫农的经济地位，同过去的贫农也有很大的差别。现有的贫农，都有自己的一份土地，耕畜农具等生产资料虽然是不齐全的，但也有相当的一部分，穿衣吃饭以至文化卫生生活也比过去提高很多。所以，可以肯定地说，几年来农民的生活是普遍改善了。

另一方面，把几笔大账算一算，也可以清楚看出农民的生活是普遍改善的。首先，农民在土地改革中除分得约70 000万亩土地以外，还分得大量的牲畜、农具、粮食、房屋等经济果实，这是大家都知道的，不必细讲了。第二，几年以来的农业生产是不断增加的，如果以 1949 年农业和农村副业的总产值作为 100，1952 年增加到 148.5%，1953 和 1954 两年又较 1952 年有所增加。按 1952 年的农业和农村副业的生产总值 483 亿 9 000 万元计算，除去农村中的非农业人口，按农户平均，每户收入约 450 元，而 1949 年每户收入平均还不到 300 元。第三，解放以前，土地改革以前，农民每年要交 700 亿斤左右粮食的地租，还要交计算不清的苛捐杂税，现在这些都已经取消了，农民的生产收入全是农民自己的；公粮负担又比较轻，按 1952 年计算，全国公粮总数还占不到当年粮食总产量的 13%，折成货币还不到当年农业和农村副业总产值的 7%，1952 年以来生产逐年增加，负担却大体固定在 1952 年的水平。第四，由于物价稳定以及国营商业和农村供销合作事业的发展，大大减除了私商对农民的中间剥削。单从取消粮食的季节差价这一件事看，缺粮食的农民、经济作物区的农民和牧民、渔民、盐农等每年所得的利益至少合粮食 20 亿斤。第五，实行粮食统购统销，是保护全国城乡人民的粮食供应，并不是压低农民的粮食消费水平。按 1954 年计算，全年粮食总产量为 3 390 亿斤原粮，从公粮和购食的总数中，减去又回销到农村中去的粮食，实际为 533 亿斤商品粮，合原粮 620 亿斤；征粮和统购以后，留在农民手中的粮食，加上又回销到农村中去的粮食，合计为 2 770 亿斤原粮，全部农村人口不到五亿，平均每人合 560 斤原粮，其中的薯类还是按四斤折一斤计算的。按照目前农村的粮食消费水平，这个数目是够用的。难道旧社会的贫农和一般中农连大人带小孩平均每人一年能有这么多的粮食么？显然是没有的。第六，农民的购买力也是逐年提高的，1952 年乡村居民购买各种商品是货币支出约为 154.2 亿元，每人平均 31.1 元；1953 年为 189.7 亿元，每人平均 37.5 元；1954 年为 220.2 亿元，每人平均 42.8 元。以上这几笔大账，完全证明农民的生活是逐年改善的。

当然，目前农民的生活水平，全国人民的生活水平，都还是不高的，虽然比起解放以前改善很多，但比起社会主义的苏联人民的生活水平还差得很远，我国人民的物质文化生活的水平还是低的。中国共产党和毛主席领导中国革命的目的，正是为了不断地普遍地提高全国人民的生活。

就农民而言，当农民还没有土地，受地主阶级的封建剥削，饥寒交迫的时候，中国共产党和毛主席就领导农民为消灭地主阶段，获得土地而斗争。当地主阶级已被消灭，农民已经取得土地，中国共产党、人民政府和毛主席就大力扶助农民发展农业生产，并积极领导农民走社会主义的道路，避免资本主义的剥削。因为，只有社会主义才是引导农民走上幸福生活的康庄大道。建设社会主义是全体人民的最大利益，也是农民的最大利益。为了更美好的幸福的未来，农民必须和全国人民一起艰苦奋斗。建设社会主义。

正当全国人民在中国共产党和毛主席的领导之下，努力建设社会主义的时候，特别是在今年春天以来的最近这一个时期中，在农村问题上，曾经出现了一些错误的议论。有些人认为农业合作化搞得很不好，粮食工作做得很不好，损害了农民的生产积极性，甚至有人重复所谓“农民生活在九地之下”的议论，这显然是不符合事实的，是完全错误的。抱有这种看法的人，绝大多数是由于看问题的片面性，只见树木，不见森林，只看工作中的局部的缺点和错误，而对于缺点错误的范围和程度缺乏比较分析，对于农业社会主义改造运动的伟大成绩估计不足；但他们的出发点是好的，是希望把事情办好的。我们对于这种人应该听取他们的意见，接受他们的正确的批评、同时说明情况，帮助他们弄清问题，和他们共同努力改进工作。另有极少数的分子，从他们原来的地主资产阶级的立场出发去观察问题，对于成绩方面视而不见，听而不闻，对于缺点和错误方面喜形于色，奔走相告；有人甚至故意歪曲事实，借端攻击，抵抗社会主义；其中还混有一些反革命分子的造谣挑拨，阴谋破坏。全国人民必须驳斥地主阶级分子和某些资产阶段分子的叫嚣，警惕和制止反革命分子的阴谋活动。地主阶级分子和某些资产阶级分子想使农民离开社会主义的道路，想把农民引导到资本主义的企图，一定会像他们过去企图维护封建势力，阻止农民的土地改革一样，遭到农民的抛弃。因为凡是有觉悟的农民都知道资本主义的道路，对广大农民说来，就是贫农破产的道路。

六万万中国人民自己动手创造自己的社会主义的幸福生活，是任何力量所阻挡不住的。全体人民一定在中国共产党和毛主席的领导之下，坚定不移地为实现我国发展国民经济的第一个五年计划而斗争，信心百倍地向社会主义胜利前进。

努力完成第一个五年计划的农业任务*

——在中央人民广播电台向全体农民和全体农业工作者的讲话

（1955年8月3日）

农民弟兄们！农业企业的职工和农业工作者们！

发展我国国民经济的第一个五年计划，经过全国人民代表大会的讨论，在七月三十日的会议上全体一致通过了。这是值得全国人民欢欣鼓舞的大事。

这个计划，是我们的国家向社会主义前进的第一个五年计划，是我国人民用自己的辛勤劳动来创造幸福生活的第一个五年计划。

这个计划规定以发展工业为中心，要优先发展重工业，要在这五年之内建立起社会主义工业化的初步基础。这个方针是完全正确的，是根据国家在过渡时期的总任务规定的，是完全符合全体人民的根本利益的。我们的国家，多少年来贫穷落后，受帝国主义的侵略和欺侮，不就是因为我国在反动统治之下工业极其落后么？多少年来，有不少的人想把我们的国家建设成为一个工业发达的国家。但是，在反动统治之下，这是不能实现的梦想。因为，没有一个独立、自由、民主和统一的中国，就不可能发展工业。现在，天已经亮了，人民掌握了政权，独立、自由、民主和统一的新中国已经出现了，工业化的新中国也就将逐步实现，发展国民经济的第一个五年计划就是为工业化的新中国建立初步基础。

毛主席早就指出过："没有工业化，便没有巩固的国防，便没有人民的福利，便没有国家的富强。"如果不实行工业化，我国的国防就是不巩固的，帝国主义要来侵略我们，我们还要挨打。如果不实行工业化，我

---

* 本文原载《中国农报》1955年第15期。

国就不能自己制造机器，轻工业也发展不起来，就不能大量生产日用消费品来满足人民生活日益增长的需要。而且，就农业而言，拖拉机、抽水机、化学肥料等等都是靠工业生产的，拖拉机和抽水机所用的石油也是靠工业生产的，制造农具所需要的钢铁和杀虫用的农药等等也都是靠工业生产的。从根本讲来，工业是农业大规模发展的基础。不实行工业化，就不能大大地发展农业生产，农民的生活也就不能获得更大的改善。社会主义苏联的集体农民的富裕生活，就是在工业化和集体化的基础上，实行农业机械化，高度发展农业生产的结果。所以，实行国家的社会主义工业化是全体人民的根本利益，也是农民的根本利益。农民弟兄们，国营农业企业的职工和农业工作者们！都必须牢牢记住毛主席的这个指示，都应该把支援国家的社会主义工业化当做自己的头等重要的任务。

发展我国国民经济的第一个五年计划又规定：在发展工业的同时，也要相应地发展农业；在建立社会主义工业化初步基础的同时也要建立对农业的社会主义改造的初步基础。五年计划规定：粮食到1957年要增加到3 856万斤、棉花要增加到3 270万担，黄麻和洋麻要增加到730万担，烤烟要增加到780万担，甘蔗和甜菜要增加到3万万担以上，毛茶要增加到223万七千担，蚕丝、水果和油料作物也都要增加；耕地面积在这五年之内要扩大4 000万亩，灌溉面积要扩大7 200万亩。此外，在这五年之内，还要增加1 701万头牛，459万头马驴骡、5 126万只羊和4 857万口猪；水产品的产量到1957年要达到5 614万担。这些增产指标并不算低。尤其是因为1951年和1954年——五年计划的头两年，都遇到严重的自然灾害，农业增产计划没有完成，棉花产量并且低于1952年的水平；所以，后三年的任务就加重了，要实现五年计划所规定这此增产指标，还必须做极大的努力。今年是关键的一年，今年的农业增产计划能不能完成，对于完成五年的农业增产计划具有决定意义。农民弟兄们，国营农业企业的职工和农业工作者们！必须用最大的努力，为全面完成和超额完成今年的和整个五年的农业增产计划而奋斗！这就是我们支援社会主义工业化的第一件大工作。同时，实现了这个计划，也就是增加农民的收入，进一步地改善农民的生活。

建立对农业的社会主义改造的初步基础，也是第一个五年计划的基本任务之一。五年计划规定，到1957年参加农业生产合作社的农户要达到全国农户总数的 1/3 左右。农业生产合作社和互助组是当前增加农业生产的主要依据，互助合作也是我国农民进入社会主义的必经的道路，只有经过互助合作的道路，逐步过渡到社会主义，才能使广大的农民共同富裕起来，永远摆脱贫困。农民弟兄们，应该积极参加农业生产互助合作组织，并且按照共产党所指出的自愿和互利的政策，把合作社办好。办好合作社的标准，首先就是增加生产，增加社员的收入。国营农场的职工和农业工作者，应该从农业技术、合作经济的经营管理和财务会计工作等等方面帮助农业生产合作社。国家也要给农业生产合作社以贷款和其他经济支援。

粮食统购统销也是对农业实行社会主义改造的必须不可少的一项重大措施，是实现国家在过渡时期的总任务的一项重大措施。它保证了城市和工矿区人民的粮食供应，保证了几百万军队的粮食供应，支援了工业建设和国防建设；它保证了缺粮的农民、种植工业原料作物的农民、牧民、渔民、盐民、船民、林农和农村手工业者的粮食供应，保证了灾民的口粮；它促进了农业、牧业、渔业、林业、盐业和农村副业的发展，也帮助了灾区生产的恢复和发展。它使粮食不受投机商人的操纵，使农民和消费者避免了投机商人的剥削，进一步削弱了资本主义在农民中的影响，也削弱了农民中的资本主义自发倾向，促进农业生产合作化的发展。所有这一切，对广大农民都是有利的。五年计划已确定全国统购粮食的总数今后三年不变。农民弟兄们，应该积极发展农业生产，增产粮食，按照国家的计划把余粮供给国家。

五年计划还提出厉行节约和反对浪费的号召。国营农业企业，包括国营的牧业和水产企业在内，应该积极响应这个号召。在这些企业中存在着的严重的浪费现象，必须大力加以克服，要求这些企业中的全体职工，动员起来，跟一切浪费现象做坚决的斗争。

最后，当我们努力进行社会主义建设和社会主义改造的伟大事业的时候，必须时刻警惕反革命分子的阴谋破坏。农民弟兄们！国营的农业、牧业和水产企业的职工和农业工作者们！必须擦亮眼睛，提高警惕，肃清一切反革命分子。

为完成和超额完成发展我国国民经济的第一个五年计划而斗争！

向社会主义胜利前进！

中国的农业合作化运动*

（1955年10月15日）

（一）

我国的农业合作化运动是紧接着胜利地完成土地制度改革以后开展起来的。大多数农民在土地改革以后所发扬起来的走社会主义道路的积极性，就是农业合作化运动的群众基础。我国的社会主义工业化的建设和它的成就，又正在日益鼓舞着广大农民的这种积极性，促进着农业合作化运动日益发展。

到1955年夏季，农业生产合作社已经发展到65万个，加入农业生产合作社的农户已有1 690万户，约占全国农户的15％，同1954年春季比较起来，社数增加到6.5倍，入社的户增加到八倍。已经建立起来的65万个社，绝大多数是比较稳固的；少数不很稳固的社，经过春季以来的整顿工作，也基本上稳固下来了。从今年的夏收和秋收的情况看，这65万个农业生产合作社中，有80％以上的社都增加了农作物的产量，一般增加了10％至30％，有百分之十几的社是不增不减的，减产的社只占5％左右。例如对四川省1955年7 246个社的统计，增产10％以下者占17.4％；增产10％到50％者占69.2％；增产50％到100％及以上者，占13.4％。又例如对山西省1954年10 667个公社的统计，粮食作物的单位面积产量，超过全省粮食作物单位面积产量的20.4％。合作社生

* 本文原是农村工作部一位副秘书长拟在保加利亚召开的东欧各国农业合作化会议上的发言草稿，1955年10月12日上报刘少奇，刘少奇认为写得不好，很难用。批给邓小平，邓小平同意少奇意见，于10月13日批给子恢、鲁言，指定鲁言重写。现文即是廖鲁言15日完成的重写稿（经陈伯达、邓小平、刘少奇审稿通过）。见《建国以来刘少奇文稿》第7册，中央文献出版社2008年版，第379～386页；《邓小平年谱（1904—1974）》（中），中央文献出版社2009年版，第1260页。

产增加的结果，社员收入也有很大增加，贫农社员的收入增加尤为明显。例如天津郊区四合庄胜利合作社贫农社员李云升，1954年的收入为1952年未入社前的5.14倍；贫农社员贾根梁1954年的收入为1952年未入社前的2.89倍；中农社员赵虎岑，1954年收入也超出了1952年的未入社前的55%。增加生产和增加社员收入的事实，有力地吸引着农业生产合作社周围的农民到合作化方面来。许多农民要求县、区、乡的人民政府和中国共产党的组织批准他们（中国以前规定农民组织农业生产合作社要经政府批准）成立新的农业生产合作社，派干部去帮助他们办社。许多社外的农民要求参加农业生产合作社的会议来学习办社，或者要求老社派人去帮助他们成立新社。被批准成立新社的和被接受加入老社的农民就兴高采烈，没有被批准成立新社的农民就垂头丧气，或者不管批准不批准都把农业生产合作社成立起来，他们说："办社会主义的事，反正不犯法。"中国目前在生产上和生活上还有困难的农民和还不富裕的农民在农村人口中占60%至70%，他们走社会主义道路的积极性越来越高涨了，他们中间的大多数都是农业合作化运动的积极分子，已经加入或者正在要求加入农业生产合作社。在农村人口中占20%至30%的比较富裕的中农，他们对于社会主义的态度现在一般的还是动摇的、抵触的，目前还不愿意加入农业生产合作社。但是，在互助合作基础较好、农业合作化的比例较高和农业生产合作社增产较多的地方，一部分比较富裕的中农（主要是土地改革后由贫农上升起来的新的富裕中农），也已经由动摇而更多地倾向于社会主义，已经有一批加入了或者正在要求加入农业生产合作社。最近两三个月以来，农业合作化运动又有了巨大的发展，新成立的农业生产合作社加上今年夏季以前成立起来的老社合计已经超过100万个。预计到1956年春耕以前农业生产合作社的个数将超过1955年夏季的一倍以上，加入农业生产合作社的农户将达到全国农户总数的1/3左右。其中，有的省（例如山西省）将达到全省农户总数的一半以上，有的城市郊区（例如北京市郊区）将有60%的农户加入到农业生产合作社中来。现在已有120个县，全县农户半数以上加入了农业生产合作社，预计到1956年春耕以前，全国将基本上做到乡乡有社，并且将有一批县、一大批地区和更大的一批乡实现基本合作化，即入社农户达到当地农户数的70%或者80%以上。可以说农村中社会主义群众运动的全国性的高潮即将到来。

面临着这种社会主义改造运动的高潮，我们党内有少数同志，被胜利冲昏了头脑，他们不相信广大农民走社会主义道路的积极性，他们也不相信我们的党能胜利领导五亿农民逐步进入社会主义，他们对农业合作化运动作出悲观主义的估计，并且提出一年内停止发展新的农业生产合作社和坚决收编大批已经成立起来的农业生产合作社。这种方针是完全错误的，是同我党中央所提出的过渡时期的总路线不相容的。今年七月，毛泽东同志在我党中央召集的省委、市委和各党委书记会议上作了“关于农业合作化”的报告，严厉地批判了这种右倾机会主义的错误。十月初，我党七届六中全会召开，根据毛泽东同志这个报告全会通过了“关于合作化问题的决议”，以后，统一全党的意志，来迎接全国农村中即将到来的社会主义群众运动的高潮。

（二）

我国农业的社会主义改造，从生产关系的变革方面讲，是分三个步骤进行的。

第一个步骤是：发展具有社会主义萌芽性质的农业生产互助组。这种互助组是由几户或者十几户农户按照自愿和互利的原则联合起来的，他们的土地还是各自分散经营的，并没有统一的计划和安排，但是在农业劳动上，他们是集体的、互助的。在长期的革命战争时期中，这种农业劳动的互助组织就在各个革命根据地内相当普遍地发展起来了。到今年夏季的时候，全国约有50%的农户是组织在农业劳动互助组之中的。

第二个步骤是：在农业劳动互助组的基础上，同样按照自愿和互利的原则，发展半社会主义性质的农业生产合作社。这种农业生产合作社是以土地入股、统一经营为特点的。它一方面还在一定程度上保留着社员入社的土地和耕畜、大农具等主要生产资料的私有权，另一方面入社土地是由社统一经营的，耕畜和大农具等是由社统一使用的，生产的收获除了一部分做为土地和耕畜等生产资料的报酬以外，大部分是按社员的劳动分配的。因为它是统一使用土地耕畜等生产资料的，统一使用劳动力的，所以它就可以克服农业劳动互助组中所存在的集体劳动同分散经营的矛盾，可以合理地充分地利用土地和劳动力，发展多种经济综合经营农业和副业，进一步发挥合作经济的优越性，大大地发展农业和副业生产，增加农业生产合作社社员的收入。农业生产合作社随着生产的发展，也就逐步增加了公共财产的积累。并且可以陆续采取作价收买的办法或其他互利的办法，把社员私有的为合作社的生产所需要的耕畜、大农具等生产资料收归全社公有。这种半社会主义性质的农业生产合作社，就是目前阶段我国农业合作化运动的主要形式，它是逐步过渡到完全社会主义的过渡形式。

第三个步骤是：在半社会主义农业生产合作社的基础上，同样按照自愿和互利的原则，随着生产发展的需要而过渡到完全社会主义的高级的农业生产合作社（也就是集体农庄）。在这种高级的农业生产合作社内，土地已经取消报酬，转为公有，耕畜和大农具等生产资料也已经实现了公有化，完全根据按劳取酬的原则来分配合作社的生产收入。这种完全社会主义性质的高级农业生产合作社的数量，目前还是很少的，全国只有一千个左右。

正因为我们采取了这样三个步骤，来领导千百万的个体农民一步一步地过渡到社会主义，使他们自然而然地进入社会主义的经济制度，而不是一下子把千百万的个体农民所不习惯的社会主义经济制度勉强让他们接受。所以就能够使他们进入完全的社会主义经济制度的时候，有了思想准备和组织准备，避免由于突然转变所可能引起的农业生产上的和其他方面的种种损失。

现在全国各地，已经有许多农业劳动互助组积累了若干公共财产，或者几个组联合起来组成互助组联合组，积极准备转为农业生产合作社。还有一些已经成立了三、四年的农业生产合作社，积累了更多的公有的生产资料，要求转变为完全社会主义性质的高级社。从生产力的发展需要看生产关系的这种转变，农民的社会主义觉悟也要求着这种转变。从农业劳动互助组到农业生产合作社的转变，目前是大量的；从低级社到高级社的转变，目前还是很小量的。但是，在那一批已经办了三、四年的农业生产合作社中，这种转变到高级社的要求，却是有相当普遍性的要求，这种种事实，有力地说明了：农业劳动互助组和农业生产合作社是引导农民逐步进入社会主义的一种适当的过渡形式，它们也是给农民以最实际的社会主义教育的学校。

（三）

当前我国农业合作化运动的中心环节，是积极发展半社会主义的农业生产合作社。抓住了这个中心环节，大力发展农业生产合作社，并且把它办好，就可以带动农业劳动互助组的发展和提高，也就可以在成立较早、办得较好的半社会主义的农业生产合作社中选择重点，试办高级的完全社会主义的农业生产合作社。农业劳动互助组的发展和提高，就为农业生产合作社进一步的发展准备了组织基础。高级农业生产合作社的试办，就为农业的社会主义改造的下一个步骤准备了经验和范例。

我们计划：到1957年（第一个五年计划末尾的一年），组织全国农户的50%到农业生产合作社中来，这个计划是可以大大超过的；到1960年基本上完成半社会主义的合作化，就是说，参加农业生产合作社的农户达到全国农户的70%或80%以上，这个目标也很有可能提前完成。就目前农业生产合作化的进度看出，全国有三类地区：大部分地区，从现在起，再有三年左右的时间，就可以达到基本合作化了；一部分地区，现在合作化的比例已经较高，基础较好，再有两年就可以达到基本合作化了；还有另一小部分地区，达到基本合作化的时间，需要四年以上。现在也有一些省、县开始试办高级的农业生产合作社。有一部分地方，那里的农业生产合作社发展较早较快，办得也较好，很有可能在第二个五年计划的前半期就基本实现完全社会主义的合作化。全国大多数地方完全社会主义合作化的任务，要到第二个五年计划的后半期和第三个五年计划时期才能完成。

这是我国农业经济生产关系的改革的大体规划。

至于我国农业经济的技术改革，使我国的农业拥有现代的技术装备，成为大规模的机械化的农业经济，那还需要更长的时间。在第一个五年计划时期和第二个五年计划前半期，农业机器的数量是不多的，国营的社会主义农业企业（国营农场和机器拖拉机站）也是不多的；在第二个五年计划的后半期和第三个五年计划的时期中，拖拉机和其他农业机器将逐渐增多，国营的机耕农场和机器拖拉机站也将逐渐增多。到1967年

（第三个五年计划末尾的一年），我国的农业将拥有拖拉机 60 万台（标准台，按 15 匹马力计算），机耕面积将达到耕地总面积的 40%以上。还需要再加一个到两个五年计划，才能实现我国农业经济全盘机械化的任务。

由于我国是一个工业还不很发达的国家，又是一个拥有五亿农业人口的大国，这种条件就决定了我国的农业必须在还没有机器的条件下，先实行合作化，以适应社会主义工业发展的需要，而后再在合作化的基础上随着工业的发展来逐步实现农业的机械化。这也是我国社会主义的农业改造过程的特点之一。

（四）

农业生产合作社是怎样获得增产，怎样日益坚固和日益发展起来的呢？

坚持自愿互利的原则，是保证农业生产合作社增加农作物的产量，使农业生产合作社日益坚固和日益发展的第一个必不可少的条件。

在我国的农业合作化运动中，有些地方曾经发生过强迫命令的现象，把一些暂时还不愿意加入合作社的农民（特别是还不愿意加入合作社的富裕中农）拉进社里面来，因而影响到社的巩固，也有的地方对于我们党“依靠贫农、巩固地团结中农”的阶级政策执行得不好，发生了排斥贫农入社或者是拒绝中农入社的现象。我们总结了这方面的经验，规定在发展农业生产合作社的时候，首先要把农村中的阶级和阶层加以分析。贫农虽然已经在土地改革中分得了土地，经济地位比土地改革以前是好得多了，但是他们的人力畜力还感不足，生产上和生活上还有困难。中农中很大一部分是下中农，他们的经济地位比贫农好一些，但是他们还不富裕。这两部分农民，在农村人口中占 60%至 70%，他们有一种组成合作社的积极性。我们发展农业生产合作社，就是依靠这两部分农民，首先是把这两部分农民中间的积极分子组织起来。对于这两部分农民中间的暂时还不积极的分子，则不勉强拉他们入社。对于经济地位比较富裕的中农，除开若干已经有了选择社会主义道路的觉悟，真正自愿加入农业生产合作社的，可以吸收他们加入以外，其余的暂时都不吸收。至于富农分子和过去的地主分子，在当地还没有实现基本合作化以前，一律不许他们入社，并且严防他们混入社内进行破坏。按照这样的阶级分析，来规划全乡、全区、全县的，以至全省的农业生产合作社的发展步骤和速度。这样就可以真正做到每一个农业生产合作社都是在自愿的基础上联合起来的，切实避免了强迫命令。

处理农业生产合作社内有关社员经济利益的各项问题的时候，我们是坚持相互有利和公私兼顾的原则。例如：土地报酬应该低于劳动报酬，这有利于发扬社员的劳动积极性，但是也不宜过低；评定土地报酬应得的数量，既要根据土地质量的好坏，使那些因为经营力量不足而土地没有达到应有的产量的贫农不致吃亏，又要照顾土地入社前实际产量的高低，使那些因为经营力量充足而土地产量本来就比较高的中农感到满意。这样做的目的是为了克服有的合作社土地报酬偏低，使中农不满，以及未入社的农民不愿意在土地上加工施肥的现象，或者是土地报酬偏高，在合作社内产生互相剥削的现象。又如，对于社员的耕畜和大农具的处理问题，有的地方曾经产生过急于把它转为全社公有，转为公有的时候作价过低，价款长期不归还，或者是合作社让租用社员耕牛，所给的报酬偏高或偏低，因而引起了耕畜瘦弱和宰杀耕畜的现象（当然还有其他方面的原因）。因此，在农业生产合作社初办的一、二年内，我们一般是采取仍归社员私有、由社租用的办法，并且给以相当于当地畜租的报酬，而不必急于转为全社公有。在实行作价归公社公有的时候，必须拿作价一般相当于市场价格，还款的时间也不要过长（一般是三年还清）。对于农业生产合作社所需的资金，除了社所积累的公积金和公益金外，我们是采取按社员入社的土地多少分摊，或者由入社的土地和劳动力按比例分摊，土地报酬很低或者已经取消了土地报酬的农业生产合作社则按劳动力分摊。用这种办法，分摊的股份基金记在社员个人名下，退社时可以退还，平时不付利息。如果社员所交纳的股份基金不能满足农业生产合作社资金的需要，可以号召社员量力投资，并且由社按照银行的利率付息；如果仍然不能满足资金需要，则由社向国家银行或者信用合作社贷款解决。此外，为了充分发挥社员在农闲时间的劳动力和社员家庭中的辅助劳动力，来发展养猪、养鸡及手工副业生产，农业生产合作社还允许社员在不影响社内生产的前提下使用自己的一部分劳动力去从事副业生产，允许并帮助社员的家庭发展那些宜于分散经营的家庭副业，并且留给社员少量土地，满足社员家庭种植蔬菜和经营副业的需要；这种自留地的数量，一般是当地每人占有土地平均数的2%至5%。采取了这样一些办法，使社员与社员之间真正做到相互有利，也使社员的个人利益和全社的集体利益之间真正做到“公私兼顾”。从而在互利的基础上，真正实现自愿。

我们的经验证明：坚持了自愿互利的原则，社员的劳动积极性就大为提高，增产就有了保证，农业生产合作社就日益巩固和发展。

(五)

保证农业生产合作社增加农作物的产量，使农业生产合作社日益坚固和日益发展的另一个必不可少的条件，就是改善农业生产合作社的经营管理。

为了克服生产无计划、劳动无组织、报酬不合理以及账目混乱等现象，许多比较先进的农业生产合作社，在中国共产党和人民政府的领导和帮助之下，发扬了社员群众的积极性和创造性，在农业生产合作社的经营管理方面取得了许多成功的经验。他们首先抓住了集体经济的计划性这一个特点，实行着生产的计划管理。一般的农业生产合作社都制订了自己的全年的生产计划和季节的生产计划，有些社的生产计划是比较粗糙的，有些社的计划内容是比较具体的，包括生产、劳动和财务计划，按计划办事。一般说来，农业生产合作社的计划都是由粗到细，由简到繁，逐步发展的；计划在经营管理中的实际作用，也是由计划时常同实际脱节，而逐步做到真正按计划办事的。现在已经有少数先进的农业生产合作社订出了本社的长远的发展生产的计划，例如，山西省著名的劳动英雄、全国人民代表大会代表李顺达所领导的农、林、牧生产合作社，订了15年的计划，到1967年粮食收入将达到每人平均3 000斤（二斤合一公斤），为未办社以前每人平均收入的833%以上；又如黑龙江省双城县第十一区以农业生产合作社和农业劳动互助组为主，制订了全区的生产规划，计划从1955年到1957年三年之内开垦荒地968公顷，从1955年到1960年六年之内改1 800公顷旱地为水田，还要造林900公顷，开辟草场和牧场2 900公顷，在1955年和1956年增加778

匹马、361 头牛和 2 310 口猪。这些计划不仅有利于农业生产合作社经营管理工作的改进，对于广大的农民走社会主义道路的积极性也起了极大的鼓舞作用。

许多农业生产合作社，在同劳动无组织和生产无计划中的平均主义这些混乱现象做斗争的过程中，逐步建立了生产队和生产小组，学会去执行包工制，例如包耕一块田记多少劳动日，包插一块田的秧记多少劳动日，包割一块地的麦子记多少劳动日，包喂一头牲口每月记多少劳动日等等。有的社员由临时的季节的包工制进一步实行了常年包工制，就是把一部分土地从耕种到收割固定包给一个生产队或者生产小组。给这个生产队或者生产小组以一定数目的劳动日。这种包工制，是把生产责任制和按件计酬制结合在一起的一种制度。许多农业生产合作社实行了这种制度，大大克服了劳动组织和劳动报酬上的混乱现象，大大有利于合作社生产的发展。在帮助农业生产合作社建立财务会计制度方面，人民政府的农业部门分别编定了合作社的会计教材，为合作社训练了大量的会计员，并且配备了一批会计辅导员，每个会计辅导员专门负责辅导几个乡的农业生产合作社的会计工作，农业银行和供销合作社也负责协助对农业生产合作社会计的辅导工作。

（六）

增加生产资料和提高耕作技术，也是保证农业生产合作社增加农作物的产量和使农业生产合作社日益坚固和发展的必不可少的条件之一。

农业生产合作社，由于统一使用土地和劳动力，由于它具有比个体农民和初级劳动互助组都大得多的经济力量，所以在增加生产资料和提高耕作技术方面就充分表现出它的优越性。在土地利用方面，农业生产合作社所采取的办法是：取消田埂地界，取消那些因为土地连片而不再需要了的过多的田间道路，增加了土地的利用面积；开垦荒地，例如黑龙江省一九五五年下半年动员了一批农业生产合作社开垦了荒地六万公顷；增加播种面积，例如南方水稻地区，小农经济由于农忙季节的劳动力不足，肥料不够，水利修不起，以致于许多可以种双季稻的田只能种单季，现在随着农业生产合作社的发展，种植双季稻的面积也大大增加起来了。现在我国已大量供给农民双轮双铧犁等新式畜力农具，但这种新式农具同小农经济的生产规模是不适应的，因为小农经济一家一户是一个生产单位，经营的面积一般不过 15 亩（合一公顷）左右，少数的还不到十亩，新式畜力农具就不能发挥作用，当然他们的畜力也不足，无法使用新式农具。许多农业生产合作社、特别是北方平原地区的农业生产合作社，一成立起来就要求国家供应他们新式农具。在肥料方面，农业生产合作社不仅有力量来购买使用较多的化学肥料，并且可以在统一地、合理地使用土地的基础上增加了绿肥的种植面积，抽出一批劳动力来积肥造肥；许多农业生产合作社并且规定了给劳动日或作价收购等办法来鼓励社员家庭积极增加充分利用厩肥和人粪尿；在一些过去无施肥习惯的地区，例如东北的部分地区，农业生产合作社就带头增大施肥面积，增加单位面积上的施肥量；在某些经济作物地区（例如棉产区），比较先进的农业生产合作社就带头使用了喷施肥料等先进的施肥方法。小型农田水利也随着农业生产合作社的发展而日益发展起来，例如山东、河北、河南三省就计划在 1956 年和 1957 年两年之内，依靠农业生产合作社，打水井 200 万眼，扩大灌溉面积 3 000 万亩（合 200 万公顷）。此外，在精耕细作、小株密植、采购良种以及同水旱病虫灾害作斗争等等方面，农业生产合作社已经成了国家所设立的农业技术推广站的得力助手和工作据点。

我们的国家是依靠农业生产的合作组织来展开农业增产运动的。国家也给了农业生产合作社以巨大的经济支援。发放贫农合作基金贷款、农业生产合作社基本建设贷款以及一般性的农业生产贷款，以大批的化学肥料和其他商品肥料、大量的新式农具、农用药品、农业器械来供应农业生产合作社，并且从今年九月起把双轮双铧犁的价格降低了百分之四十，农药和器械的价格也降低了。

此外，在农业合作化运动发展的同时，我国已经有了少数社会主义的国营农场。到 1957 年，国营农场将发展到 3 038 处，耕地面积将达到 1 687万亩（十五亩合一公顷）。其中，机械化农场将达到 141 处，耕地面积将达到 758 万亩。现在已经有了机器拖拉机站 103 处，到 1957 年机耕面积将达到 1 500 万亩，其中机耕棉田即新增 1 000 万亩。这些国营的社会主义的农业企业发挥了示范作用，促进了农业合作化运动的发展。

（七）

我国的农业合作化运动是在日益发展中，但是它不是没有遇到抵抗的。

社会主义的农业改造是一场严重的、复杂的和尖锐的斗争，是农村中关于发展社会主义还是发展资本主义的两条道路的生死斗争，而其结果不仅是要消灭作为一个阶级的富农——农村中的资产阶级，而且是要实行农业主要生产资料的公有制，根本消灭在农村中发展资本主义的可能性，因而也就是完全孤立了城市资产阶级，并为消灭资产阶级创造了更多有利的条件。

所以，资产阶级、富农和其他剥削分子，对于我国农业的社会主义改造的当前的两项重大措施——农业合作化和粮食、棉花的统购统销，千方百计地加以抵抗和破坏。他们之中，除了一些人公开直接地进行抵抗和破坏以外，还有一些人极力夸大和歪曲我们工作中的某些缺点来无端攻击我们。他们听到或者看到反映我们工作中某些缺点的材料就喜形于色，奔走相告。他们把我们在农村中的工作形容成漆黑一团，他们伪装成农民利益的代表者的样子到处喊叫“农民苦”，他们还伪装出一副关心工农联盟的面孔，叫喊什么“工农联盟破裂的危险性”，来危言耸听，吓唬我们，归根到底，他们的真实目的是反对社会主义。因为他们知道，公开直接地反对社会主义是不行的，是完全不得人心的，所以，他们就抓住农民这个题目来大做其反对社会主义的文章。企图用这种办法来蒙蔽农民，博取农民的同情，并且企图用这种办法来打倒我们，动摇我们建设社会主义的决心。

同时，在农村中，也还存在着一批资本主义自发倾向比较严重的富裕中农，他们对于粮食、棉花由国家统购统销和农业合作化都有一种抵触情绪，他们要求发展资本主义的自由，不满意农产品由国家统购统销，也还不愿意加入农业生产合作社。

我们党内也有一部分同志，虽然表面上赞成把我们的国家建设成为一个社会主义国家的，但是他们对于由民主革命转变到社会主义革命的精神准备不足，他们满足于农民已经分得土地，安于小农经济的现状，主张让农民“自由”一个时期，他们之中有的人不赞成党的粮食统购统销政策，有的人主张农业合作化慢慢来。他们反映了富裕农民的对社会主义的抵触情绪，他们的这种思想实质上就是一种资产阶级思想，他们把资产阶级的影响带到党内来了。如果按照他们的主张执行下去，其结果就是在农村中发展资本主义，而不是发展社会主义。

我们党的七届六中全会和毛泽东同志，着重地批判了在农业的社会主义改造问题上的这些右倾机会主义错误思想，并且总结了我国农业合作化运动的经验和发展规律，就农业合作化的必要和可能、合作化的具体道路和步骤以及领导合作化的工作方法等一系列的问题，做了纲领性的指示。

全党同志根据七届六中全会的决议和毛泽东同志的指示，思想统一起来了，积极行动起来了。已经配备了 12 万人的专门负责农业合作运动的专职干部到农村中去，并且正在陆续抽调更多的干部，经过短期的训练，组成季节性的工作队，到农村中去帮助农民办农业生产合作社。目前在全国农村中，正在开展着一个极其广泛深入的宣传运动，系统地反复地向农民宣传我党关于农业合作的方针、政策、办法和步骤，不但让农民了解农业合作化的好处，也指出合作化过程中的困难，使农民有充分的精神准备；不但积极教育农民使之加入农业生产合作社，也向农民反复说明加入农业生产合作社与否是完全自愿的，允许一切暂时还不愿意加入合作社的农民再等一等，看一看。同时，全国各地正在根据当地的实际情况，从上而下又从下而上的逐级制订以农业合作化和农业生产为中心的全面规划。做好了这一切工作，就使我们在思想上和组织上，有准备地去迎接即将到来的农业社会主义改造运动的高潮。

同志们！中国的农业合作化运动，是在五亿农村人口中永远消灭资本主义，建设社会主义的运动，它带有极其伟大的世界意义。我们在前进中是不可能不遇到困难的。但是，我们相信，在中国共产党中央和毛泽东同志的领导之下，有伟大的苏联和各人民民主国家建设社会主义的光辉成就和宝贵经验，只要我们善于学习，我们就一定能够克服一切困难，取得建设社会主义的伟大胜利。

谈谈农业生产合作社的分配问题*

（1955年）

农业生产合作社的分配问题，是直接关系着每一个社员的切身利益的问题，是每一个社员所最关心的问题。合作社究竟能不能增加生产？即令合作社确实增产了，社员的个人收入又究竟能不能增加？这是农民没有入社以前所反复考虑的问题，也是农民入社以后所时刻盘算的问题，同时也是合作社能否顺利发展和日益巩固的关键。

从根本上讲，农业生产合作社社员的劳动生产率越提高，合作社的生产越发展、全社的生产总收入越增加，社员的个人收入也就越多。所以，合作社社员的个人利益同合作社的集体利益是一致的。合作社社员要增加个人的收入，首先必须努力发展全社的生产。

然而，农业生产合作社的生产总收入，在分配给社员个人以前，要扣除全社生产过程中所消耗掉的生产费用（本文所说的生产费用是指种子、肥料、耕畜草料等等开支、副业的生产开支和生产管理费用），要留下公积金和公益金，农业税如果由合作社统一交纳，还要扣除农业税，然后把其余的部分分配给社员个人。扣除生产费用是合作社再生产所必需的。公积金和公益金是属于全体社员公共所有和共同享受的。农业税也同国家的其他各项税收一样是取之于民用之于民的。从合作社的总收入中扣除这些东西，同社员个人利益从根本上讲是一致的。但是，这些东西扣得越多、合作社总收入中分配给社员个人的部分就越少，社员的个人收入就越少。这就表现了社员个人利益、合作社利益和国家利益三者之间的矛盾。这实质上是个人利益同集体利益的矛盾，局部利益同全体利益的矛盾，目前利益同长远利益的矛盾。在农业生产合作社的分配工作中，必须正确地适当地处理社员的个人利益、合作社的利益和国家

---

* 本文原载《农村工作通讯》1956年第2期。

的利益三者之间的关系。

处理这些关系的根本原则应当是：既要维护合作社的集体利益，又要照顾社员的个人利益；既要维护国家的利益，又要照顾合作社的局部利益；既要维护长远利益，又要照顾社员的眼前利益。必须把国家的利益、合作社的利益和社员的个人利益正确地结合起来，不可偏废。

自从 1955 年下半年开始的农业合作化高潮以来，全国已经有 90％的农户加入了农业生产合作社，已经基本实现了农业合作化，合作经济在农业经济中已经占据了绝对优势的地位。在蓬勃发展的合作化高潮当中，在城乡社会主义革命的宏伟的声势当中，主要的偏向不是忽视集体利益，而是过分地强调国家利益和集体利益，忽视社员的个人利益。在农业合作化方面，忽视个人利益的倾向的具体表现是：一方面，在合作社同社员的关系上，把社员的劳动时间控制过死，社内并不急需的基本建设办得过多，对社员个人经营副业生产限制过严，集体的文化福利设施搞得过多过早，公积金和公益金的比例定得过高，股份基金的数目过大，动员社员向社投资的要求过高，有的合作社甚至干涉社员的个人消费，等等；另一方面，在国家同合作社和社员的关系上，过早地要求合作社设立义务邮递员，成立保健站、图书馆等等，动员合作社的人力物力举办的事过多，派销书报，有的地方甚至派销烟、酒和腊肉，在南方有些不适用双轮双铧犁的地区也把犁派销给合作社，还有的地方对于农民出售农产品所得的价款也由银行实行现金管理而不允许农民自由支配，等等。凡此种种，都使合作社社员的个人利益受到损失（有的也使合作社的局部利益受到损失），引起社员的不满和抱怨。有的说："加入合作社太不自由了。"有的说："成天忙到晚，打下粮食来，七除八扣，到底能分多少?"农民的这种情绪应当引起我们严重警惕。忽视合作社社员的个人利益的倾向是必须纠正的。因此，中共中央和国务院在四月初发出了关于勤俭办社的联合指示，极力纠正合作社的铺张浪费和国家机关的某些业务部门滥用合作社的人力物力的现象，使合作社既能够增加生产，又能够增加社员的个人收入。紧接着中共中央和毛主席又指示我们，要保证 90％的合作社增加生产，要争取 90％的社员增加个人收入；在农业生产合作社的生产总收入中，要有 60％至 70％，最少不少于 60％直接分配给社员个人，而合作社扣除的生产费用、公积金、公益金和交给国家的农业税合计不能超过30%～40%，最多不能超过40%。

这一指示，是非常正确的，及时的、必要的。由于今年是基本实现农业合作化的第一年，绝大多数的社员对于合作社的分配制度还没有亲身的体验。他们入社以前个体经营的时候，固然也要开支种子、肥料、耕畜草料等等费用，也要交纳农业税，但是他们对于从合作社的总收入中扣除生产费用和农业税，还是不习惯的。对于合作社的公积金和公益金，他们也还没有亲身体会到它的好处，而这项开支又是他们入社以前个体经营的时候所从来没有的，更是不习惯的。加之，合作社的生产也不可能第一年就增加很多。这些东西如果扣得多了，农民自然难于接受。因此，在刚刚实现基本合作化的第一年，在今后的两三年内，在维护合作社集体利益的前提下，较多地照顾社员的个人利益，在维护国家利益的前提下，较多地照顾合作社的局部利益，则是完全必要的。把合作社生产总收入的60%～70%直接分配给社员个人，有了这条规定，就使国家的利益、合作社的利益和社员个人的利益正确地结合起来了。许多地方，选择了若干典型的农业生产合作社，按照这样的比例来试算合作社的夏收预分方案，结果证明：既留下了合作社再生产所必需的生产费用，增加了合作社一定的公共积累，保证了国家一定的税收，又能够使90%的社员增加个人收入。许多地方，把试算的预分方案向社员公布以后，社员皆大欢喜，更加促进了社员的生产积极性和民主管理社务的积极性。

今年的夏季收成是好的，麦子比去年一般增产11%～20%。今年的夏收分配，又是基本实现合作化以后的第一次分配。在一切有夏季收获的地区，都应当切实帮助农业生产合作社把夏收分配工作做好。首先，在思想上正确地认识个人同集体的关系，克服一部分干部和农业生产合作社中少数积极分子的“多留少分”的思想，原则上应当是“少扣多分”，从而在增产的基础上确实做到百分之九十的社员增加收入，使合作社社员的个人利益同集体利益、国家利益正确地结合起来。当然，我们说“少扣多分”，并不是不顾合作社的集体利益和国家利益。合作社的公积金和公益金还是要留的，不过比例要适当，不要过高。凡是夏收作物所消耗了的生产费用，也应当扣除出来。至于有些合作社在去冬今春所已经开支掉的过大的生产费用和非生产性的费用，应该根据这些投资用途的性质，分别不同的情况，分期摊还；并且根据夏收作物增产的程度，如果扣了以后也不影响 90％的社员增加个人收入，就应当扣除一部分。合作社所欠的到期农贷和其他债款，也应当按期归还，如果有个别的社，归还这些欠款确实有困难，经过银行调查属实，可以批准缓期偿付。合作社既然丰收了，夏季应交的农业税更应当积极交纳。这样做，同“少扣多分”的原则并不矛盾。而且，只有这样，才能使国家利益、合作社的集体利益同社员的个人利益结合起来。否则，借口“少扣多分”，公积金、公益金也不留了，再生产所必需的生产费用也不扣了，公粮也不交了，到期的农贷和其他债款有力量偿还也拖欠不还，只片面地强调个人利益，而损害了集体利益和国家利益，这显然是不对的。

总之，农业生产合作社的分配工作，要在增产的基础上，既增加社员的个人收入，又使合作社有一定的公共积累，又照顾到合作社的集体利益和国家的利益。因此合作社分配工作过程，就是教育广大社员正确地处理个人同集体的关系、局部同国家的关系的过程。同时，合作社分配工作的过程也应该是启发广大社员民主管理合作社社务的积极性的过程，通过算全社的收入、开支和分配的细账，把全社的收入和开支同每一个社员的个人收入联系起来了，从而引起每一个社员对全社的收入和开支的极大关心，发动社员民主管理社务的高度积极性。我们应该有意识地通过今年的夏收分配工作，在农业生产民主管理社务的高度积极性。我们应该有意识地通过今年的夏收分配工作，在农业生产合作社中深入地进行全面的爱国主义和集体主义的教育，而不是片面地强调国家利益和集体利益，并且使社员关心社务的积极性发扬起来，坚持下去，使今年的夏收分配工作成为合作社管理民主化的开端，从而纠正和防止农业生产合作社中官僚主义和命令主义的滋长。

农业生产合作社的收入和分配是全年算总账的，夏收分配还是一种预分性质。我们不仅要在夏收分配中使社员的个人收入有所增加，而且要在全年总结算中使社员的个人收入有所增加。为此，就必须使当前的夏收分配工作成为推动合作社进一步搞好生产的一个关键。因为，增加合作社社员的个人收入的最根本的途径是发展全社的生产。只有农业生产合作社的生产发展了，全社的收入增加了，社员的个人收入才能随着增加。从生产方面看，今年麦子是丰收的，秋粮和棉花一般也生长得好，秋季丰收也大有指望，自然还须做很大的努力。但是，从各个地方所反映的材料看来，夏季油菜籽的收成不好，花生的播种计划有的省不能完成，有些地方对于烟、麻、甘蔗等生产重视不够；许多零星的而市价较高的作物减少了，有些地方的茶叶生产量多而质差，今年春季养蚕的计划也没有完成，耕畜死亡瘦弱的现象在一些地方还没有完全克服，许多合作社集体喂养的猪和社员分散喂养的猪加在一起比合作社成立以前减少了，去冬今春的副业生产多数地方不如往年。这种种情况可以概括为三个方面：第一，除粮食和棉花以外，其他经济作物的情况不好；第二，畜牧业和家禽饲养业的情况不好；第三，副业生产搞得不好，如果不赶快设法补救，那就不仅要影响到整个国民经济的发展和城乡人民的需要，而且势必影响到农业生产合作社的收入和社员的个人收入。根据国家统计局的材料，在1955年全国的农业和副业的总产值中，农家副业的产值占20％以上，畜牧业和家禽饲养业的产值占10％以上，棉花以外的其他经济作物也约占10％，而粮食和棉花两项合计所占的比例不到60％。这就很清楚地可以看出，尽管粮食和棉花增产了，如果农业生产合作社在其他三个方面搞得不好，增产不多，甚至减产，那么全社全年算总账，究竟是否能够增加收入，还是成问题的，即使收入有所增加，恐怕也增加不多。因此，应当抓紧时机，结合夏收分配工作，把这一笔账向合作社算清楚，使合作社的管理委员会和每一个社员都切实了解到，不仅要搞好农业生产，而且要努力发展畜牧业、家禽饲养业和各项副业生产；在农业生产中，不仅要搞好粮食和棉花的生产，而且要努力增产其他各项经济作物。当地原有的各种零星的经济价值较高的作物、家畜、家禽和各种副业产品，只要是销路没有问题的，都应当恢复生产，并且加以发展，特别要注意到今后的肥料来源问题，尽量多养猪。应当通过当前的夏收分配工作，更有力地推动农业生产合作社进一步发展农业和副业生产。从而在生产获得更大发展的基础上，增加全社的收入，增加社员的个人收入；从而使农业生产合作社获得进一步的巩固和发展，把我国的农业生产事业和农业合作化事业引向更大的胜利。

在一九五五年全国农业工作会议上的报告

（1955年12月12日）

（一）1955年获得了粮、棉丰收，农业生产工作是有成绩的。

粮食——3 614亿斤，比1954年增加220亿斤，比1952年增加约340亿斤，比今年计划数略有超过；

棉花——2 735万担，比1954年增加约600万担，比1952年增加130万担，超过今年计划数130多万担；

茶、丝超过计划；烟、麻、糖、油虽然都比去年增加，但是没有完成今年的计划；大小牲畜都没有完成计划，马、牛、羊比去年增加，驴、骡、猪比去年减少，尤其是猪比去年减少了1 300万头，还略少于1952年。

取得粮、棉增产成绩的因素，除了天时较好，灾荒较少的有利条件以外，主要是农业合作化的迅速发展，粮食统购统销工作的改进和“三定”政策的实行，广大农民群众生产积极性的高涨，各省各级党、政都抓紧了农业生产这项中心工作。此外，各级农业部门广大干部和农业科学技术人员的努力，推行了某些有效的增产措施（增种高产作物、扩大复种面积、改变耕作制度、改进耕作技术、推广新式农具、兴修水利、推广良种、增施肥料、防治病虫害等等），也是增产的因素之一。

（二）克服农业生产工作中的右倾保守思想，来迎接农业合作化运动的高潮和随之而来的农业生产大发展的高潮。

农业合作化的高潮已经到来了，在11月初全国已有35%以上的农户入社，明年春耕前将有50%的农户入社，明年秋季将有75%以上的农户入社，基本实现半社会主义的合作化；1960年（很可能提前到1959年）将实现完全社会主义的合作化，现在要积极试办。农业合作化的高潮，一定会带来农业生产大发展的高潮（已有许多实例显示了这个苗头）。主席关于农村全面规划的十七条指示，无疑地又将有力地促进农业生产高潮的到来（把17条指示再传达一遍）。

而农业部在领导农业生产工作中，几年以来一直存在着相当严重的右倾保守思想，领导落后于群众，思想落后于实际，始终没有正本清源，没有完全克服。它的表现是：（1）不是从积极地改造小农经济出发，而是片面地强调从小农经济的现状出发，流于迁就小农经济的落后性；（2）对于新的东西（新的耕作制度、栽培技术、品种、农具等等）的试验，和对试验成功的东西的推广，表现小手小脚，并且常常过多批评，因噎废食；（3）缺乏勤俭建设、艰苦奋斗的革命精神（在开荒问题上就是例子）；（4）对于群众的增产积极性和增产潜力估计不足，逐级压低增产指标。

1953年春，遵照中央指示，进行“新三反”、“反五多”，这本来是正确的和必要的，那时有许多做法也确实是该反的；但是，由于分析不全面，由于在农业社会主义改造问题上的右倾观点，因而对于某些虽有缺点但是应该做的必需做的事情，不是采取帮助改正缺点，鼓励继续前进的态度，而是夸大缺点，笼统批评，结果使之陷于自流，裹足不前（所谓“睡车”、“看井”、“挂犁”）等等就是例证。

（三）1956年的增产任务，和十五年远景规划的几项主要产量指标。

第一个五年计划的粮食产量指标（3 856亿斤）和棉花产量指标（3 275万担），争取明年完成。我们的口号是：“五年计划，四年完成”；

第二个五年计划的粮食产量指标是6 200亿斤，棉花产量指标是6 500万担左右；

第三个五年计划的粮食产量指标是9 000亿到10 000亿斤，棉花产量指标是9 000万到10 000万担；

油、糖、烟、麻、丝、茶、水果和其他各项经济作物的产量，牲畜（包括鸡、鸭、鹅）和畜产品都要按比例地更大的发展；否则，就不能适应人民的需要（特别是粮、棉增产后的农民购买力的需要）和国家的需要。今年这些作物和牲畜、畜产品的发展计划的执行情况，是很不好的。各地抓紧粮、棉增产，这是对的；但是只抓粮、棉，而忽视这些作物和牲畜的发展则是不对的。

橡胶和热带、亚热带作物也要订出积极发展的计划。整个社会主义阵营，目前只有华南这一块热带地区，必须很好地开发利用。

上述指标是可能实现的，必须力争实现。可能实现的有利条件，分四个方面：（1）1956 年基本实现初级合作化，1960 年基本实现高级合作化，劳动创造一切，组织起来劳动效力的提高，合作社增产潜力的发挥是小农经济根本不能比拟的；（2）土地增产潜力是大的，我国的单位面积产量同其他一些国家（包括社会主义国家和资本主义国家）比较起来还是低的；（3）随着国家的社会主义工业化的发展，在农业方面将展开大规模的技术改革（从第二个五年计划中期开始），拖拉机 74 万台（可能更多），化肥 1 000 万吨（也可能更多），以及抽水机、农药器械等等；（4）国家在财政经济等方面的支援。

（四）增产的几项基本措施：

甲、扩大耕地面积——在三个五年计划之内，垦荒六亿亩，到 1967 年耕地面积达到 22 亿亩，比 1955 年增加 5 亿 6 000 万亩。

垦荒的地区分布：黄河以北 4 亿亩，黄河以南淮河以北 5 000 万亩，淮河以南 1 亿 5 000 万亩，共 6 亿亩；第一个五年重点在东北，第二个五年重点是东北和西北，第三个五年重点将逐渐移到西南。

垦荒的办法：机器开垦出来后交移民耕种的在 3 亿 5 000 万亩到 4 亿亩之间，国营农场（包括军垦和劳改农场）在两亿亩到 2 亿 5 000 万亩之间，那时，国营农场的耕地面积，将占全国耕地总面积的 10%左右，这个比例同苏联卫国战争前的比例大体相等。

移民的办法：除近距离的开荒以外，有省内移民，向边远地区移民；先移青壮年，两三年后再移家属；农业生产合作社办分社。

新开的荒地，产量估得低一点，至少可增加粮食 2 000 亿斤左右。

荒地勘测设计工作进行太慢，对可垦荒地的估计也太保守，必须加速赶上去。

设立管理垦荒移民的工作机构。

乙、增加复种面积，多种高产作物。

现在全国耕地的复种指数是 136.4%，黄河以北地区是 100.4%，就是说几乎都是一年一季的；而淮河以南地区，也不过 161.8%，合两年三季稍强。都还可以提高。要求到 1967 年，在增加肥料、多修水利、提高地力的条件下，使全国平均复种指数达到现在淮河以北黄河以南的水平；就是说，由136.4%提高到150%，这就等于增加4亿亩土地；其中以3/4种粮食，即可增产。

改低产作物为高产作物，计划在12年内改3亿亩；主要是低产的小米、高粱改为稻谷、玉米和薯类；大豆的改种要有计划，要照顾到轮作，并且要注意油料的供需平衡。

晋、冀、鲁、豫、陕五省和苏北、皖北部分地区，在全国粮食产量的比较中，这是一块低产的“盆地”，尤其需要在提高产量方面多加努力。

丙、推广新式畜力农具，逐步实行机械化。

双轮双铧犁、单铧犁，1956年的推广计划是180万部；1959年累计达到600万部，使用面积达到12亿亩；合作化的高潮根本改变了新式农具推广工作的面貌。

1960年开始出产大型拖拉机，1962年机耕面积将达到3亿5 000万亩，到1967年将有10亿亩的土地机械化；争取四个五年计划实现全部机械化（凡是可以用机器耕种的）；首先是1亿多亩的棉田中能够机耕的都实行机耕，保证到1967年，每亩棉田平均产皮棉80斤（现在只有32斤）；其余的机耕土地，至少可增产粮食1 000亿斤。

在第一个和第二个五年计划的时期内，还要有计划增加拖拉机的进口数量，否则开荒任务就难以完成。加紧学习机械作业和拖拉机站的经营管理工作。

丁、结合大小河流的流域规划，兴修小型水利，七年之内消灭水旱灾害（除特大的灾害以外）。

这主要是水利部门的工作，农业部门也要积极配合。据水利部的规划，到1967年，小型水利的灌溉面积加上三门峡水库等大型灌溉工程的灌溉面积，将有13亿亩（其中水田6亿亩，水浇地7亿亩），约占全国耕地总面积的60%，比现在增加约9亿亩；以每亩平均增产100斤粮食计算，可增产近千亿斤。

配合林、水两部，开展水土保持和造林绿化，涵养水源，克服水旱灾害。

戊、肥料——开辟肥源，合理施肥。

现在和相当长的时期内，肥料的来源主要靠群众、靠地方自己解决。

用尽一切办法，开辟肥源——除了过去经常讲的办法以外，要广泛利用城市肥料，大量制造颗粒肥料和细菌肥料，推广混合施肥，改善施肥方法；还要特别努力增加养猪数量，养猪积肥，到 1967 年计划增加生猪到 4 亿头，可肥田约 12 亿亩。

逐步增产化学肥料，到 1967 年化肥产量将达到 1 000 万吨，其中氮肥占 600 万吨；除了用于其他作物的以外，以每斤化肥可增产粮食二斤半计，可增产粮食 400 亿斤左右。

己、种子改良——七年之内，做到主要作物普遍使用良种。

大量的是农民田间选种，自留良种；农业生产合作社要建立种子地；

省、县要订出本省本县的良种推广计划，农业部要订出棉花、小麦、薯类和水稻、玉米等主要作物的良种推广的全国计划，这次会议要加以讨论。

良种经过监定以后，由国营农场示范繁殖，加以推广；要在七年之内普及主要作物的良种；普及以后还要不断地研究改进新的良种，还要经常进行种子复壮工作。

建立种子机构。

庚、改良土壤，改进耕作制度和耕作技术。

组织起来，合作化，改良土壤的力量大大增加了。

安徽的“三改”是成功的，江西有“三变”，广东、山西有几大措施等等，这都是根据当地情况，提出的丰产经验，到处都有，必须积极地加以科学的总结，大力推广，就可以变低产为高产。要在七年之内，分区订出几种主要作物的耕作栽培技术规程。

辛、消灭病、虫、鸟、兽等灾害。

七年之内，消灭十大病虫害：蝗虫、粘虫、蚜虫、钻心虫（稻螟、玉米螟）、红蜘蛛、红铃虫、蝼蛄、黑穗病、小麦线虫病、甘薯黑斑病；还有消灭麻雀。

各地都要对于当地为害最严重的病虫鸟兽等灾害，订出防治和消灭的计划和指标。

在这个问题上，要反对单靠药械的片面思想。药械是必须增加的

（也要订出计划），但是也必须大量动员人力去扑灭，以补药械力量所不及。

开展植物检疫工作，建立植物保护和植物检疫的机构。

（五）任务是十分艰巨的，为了完成它，还必须做好下列各项工作：

甲、要求各省、市、县、区、乡、一直到各农业生产合作社，都结合着农业合作化的发展，做好以发展农业生产为中心内容的全面规划。

规划的内容是：合作化、农业生产（要有具体措施），发展农业同林、牧、渔、副业相结合的多种经济，以及文化、教育、卫生等等。

规划的方法是：从上而下，又从下而上，由轮廓到具体，由简单到复杂。

规划工作将成为推动农业增产的巨大的动力，必须切实抓紧进行（山东省曲阜县陈家庄和黑龙江省双城县吴家村的生产规划就是证明）。

乙、为农业生产合作社训练大批干部，帮助合作社搞好经营管理和财务会计工作。

主要是干部问题——经营管理人员、会计人员、农业（包括林、牧、水利等）技术人员和拖拉机手、农具手等等；现在是比较初级的，而对中级、高级人才的需要，不久就会日益增长起来。

在十二年之内，按每社配备三、五个中级人才（即有中等技术学校毕业程度的）计算，全国需要 500 万人左右；每年平均约四五十万人，平均以一年毕业计算（现在初级的几个月就可以了，将来中级以上的一般要二三年），就要设立能容 1 000 人的学校 500 所，这是一件大事，必须及早筹备。

丙、加强农业科学研究工作。

不把科学家的力量发挥起来，就不能发展社会主义建设事业；同时，科学家又必须同生产者结合起来，才能发挥科学在经济建设事业中的作用。

农业科学研究工作必须为增加农业生产服务。

各级农业行政机关必须把本身的、农业科学研究机关的和农业院校的一切科学人材都正确地使用起来——农业部成立了农业科学研究工作协调委员会（已经国务院批准）。

为此，就要负责提出研究的项目，供给必要的资料，补助必需的经费和人力。

积极筹备设立中国农业科学院（已有十余个地区研究所和专业研究所做基础）。

系统地建立起农业科学队伍——科学院、研究所、省试验场站、县示范繁殖农场、区技术推广站。

省县场站的工作必须改进——克服铺张浪费和放弃试验示范的任务这两种偏向。

区技术推广站要普遍设立，也要提高，要真正成为在科学技术方面给农业生产合作社以援助的中心，成为技术“从群众中来，到群众中去”的枢纽。

丁、竞赛、参观和展览。

（六）改进和发展国营机耕农场、牧场。

甲、国营机耕农场的工作是有进步的。今年新建和扩建 28 个场，现有 106 个场；今年开荒 112 万亩，耕地达 412 万亩，生产粮食 5 亿 5 100 余万斤，皮棉 324 万余斤。粮食作物平均每亩产量 216 斤，比 1954 年提高 21%，大部分农场比当地合作社高，出现了大面积的高额产量，并且繁殖了大量的优良品种。

国营牧场也有发展。现有牧场 169 个，养马、牛 59 118 头，羊24 692 只，猪 18 543 头（机耕农场还有 45 000 头猪）。国营牧场繁殖并供给了合作社一批优良种畜，不过数量很少，体格过高，还不能满足需要。

今年农、牧场的盈亏情况：根据 91 个场的材料，有 65 个场获利 968 万元，有 26 个场赔 167 万元，相抵后获利 800 万元；据 95 个牧场统计，也有 41 个场能够上缴利润。

乙、克服工作中的缺点，进一步发挥社会主义的国营农牧经济的优越性。

国营农场的经营情况虽然有进步，但是仍有 30%的场有亏损（亏损的大部分是新场），一部分牧场的亏损情况更为严重；已经获利的农场也还有很大的潜力。工作中还有不少的缺点：（1）农作物平均产量低，有一部分作物低于合作社的产量，在提高产量上有保守思想。（2）劳动效率低，工作质量粗糙，影响产量也影响成本。（3）饲养管理不善，牲畜繁殖率低，死亡率大，农牧业的经营配合得不好。（4）有一部分农牧场还没有建立起系统的经营管理制度，还存在着严重的浪费现象。(5) 政治思想工作不够，有一部分农牧场陷于无领导状态。

国营农牧场必须深刻认识到：农业生产合作社的劲头很大，如果自己不急起直追，有落后于合作社的危险；必须迅速克服缺点，才能起到应有的示范作用。

(1) 发动全体职工积极性，继续开荒，扩大耕地面积，大力提高单位面积产量，提高牲畜的繁殖率和畜产品的质量。

(2) 为提高劳动生产率，就要采取先进的定额，改进劳动组织，合理的使用劳力，提高机械的使用效率，改进技术，提高作业质量，以最少的消耗获取最高的产量。

(3) 在有条件的农牧场逐渐实行计件工资制，以提高劳动效率。

(4) 改进农场的管理工作，简化财务会计、成本和资金的核算手续，管理制度要迅速建立和健全起来。

(5) 农牧场都要进行土地规划，订出发展生产和提高产量、提高劳动生产率的计划，实行农牧业的综合经营。

(6) 加强各省国营农场的领导机构，统一领导农牧场。

丙、国营农牧企业的发展计划。

1967 年国营农（牧）场的耕地面积要达到 2 亿到 2 亿 5 000 万亩（包括劳改农场在内）。除劳改场以外的计划如下：

1957 年耕地面积达 800 万亩，其中粮食约 600 万亩，每亩产量为 261 斤，产量 15 亿多斤。

1967 年耕地面积达 1 亿 2 000 万亩，其中粮食一亿亩，每亩产量为 500 斤：产量 500 亿斤。

棉花到 1962 年播种面积达 450 万亩，每亩产量 90 斤，产棉 400 万担；到 1967 年播种面积达 1 200 万亩，每亩产量 100 斤，产棉 1 200 万担。其他经济作物也要发展。

在地区上的安排：东北 4 500 万亩，西北 4 000 万亩，西南 1 300 万亩，沿海 700 万亩，江淮湖地区 700 万亩，华南地区 800 万亩。

（七）繁殖牲畜，加强兽医工作，七年之内消灭牛瘟、猪瘟等兽疫。

甲、第一个五年计划，大家畜（牛、马、骡、驴）的繁殖指标是 9 700 万头，第二个五年的指标是 1 亿 2 000 万头，第三个五年的指标是 1

亿 5 000 万头。

由于合作化的大发展，迫切需要体型大、挽力强的牲口。必须迅速培育繁殖良种（牛主要是实行选种，并引用国内良种杂交；马在 1957 年繁殖指标 1 500 万匹中，至少要有 1/5 到 1/4 是引进的国外良种）。

第一个五年计划，绵羊、山羊的繁殖指标是 1 亿 1 000 万只，第二个五年的指标是 1 亿 5 000 万只，第三个五年的指标是 2 亿只，可产羊毛 22 万吨（国家需要量是 28 万吨，还差 6 万吨，在这次会议中要讨论出一个更积极的计划来），并改良羊种，细毛羊和杂交种至少要达到 60%以上。

1957 年计划，猪的繁殖指标是 1 亿 3 000 万头，第二个五年的指标是 2 亿 5 000 万头，第三个五年的指标是 4 亿头；到 1967 年，按屠宰率 75%，每头重 150 斤计算，可产肉 450 亿斤，每人每年可吃肉 58 斤，加上牛、羊、鸡、鸭肉可达 70 斤；按每头猪的粪肥田三亩计算，可产 12 亿亩地的肥料。

乙、改善对牲畜的饲养管理，提倡利用隙地多种饲料作物，在适宜地区改种高产饲料作物，推广玉米秸杆作青贮的办法，在发展农业的多种经营中，首先要做好农牧结合。

丙、加强兽疫防治，大力团结使用和提高中兽医，建立合作社的防疫制度，每社培养一两个防疫员，扩大生物药品的制造，按兽疫发生的规律普遍进行预防注射。

七年之内，消灭牛瘟、猪瘟、猪丹毒、猪肺疫、猪囊虫、羊疥癣等兽疫和鸡瘟。

在全国农业工作会议上传达关于反对保守主义思想问题的讲话

（1955 年 12 月 22 日）

工作中的保守主义是要用很长的时间和很大力量来反对的。有一种“左比右好”的说法，这个说法受到批判后，最近几年来还出现了一种“右比左好”的空气，因此必须坚持两条路线的斗争，既要反左，又要反右，左、右都不好，正确才好。

当前存在于各项工作中的主要思想障碍是保守主义思想，这种保守主义，就是右倾思想。在农业合作化问题上、在工商业社会主义改造问题上、在农业生产问题上，都要反对右倾保守主义思想。

过去我们常喊农业落后，赶不上工业发展，自毛主席“关于农业合作化问题”的报告和六中全会决议公布后，几个月的时间，农村出现了社会主义运动的新高潮，农业生产大发展，整个农村面貌起了变化。现在又出现了一些新的问题：工业跟上跟不上？拖拉机、新农具、化学肥料等能否跟上？在发展高级社的问题上，过去我们认为不好办，有困难，现在看来也不是那么回事，一个合作社办了三四年再不转高级社，那么生产关系和生产力就有了矛盾，不转高级社就要影响生产的发展。根据全国农业合作化运动的发展情况看来，很有可能在 1959 年实现高级合作化。

农业增产必须跟上合作化，毛主席的十七条指示，条条都是反对保守主义的，要全面规划，加强领导。毛主席的十七条指示，条条都有先进经验作根据，都是以典型实例和先进经验为基础的，毛主席的办法就是用先进经验“将落后的军”。过去有些问题，一方面我们根本不敢想，一方面又急需解决，因之天天发愁，可是毛主席提出来了，大家说能做到，甚至可以提前完成。自毛主席指示十七条以后，到处空气都变了，许多过去不敢想和认为是困难的问题，现在感到有了苗头，有了信心，好像发现了“新大陆”。“新大陆”不是哥伦布发现后才有的，“新大陆”是一个客观存在，过去我们对这一客观存在的巨大潜力看不到，主要是我们存有右倾保守主义思想，由于存在着右倾保守主义，就不能正确的观察和认识客观事物，就看不见蕴藏在群众中的巨大潜在力量。

社会主义合作化，自1949年中华人民共和国成立算起，到1959年，差不多十年就可以完成了；工商业社会主义改造，看来也不是三个五年计划的问题，有二个五年计划就差不多。过去我们预计三个五年计划完成农业社会主义改造，现在看来两个五年计划就可以，这证明我们思想落在实际后边了。根据客观事物的发展，我们要加快我们的社会主义建设和社会主义改造。社会主义工业建设原定的指标，也要提前完成，如有的事客观实际办不到，一定要办也不允许，那仍是左倾冒险，就是这样，也有的可以提前和争取提前的。如开办一个工厂有的从设计施工到建成，往往需要三五年的工夫，硬要一年办成，也是不行的，必须和专家们很好商量，能提前完成更好，而不能勉强从事。

为什么现在提出提前完成社会主义建设和社会主义改造这样一个问题呢？从国际环境上看，当前正处在和平休战时期，利用这一和平休战的国际环境，是一个很大问题，我们应该有这样的积极性。我们必须抓紧这一有利的国际环境，加速我们的社会主义建设，把工作做得又快、又多、又好、又省，把一切潜力都挖出来，把工作做得尽可能多、尽可能好。否则仍是拖拖拉拉的工作，到时人家要打仗，我们的工作没做好，那困难就多了，所以说这是一个很大问题。这是既需要又可能，客观可能，而群众又愿意多办的事，我们应该尽量多办，这不是盲目冒进；过去我们过多的反对贪多、贪大、贪高，该反的当然应该反，但反的当中有毛病。毛病是什么呢？把群众的积极性也反掉了，如“看井”、“睡井”、扫盲等等，批评一大堆，安于小农经济现状，把应该积极办的事，反的大家都不敢办了，这是不对的。这样做的结果是“正气不升，邪气上涨”，错误的资本主义思想上涨了，群众没劲、干部没劲。

我们总是应该站在群众的前头，领导鼓舞群众前进，站在群众后边，泼凉水、拖后腿就不对了。稳步前进，就是要在较短的时间内，做出较多的成绩。社会主义革命就是不能按“常规”办事、按“常规”走路，否则就不符合社会主义革命的需要，就不是革命的精神，这样的结果是时间拖长，成绩不大，群众没劲，我们农林部门不久以前就是按“常规”办事的。

大家都是做领导工作的，领导方法有二种：一是全面规划，接近群众，这样就能够发现新事物、新经验，发现新的生长力，就有本钱、有能力，就可能用积极的因素，向消极落后的因素作斗争，从而战胜困难，领导群众前进。我们发现新的生长力，找寻新鲜事物，是不是需要很多的典型呢？是不必要的。毛主席经常教导我们说：“麻雀虽小，五脏俱全”，如中央发现胡风问题以后，立即决定在全国开展肃反运动。关于在合作化问题上，也是毛主席到南方视察后，在五月份就提出了要反对右倾。我们都应该学习中央和毛主席的领导方法，善于抓住典型，抓住先进经验，加以研究，积极推广，改变落后状态。

领导工作的另一种方法，就是整天坐在办公室里不接近实际。这样就不能发现先进经验和新鲜事物，就不能以新的生长力克服和战胜落后。到下边跑一跑也有不同的结果，有的同志下去后，寻找黑暗的和不好的东西，结果带回来的光是一些落后现象和不好的东西，大喊大叫，越看越悲观，找不出工作中的出路。要下去跑一跑，但不能只看见黑暗的不好的东西，不下去跑当然更糟糕，不下去整日坐在办公室里，就是按“常规”办事。

搞社会主义就是要突破“常规”。一突破“常规”，就要发现不平衡，就要重新安排工作，客观事物就是这样。客观事物不平衡是经常的状态，平衡是暂时的，事物是运动着的，运动就要不平衡，就要发生矛盾，解决客观事物发展矛盾的过程，就是客观事物发展和提高的过程。领导的责任，就是要发现和解决矛盾，从而发动和鼓舞群众，把积极性发挥出来，就可以把工作做得又快、又多、又好。

现在我们完全具备一切可能条件，把工作做得又快、又多、又好。毛主席在“关于农业合作化问题”的报告中指出：有些人拿苏联的历史经验，来批评我们盲目冒进，说我们不能太快了。但必须注意中国革命的特点：(1) 苏联在十月革命成功后，才有政权；我们从 1927 年大革命以来，有 20 多年的搞革命根据地的经验，那时我们虽然没有全国政权，但我们有地方政权；你说那时我们没有外交吗？我们和蒋介石就谈判过，我们的董老就出席过联合国大会。根据地就全国来说，是具体而为，在全国胜利前，我们就有了一切经验。由于我们有了多年的经验和基础，所以全国解放后，我们很快地就把全国的政权组织起来了。（2）那时候只有一个苏联，现在我们有了十二个，亚洲除了中国以外，还有蒙古人民共和国和朝鲜、越南。苏联革命成功后，一切都必须从头学起，而我们有了这些兄弟国家，特别是有了苏联建设社会主义的经验，就给我们的社会主义建设事业许多方便。除经验以外，还有许多的有利条件，我们应该把事情办得快一点，办得更好一些。再就是我们常讲，我们国家地大物博，地理气候条件也比苏联好，我们得天独厚，农业生产的发展，当然应该快一些。过去我们算来算去总认为快不了，现在毛主席提出十七条，要求“四、五、八”，解放了我们的思想，这回才算到了1万亿斤（第三个五年计划末全国粮食总产量）。是不是还有保守呢？我看也不保险，应争取提前完成这1万亿才好。总之，我们有一切可能条件，把工作做得又快、又多、又好，提前完成社会主义建设和社会主义改造。

现在合作化已达到高潮阶段了，工商业社会主义改造也高涨了，两翼都已形成高潮，工业化主体再来一个高涨，为什么我们不能提前完成社会主义建设和社会主义改造呢？是应该提前的。要求同志们回去以后，都要反对保守主义思想。一直贯彻到底，经过自下而上的讨论酝酿，劲头会更大些。我们的计划可能又保守了，经过下边讨论，很可能突破我们的指标。今年年成一般不错，合作化又已形成高潮，这就很容易出现骄傲和松懈情绪，要防止尾巴又翘起来，要反对消极因素，各地都应放手的进行检查，发动干部群众开展批评与自我批评，做好克服保守主义思想工作。我们应该以工作中的更大成绩，把工作做得又快、又好、又多，来迎接党的第八次全国代表大会的召开。

保守主义思想的病根子，就是对群众积极性和创造性估计不足。解决思想落后于实际的关键在于领导，特别是省以上的负责同志，只要领导思想搞通了，整个工作就会变样子。要克服防止这个病根子，就要多学习马列主义，提高理论水平。我们为什么看不见群众中的先进事物。看不见群众中的积极性和创造性呢？就是因为马列主义学习得太少。领导干部一般工作都很多，书又是那么厚，现看也来不及，我们想了个办法，找上几个看书较多的人，叫他们天天看书，发现了和我们业务有关的就摘下来，印它一下，发给我们，这样学习就比较容易了。只有有了理论，用马列主义把思想武装起来，才能发现新鲜事物。抓住关键性的问题，就要贯彻到底，坚持下去，要推广就要有检查。只要抓住关键，坚持到底，没有办不成的事。

全面规划，接触实际，加强理论，坚持到底，就是我们必须的工作精神。

不重视群众的积极性，就是对劳动力是生产增长的重要因素认识不清。我们的保守思想，就是对五亿中国农民在党的长期领导下的进步性和社会主义积极性估计不足。我国五亿农民，长期在党的领导教育下，我党长期以来和农民接触在一起，同时党又一贯用社会主义精神，用马列主义观点教育农民，过去我们搞土改一进村就对农民进行“谁养活谁”的教育，这就是马列主义的启蒙教育。中国农民接受马列主义思想教育是有基础的。我们对中国农民必须有一个完整的认识和正确的看法，过去我们为什么不敢提又快、又多、又好呢？就是对此认识不足。农民有两重性，它有动摇，但许多事情证明：只要我们把问题提出来，办法说出来，道理讲清楚，没有解决不了的问题。我们必须充分估计农民的积极性，由于农民的积极性，必然带来生产的大发展，只有大大地发挥农民这种积极性，才能克服右倾保守主义思想。

我们不能再拿小农经济打算盘，再如此就会犯错误。中国小农经济占优势的状况已经不存在了，现在入社农户全国已达54.2%，再过半年以后，就到70%至80%，小农经济在中国就不存在了，再打小农经济算盘就不行了，一切都必须按社会主义合作化打算盘，考虑问题。我们生活在小农经济社会，几年来又强调了小农经济，现在情况变了，我们的思想观点也必须改变。小农经济算盘这个概念，必须从脑子中去掉。

总起来一句话，就是反对右倾保守主义思想，把工作做得又快、又多、又好，提前完成国家的社会主义建设和社会主义改造。

在一九五五年全国农业工作会议上的总结报告

（1955 年 12 月 23 日）

会议开得好，大家都本着克服右倾保守主义思想，迎接农业合作化和农业生产高潮的精神，集中地讨论了主席所指示的十七条纲领中关于农业生产方面的任务，提出了一些保证实现的具体措施。会议开的紧凑，时间不长，现在胜利结束了。大家发言中讲了许多很好的意见。我在做总结的时候，已经没有好多话要讲了。现在只讲以下几个问题：

（一）肯定了“五年计划四年完成”的提法；也提出了积极的长期计划的指标。

（甲）一九五六年的各项指标，“打响明年这头一炮”。

粮食——3 980 亿斤（原计划，1957 年达到 3 856 亿斤），超过 124 亿斤，要努力争取超过为 4 000 亿斤而奋斗。

但是其中的大豆，只有 186 亿斤，比原订的 1957 年计划差 26 亿斤，望各地努力补足这个缺陷。

棉花——9 200 万亩，3 550 万担超过 1957 年原计划 275 万担。

烤烟——468 万亩，807 万担，超过 1957 年原计划 27 万担。

茶叶——224 万担，完成原订的 1957 年计划。柞蚕丝——124 万担，完成原订的 1957 年计划。但是，家蚕丝只达到 162 万担，较原订的 1957 年计划差 16 万担；油菜籽差 500 万担；花生差 400 万担；黄麻和糖料也没有达到原订的 1957 年计划数；大家畜只达到 9 394 万头，比原订 1957 年计划数（9 787 万头），还差约 400 万头；猪只达到 12 672 万头，比原订 1957 年计划数（13 834 万头）还差 1 162 万头。其中黄麻只差二三十万亩。猪也是比较容易增长的，望各地努力争取按 1957 年的计划数字完成；蚕丝从家蚕和柞蚕两方面努力争取完成原订的 1957 年的计划数字

（两者共计 309 万担）；油料作物（包括大豆在内）比 1957 年计划数将少出油 25 万吨，亟须各地注意抓紧油料作物的生产。再说一遍，要求各地在抓紧粮棉生产的同时，也注意抓紧各种技术作物的生产，做到按比例的发展（这些技术作物占用土地是不多的）。

一年之计在于春，必须抓紧当前工作，打响明年这头一炮。

（乙）长期计划中的粮棉指标：

粮食——1962 年，6 950 亿斤，1967 年，10 540 亿斤。

到 1967 年把粮食单位产量分别提到 400 斤、500 斤和 800 斤，这些都能做到，许多省份还能超过。

对于分别提高到 500 斤、600 斤和 900 斤，许多省区市（浙江、安徽、江苏、山东、福建、湖北、贵州、广东、河北、河南、新疆、京、津、沪等）已肯定表示能做到；有些省区（湖南、广西、江西、山西、陕西、甘肃、青海、辽宁、吉林、黑龙江等）表示可争取做到但有困难，或者在计算口径上要求把新开荒除外；还有少数省一时还难以答复。希望大家回省以后再加研究，并且提请省委研究，在明年一月底前把结果报告我们。

棉花——1962 年，11 000 万亩，8 200 万担，1967 年，1 200 万亩。

其他各项指标，还要再加研究和平衡，现在不讲了。

（丙）垦荒移民的指标：

十五年，垦荒六亿亩的要求，在讨论中有的地方感到很困难完不成，可改为 5 亿 5 000 万亩，各地可以努力超过。

共可接受移民 1 000 万户，其中，省外移民 550 万户，省内移民 400 万户，国营农场经过吸收农业工人的方式移民 50 万户。劳改农场实际最后也是移民，还没有计算在内。在条件比较好点的地方，多办一般移民，少办劳改农场；在条件比较差些的地方，少办一般移民，多办劳改农场。

移民的大体方向——山东移民到黑龙江；河北、北京、天津移民到内蒙；河南移民到新疆、甘肃和青海；湖北、湖南移一批到新疆；四川也移一批到青海；上海移民到江西。

移民需要和移出计划不适应，第二、第三个五年的，可再继续研究，求得平衡。

省内移民，由省自定，也要把计划报到部里来。

5亿5 000万亩荒地的勘测任务，初查——1958年完成；详测——1960年完成；设计——建场前二年做好。

成立垦荒移民的工作机构，目前一个时期设在农业部内。

另外建议国务院批准由几个有关部组成垦荒移民委员会。

（丁）七年内消灭各地区当地的主要病虫害和牛瘟、猪瘟等，同意讨论中提出的意见，即七年之内做到基本消灭。另外要加强植保工作。

棉花良种，现在达到播种面积的70%，应该在两年之内普及；粮食作物和主要技术作物的良种，七年之内做到普及。

以上这些指标，都按照会议讨论的结果，把它肯定下来。

我在会议开始的报告中已经讲了胜利完成农业增产任务的有利条件。现在还要特别提出：必须充分认识明年即将实现的合作化，三四年内即将实现的高级合作化。解放了土地，解放了生产者（从私有制之下），这将带来无比的增产积极性，将发挥巨大的增产潜力。从中央和主席，一直到各级党委都强调要抓紧农业生产，这就是胜利完成上述指标的可靠保证。我们是完全有信心的。问题在于各级农业部门必须跟上党的领导，跟上客观形势的需要，百倍努力做好工作。

过去，我们对于“只有发展工业，特别是重工业，才能为农业创造现代化的技术基础”这一方面，讲得很多。这是对的，应该讲的，今后还要讲。但是，对于“农业提供发展工业的条件”，农业对于发展工业的极端重要性这一方面，讲得不够。必须认识：中国4/5的人口是农民，农民有500万，农业不发展，工业难前进。发展农业，才有出路。我国的实际生活已日益证明了这一点。

（二）进一步克服右倾保守思想，改进工作作风，保证增产指标的实现。

从农业生产方面讲，右倾保守思想的实质是：看不见农村社会主义革命所解放出来的生产力发展的巨大可能性（从劳动者和生产资料两方面说明）。人们的思想，如果不善于做好批评和自我批评，让这个马列主义的武器生锈了，那总是容易产生一种“惰性”的。就是说，习惯于按老观点看问题，按“常规”办事。这种“惰性”，很容易造成抗拒新鲜事物的恶果。这就是右倾保守主义。右倾保守主义者，对于新鲜事物，不是“视而不见，听而不闻”，便是顾虑重重，吹毛求疵。甚至抓住缺点，当头一棒，把新鲜事物打昏过去。

右倾保守思想的产生，又往往同骄傲情绪分不开的。

现在正处在社会主义革命的狂涛巨浪之中，农村形势大变，出现许多“奇迹”（过去所不敢想象的事）。按“常规”办事，“慢腾腾”的作风，不行了。我们必须随时随地大力克服右倾保守思想，改进我们的工作作风，为完成上述的增产任务而努力奋斗。

（甲）要抛弃“从小农经济的现状出发”这个陈腐过时的公式，要从合作化的高潮形势出发，适应社会主义集体的农业经济的发展前途来考虑和处理一切问题，解放自己的思想。

（乙）要有全面规划，改变那种被动地零碎地解放问题和“头痛医头、脚痛医脚”的作风。规划有大范围的，小范围的，有各项工作的，也有某一项工作的全面规划。考虑和解决任何问题的时候，都要全面地想一想，不要解决了这个问题而制造了另一问题。（你们回去就要做出一省的农业生产规划，并且领导下面做出每一专区、每一县、每一区、每一乡、每一社的规划，做规划中就会发现新的问题）。

（丙）要接触群众，接触实际，不能光是在办公室办公（我们就很少去西北、西南）。公事是一定要办的，但是，不能光坐在办公室里办公事。要冲破“常规”范围，不能按常规办事。

农业部门干部不接触合作社，不了解合作化问题，单纯搞生产和技术业务的作风，必须改变。当然做好农业生产和技术的工作，是农业部门的任务，但是靠谁去完成呢？就是靠合作社（以互助合作为中心带动广大农民的提法已经不恰切了）。

规定一定的时间比例，几个厅长轮流下去看看（中央部一年七个到十个礼拜下乡）。

（丁）全面规划，接触实际，就能发现新的问题和新的经验，发现新鲜事物。对运动中的缺点和问题熟视无睹是不对的，但更重要的是善于把新的经验加以总结和推广，去解决新问题使工作前进一步。这就是党中央和主席历来所指示的行之有效的“从群众中来到群众中去”的唯一正确的领导方法。任何能以解决实践中所产生的新问题的成功的经验，都是群众在实践中创造出来的。有人下乡接触实际，只带回一堆缺点、毛病和问题，群众业已创造出来的解决这些缺点和问题的新经验，一条也没有带回来。这种情况表明；这种人要就是根本不赞成群众的这种行动，思想上有抵触，因而把它说得一无是处；或者他总是好为人师，总觉得自己高明，不屑于向群众学习，因而根本忽视了群众在实践中所创造的新的经验。二者必居其一。在我们农业部门的干部中，对待农业生产的问题，这两种情况都有的。这种作风，必须改变。（你们通过这些工作，就会找出增产的基本措施和贯彻执行这些措施的成功的经验，也会发现工作中的一些毛病，找出毛病的症结所在和克服它的办法）。

（戊）发现了并且抓住了带关键性的问题和经验了，就要抓住不放，一竿子到底，坚持下去，一直到这个问题完全解决为止。认真总结推广先进经验，改造落后，定出分批分期推广的进度。提出具体要求（例如千斤县，无虫县等等）。对于完成某些任务，可以像作战一样，提出准备战斗和扫尾的分段计划，逐段检查完成情况，克服过去那种停留在一般号召或者布置多检查少的浮而不实的作风。

（己）努力学习理论——学习马列主义理论和农业科学知识，提高自己。不学习马列主义，思想水平不能提高，不学习农业科学知识，具体业务工作就做不好。要请科学技术干部给我们上课。

发扬高度的社会主义积极性，学会新的工作作风，为实现 1956 年的和十二年的增产指标而努力。首先是打响明年这头一炮。

必须切实做到：“又多、又快、又好、又省。”

（三）其他几个问题

（甲）出小册子，介绍典型。

（乙）新式农具和拖拉机的供应的问题。

（丙）畜牧问题。

讲一讲保护、繁殖耕畜的问题，也讲一讲当前的问题。

加强畜牧业的领导，逐步建立饲料基地。

为出口奶制品，利用大片草原，建设牛奶基地。

（丁）国营农场。

农场的粮食单位产量指标，讨论中议定。1957 年，300 斤；1962 年，450 斤；1967 年，600 斤。这个数目，比同期全国粮食单位产量的总平均数是稍高一些，但高得不多，优越性不显著。可以暂时这样定，作为起码的要求，仍望各地努力提高。同时，这是全国农场的平均数，各省各地要为当地的农场定出各个时期粮食单位产量指标。这个指标必须显著地超过当地粮食单位产量的平均数。

省厅要加强对国营农场的领导。国营农牧场的统一领导问题，既然许多地方觉得有不便之处，这次会议不加肯定。

改行计件工资制，要有步骤，首先要做好定额工作，不要一下子无准备地去改，又改乱了。

国营农场，军垦农场和劳改农场要统一规划部署。

（戊）发展山区生产和积极扶助边疆少数民族地区发展农业生产问题。

山区潜力很大，农、林、牧、水综合发展。

少数民族区，国家之宝，前程远大，为了适应开发的需要，首先要扶助他们发展农业生产。

注意少数民族政策问题。

（己）农业干部训练。

干部需要量很大，分级负责训练。

文化较高、技术干部较多的省，要照顾别的省，给以支援。

（庚）大力开展科学研究工作。

几年来，农业部门在这方面是有缺点的。

没有科学的发展，就不能有社会主义建设事业的发展。

使用科技人员，批评多，鼓励少的缺点，必须改变。

农业部成立了农业科学研究工作协调委员会，各地是否建立这种委员会，看当地的需要和条件而定，由省决定。协调委员会，是商量配合的机构，商量好以后，工作还是由有关业务部门去执行。部的协调委员会同地方的类似机构之间没有上下级的关系。

（辛）专业会议问题，部与厅的密切联系问题。

（壬）农产品的收购和价格问题。

（癸）农业部门的机构、编制、干部和经费问题。

最后，回去以后，请示省的领导，召开适当范围的会议传达布置。力争一切可能的有利条件（一定有的），同时，也要估计到会遇到的困难（例如任务重，而投资不足、干部不足、技术条件差等等），必须决心克服困难，完成光荣的任务。

祝贺新年的讲话*

（1956年1月）

1956年来到了。在祝贺新年的时候，我们为1955年在农业合作化和农业生产方面所已经取得的胜利和成就而欢欣鼓舞，也要为在1956年取得更大的胜利和成就而积极努力。

1955年的农业生产，获得了我国历史上从来没有过的丰收。虽然有少数的地方遭受到水、旱等自然灾害，但是全国粮食总产量，比1954年增加了250万万斤；全国棉花的总产量，比1954年增加了七八百万担；还有许多别的农产品也比1954年增加了。这是中国共产党、人民政府和毛主席英明的正确的领导给中国人民带来的幸福，也是全国农民用自己的辛勤劳动为他们自己创造出来的幸福。

农业合作化运动，在1955年也有飞跃的发展，现在全国农村正处在社会主义革命的高潮当中。1955年上半年，全国只有65万个农业生产合作社，加入农业生产合作社的农户只有1 690万户。自从1955年五月间、七月间和十月间，毛主席和中国共产党中央接二连三地批评了在农业合作化问题上的右倾思想以后，农村的形势大变了，农业合作化的高潮迅速发展起来。按照1955年12月下半月的统计，全国加入农业生产合作社的农户已经达到6 000多万户，占全国农户总数的一半以上。河北、山西、安徽等省已经实现了基本合作化。在最近几个月中成立起来的100多万个新社，多数是巩固的，健康的。1955年上半年就已经成立起来的65万个老社，又普遍地增加了农作物的产量，这就更加有力地吸引着广大农民到合作化方面来。现在农业合作化的高潮还在继续发展，还有大批的新的农业生产合作社在继续成立中；到春耕的时候，加入农业生产合作社的农户将要超过60%，将有更多的省份实现基本合作化。农民同

---

* 本文原载《中国农报》1956年第1期。

志们！农业合作化方面的伟大胜利，充分地说明了你们在党中央和毛主席的领导之下所发扬起来的社会主义的高度的积极性。

同志们！当我们庆祝新年的时候，我们确实应该为过去一年所获得的胜利和成就而欢欣鼓舞。但是必须了解到，我们所得到的胜利和成就，在整个的社会主义建设和社会主义改造的事业中，还只是刚刚开头；比起摆在我们面前的伟大的任务来，已经得到的胜利和成就还是很微小的。我们绝不能骄傲，决不能松懈我们的斗志。

摆在我们面前的，要求我们在1956年内来努力完成的任务是什么呢?

在农业合作化方面，要在全国范围内基本实现半社会主义的合作化。就是说，要把全国75%到80%以上的农户组织到农业生产合作社中间来，要使加入农业生产合作社的农户由现在的6 000多万户增加到9 000万户，或者1万万户。还要把所有的农业生产合作社都办好。对于社员入社的土地产量的评定、牲口农具的报酬、土地和劳力分红的比例、合作社所需要的生产资金的筹集以及社员应该缴纳的股份基金等等问题，都应当处理得周到细致，公平合理。在农业生产合作社的领导成分中，要树立贫农的优势，老贫农和过去是贫农现在已经上升的新下中农，在农业生产合作社的领导机关中应该占2/3；同时又要巩固地团结中农，使老中农和新上中农在农业生产合作社的领导机关中也应该占1/3。这样就以从组织上保证，农业生产合作社在处理有关社员各项经济利益问题的时候，能够正确地贯彻执行互利的政策。这样既保证贫农的利益，又照顾中农的利益；既不损害贫农的利益，也不损害中农的利益。从而也就在互利的基础上真正实现自愿入社的原则。更重要的是每一个农业生产合作社都要定出本社的生产计划，抓住关键问题，提出增加作物产量的措施，组织全体社员来实行这些措施，共同为实现增产的计划而努力奋斗。农业生产合作社，只有紧紧抓住当前的冬季生产，做好春耕生产的一切准备工作，才能使农民的社会主义积极性日益高涨，才能保证实现1956年的生产计划，也才能使合作更加巩固。

此外，有些已经成立起两三年，甚至三年以上的老社连年增产，发展到现在，在生产资料部分私有制的基础上，实行统一经营的这种半社会主义性质的生产关系，同生产力的发展之间已经产生了新的矛盾。土地的私有已经妨碍着社员劳动积极性的进一步的提高，也已经妨碍着土地更合理地更充分的利用。耕畜和大农具的私有同公用之间也同样产生了新的矛盾，同样妨碍着更充分的更合理的利用。因此，为了更进一步地发展生产力，就必须把这种半私有制改变为劳动农民的集体所有制，使这些半社会主义的初级社转变为完全社会主义的高级社。这种高级社在今后会一年一年地多起来。为了取得办高级农业生产合作社的经验，在1956年内，还应该以办了三年左右的老社为基础积极试办高级社。

在农业生产方面，1956年的任务是：努力完成第一个五年计划所规定的1957年的农业生产指标。在不遇到特殊灾害的条件下，要求做到："五年计划、四年完成"。农业合作化的高潮从私有和半私有的制度下把农业生产力解放出来，大大提高劳动积极性，将发挥出巨大的增产潜力，势必带来农业生产大发展的高潮。农业工作同志们！我们要以农业生产合作社的生产规划做基础，定出一乡、一区、一县以至一个专区和一个省的生产规划，并且根据各地不同的条件，针对当地增产关键的所在，提出切实可行的具体增产措施。要在兴修农田水利，推广新式农具、增施肥料，改良种子，增加复种面积，多种高产作物以及改进耕作技术，防治病虫灾害等等措施当中，抓住一条两条或者几条在当地增产中具有关键性的东西，作为基本措施，认真地贯彻执行，来确实保证增产计划的实现。同志们！在农业合作化高潮和农业生产大发展的高潮中所涌现出来的巨大的潜力，是我们过去想象不到的，必须首先克服我们头脑中的保守思想，来迎接这个高潮。

大豆、花生、油菜籽、烟、麻、甘蔗经济作物和蚕丝、茶叶等，一九五五年虽然是增产的，但是增产不多，有的并没有完成计划。这种情况，同整个国民经济的发展和人民购买力的提高是不相适应的。1956年必须改变这种情况。近年以来，各地用了很大的力量，争取粮食和棉花增产，这是完全对的，今后还应该这样。同时，也要求各地不要放松以上所说的大豆等经济作物和丝茶的生产。

此外，还要谈一谈保护、繁殖耕畜和发展猪、羊的问题。必须了解，耕畜在若干年内还是我国农业生产的主要动力。目前，有少数地方和少数的农业生产合作社，发生不愿意要体格弱小的耕畜，不注意保护幼畜的现象，这是不对的。猪是肥料的主要来源之一，又是城市肉食供应和出口的物资，应该积极地大力发展。还要加强羊的繁殖和改良羊种的工作。关于保护耕畜和发展生猪的问题，国务院已经先后发出了指示，要求各地切实执行。

同志们！1956年，将是在全国范围内基本实现半社会主义合作化的一年，也将是四年完成第一个五年的农业生产计划的一年。所以，1956年的新年是值得我们热烈庆祝的。同时1956年在农业生产和农业合作化方面的任务也是十分艰巨的，要求所有的从事农村和农业工作的同志，全体农民同志和国营农业企业的职工同志，为基本实现合作化而努力，为四年完成第一个五年的农业生产计划而努力！

关于一九五六年到一九六七年全国农业发展纲要的说明*

（1956 年 1 月）

主席、各位同志、各位朋友：

中共中央政治局提出的 1956 到 1967 年全国农业发展纲要（草案），是在“十七条”的基础上扩充发展起来的。在 1955 年 11 月间，毛主席先后同 14 个省的省委书记和内蒙古自治区党委书记，就全国农业发展问题交换了意见，共同商定了“十七条”。1956 年 1 月，毛主席又在同各省、市、自治区的负责同志商量之后，将十七条扩充为四十条，拟出了这个纲要的草案初稿。最近几天，由中共中央邀请了在北京的工业、农业、医药卫生、社会科学等各方面的科学家、各民主党派、各人民团体的负责人和文化界、教育界的人士，共 1 375 人，分组进行了讨论。经过这次讨论，又采纳了一些很好的意见，做了一些修改。在这次讨论中，还有一些有益的意见，也是在今后工作中应该注意，应该解决的，但是不便写在这个纲要里面去。这个纲要草案的修正稿，经过中共中央政治局 1 月 23 日通过，现在提请最高国务会议讨论。因为我在农业部工作，又在中共中央农村工作部担任一部分工作，中共中央指定我向诸位做一个说明。

我想说明的有以下几点。

第一，1956 到 1967 年全国农业发展纲要，是在全国农业合作化的高潮蓬勃发展的形势下提出来的。

1955 年 7 月，毛主席所做的关于农业合作化问题的报告，以及 10 月间中国共产党第七届中央委员会第六次全体会议（扩大）根据毛主席的

---

* 本文原载《人民日报》1956 年 1 月 26 日第 3 版。本文经过毛泽东修改（见《建国以来毛泽东文稿》第 6 册，中央文献出版社 1992 年版，第 20、21 页）。

报告所通过的关于农业合作化问题的决议，使我国的情况发生了根本的变化。让我们来回忆一下1955年上半年的情况吧！那个时候，由于右倾保守思想的影响，首先是由于在农业合作化问题上的右倾思想的影响，以致社会主义的农业改造的事业裹足不前，甚至消极退缩，农村中间正气不伸，邪气上涨，农民的社会主义积极性受到压抑，而资本主义思想抬头，粮食统购统销这项极其重要的社会主义措施遭到了一些城乡资本主义势力的抵抗。那个时候，许多人为农业的发展赶不上工业的需要而发生忧虑，甚至有些人因而对于我国社会主义工业化的方针发生动摇。当时，我们虽然是有信心的，我们坚决地相信工农业发展的不平衡是一定可以克服的，但是那时办法还不多，对于一些人的忧虑还缺乏充分的说服力量。

现在就不同了。由于中共中央和毛主席抓住了并且正确地解决了农业合作化这个基本环节，1955年下半年以来的形势就发生了根本的变化。除了少数的富裕农民、富农和过去的地主分子以外，绝大多数农民的社会主义积极性空前高涨。在全国农村中，掀起了一个社会主义革命的高潮。在1955年下半年的短短几个月中，加入农业生产合作社的农户就由1 690万户增加到7 000万户，在农户总数中所占的比例就由14％增加到60％以上，有些省、市已经基本上完成了初级形式的合作化。目前，入社的农户仍在不断地增加，合作化的比例仍在不断地上涨。预计到今年春耕以前，除了个别的省和自治区以外，其余各省、市都将提前实现全国农业发展纲要第一条所规定的任务，提前完成初级形式的农业合作化。在合作化基础较好的地区，初级社升高级社，由半社会主义到全社会主义的转变已经具有群众运动的规模，其余的地区也在积极试办高级社。辽宁省已有4 655个高级社，包括160多万农户，占全省农户总数的60％。河南省新乡专区已经基本上完成了高级形式的农业合作化。已经高级合作化的县、区和乡，则为数更多。预计到今年春耕以前，高级农业生产合作社所包括的农户将达到全国农户总数的1/3。只要今年农业生产合作社普遍增产，全国农业发展纲要第二条所规定的，按照各地情况，分别在1957年或者1958年基本上完成高级形式的农业合作化的任务，完全有可能提前实现。

半年以来，农业生产合作社发展这样多，这样快，是不是好的呢？

事实说明，绝大多数农业生产合作社的质量是好的。在社会主义革命的高潮之下，已经不存在干部勉强要群众入社的问题，而是各级领导机关所定的发展合作化的计划一再地被群众要求入社的热情所突破。广大社员的思想奔向社会主义，集中在增加农业和副业的生产上，社员彼此之间你占便宜我吃亏的斤斤计较的心理大大减弱了。同时，由于积累了更多的经验和农业生产合作社示范章程草案的公布，合作社内有关社员经济利益的各种具体问题，也处理得更为细致，更为合理，合作社内贫农和中农之间的关系，一般也是健康的，正常的。最重要的带根本性质的情况是，农业生产合作社普遍地拟定了或者正在拟定发展生产的规划，农民的生产积极性空前高涨。1955 年，农业生产获得了丰收，粮食比解放前的最高年产量增加了 20％以上，棉花比解放前的最高年产量增加了 70％。1955 年的秋耕秋种和冬耕冬种的工作，比以往任何一年做得好，许多地方战胜了秋冬的旱情，完成了并且超过了冬麦的播种计划。冬季生产和备耕工作正在紧张地进行中。往年到春季才做的许多工作，现在提前到冬季来进行了。我是南京人，本月初在南京郊区看到成群结队的农民，冒着寒冷天气，忙于翻耕土地，兴修水利，积粪造肥，这是过去少见的事。不但南方，就是在北方，据各地同志来说，也是如此。这种新气象是遍于全国的。近几年来，我们总是宣传农业生产不能是“一年之计在于春”，应当是“一年之计在于冬”（头一年的冬天），但是收效并不很大。现在这句口号已经真正成为农业生产合作社和广大农民群众的实践了。豆饼、化学肥料、水车和双轮双铧犁等新式农具到处脱销的现象，也充分证明了广大农民生产情绪的饱满和要求扩大再生产的积极性。半年以来，农业生产合作社确实是办得又多，又快，又好，全国农业合作化的高潮正在引起全国农业生产的高潮。全国农业发展纲要，正是在农业合作化的高潮和农业生产的高潮形势下提出的，是恰合时宜的，完全符合当前形势发展的需要的。

第二，1956 到 1967 年全国农业发展纲要，主要是向农民提出的，并且是主要依靠农民自己的力量来实现的。它向农民指出实现农业社会主义改造的具体计划和关于发展农业的长期奋斗的目标，也描画出我国农村的繁荣幸福的明天。

合作起来的农民，正在为创造他们自己的社会主义的幸福生活而积极劳动的农民，他们迫切要求有一个长期奋斗的目标。事实上，如果没有一个较长时期的奋斗目标，农业生产合作社的全面规划也很难定好。农民不仅在生产上要求有一个较长时期的奋斗目标，而且对于他们自己的物质生活和文化生活也提出了一系列的要求。农民发展了生产，增加了收入，得到饱食暖衣之后，他们就要求修房子，盖新屋，改善居住条件；要求读书识字，提高文化；也要求医治疾病，讲卫生，“人财两旺”。农民在生产水平提高的基础上，提出这一系列改善物质生活和文化生活的要求，是完全正当的，是应当努力促其实现的。正如斯大林所指出的，社会主义经济发展的法则就是不断地发展生产，来满足人民物质生活和文化生活水平不断提高的需要。中共中央提出的全国农业发展纲要，就是以发展农业合作化和发展农业生产为中心，对于农民的提高物质生活和文化生活的各项要求都做了规划。因此，这个纲要一经公布，就必将发生巨大的号召作用和动员力量，就必将推动农业合作化的高潮和农业生产的高潮进一步地向前发展。1955 年 11 月毛主席和中共的某些地方党委的负责同志所商定的“十七条”，传达到农村中去以后，已经发挥了巨大的动员作用。许多地方的农民兴奋地说：“这一下子看到社会主义了”。根据这个事实，我们可以预先肯定，这个四十条的纲要，将更有力地鼓舞 5 万万农民在社会主义的道路上奋勇前进。

同时，这个纲要主要是依靠农民自己，运用 5 万万农民自己的人力、物力和财力来实现的。这个纲要所提出的各项任务：农业合作化，增加农作物的产量和各项增产措施，造林绿化，发展畜牧业，发展渔业、手工业，扫除文盲，办小学，安装收听广播的工具，发展文化娱乐和体育活动，发展农村卫生事业，改善居住条件以及吸收城市失业的人员，使他们获得就业的机会等等。除了一部分是由国家举办的，或者由国家协助农民举办的以外，大部分是由农民自己举办的，自己动手来做的。农民有没有力量办呢？农民有大量的人力，这是没有人怀疑的。财力和物力怎样呢？农民 1955 年比 1954 年多打的粮食和多收的棉花，价值就等于 1955 年国家预算中农林水利支出的两倍。今后会年年增产，农民的财力和物力也会一年比一年增大。所以，可以肯定的说，农民是有力量办的。当然，国家在财政上、经济上和技术上，也应当给农民以尽可能的支援。但是，国家所花的钱不可能太多，尤其是目前这几年的情况是如此。否则，如果事事依赖国家，一切都由国家投资来举办，那是国家的财力所不能胜任的；其结果势必是推迟这些事业兴办的时间，有的甚至办不起来了，或者是把国家的财力大量地使用到这些方面来，而缩减工业投资，从而就会推迟我国的社会主义工业化。无论是把这些本来可以主要地由农民自己办起来的事业推迟不办，或者是推迟国家工业化，对于我国的社会主义建设事业，对于全国人民，对于农民，都是不利的。

正因为这个纲要主要是向农民提出的，并且主要是靠农民自己的力量来实现的，它就应当成为动员农民的一个有力的文献，所以，就应当写得比较简单明了，使农民容易了解。在多次的讨论中，有些同志提出增加若干条款的意见，其中有的是应当完全由国家举办的，有的同农村和农业的发展关系不大，或者没有直接关系，有的是属于工作执行中的方法问题。这些意见，也曾经试图加到这个纲要里面去，结果把纲要全文弄得太长，过于复杂烦琐，势必会削弱它动员农民的作用，所以还是删去了。在多次的讨论中，也曾经试图把各种农作物的产量指标与畜牧、渔业、造林和灌溉的指标，以及拖拉机和化学肥料的产量指标等等，都列到纲要里面去，并且曾经这样写过，后来还是删去了。因为这些指标应当由国家的各个五年计划和年度计划在经过详细研究之后，作出规定，更为适宜。这样，就使这个纲要能够集中地向农民指出一个长期奋斗的目标，指出他们为了达到这个目标所应当努力完成的各项任务。这就能够更有力地动员广大农民群众。

当然，这并不是说，实现全国农业发展纲要只是农民的事。相反地，在这个纲要中，有许多事是要城乡一起进行的。在这个纲要中，还规定了国家机关的各有关业务部门为了实现这个纲要所必须努力做好的各项工作。不仅各级农业部门应当做好它所担负的工作，机械制造部门也应当按照国家的计划，造出双轮双铧犁等新式农具、抽水机等提水设备和拖拉机等农业机器来供应农民；化学工业部门应当完成并且超额完成化学肥料的生产任务；商业和供销合作部门应当做好农产品、副产品的收购工作和农民所需要的生产资料、生活资料的供应工作；交通运输部门应当努力建成全国地方道路网和农村电话网、邮政网；科学、文化、教育、卫生部门也都应当为完成这个纲要所规定的同它们有关的各项任务而努力。总之，正如全国农业发展纲要在一开始所指出的："全国农业合作化的高潮正在引起全国农业生产的高潮，并转而促进整个国民经济和科学、文化、教育、卫生事业的新的高潮。”全国各级“党政领导机关，应当根据本纲要草案，并按照本地方的具体条件，分别拟定本地方的各项工作的分期分批发展的具体计划。同时，国家各个经济部门、各个科学、文化、教育、卫生部门和政法部门也都应当根据本纲要草案，重新审订自己的工作规划。”

同时，要实现全国农业发展纲要，还要求工人和知识分子积极动员起来，给农民以必要的协助。纲要中所提出的许多东西，从新式农具、拖拉机、电话机、直到收听广播的工具、医药用品等等，都是由工人制造的。纲要所提出的许多任务，从增产的各项措施直到文化、教育、卫生等方面的要求，都是要靠知识分子和科学家来帮助农民解决的。所以，工人和知识分子如果不动员起来，全国农业发展纲要的实现也是不可能的。

因此，全国农业发展纲要，主要是向农民提出的，靠农民自己的人力、物力和财力来实现的。同时又是向全国人民提出的，靠全国人民，依靠工人、农民、知识分子和各界爱国人士一齐动员起来，通力合作，才能实现的。

这个四十条农业发展纲要草案，在今后几个月内将还是一个草案，要请全国工人、农民、知识分子和各界爱国人士加以讨论，提出意见。

第三，1956 到 1967 年全国农业发民纲要所提出的各项任务，是积极的，又是可靠的，是有条件、有根据可以保证实现的，并且可以提前实现或者超额完成的。

全国农业发展纲要的中心，就是要求在农业合作化的基础上，迅速地、大量地增加农作物的产量，发展农、林、牧、副、渔等生产事业。特别是要求在 12 年内，把粮食每亩的平均产量，按照三种不同的地区，分别由 1955 年的 150 多斤提高到 400 斤，由 1955 年的 208 斤提高到 500 斤和由 1955 年的 400 斤提高到 800 斤；把棉花每亩的平均产量，由 1955 年的全国平均 35 斤皮棉，按照各地情况，分别提高到 60 斤、80 斤和 100 斤皮棉。按照这种亩产量的水平，到 1967 年，粮食的全国总产量将比 1955 年的产量增加一倍半以上，棉花的全国总产量将比 1955 年的产量增加两倍。只要这项中心要求做到了，全国农业发展纲要所提出的提高农民物质生活和文化生活的各项要求，就将毫无疑问地随着生产的发展而逐步实现。

各地负责同志，对于实现上述增加农作物产量的指标是满怀信心的，劲头都很大，有的省并且表示可以提前实现。当原来的十七条传达到农民中去的时候，广大农民对于实现上述增产指标，同样是信心很强，劲头很大。

实现上述增产指标的条件和根据是什么呢？主要是我国人多，劳动力多，气候条件比较好，劳动力和土地的增产潜力很大。而在实现了农业合作化，特别是高级形式的农业合作化以后，改变了生产资料私有的制度，实行集体所有和按劳取酬的制度，解放了生产力。这样，就将发扬起广大农民的惊人的劳动积极性和创造性，就能够更合理地、更充分地利用劳动力，大大提高劳动力的利用率和劳动生产率，也就能够更合理地、更充分地利用土地、耕畜和农具。合作起来，土地联片，去掉田塍地界和多余的田间道路，就可以增加不少的耕地面积（许多材料说明可以增加5%，按这个标准计算，全国就可以增加8 000万亩土地）。合作起来，就有可能大规模地兴修水利，保持水土，整修土地，改良土壤，变旱地为水地，把瘠薄的土地和废弃的土地变成肥沃的良田。合作起来，就有可能把男、女、全、半劳动力和能做轻微劳动的人们，都充分地利用起来，发展农、林、牧、副、渔业的生产，实行多种经营。合作起来，就有可能统一经营，因地种植，并且能够用更多的劳动力进行土地加工，精耕细作，进一步改进栽培方法，改善耕作制度，提高单位面积产量。总之，合作起来，就可以空前地发挥增产潜力，做到“范围广，门路多，耕作细”，从而大大地增加农业生产，增加社会的财富和社员的收入。这种可能性，已经被各地许许多多的农业生产合作社的实践所完全证实了。现在，各个地方已经有一批农业生产合作社，一些乡、区和个别的县，全社、全乡、全区或者全县的粮食和棉花的每亩平均产量，已经达到了甚至超过了全国农业发展纲要所要求的在12年内达到的水平。既然这些丰产的典型社、典型乡、典型区和典型县已经达到了，甚至超过了这个水平，我们就完全有理由相信在同一地区的，条件大致相同的，其他的合作社和其他的乡、区、县也可以达到这个水平。既然这些丰产的典型社、典型乡、典型区和典型县在目前的条件之下，已经达到并且超过了这个水平，我们就更完全有理由相信，在12年内随着国家工业化的发展，在拖拉机、化学肥料、抽水机、农药农械等方面的逐步增加和大型水利工程修得更多的条件下，各个地区分别平均达到全国农业发展纲要所提出的农业生产的水平，是完全可能的，并且是很有可能超过的。

全国农业发展纲要所提出的关于交通、邮电、文化、教育、卫生等项要求，也是在许多农业生产合作社和若干农村中已经实现的事情。许多人感觉短期内难以解决的城市100多万失业人员问题，现在也出现了新的情况，浙江省嘉兴专区就要求从上海移入10万个劳动力，江西省也要求把能从事农业生产的城市失业人员移50万人到那里去。至于地多人少的边远地区迫切需要劳动力，就更不待说了。解放以前遗留下来的这个100多万尚未就业的失业人员，由城乡两方面去作安排，就可以在几年内使他们就业了。

所以说，全国农业发展纲要所提出的各项任务和要求，是积极的，又是可靠的。它既不是保守的，也不是冒进的。它很有可能提前实现或者超额完成。这样也好，便于发挥地方的积极性。

第四，由于中共中央和毛主席在正确地解决了农业合作化问题以后，紧接着又提出了1956年到1967年全国农业发展纲要，抓住了农业这个基本环节，从而使我国的社会主义事业更顺利地向前推进。

社会主义建设的主体是国家的社会主义工业化，而工业化的中心是发展重工业。工业领导农业，城市领导乡村，工人领导农民，这是社会主义确定不移的根本原则。这个原则是无可怀疑的，是不能动摇的。

但是，我国是一个拥有6万万人口的大国，农民超过5万万，占人口的六分之五以上。毛主席早在《论联合政府》一文中指出："农民——这是中国工业市场的主体。只有他们能够供给最丰富的粮食和原料，并吸收最大量的工业品。"世界上没有任何一个国家有我国这样大的国内市场。这个市场，直到现在，它的购买力还是很低的（虽然比解放以前已经提高了一些），但是它的潜在力量是非常巨大的。全国农业发展纲要一旦实现了，我们就会看到一个拥有大得惊人的购买力的国内市场。我国工业的发展，除了依靠国内市场以外，难道还有别的什么出路么？当然我们还可以争取工业品的出口，但是主要必须依靠国内市场。我国现在的城市和工矿区的人口约有8 000万，每年需要的粮食和副食品，除了依靠国内供给，依靠农村供给以外，难道还有什么别的来路么？我国 6 万万人口，他们的购买力势必日益提高，所需要的轻工业品，数量之大也是惊人的，难道我国的轻工业除了依靠国内的原料供应以外，还可以主要靠从外国输入轻工业原料么？我国农业所需要的生产资料，数量之大也是惊人的，譬如要使我国可以用机器耕种的土地都用拖拉机耕种，那就需要 120 万到 150 万标准台（15 匹马力为一台）的拖拉机，每年报废换新的数量是 12 万到 15 万台；又如化学肥料，如果普遍使用起来，每年至少要 2 000 万吨氮肥，磷肥钾肥还不在内。这又是重工业的何等巨大的国内市场。而且，农业的发展又是社会主义建设资金积累的重要来源之一。由此可见，如果不正确地解决农业问题，农业没有巨大的发展，我国的社会主义工业化必将遇到极大的困难。

我国是一个拥有 6 万万人口，而农民占人口 5/6 以上的大国，这个根本特点，是我国社会主义建设事业中所丝毫不可忽视的。当然，如果有人因而否认社会主义工业化是主体，否认工人阶级的领导，那是完全错误的。但是，必须切实注意 5 万万农民在我国的社会主义建设事业中的重要作用，切实注意农业对于工业发展的极端重要性。在当前农业合作化的高潮中，中共中央政治局提出了这个从 1956 年到 1967 年全国农业发展纲要，这就把我国社会主义革命中的一个最困难最复杂的问题——农民和农业的问题，系统地解决了，从而将在新的基础上更进一步地巩固工农联盟，将使我国的社会主义工业化加速发展，将使我国过渡时期的总任务提前完成。

关于农、林、水利和气象工作的汇报

（1956 年 3 月 22 日）

农业、林业、水利三个部和中央气象局，是由国务院第七办公室分工管理的。在党内说，这三个部一个局的党组，由中央农村工作部分工负责予以指导。中央农村工作部和国务院第七办公室，是一个机构，一套人马，两块招牌。现在，将农业、林业、水利和气象工作的基本情况、1956 年的任务和长远规划和工作中的几个主要问题，汇报如下：

（甲）基本情况

（一）农业合作化已接近基本完成。截至 2 月 20 日前后的统计，加入农业生产合作社的农户已经达到 10.085 万户，占全国农户总数（11.818 万户）的 85.3％，其中高级社占 48.6％，初级社占 36.7％，由低级社升高级社已经成为农业合作化运动的主流。河北、山西、辽宁、吉林、黑龙江、广西六个省区和北京、天津、上海三个市，已经基本上实现了高级形式的农业合作化。甘肃、青海、山东、江苏、安徽、浙江、河南、江西、贵州九个省和内蒙自治区，初级社和高级社合计，已经达到农户的 85％以上。其余的，陕西、四川、云南、湖北、湖南、广东和福建七个省，合作化的比例都在 85％以下，有的占 80％左右，有的占 70％左右，新疆维吾尔自治区的合作化比例最小，占 61.8％。目前，一般已经停止建社、扩社、并社和升级，中心转到春耕生产，并且结合春耕生产做好合作社的整顿巩固工作。半年多以来的农业合作化运动是声势浩大，进展迅速，数量多，质量一般也好。各地农民群众的生产积极性普遍高涨，就是质量好的有力证明。当然，缺点和问题也是有的。去年十一和十二月间有些地方又开始出现大批宰杀耕畜的现象，经中央和国务院指示后，已经基本停止了，耕畜保护下来了。有些地方，曾经先后发生乱砍树木的现象，由于各地及时地向群众宣布了林木入社的政策，这种现象也已经基本停止了。有些合作社铺张浪费，非生产性的开支过大，中央和一些省委都已经发出通报，正在纠正。当前比较突出的问题是，农业生产合作社的生产安排和劳动组织等项经营管理工作跟不上去，经验不足，做得不好，各地已经开始注意加强这方面的领导。事实证明：各地的领导骨干，对于把群众组织起来，把合作社办起来，一般已经取得了比较成熟的经验，所以发现了偏差能够及时纠正，不使它发展蔓延；但是，对于领导合作社搞好生产，搞好经营管理工作，一般是经验不足的。我们中央农村工作部和农业部也同样存在着这个缺点，必须在这一方面积极努力把自己充实起来。因为，合作化的比例已经超过全国农户总数的85%，就不能再用领导小农经济的工作方式来领导农业生产，而搞好农业生产合作社的经营管理工作，就具有头等重要的意义。

（二）农业生产、农田灌溉和造林。我国国土面积近1 000万平方公里，合140多亿亩。但是到1955年，已耕地只有16亿4 800万亩，仅占国土面积的11%强；森林面积11亿5 000万亩，占国土面积的7.9%，两者合计不足1/5。三年来开荒3 000万亩，六年来造林约8 500万亩。估计还有10亿—15亿亩的荒地可以开垦，还有27亿亩的荒山荒地宜于造林。

1955年，农作物的播种面积共计22亿6 300万亩，复种指数（播种面积/耕地面积）是137.5%。其中，粮食作物（不包括大豆）177.014万亩，占78.2%，工业原料作物（包括大豆）38.256万亩，占16.9%，其他作物（蔬菜、果类、绿肥等）11.045万亩，占4.9%。

1955年的粮食总产量，不包括大豆是3 497亿斤（包括大豆是3 679亿斤）按播种面积平均每亩产量是198.5斤，按耕地面积平均每亩产量约255斤。在3 497亿斤中，稻谷占45%，杂粮占31.2%，小麦占13%，薯类（四斤折一斤）占10.8%。1955年棉花总产量3 036万担，每亩平均35斤。粮食和棉花的单位产量，距离全国农业发展纲要要求在1967年达到的水平还是很远的。1955年生产大豆18 271万担，花生5 846万担，油菜籽1 933万担，芝麻904万担，油料供应和大豆的出口还是紧张的。烟、麻、丝、茶、甘蔗、甜菜、蔬菜、水果和家畜、家禽，都需要有计划地大量发展。

在16亿4 800万亩耕地中，水田和水浇地合计只有4亿8 000万亩（其中水田近4亿亩），仅占耕地面积的1/4强，每人平均不到一亩。全国水土流失面积，估计约23亿亩，其中已经采取了保持水土的措施并加以控制的不过一亿亩。在已耕地中还有2.7亿亩的低洼易涝地区，需要兴修沟洫畦田和排水工程，来克服涝灾。所以说，要基本上消灭普通的水旱灾害，还须做极大的努力。

（三）大江、大河的治理和综合利用。几年来，水利工作的重点放在大江大河的治理上，成绩是很大的。但是，摆在我们面前的任务，则更是艰巨的。淮河的根治，已经在防洪方面收到了显著的成效，但在上游和中游还有十几个新水库要修建，有些已经建成的水库还须进一步加强，下游还要开辟入江水道和入海水道，西肥河、漯河、涡河等许多支流还要继续治理，灌溉发电还须进一步规划利用。治理黄河的枢纽工程——三门峡水库还没有动工兴修。长江的流域规划才开始着手编制。华北水系、辽河和珠江还只做了一些局部性的工程（例如官厅水库、大伙房水库等），全流域的治理和综合利用还待进一步规划。

（四）森林工业。全国现有森林的木材蓄积量约49亿立方公尺，大多是过熟林，有许多由于交通不便，一时采伐不出来。六年来共生产原木7 727万立方公尺，其中1955年的生产量为1 836万立方公尺。随着经济建设的发展，木材的需要量日益增加，我国森林资源是异常不足的。在木材的使用方面也有严重的浪费。在木材调剂中，成材不足20%，而原木占80%以上，这不仅浪费了运输力，也浪费了木材，造成了制材工业的分散混乱现象。由于我国还没有建立起林产化学工业和厚纸制造工业，森林采伐区的大量边梢材都弃置不用，木材利用率低于苏联，更低于美国。

（五）气象事业。气象科学是一门新兴的科学。我国的气象事业基本上是解放后新兴起来的一项事业。几年来，在人力和设备都非常困难的条件下，逐步建立和开展了天气情报和预报工作以及气象资料的整编和分析研究工作。但是，由于技术人才的极端缺乏，技术水平低，短期预报的准确率还只有77%，中期预报才开始建立，长期预报和各种专业预报（例如农业气象预报、航空气象预报、海洋水文气象预报等等）都没有建立起来，许多重要的学科和专业气象工作（例如农业气象、林业气象、海洋水文、大气物理和仪器设计等）都还是空白点，气象资料的供应工作也远远赶不上客观的需要。

（六）农、林、水、气的行政机构、企业、事业单位和干部、职工的情况。

1. 农业方面。从农业部到县农林局（科），各级农业行政部门共有干部 28 000 人（区助理员未统计）。荒地勘测队（局）的职工 4 000 人。

农业科学研究所（农业部直属的有 13 个）和试验站有职工 6 680 人，其中研究员和副研究员 193 人。

区技术推广站、畜牧兽医站和植物检疫站共有 10 320 个，约 6 万人。

国营机耕农场 106 个，耕地面积 405 万亩，拖拉机 2 908 个标准台，职工 61 879 人。专县农场 2 145 个，耕地面积 188 万亩，职工 77 977 人。

国营牧场 169 个，有马和牛 59 118 头，羊和猪 265 458 头，土地 3 400 万亩，耕地 29 万亩，拖拉机 211 个标准台，职工 12 749 人。

华南垦殖局系统所有职工 6 万人。拖拉机站 138 个，拖拉机 2 328 个标准台，代耕面积 320 万亩，职工 6 670 人。

生物药品制药厂 7 个，职工 2 995 人。

物资供应站 8 个，职工 500 人。

高等农业院校属高教部，有 29 所，现有教授、副教授和讲师 1 550 人，在校学生 16 698 人。中等农业技术学校属农业部，有 94 所，现有教员 3 447 人，在校学生 44 708 人。

农业系统以上各项，共有人员 36 万人（高等农业院校不在内）。

2. 林业方面。省级林业行政部门和国营林场（264 个），苗圃（1 223 个），森林经营所（330 个）共有干部 17 204 人，职工 69 757 人。

森工管理局 5 个，森工局 50 个，制材管理局 1 个，制材厂 83 个，林产化工厂 6 个，附属企业 11 个，共有职工 258 931 人，其中工程技术人员 8 694 人。

木材公司所属的县以上机构 623 个，职工 22 664 人。

林学院 3 个，中等林业技术学校 23 个，在校学生共 13 088 人。

林业系统以上各项，共有人员约 38 万人。

3. 水利方面。六个水利勘测设计院有职工 11 714 人，其中技术干部 6 598 人。

建筑安装队伍，有 25 000 人，其中技术干部 2 000 人；另有部队转业 8 149 人，劳改犯 92 000 人，从事水利工程建筑。（民工未计算）

农田水利和水土保持的技术干部 4 200 人。水利科学研究机构 7 个，研究人员 856 人。

水利学院 2 个，属高教部；水利中等技术学校 8 个，属水利部。

水利系统以上各项，共有人员约 13 万人，其中技术人员 2 万人。

4. 气象方面。在中央气象局下有省（区）气象局，有各种气象台站 715 所，其中有预报工作的 67 所，测风的 114 所，探空的 34 所。全国气象系统共有干部 9 399 人，其中技术人员 6 321 人。

农、林、水、气四个部门，不完全的统计，共有人员 90 余万人，是一支庞大的生产军。

（乙）1956 年的任务和长期规划

（一）第一个五年计划基本完成高级合作化。预计在 1956 年内，各省合作化的比例都将达到农户数的 85%以上。除了前述的九个省市以外，绝大多数省份都将在 1956 年内基本上实现高级形式的合作化，少数个别省区（例如新疆维吾尔自治区）将在 1957 年实现高级合作化。这就是说，提前两个五年计划，在第一个五年计划时期内基本完成农业社会主义改造的任务，还有些扫尾工作，在 1958 年去完成。

（二）农业生产。粮、棉、大豆和牲畜的发展指标。

耕地面积。1956 年增加 2 千 9 百万亩，达到 16 亿 7 千 7 百万亩，提前一年超额完成第一个五年计划原订的指标。1957 年达到 17 亿零 800 万亩。1962 年达到 18 亿 3 800 万亩。1967 年达到 20 亿 1 800 万亩。

粮食产量。1956 年计划增加 310 亿斤，达到 3 989 亿斤，提前一年超额完成第一个五年计划原订的指标。除去大豆，1956 年为 3 789 亿斤，1957 年达到 4 025 亿斤，1962 年达到 6 千亿斤，1967 年达到 9 500 亿斤。1967 年的粮食单位产量，按照不同地区分别达到或者超过“四百斤、五百斤、八百斤”的水平，全国总平均是每亩约 640 斤。

棉花产量。1956 年计划增加 520 万担，达到 3 556 万担，也是提前一年完成第一个五年计划原订的指标。1957 年达到 4 085 万担，1962 年达到 7 000 万担，1967 年达到 9 000 万担。1967 年的棉花播种面积拟定为 1 亿亩，全国平均每亩产皮棉 90 斤；并且把棉花种植地区加以调整，按照不同地区分别达到或者超过“六十斤、八十斤、一百斤”的水平。

1956 年国家规定的粮、棉增产计划是积极的，又是可靠的。从粮食方面看，今年增产的因素有：(1) 粮食播种面积（包括开荒和扩大复种）比1955年增加5千多万亩，每亩按1955年的平均产量198斤计，应当增产100亿斤；(2) 灌溉面积今年增加19 000万亩，除去下半年修的和若干废品以外，今年有效益的面积以1亿亩计，每亩平均增产100斤，可增产100亿斤；(3) 施肥数量增加，根据河北、河南、安徽、江西、广东五省的统计，冬季积肥比去年同期增加了8 800亿斤粗肥，即每亩平均增加粗肥近2千斤（五省共有4.6亿亩耕地），每亩至少可以增产5斤粮食，按此推算全国可增产90亿斤（今年用于粮食作物的化学肥料增加约35万吨，应当增产28亿斤粮食还没有计算在内）；(4) 增种高产作物，稻谷、玉米和薯类今年共增加7千多万亩，至少可增产45亿斤。以上四项，共可增产335亿斤，其他如推广良种，推广新式农具，改造耕作技术，防治病害和虫害等等增产的因素还没有计算在内。所以说，完成增产粮食310亿斤的任务，在不遇特殊灾害的条件下，应该是有把握的。

从棉花方面看，今年增产的因素是：(1) 扩大棉田面积5百万亩，按1955年平均产量计（每亩35斤），应当增产175万担；(2) 扩大灌溉面积650万亩，每亩以增产5斤皮棉计，应当增产32.5万担；(3) 用于棉田的化学肥料，今年可增加30万吨，每斤化肥以增产半斤皮棉计，应当增产300万担。以上三项措施，可能增产的数字，已经超过500万担，其他的增产措施可能收到的效益都还没有计算。所以说，今年增产棉花520万担的任务，也是有条件可以完成的。

把1967年的粮食产量指标定在9 500亿斤左右，棉花产量指标定为9 000万担，看来也是比较合适的。9 500亿斤（不包括大豆），比计委提出的数字（9 500亿斤，包括大豆）稍高一些，比各省提出的数字（1万零几百亿斤，包括大豆）稍低一些。富春同志几次指示要我们注意，国家计划数字同省的计划数字可以有两套，允许省略高一些，但是不要差得太远，否则在整个计划的平衡上也是有矛盾有困难的。我们同意富春同志的指示。1967年的棉花产量指标，计委提出是10 400万担，播种面积12 000万亩。根据主席的指示，三个五年计划的开荒任务由5.5亿亩减少到4亿亩，新疆减少的比例还要大些；加之，辽宁省需要减少以至不种棉花，多种大豆，贵州省低产棉区也要调整，棉田面积扩大到12 000万亩，就势必向河北、山东等产棉区挤，这确有困难。因此1967年的棉花指标定为 1 亿亩，9 000 万担，比较可靠些。这个意见，也已经报请计委考虑。

此外，大豆——1956 年计划增加 1 800 万担，达到两亿担，1957 年达到 2 亿 2 千 5 百万担，1962 年达到 3 亿 3 千 6 百万担，1967 年达到 5 亿担。

大小家畜。大家畜（包括牛、马、驴、骡），1956 年计划增加 709 万头，达到 9 444 万头，1957 年达到 10 080 万头，1962 年达到 13 669 万头 1967 年达到 18 394 万头。猪 1956 年计划增加 4 100 万头，达到 1 亿 2 900 万头，1957 年达到 1 亿 6 400 万头，1962 年达到 2 亿 8 000 万头，1967 年达到 4 亿 5 000 万头。羊 1956 年计划增加 1 500 万头，达到 9 900 万头，1957 年达到 1 亿 1 600 万头，1962 年达到 2 亿零 800 万头，1967 年达到 3 亿 2 900 万头。

其他各项农产品在此不讲了。

（三）国营机耕农场和拖拉机站。国营机耕农场，1956 年计划增加 46 个，达到 152 个场 758 万亩耕地面积，4 318 个标准台拖拉机；1957 年达到 220 个场，1 500 万亩耕地面积，7 500 个标准台拖拉机；1962 年达到 520 个场，3 570 万亩耕地面积，17 060 个标准台拖拉机；1967 年达到 820 个场，5 570 万亩耕地面积，25 400 个标准台拖拉机。

拖拉机站，1956 年计划增加 137 个，达到 275 个站，服务面积 1 696 万亩，拖拉机 6873 个标准台；1957 年达到 440 个站，服务面积 3 257 万亩，拖拉机 12 970 个标准台；1962 年达到 2 040 个站，服务面积 38 000 万亩，拖拉机 16 万个标准台；1967 年达到 5 800 个站，服务面积 135 000 万亩，拖拉机 65 万个标准台。

在农业合作化的基础上，实现农业机械化，进一步实行对农业的技术改造，这个方向是肯定的。但是，在我国实行农业机械化的时候，必须注意到我国农村中人口多，劳动力多和我国农业精耕细作的优良传统以及间种套种、一年两熟、一年三熟等等特点，必须把机械化和这些特点结合起来。这是一个很复杂的问题，农业部已经决定成立南方和北方的两个机械化研究所，专门进行研究。

（四）主要江河的治理规划。

黄河——1956 年积极进行三门峡水库的准备工程，争取汛后开工，在1959年起拦洪作用。治理伊洛沁河。在第二个五年计划期中，兴修刘家峡水库和上游支流水库，兴修青铜峡等水坝和灌溉工程。

淮河——1956年除加培堤防，完成未完的水库工程以外，开始修建上游的五个水库和入江水道，1962年以前完成入海分洪工程治理主要支流和沂、沭、泗河。

长江——1956年继续进行未完的蓄洪垦殖工程，积极编制长江的流域规划。1962年以前修建长江干流水库，完成丹江口水库。

华北水系——除继续进行未完工程外，在1962年以前完成滹沱河、大清河、永定河、漳河、卫河和潮白河的六个水库，同时进行河道的治理。

辽河——1956年继续修建大伙房水库，争取1957年基本完成。1962年以前，修建支流的三个水库。

珠江——1956年除加固北江下游堤防以外，修建两个水闸。1962年以前修建支流石鼓塘水库，举办流溪河灌溉工程。

（五）小型水利的发展规划。

扩大灌溉面积——1956年计划增加1亿9 000万亩，达到6亿7 000万亩，提前一年超额完成第一个五年计划的原订指标。1957年达到9亿3 400万亩；1962年达到12亿3 400万亩；1967年17亿多亩，占当年全国耕地面积（20亿亩）的86%。

水土保持——1956年计划增加控制面积1亿4 000万亩，第二个五年计划的控制面积达到16亿亩，占全国水土流失面积的94%，第三个五年计划全部控制。

排涝——1956年计划增加排水面积3 700万亩，沟洫畦田3 500万亩；1957年排水6 000万亩，沟洫畦田3 800万亩；在第二个五年计划内，可以基本上解除内涝灾害的威胁。

小型水利发电——1956年计划增加3万瓦，1957年增加65 000瓦，第二个五年计划期间增加80万瓦，第三个五年计划期间增加140万瓦；到1967年，累计达到240万瓦。

（六）造林和森林工业。

造林——1956年计划造林6 200万亩，采种3 000万斤，育苗41万亩。十二年内造林14亿亩，封山育林27 300万亩，林地更新7 000万亩。

绿化造林同发展各种经济林木结合起来。到1967年，我国的森林面积将达到27亿亩；其中，用材林面积约占11亿亩，每年按生产量采伐，可得木材1亿3 000万立方公尺；经济林面积2亿7千万亩，年产的油茶可供1亿8 000万人的食用，年产桐油436 875吨，蚕丝1445万担，茶叶698万担，等等。

森林工业——1956年计划生产原木1 491万立方公尺，1957年2 000万立方公尺，第一个五年计划共生产原木9 319万立方公尺。第二个五年计划13 480万立方公尺（1962年为3 231万立方公尺）。第三个五年计划19 955万立方公尺（1967年为4 410万立方公尺）。

林产化学工业——主要产品有十六种，到1967年，年产酒精20万吨，橡胶58 400吨，活性炭8 100吨，等等。

基本建设——今后十二年内，森林工业的重大的基本建设项目有220个，其中新建采伐企业94个，机械检修厂9个，制材厂77个，林产化学工厂40个，修建森林铁路1万公里，修建高空运材索道1千公里（在西南）。

（七）气象工作规划——从1956年起，在十二年内达到各种观测站5 000个，高空观测站450个，探空站120个。从1958年开始，逐步建立农业气象、森林防火、海洋水文、航空气象等专业预报工作。

（八）农、林、水、气科学研究工作的长期规划。

农业科学院在今年下半年成立，计划在12年内由现有的13个研究所发展到36个研究所，共需要培养研究工作人员5 195人，其中副研究员以上的高级研究人员927人。

林业科学研究院，在1967年以前基本上建立起来，共计划建立12—15个研究所，50个试验场和100个研究站，共需研究工作人员6 000人，其中高级研究人员1 100人。

水利科学院也在今年成立，计划在十二年内把全国的水利科学研究网建立起来，共需要研究工作人员6 600人，其中高级研究人员1 101人。

气象方面拟在12年内建立13个科学研究机构，需要研究工作人员4 748人，其中高级研究人员330人。

以上各项，在十二年内共计需要研究人员22 543人，其中高级研究人员3 458人。为适应生产发展的需要，加强农、林、水、气的科学研究工作，建立和扩大科学研究机构，确实是必要的。至于是否应当设立这样多的单位，研究工作人员的需要和来源能否平衡，还有待科学规划委员会审核。

（丙）几个主要问题

各项增产措施和工作中的一般问题，各部汇报时会谈得详细些。这里只提出几个主要问题：

（一）在反对保守思想的同时，要强调发展规划的可靠性。现在各省、专、县、区、乡都在制订农业生产（包括水利灌溉和植树造林）规划，并且都表示能够提前或者超额完成全国农业发展纲要所规定的指标。一般是越往下面指标越高。允许地方的计划指标高于中央的控制数字，允许下级的计划指标高于上级的控制数字，这对于发扬地方的积极性，发扬广大干部和群众的积极性，都是有好处的。但是，也有一些地方，主要是一些县、区和一些合作社，订的计划不切实际，指标过高。据邢台、邯郸反映，有的区干部说："吹牛皮不上税，你说产一千，我就敢说一千五"。固安县牛驼区，粮食每亩平均产量，1955 年只有 192 斤，而今年计划亩产 1 200 斤，并无根据。开始我们觉得，不可靠的产量指标，在合作社推行包工包产的时候就可以纠正。事实并不完全如此，有些合作社把不切实际的过高的产量指标也包下去，社员明知道是不能实现的，他也答允包工包产。他说："反正全社都订高了，到时完不成，又不是我一个，怕什么?! 包就包吧"。这种情况是不好的，应当注意克服。二月下旬在北京召开的河北全省区委书记会议，经过认真讨论以后，一些县区和合作社把不可靠的指标适当地降低了，比较合乎实际。

（二）加强国营农、林、水利企业的经营管理工作。几年来，我们对于国营农业企业、森工企业和水工建筑安装企业的经营管理工作，注意不够。比起各个工业部门，我们在这一方面是比较落后的。国营农场年年赔钱的局面，1955 年虽然已经改变了，各场综合算账是有盈余的，但是仍有 37 个厂是赔钱的。经济核算制没有认真贯彻，拖拉机的效率不高，一个标准台拖拉机平均只负担 1 390 亩耕地，有的场并且常常发生安全事故。森林工业经营管理不善，浪费也是严重的。最近总顾问阿尔西波夫同志对于森林工业 1955 年木材报损 12 000 万元，又提出严厉的指责。水利工程中也存在着窝工浪费现象。作为国务院的第七办公室，我们在这一方面是有责任的，坦白地讲，我们对于国营企业的经营管理问题并没有认真去摸，更谈不上钻进去了。根据总理的指示，在国务院机构调整以后，七办在性质上等于农林水利方面的一个小委员会，要负责领导、督促和检查农林水气各部门的年度计划的执行。空谈方针政策，不注意企业经营管理业务的倾向，更需要立即改正。

（三）加强国营农、林、水利企业的党的工作和政治工作。作为农村工作部讲，按照中央的规定，我们应当负责管理农林水气各部门的干部工作和这几个部门所属的国营企业和事业单位的党的工作和政治工作。在干部管理方面，我们仅仅做了一些任免调动干部的门市业务。对于国营企业和事业单位的党的工作和政治工作，实际上还没有列到我们的议事日程之中。这显然是不能允许的。

现在，全国农业合作化已经接近完成，今后的主要任务是搞好农业生产合作社的经营管理工作，保证农业增产。合作社的经营管理工作同建立合作社这种组织群众的工作比较起来，后者是更多政策性的业务，自然有各级党委负责，而前者是更多行政性的业务，势必更多地责成各级农业行政部门去担负。

农村工作部从成立之日起，它的中心任务就是搞农业合作化运动（并没有搞好，而且犯了重大错误），在合作化的任务完成以后，农村工作部的中心任务是什么呢？是不是按照党中央工业交通部的性质来改变它的任务呢？农村工作部同七办是分开好，还是继续保持一个机构两块招牌好呢？这些问题我们正在酝酿，还没有得出恰当的答案。

（四）怎样使农业生产合作社接受国家计划？农业合作化了，领导农业生产合作社生产当然不同于领导小农生产，农业生产合作社是按计划进行生产的，这是无疑问的。但是，农业生产合作社的计划，对国家来说仍然是间接计划，不同于国营企业的计划。国营企业的计划是直接计划。要使农业生产合作社的计划服从国家的计划，并不能依靠行政力量，并不能采取强制的办法，只有依靠说服教育，采取某些适当的经济措施，使农业生产合作社在自愿的基础上接受国家的计划。赫鲁晓夫在1955年关于农业问题的报告中，曾经强调指出，价格政策在这方面的作用。我们建议：在农业计划方面，主要农产品的生产计划，应当由国家制订；某些地方特有的，国家并不统一分配的农产品的生产计划，可以由地方政府来订；还有某些农产品，国家只订收购计划，而生产计划由生产单位自己制订。为使农业生产合作社接受国家计划，除了加强宣传教育以外，国家还要采取一些适当的经济措施，对于国家迫切需要发展的某些农产品，尤其需要如此，例如对当前最突出的大豆问题。大豆在 1953 年以前，播种面积和产量都是年年增加的；1954 年播种面积也是增加的，但是因遭受水灾而减产；1955 年是丰收年，而大豆的播种面积和产量都下降了；今年播种面积计划是增加了，但许多省份是勉强接受的。造成大豆下降的趋势的原因是两方面的：一方面，干部重粮棉，轻大豆，对大豆出口的意义重视不足，提倡高产作物，挤掉大豆；为此就要加强宣传教育，在计算单位产量的时候，把大豆从粮食划分出来，单独计算。另一方面，群众不愿种大豆，因为粮食产量逐年提高较多，而提高大豆产量现在还没有研究出有效的办法，因而大豆同粮食比起来，价格就越来越显得低了。在东北，粮食统购统销和饲料供应中的问题也影响到大豆；为解决群众不愿多种大豆的问题，就必须适当提高大豆的价格并在粮食统购统销和饲料供应方面采取一定的措施。否则，偏重于强调计划控制，派种派购，势必发展强迫命令。这种看法，是否正确，请予指示。

（五）应当注意防止滥用民力的倾向。由于社会主义革命高潮和农业基本合作化，群众的潜在力量确实已经大大发挥出来，并且将要更大地发挥出来。全国农业发展纲要就是在这个基础上提出来的。群众的潜在力量，首先应当用来精工细作，扩大生产范围，发展多种经营。可是现在显露出一种苗头，就是过多地或者过早地要求农业生产合作社兴办一些非生产性的事情，不知爱惜民力。山东省历城县一个合作社花几千块钱买收音机、扩音器、幕布、桌椅等等，云南省委反映，一个合作社，妇女批评社长不办托儿所，青年批评社长不修运动场，社长说合作社刚成立，生产不见怎么样，稍缓一缓再办，驻社干部就批评社长保守。这是下面的情况，上面某些业务部门，也要求过急。河北省反映，从县以上交到合作社去的要办的非生产性的事件有十几种，义务邮递员、体育训练、文化娱乐、卫生训练等等，统统都要在社内记劳动日。有些事本是四十条纲要规定要办的，但并不是说在一两年内统统办起来。目前合作社刚刚大大发展起来，生产还没有多少基础，公积金公益金都很有限。

在此情况下，这种不知爱惜民力的苗头，是十分值得警惕的。群众的潜在力量是大的，必须首先用在发展生产上，文化、卫生、公共福利事业等等只能在生产发展的基础上逐步兴办起来，在厂矿中如此，在农业生产合作社中也应当如此。这种看法，可能有偏，也请予指示。

关于高级农业生产合作社示范章程（草案）的说明*

（1956年6月15日）

主席、各位代表：

我受国务院的委托，对高级农业生产合作社示范章程（草案）向全国人民代表大会做如下的说明，供各位代表讨论这个章程草案的参考。

一、首先，我想简单地讲一讲当前农业合作化运动和农业生产的情况。

自从1955年7月召开的本届大会第二次会议到现在将近一年了。在这个期间，全国农村发生了极其伟大的深刻的变化。去年这个时候，加入农业生产合作社的农户只占全国农户总数的14%，高级社只是个别地试办。现在农业生产合作化的任务已经基本完成了，单是加入高级农业生产合作社的农户就已经达到全国农户总数的61%，完全社会主义性质的高级合作社已经成为农业生产的主要的组织形式，小农经济的农村面貌已经根本改观了。

同时，农村中的社会主义革命的高潮也带来了农业生产的高潮。一九五五年粮食总产量达到3 680亿斤，棉花达到3 036万担，都超额完成了计划；除了甘蔗以外，其他经济作物的产量，都比1954年有显著的增加。在畜牧业方面，除了猪以外，牛、马、羊也有增加。冬季生产、兴修水利、积肥造肥和各种备耕工作，都比往年做得好。今年的春耕播种工作一般也做得较早、较快、较好，选种、密植等等增产的技术措施，也比往年获得更大范围的推广，禾苗一般长势也很旺盛。除了少数地方因暴雨成灾、遭受损失以外，大部地区的麦子已经收割或者正在收割，

* 这是廖鲁言在第一届全国人民代表大会第三次会议上所作的关于高级农业生产合作社示范章程（草案）的说明。本文原载《人民日报》1956年6月17日第2版。

今年的夏收，一般是丰收的。在农业增产方面，已经清楚地表明了农业生产合作社集体经营的优越性。

但是，在农业合作化和农业生产方面并不是没有问题的，工作中的缺点和毛病还是很多的。在农业合作化方面，有若干农业生产合作社，曾经发生过比较严重的铺张浪费和滥用合作社的人力、物力的现象。有的地方，对于入社的耕畜，作价不够合理，合作社对于公有牲畜的饲养管理工作也做得不好，因而引起耕畜的瘦弱、死亡。有些合作社的劳动强度过于紧张，对于社员劳动中的安全保护注意不够，对于女社员的生理特点照顾不够。在农业生产合作社中，正确地处理社员个人同集体的关系，把社员个人的利益同合作社集体的利益正确地结合起来，克服片面地强调集体利益和国家利益而忽视个人利益的倾向，这是当前进一步巩固和发展农业生产合作社的中心关键。

在农业生产方面，有些地方，有些农业生产合作社的增产指标定得过高，不切实际，积极性很高，而可靠性不够。在新式农具的推广工作中，对地区适应性注意不够，技术指导又跟不上去，因而在一部分地方又出现闲置起来的“挂犁”了。粮食生产是农业经济中的基础部门，强调粮食和棉花的增产，这是应该的；但是，只强调粮食、棉花，而忽视其他经济作物，则是不对的。只强调农业生产，而忽视在农民收入中占很大比重的林业、牧业、渔业、农村手工业和其他副业的生产，则是不对的。在前一个时期，许多地方，许多农业生产合作社的缺点，恰恰就是单纯强调粮棉增产，忽视其他经济作物，忽视牲畜的发展，忽视各项副业生产。而如果忽视了这些生产，即使粮棉丰收，也不能使农民收入增加，甚至可能减少。所以上述的这些缺点和毛病，都是应该引起严重注意的。

1956 年 3 月 27 日国务院发出了关于春耕生产的指标，4 月 3 日中共中央和国务院发出了关于勤俭办社的联合指示，接着中共中央和毛主席又指出，必须保证 90%的合作社增加生产，争取 90%的社员增加个人收入，正确地处理社员个人同集体的关系。凡是认真地执行了这些指示的地方，农业生产和农业合作化方面的上述缺点和毛病基本上都得到了纠正；凡是对于这些指示贯彻执行得不够好的地方，上述的缺点和毛病就仍然存在，还须做很多的工作。

农业生产和农业合作化方面的上述缺点和毛病，有些是工作执行中的问题，不便在合作社章程中做条文性的规定，有些是可以在合作社章程中规定的，就已经吸收到这个章程草案之中了。

二、高级农业生产合作社示范章程（草案），是在初级合作社的示范章程的基础上改写的。供初级合作社采用的示范章程，在 1955 年 11 月 9 日以草案形式公布，在 1956 年 3 月 17 日由全国人民代表大会常务委员会正式通过，它得到了广大农民的一致赞同，为农业生产合作社所普遍采用。现在提请大会讨论的高级社的示范章程草案，就是以初级社的示范章程做基础，针对着初级合作社转为高级合作社以后所产生的新问题，根据农业生产合作社建设的新经验，起草出来的。凡是初级合作社示范章程中原有的内容，为广大社员所赞同，对于高级合作社仍然适用的，都仍然保留下来；凡是对于高级合作社已经不适用的条文，就做了必要的修改。同时，为了解决合作社升级后所产生的新问题，又增加了一些新的内容；还吸收了农业合作化运动的新经验，把一些有关的条文写得比初级社示范章程更加明确了。

高级农业生产合作社示范章程草案，在文字上比初级合作社的示范章程简单了。在初级合作社的示范章程中，有许多解释性的条文。因为，农业生产合作社是新生的东西，合作社的许多制度和做法，它的含义是什么，为什么要那样做，那时对于一般农民说来还是生疏的，所以在我国农业生产合作社的第一个示范章程中，适当地做一些解释和说明，是必要的，是合乎当时合作化运动的要求和广大农民群众的要求的。在高级农业生产合作社示范章程中，这些解释性的条文，就不必再重复了。所以提请大会审议的这个示范章程草案就比较简明得多。

高级农业生产合作社示范章程草案，在起草过程中，曾经吸收了各地主管农业合作化工作的干部参加起草工作，并且征求了各地负责同志的意见，做了多次的修改。又由政协全国委员会组织了座谈会进行讨论，根据座谈中所提出的意见做了必要的修改，经国务院 6 月 14 日第三十一次全体会议讨论通过，并且经过全国人民代表大会常务委员会第四十二次会议决定，提请全国人民代表大会审定。

三、关于高级农业生产合作社示范章程草案的内容方面，我只做以下几个问题的说明。

第一，关于主要生产资料的公有化。

初级合作社是在私有的基础上，实行土地入股、统一经营的。高级合作社实行主要生产资料的完全集体所有制。这是初级合作社同高级合作社的根本区别。

农业生产的主要生产资料，就是土地、耕畜和大型农具（包括集体经营副业所需要的副业工具）。

耕畜和农具的公有化，在合作社的初级阶段就已经开始了。耕畜和农具公有化的办法，是作价入社，除抵交应交的股份基金以外，多余的价款由合作社分期还清。这在供初级社采用的示范章程中已经有了明确的规定。事实证明，这种办法深得农民的拥护，这种办法是在农业合作化的高潮中，保护耕畜农具、避免发生严重破坏的有效办法。因此，在高级农业生产合作社示范章程草案中，照旧采取了这种办法，没有变动。

土地转为合作社集体所有的办法，在供初级合作社采用的示范章程中是没有规定的。高级农业生产合作社示范章程草案就规定，社员的土地必须转为合作社集体所有，取消土地报酬。为什么对于社员的土地，不采取作价收买的办法呢？这是因为土地这种生产资料，在性质上不同于耕畜和农具，而且经过土地改革以后，农民所占有的土地大体是平均的，一般相差不多，这同耕畜农具占有差别较大的情况是不相同的。所以在土地转为集体所有的时候，就不应该也不必要采取作价收买的办法。运动的实践也证明：当合作社由初级升高级的时候，农民是赞成取消土地报酬，把土地转为合作社集体所有，并不赞成把土地作价入社。尤其是在全国农业发展纲要草案对于缺乏和丧失劳动力的社员提出了“五保”的办法以后，解放了缺乏和丧失劳动力的社员的顾虑，他们也积极赞成取消土地报酬，实现土地公有化。还有人问，为什么高级合作社实行土地集体所有，而不实行土地国有？这是因为，土地归合作社集体所有，容易为广大农民所接受，也同样可以保障社会主义经济建设的正常进行；如果实行土地国有，反而可能引起农民的误解。

在高级合作化以后，城市居民在农村中占有的土地如何处理，这是有些人所关心的问题。高级农业生产合作社示范章程草案第十五条规定：“从事城市的职业、全家居住在城市的人们，属于他们所有的在农村中的土地，可以交给合作社使用。如果本主生活有困难，历来依靠土地作为一部分生活补助，合作社应该给以照顾，付给一定的报酬。如果以后本主愿意移居乡村，从事农业生产，合作社应该吸收他入社，或者把原有的土地交还他使用。”这样的规定，既照顾了农民的土地已经实行集体所有制的情况，又照顾了一部分在农村中有土地而住在城市的人们的生活困难；既把这些土地交给合作社使用，有利于发展生产，又保留了这些人的土地所有权。所以这项规定是合情合理的。

对于林木入社的问题，章程草案第十八条明确地规定了，少量的零星的树木不入社，仍然归社员私有；大量的成片的林木入社的时候，可以作价转为合作社集体所有，价款由合作社从林木收益中分期付还；在合作社刚成立的时候，也可以不归社公有而采取统一经营、林木和劳动比例分红的过渡办法。这样规定的目的，就是为了保护森林不遭破坏。

第二，关于对富农的改造问题。

去年公布的供初级合作社采用的示范章程，对于过去的地主分子和富农分子入社，做了比较严格的规定。这在当时是完全必要的。

由于农村中社会主义革命高潮的发展，富裕中农也已经随着贫农和下中农参加了农业生产合作社，富农阶级迅速地最后地被完全孤立起来了。社会主义合作化的潮流是抗拒不了的。过去的地主分子和富农分子也已经认识到这一点。同时，由于基本实现了农业合作化，由于供销合作、信用合作和粮食、棉花的统购统销等社会主义措施在农村中的推行，这就使富农不得不放弃剥削。同时，他们又在社会主义建设和社会主义改造过程中受到了很大的教育，逐渐认识到加入合作社比不入社有利。这些政治上和经济上的因素，就在过去的地主分子和富农分子中引起了明显的分化。虽然仍有一小部分人继续抵抗和破坏合作化运动，另有一部分人处于动摇观望的状态，但是大部分人已经表示接受改造。因此，在《一九五六年到一九六七年全国农业发展纲要（草案）》中，针对着过去的地主分子和已经放弃剥削的富农分子已经发生分化的情况，采取了分别对待的方法，把他们放在合作社里面来进行改造。高级农业生产合作社示范章程草案第八条关于过去的地主富农分子入社问题的规定，同全国农业发展纲要的规定是一致的。

过去的地主分子，经过土地改革，一般在经济地位上早已下降了。而过去的富农分子，有的经过土地改革经济地位也早已下降了，有的在土地改革以后仍然保持富农的经济地位，另外在土地改革以后还产生了很少数的新富农，他们占有的生产资料是较多的。那么，在他们入社的时候，对他们所占有的生产资料怎样处理呢？高级农业生产合作社示范章程草案第二十一条规定，已经放弃剥削的富农分子参加合作社的时候，入社的全部生产资料的价款，除抵交应摊的一份股份基金和补交一份公积金、公益金以外，其余的部分作为多交的股份基金。对待富农的财产为什么采取这种办法呢？因为，我国的富农是带半封建性的，他们在农村中历来是和地主有着千丝万缕的联系；他们对农民有不同程度的剥削，政治上也不是站在农民一边的；同时，我国的富农在经济上是很小的，生产经营也同样是落后的，对于国民经济也没有什么贡献。因此，对待富农的财产采取这样的办法是比较适当的。

第三，关于烈属、军属和复员军人入社的问题。

烈士和革命军人是革命的功臣，是祖国和人民的保卫者，应该受到人民的尊敬。他们的家属往往因为缺乏劳动力而有一定的困难，应该受到国家的抚恤和优待。同时，农业生产合作社也应该积极吸收烈属、军属入社，并且给以适当的照顾。

人民解放军的复员军人，在部队中经过长期的锻炼，他们的政治水平和文化水平一般是比较高的。农业生产合作社应该热情地欢迎复员军人入社，并且应该使他们在合作社中和其他先进分子一起共同发挥应有的带头作用。在这一方面，实际上一般也是做得好的。

复员军人中，还有一种人，他们是在解放战争中起义的人员和和平解放的人员，后来复员回乡生产的。对于这种人，只要他们愿意参加农业生产合作社，从事农业劳动，也应该吸收他们入社。因为，如果他们本来是劳动人民出身的，自然应该吸收他们入社。如果他们是地主富农出身的，过去的地主分子和已经放弃剥削的富农分子也可以按照不同情况，分别吸收入社。他们既然是起义的人员，应该比一般的地主分子和富农分子更具有入社的条件。如果他们过去在地方上曾经有过罪恶行为，那也应该把他们的起义看做是悔过和立功的表现，经过乡人民委员会的审查批准，而允许他们入社。当然，这后一种人，在农村中是容易引起纠纷的。一方面，应该教育农民群众，照顾这种人起义有功，而对他们的历史行为采取宽大态度，不咎既往；另一方面，也要教育这种人向群众承认自己的错误，以取得群众的谅解。

第四，关于妇女社员的特殊利益问题。

高级农业生产合作社示范章程草案第二条、第三十三条、第四十四条、第四十九条、第五十条、第五十六条和第六十条，对于妇女社员的特殊利益作了相应的规定。现在有些农业生产合作社对这一方面照顾不够，把“重视妇女劳动”变成“重使妇女劳动”，以致有些女社员劳动过度，影响健康，合作社的干部中妇女的比例太小，甚至没有，有的合作社的正副主任中连一个女的也没有。这些缺点，都应该迅速纠正。

合作社管理委员会、生产队长、生产组长，在分配社员劳动任务的时候，必须切实注意女社员的生理特点和体力；照顾女社员从事家务劳动的实际需要；同时，也要向女社员解释清楚，劝她们不要因为争工分或者争面子而勉强担负自己体力所不能胜任的劳动，以免累出病来。

农业生产合作社，应该举办女社员所特殊需要的福利设施，例如农忙托儿组织等等；但是，必须根据公益金的多少量力举办，只能随着生产的发展、公益金的增加而逐渐举办。因为，农业生产合作社同工厂不同，农业合作社社员同工人不同。工人除了拿工资以外，他所生产出来的产品是全部交给国家的。农业生产合作社社员所生产出来的产品是分给社员个人的，合作社只留下很少的公积金和公益金。因此，要求合作社为女社员所举办的福利设施超过合作社公益金所能负担的限度，那是不合理的，也是不可能的。当然，农业生产合作社如果不注意妇女的特殊利益，有力量举办一些福利设施而不举办，那也是不对的。

第五，正确地处理合作社社员个人同集体的关系。

高级农业生产合作社示范章程草案，明确地、具体地规定了合作社的集体利益必须同社员的个人利益正确地结合起来。它规定了分配给每户社员的菜地、零星树木、小农具和家庭副业所需要的副业工具不入社；允许社员经营家庭副业；社员按计划在社内做够了一定的劳动日以后，其余的劳动时间完全由社员自由支配；并且规定农业生产合作社应该根据既让社员的个人收入逐年有所增加、而又增加合作社的公共积累的原则，进行分配；如果合作社生产增加不很多，为了增加社员的个人收入，公积金还可以少留。这些规定，都是很必要的，保证了社员的个人利益同集体利益的正确结合，这一定会大大提高社员群众对集体的关心，也大大有利于农业生产的发展。

国家利益、集体利益、长远利益同局部利益、个人利益、目前利益，根本讲来当然是一致的，但是在一定程度上，又是有矛盾的。一般社员个人所最关心的问题就是入社以后，能够增加自己的个人收入，他首先因为这样才赞成社会主义。而合作社的干部总想把合作社办得神气些，多积累些公共财产。但是，公共积累搞多了，社员的个人收入就会减少，这就有了矛盾。当前的主要问题，正是在社会主义革命的高潮之下，过分强调了集体利益，忽视了个人利益。这对农业生产的发展和合作社的巩固都是不利的。因此，就有必要提醒这些干部重视个人利益。当然，如果片面强调社员的个人利益，而不顾集体利益和国家利益，那也是不对的，对社员也是不利的。

第六，加强合作社民主管理，反对强迫命令和官僚主义。

基本实现了农业合作化，一万万户的农民组织起来了，组织成一百多万个合作社。在合作社内，有管理委员会、生产队、生产小组等层层的组织。这当然是管理集体生产所必需的，好处是很多的。但是，这也带来了不好的一个方面，那就是容易产生强迫命令和官僚主义。因此，在高级农业生产合作社示范章程草案第一章（总则）、第八章（政治工作）和第十章（管理机构）中，把民主管理做为合作社的总则，把反对强迫命令和官僚主义作为合作社政治工作的一项重要内容，并且在组织方面做了相应的规定。着重发扬社员大会的作用，加大社员大会的权力，许多重大问题还要有出席社员三分之二的多数才能通过；如果限于客观的实际困难，不能召开社员大会，而由社员代表大会代行社员大会职权的时候，章程草案第五十六条又规定了代表人数不能太少，代表由生产单位选举，并且在会前和会后都要召开生产队的全体会议或者按地区分片召开社员会议，征求大家意见和传达社员代表大会的决议。这些规定，都是为了使合作社的管理工作具有更多的民主，使合作社干部发扬群众路线的优良作风，为办好合作社建立必要的组织保证。

第七，关于合作社内的民族团结问题。

我国是一个多民族的国家，许多地方的农业生产合作社常常碰到民族问题。不仅在少数民族聚居的地区和民族杂居的地区有这个问题，就是在内地也常常碰到这个问题。因此，高级农业生产合作社示范章程草案第四十七条和第六十条做了相应的规定。现在，有少数农业生产合作社在这一方面是有缺点的，在社会主义革命的热情下，过分地追求集体，追求统一，而不注意尊重民族的风俗习惯，在合作社的领导成分中不注意吸收在社员中占的比例较小的民族的代表参加，这是应该纠正的。内蒙古自治区有些蒙民和汉民的联合社，他们在集体经营以后，因为照顾了民族特点，发挥了各民族的特长，从而发展了生产，并且解决了多年不能解决的农牧业的矛盾。这种经验，是值得大家学习的。

此外，关于勤俭办社、按劳取酬等等问题，在高级农业生产合作社示范章程草案中都有明确具体的规定，在这里不多做说明了。

这个说明是否妥当，请各位代表指正。

在各省市农村工作部部长会议上的发言*

（1956 年 8 月 13 日）

我的发言多少准备了一下，但没有商量，因为是个人发言，错与对自己负责。

我觉得这次会开得好，跟历次不同，倒似有点“百家争鸣”，提出很多很好的意见，听到以后，启发很多。我提几点：

第一，从指示总的精神讲，许多同志认为，现在问题是前进中产生的问题，要从前进中求得解决。指示草稿对已解决问题或正在解决的问题批评得多，前进精神不够，认为成绩是主要的，急躁情绪是局部的，某些具体问题上的，没有形成普遍性倾向。指示草稿肯定成绩少一点，消极因素多，积极因素少。这样下去可能伤害积极性，影响工作。这些意见很好，我完全同意。这些看法同主席指示是一致的。你们意见也是这个精神，这两头是一致的，我们夹在中间的人不大怎么一致，不经过你们纠正一下，精神是有问题的。为了修改这个指示，主席找我们去谈，讲了几条（当然还有许多指示）新的情况新问题，有许多是不可避免的，也不是所有都不可避免，我们没有一点毛病。不是什么犯了方针性错误，不要伤害积极性，要保护积极性，主席对这点特别注意。临走出来又讲了一句，要我们写文件时注意这问题。同志们发言注意积极性，草稿上的确有这个毛病。我参与修改，也有责任。经过讨论，同志们提了意见，再修改，就能既符合中央、主席指示精神，也能符合同志们意见。

第二，合作化高潮以来，中央和主席领导、指示是正确的、及时的。我们工作中有缺点，甚至错误，各方面你们都讲了。中央领导正确，文件上反映不够，当然，中央发指示，不能讲多，但应该把去冬合作化高

---

* 本文按 1956 年 8 月 13 日晚廖鲁言发言记录稿刊印。

潮以来，中央抓运动、抓农村几个重要环节，提出来（怎样领导的）有好处。合作化起来以后，马上抓生产，一个高潮合作化，再一个高潮农业生产，两个高潮中间是有些问题。三四月间我们向主席汇报提出一些问题。中央发了勤俭办社指示，克服浪费，要发展副业，接着抓分配，因为勤俭办社指示上对分配只说了一句话。这些看出，中央、主席领导确实是正确的及时的。动起来、抓生产，情绪就高了。主席讲：副业不发展也不可避免，光讲副业不行，把它提到个人利益和集体利益问题上讲就好了。这个指示不能公开，但把这样一些环节说清有好处，可以启发教育。

我们工作中的毛病很多，缺点不少，错误也并不是没有。农业部也有推广双轮双铧犁计划大的问题。同志们讲，计划过大。我们分析，计划问题上粮食不是过大，因为各省比我们还高，大家讨论，你们计划都有希望，我们问题不大。粮食计划问题是分得过细，当然比过去是减少了，现在稻、麦、杂粮、薯类四种规定太死，不许调剂。虽然没有讲不许调剂，下面结果就是这样，因为没有面积可调剂了。经济作物计划，我觉得细了，同志们讲不简便，中央提出棉花、大豆、花生、油菜、蓖麻、烟、丝、茶、甜菜等，是否太多了，把哪样除掉也不好。花生、大豆、芝麻都是油料作物，可以考虑是否可以合并（大豆要同外贸部门研究）。经济作物计划，各省感到高了。几年没完成，不是从今年开始的。1952 年一个数、1953 年下降、1954 年闹灾、1955 年恢复，今年比去年还多一点。是否高了，主席要我们研究，从需要看不高，从可能看是否高了，几年完不成究竟是什么原因。

技术改革有些农业部是知道的，农业会议各省都有报告，知道了不表示意见就代表同意了。粮食是农业部帮你们调拨的。凡是这些毛病农业部是知道的，并且有些是同意的、批准的，我们要负责。有些不知道，确实不知道，如各个县种什么，我们怎么能知道，农业部不知道，说是有点官僚主义也可以。无论什么都是上面有责任，上面不敢当，下面怎么敢当。农业部是否怪司局，不能，司局是部管的，当然我要负责，要说农业部上面有中央农村工作部，邓老很长时间不在家，还是我负责。当然，农业部毛病不只是这么一点，具体检查多得很，经常出岔子，国内的国外的：这里只就有关的谈一下。

第三，同志们讲，有些经济作物年年完不成计划，副业有下降趋势，并不是去冬合作化以后造成的。我完全同意这意见。什么事都加在合作化上有危险性，确实也不是这样，有1953年的，有1954年的，大豆就是1953年下降的，原因也是多方面的。我同意江苏余克同志发言，讲原因，从我们做农村工作角度来讲，工作没做好，技术指导跟不上，作为讨论中央指示，就不能这样，因为是中央发指示，不是我们写检讨报告。作为中央发指示，不能强调这一方面。同志们讲到价格有问题我也同意，六月各省农业厅长会提出一个问题，今年农业结论是三句话：粮食增产、完成计划、经济作物比去年有增加，但完不成计划；副业……有报告给中央，这些问题，固然从勤俭办社指示以后转变了，情况邓老在人代会上发言，我的说明都讲了，这几年到底是什么状况，从统计数字上看：1953年下降、1954年上升、1955年大体恢复，没完成，1956年有点上涨但也完不成。

方针究竟怎么提？以农业为主，以粮食为中心，粮食生产、经济作物，多种经济全面发展，以哪样为好要研究，我说不上。几年提法也是变的。1953年比较单纯增加粮食，是对的，因为当年粮食紧张。1954年加一条粮棉增产，1955年其他也必须照顾，1956年春耕生产指示中有一条全面完成农业计划。难道能说几年犯了方针错误，我看不能这样说，不合乎事实，过去没错，今年就错了？今年比去年完备一点，从经济作物数量上讲，比过去多了；口号比过去完整了。从实际工作中看，各省经济作物一级一级往下压，我们给你们高，你们给县里也高。是农业犯了错误，当然不对，老百姓不负方针之责。经济作物，我们是有毛病的，技术指导跟不上，有很多我们搞不清，当然不是所有的技术指导都跟不上，蚕丝、棉花技术指导就好。

第四，技术改革、技术措施，不管叫什么名字（措施两字不好可以研究）总包括农具、水利、肥料、种子、耕作制度、耕作技术等等。我完全同意同志们讲的，基本上要承认这些东西是好的，要靠这吃饭（也许我的话有点绝对）。第二个五年计划，1962年只能扩大耕地面积一亿亩（还有问题），那么，靠什么吃饭，靠提高单位面积产量，粮食产量是从4 000亿斤提到5 000亿斤，土地就按一亿亩算只能增加6.3%。而计划增产不是百分之几的问题，当然只有靠提高单位面积产量，而提高单位产量就要靠上面一些措施，离开这，别无办法。这是从道理上讲，实际也是这样，今年粮食增产要求比去年增加300亿斤，连大豆在内由3 680亿斤提高到3 980亿斤，推广双季稻仅早稻一项即提高100多亿斤，为什么不好。不能因为有那个就把这放松，同志们讲积极性不够主要也是这些问题。

局部地区出现某些毛病，不能交给大家，我们农业部应该负责。我完全同意对技术措施估计，并赞成各省抽出时间好好总结一下，成功在什么地方，失败在什么地方，这样可以作出结论，把底摸清，才不会扶了东来西又倒。

第五，对于社大小、分配、劳动力组织、价格问题和工业问题好意见很多，我不是作总结，个人发表意见何必重复。另外，主张加几段我也很赞成，民主、干部作风，基层组织、手工业等，不讲了。

最后，想讲几句：我觉得什么事情不要绝对化。有这么一种情况，一个东西好了，就好上天，好像到处都可以用。发现一个东西不好，五个、十个、百个、千个，全国这么大，二十几万个乡，百把万个村，一个村找一个就有百把万。找到好的典型，也不要好得怎么样，找到坏的也不要坏得怎么样，哪里也用不得。绝对化了就扶了东来西又倒，究竟好不好，一个典型不一定能代表，找典型是应该找的，找的典型是不是代表一般有很大问题。1941年毛主席在改造我们的学习里讲，做调查研究，找材料，找很大一堆材料不一定是代表全面情况，找一个例子，是一般情况还是个别的，代表群众大量还是少量的，主流还是非主流，很难掌握。我的意见是看到好的，是在一定条件下好的，看到不好的要分析失败原因，不是在任何情况下都要失败，这样不致于扶了东来西又倒。

农业部工作以后再谈，每年要召开一次会。

一九五六年农业生产工作的总结和一九五七年的任务*

（1956年12月）

一、1956年农业生产计划的执行情况和1957年的几项主要指标

（一）1956年农业生产计划的执行情况。

列入1956年国家计划的主要农作物是：粮食（包括稻、麦、杂粮和薯类）、棉花、油料作物（包括大豆、花生和油菜籽）、麻（包括黄麻、洋麻和苧麻）、糖料作物（包括甘蔗和甜菜）、烤烟、蚕丝（包括家蚕茧和柞蚕茧）和茶叶这些农作物。1956年的产量，按照国家统计局的预计，除了棉花同1955年大体相平以外，其他都比1955年有显著的增加，增加的幅度是不等的，粮食增加5.4%，一般的增加10%左右，花生增加近20%，烤烟增加40%以上。粮食、烤烟、茶叶和柞蚕茧都已经超过了第一个五年计划原定的1957年的水平。

1956年是自然灾害严重的一年，单是水灾面积，就有1亿8 000万亩，不少于1954年，而1956年各种主要农作物的产量，却大大超过1954年，粮食包括大豆（1954年的粮食产量是将大豆合并计算在内），比1954年增加500亿斤，棉花增加800多万担，花生、油菜籽、麻类、甘蔗、甜菜、烤烟、茶叶和蚕茧都有很大的增加。

---

* 本文是廖鲁言在全国农业工作会议上的总结讲话。1957年2月28日，中共中央农村工作部、中华人民共和国国务院（七办）向各省、市、自治区党委农村工作部、人民委员会农业厅（局）转发该报告。中共中央农村工作部、中华人民共和国国务院（七办）在转发时说：廖鲁言同志在1956年12月召开的全国农业工作会议上的总结报告，经毛泽东主席审阅，并且略有修改；又根据毛泽东主席的指示，将全文加以紧缩。现将修正稿发给你们，请你们参照这个报告，布置工作，为争取1957年的农业大丰收而努力。

但是，1956年的农业生产年度计划的指标，并没有全面完成，只有大豆、烤烟和茶叶超额完成了年度计划，粮食只完成97.3%，其他都没有完成年度计划。原因何在呢？一方面是由于严重的自然灾害。如果不遇到特大的台风和严重的水旱灾害，而是平常的灾情，1956年的粮食生产计划是可以完成，并且可能超过的，棉花生产计划也大体可以完成。另一方面，一部分经济作物的指标是偏高的，而我们在执行计划中又有毛病，对于某些经济作物重视不足，播种面积抓得多，增产的技术工作努力不够，单位产量提高不多，有的反而比1955年下降了；有些经济作物的收购价格也不够合理，影响了农民增产这些作物的积极性；并且出现了在种植经济作物的田地里不适当地间种粮食作物的现象，还有的把应该用于这些作物的商品肥料也挪用于粮田。这都是某些经济作物不能完成计划的重要原因。

（二）1956年在自然灾害严重的条件下，各种主要农作物仍能够获得增产，不仅大大超过1954年，而且比丰收的1955年还有显著的增加。这种成就的获得，是由于1955年下半年，在全国农村普遍展开的社会主义革命的高潮和农业生产的高潮。如果不是中央及时地反对了右倾保守，掀起了农业合作化的高潮，基本实现了农业合作化；如果不是在合作化高潮起来以后，中央又及时地给了在向社会主义前进的农民以长期奋斗的目标——1956年到1967年我国农业发展纲要（草案），掀起了农业生产的高潮，在合作化的基础上大规模地推行了各项增产措施；如果不是中央采取了这些措施，把五亿农民的、农村战线上广大干部的和农业科学技术人员的空前高涨的积极性调动起来，把各个有关部门支援农业生产积极性调动起来，在财政上、经济上和技术上给农业合作化和生产以大力的支援；如果没有这些条件，1956年在自然灾害比较严重的情况下，能够获得如此显著的增产么？很明显的，那是不可想象的。1956年农业增产的实际结果，无可争辩地证明了农业合作化的优越性，也证明党中央和国务院领导的正确，表明广大群众、各级干部和科学技术人员的热情努力，领导与群众相结合。这是成功的一面，也是主要的方面。

另一方面，由于我们对于合作化高潮所带来的有利因素看得太多，对于农业的地区差别性照顾不够，对于人们还不能掌握的气候变化可能给农业生产带来的影响估计不足，对于农村劳动力看到了人多的一面，而对于农忙季节劳力紧张的情况了解不深，因而在推行各项增产措施和推广先进增产经验的工作中，要求过高，求成过快，产生了盲目性和主观主义。例如，1956 年双轮双铧犁的推广计划过大，脱离实际；在推广良种、改进耕作技术和改变耕作制度等方面，也有的仅凭个别成功的试验，一下子就在大面积上推广，到发现其中部分出了毛病，又由于气候季节的限制，改种已来不及，结果就带来局部的损失，受到损失的部分群众，对我们就有埋怨。尽管有些缺点和错误是高潮当中难以完全避免的，但是，我们应该严格地要求自己，要求一切在农村中工作的同志，力求避免这缺点和错误。只要有缺点，就必须克服；只要有错误，就必须改正，只有如此，才能更顺利、更健康地继续前进。这些缺点和错误产生，首先是由于我们农业部领导上的主观主义和官僚主义，我们要首先负责。基层干部，除了少数违法乱纪的坏分子以外，他们的强迫命令作风，很大一部分是来自领导机关的主观主义和官僚主义，应该由领导机关负起责任来，而不能过多地责备基层干部。我们应该抱着原谅他们、保护他们的积极性的态度，来帮助他们克服缺点，改正错误。

从总的效果看来，1956 年推行各项增产措施，成绩很大，基本是成功的。但是，错误缺点和失败的例子不只是个别地方有，而是许多地方都有的，也不是这种增产措施推行的结果完全是成功的，那种措施完全是失败的，而是各种措施都有许多成功的经验，也有局部失败的教训。所以说，1956 年推行各项增产措施的规模是空前的，成功的经验是很丰富的，同时，毛病也不少，教训也不少。我们应该很好地总结成功的经验，继续在条件相同的地区积极推广。吸取失败的教训，避免重复错误，把工作做得更好。

1956 年我们工作中的主要偏向是步子跨大了一些。然而，是不是还有保守的地方呢？也是有的。特别是在 1956 年下半年，保守思想和消极情绪又有滋长，必须严重注意，加以防止。否则，1956 年的农业增产任务就有完不成的危险。

（三）1957 年是第一个五年计划的最后一年。完成 1957 年农业生产的年度计划不仅关系到第一个五年计划任务的完满实现，又将为第二个五年计划打下良好的基础。

1957 年农业生产年度计划的控制数字已经由国务院下达，供各省编制年度计划参考。现在根据1956年12月全国农业工作会议讨论的结果，对于1957年几项主要农产品的计划指标提出如下建议：

粮食——全国总产量是3 950亿斤（不包括大豆），比1956年增加260亿斤左右，增长7%；这个增长的数目和比例大于1956年，小于1955年。

棉花——全国总产量是3 300万担，比1956年增长9%左右。

大豆——全国总产量是211亿斤，比1956年增加6亿斤，增长2.8%。

猪——1957年底达到12 000万头，比1956年6月增加约3 500万头，增长40%；比1956年底预计数（9 500万头）增加2 500万头，增长26%。

粮食、棉花、大豆和猪的上列指标，是积极的，又是比较可靠的，请国务院、经委批准作为1957年的计划指标。各省所提出的1957年度粮食、棉花和猪的数字，比上列的指标要高一些，可以按照1956年的办法，允许省的计划指标略高于国家的计划指标，同意省的数字作为省的计划。

对于国务院下达的花生、油菜籽、麻类、烤烟的1957年控制数字，全国农业工作会议没有提出增减的意见。

此外，在国务院下达的控制数字中没有列入的，例如甘蔗、甜菜、茶叶、蚕茧、大家畜、羊以及热带作物和中药材等等，为了满足国家和人民的需要，都是必须增加生产的。不过，控制数字不由国家提出，而由各省合理安排。希望各省根据需要（包括国家收购任务、群众需要）和可能的条件，提出积极而又可靠的发展计划，并且报告国务院、经委和农业部，以便综合平衡和检查督促。

二、继续积极地、因地制宜地推行各项增产措施，提高单位面积产量——这是当前农业增产的主要途径

增加农作物产量的途径，不外三条：（1）从现有耕地上做文章，精耕细作，提高单位面积产量；（2）合理地利用土地（包括近距离的小片

开荒）；（3）荒原地区的移民垦荒。

移民垦荒，我们应该在可能条件下尽力争取，但是，限于国家的财力和物力，在最近几年内，开垦的数量不会很大。合理地利用土地和近距离的小片开荒，应该积极进行。而充分发挥现有土地的潜在力量，精耕细作，提高单位面积产量，在目前农业增产中，则居于第一位的重要地位。

1956 年到 1967 年全国农业发展纲要草案所提出的各项增产实施，也是以提高单位面积产量为主要努力方向的。在这个草案中间，除了个别地方，例如双铧犁的数字，须作修改以外，整个文件是正确的。其中规定粮食每亩产量按照地区不同分别达到“400 斤、500 斤、800 斤”和棉花每亩产量分别达到“60 斤、80 斤、100 斤”的要求，是应该和可能在十二年内争取实现的。

中国共产党第八次全国代表大会的决议指出：“目前农业增产的主要途径，就是要充分发挥农业已经基本上实现合作化这个优秀条件，依靠合作社的集体力量和政府的支援，采取兴修水利，增加肥料、改良土壤、改良品种、推广新式农具、提高复种指数、改变耕作方法、防治病虫灾害等项措施，来增加单位面积产量。”必须按照这个方向积极努力。

（一）提高复种指数，增种高产作物。

1956 年由于旱地改水田，多种了水稻，并且扩大了双季稻的面积，稻田面积增加了 5 500 万亩，早稻获得丰收，比 1955 年约增加亿斤；虽然有些地方晚稻遭受旱灾减产了，全年稻谷总产量仍然比 1955 年增加 120 亿斤，占 1956 年粮食增产数的一半以上。这是很大收获。总的说来，双季稻还是应该在条件适合的地方继续推广的，群众也是欢迎的。但是，也有少数地方，单季稻改双季稻改得不好，两季稻不如一季的收成好，或者不如一稻一麦的产量高、收入好。经验告诉我们，推广双季稻，必须有充足的水源和肥料，品种必须配合好，防止因水稻连作而扩大螟害，还必须具体地计算劳动力和时间，来确定双季稻在稻田面积中所应占的比例，不能不顾这些具体条件，过分扩大。否则，水源不足，肥料不足，品种不对头，螟害扩大，就难增产，甚至反而减产；在收前造、插后造的几天之间，劳动过分紧张，做得粗糙，或者时间来不及，后造插秧过了季节，生长不好，也难增产，甚至反而减产。有的地方说双季稻只能种稻田面积的15%，也有的地方说可以控制在30%左右；这不能一概而论，应该由各地根据当地的水源、肥料、劳动力、品种的成熟和季节气候等等条件，自行决定。此外，在血吸虫病的疫区，种植水稻的时候，还应该从灌溉、施肥等方面，研究出一套成熟的经验，加强同血吸虫的斗争，使增产粮食同消灭血吸虫的工作不误。

玉米和薯类的播种面积，1956年也扩大不少。玉米增加4 800多万亩，薯类增加1 300万亩，这两种作物的产量比1955年增加很多。可是，由于扩大了玉米和薯类，挤掉了小米和高粱等杂粮，这些杂粮的播种面积，1956年比1955年减少5 700万亩，产量也减少了，这使杂粮的供应紧张起来，薯类又不好保存，增加了粮食统购统销的困难。少数地方，薯类种植过多，薯类在农民的口粮中占的比例过大，群众也有意见；在这种地方，薯类的种植面积就应该适当加以控制。在另一些缺粮而又适宜种植薯类的地方，则应该适当增加薯类的种植面积，这对于解决当地的缺粮问题，是比较有利的。同时，玉米和薯类并不一定到处都是高产的。1956年，有的地方，改种玉米，反而不如春麦的收成高；有的地方，把原来种高粱的低洼地也改种了玉米，结果，因为秋天雨多，被淹减产，甚至失收。其实，有的地方小米本是高产的，有的地方高粱也是高产的，各地应该积极发展当地的高产作物，当地什么东西高产，就发展什么。

在提倡多种高产的粮食作物的时候，还要考虑到粮食品种的适当安排，考虑到作物合理倒茬的需要，在饲草、饲料和燃料缺乏的地方，还要把饲草、饲料和燃料考虑在内。小杂粮，是城乡人民生活所必需的，也应当有适当的安排。但是，小杂粮过于分散，靠生产计划来安排是靠不住的，很容易漏掉的。我们建议采购部门，采取向农业合作社订合同预购的办法，来保证小杂粮收购任务的完成。

（二）兴修水利。

1955年冬季和1956年春季，兴修的小型水利工程，数量之多是空前的，虽然出了一些毛病，却有非常大的成绩，并且已经在农业增产上表现出它的明显效果。各地农业部门应该配合水利部门，把1956年兴修的小型水利工程切实检查一下，把灌溉渠道修好，把土地平整好，使那些能用的水井、水塘真正发挥灌溉效益。对于一部分有毛病的水井，除了少数的废品以外，也要努力加以补修，跟着渠道修好，土地平整好。并且应该根据人力、财力、物力的可能积极兴修新的工程。在新修水利工程的时候，也应该把修渠道和整土地所需要的劳动力一并计划在内。各地农业部门应该协同水利部门把已经兴修的小型水利工程的实际效益面积（不是按工程计算的灌溉面积）弄清楚，来安排1957年的农业生产。

（三）1955年冬季和1956年春季，积肥的数量很大，也已经在1956年的农业增产上表现出明显的效果。

现在，一方面我们应该看到，由于一年来挖掘肥源挖得较广较深，肥料来源比过去在有些方面减少了一些。另一方面，也要看到，还有许多肥源没有利用起来，有的地方连人畜粪尿还没有利用，有的地方还可以找到新的肥源（例如泥炭等等）。1957年的化肥供应量预计比1956年增加不多，必须努力多养猪和其他家畜来增加粪肥，同时，扩种绿肥，沤制堆肥，继续推广细菌肥料，努力改进贮肥和施肥的技术，以充分发挥肥效。

（四）推广优良品种。

1956年，各种作物选用良种播种的共达8亿5 000多万亩，约占全部播种面积的40％；其中，粮食6亿7 000多万亩，大豆6 800多万亩，棉花8 400多万亩。事实说明，良种的增产效果很大，须继续努力推广。1956年良种推广的规模是空前的，增产的成绩是显著的，各地有很多由于引用良种而获得增产的实例。另一方面，也有一些搞得不好，引种子良好，反而减产的例子。其中有的1955年在当地小块试验曾经成功的，而1956年大面积推广则失败，失败的原因很多，不单纯是地区性的问题，还有气候条件的变化，栽培技术的指导工作没有跟上等等原因。良种的推广，主要应靠农业合作社选种、留种，自己使用，靠专县农场繁殖良种，推广。至于从外地引进的良种，则必须经过在当地试种成功后，再推广。而且，在个别点上的一次试种，往往还不能断定这种种子在当地是否适应。建议各地，把推广良种分“三步走”或者“两步走”的办法加以具体化。今后从外地引进的良种，首先采取面积小而点多的试种办法，试种成功了，就用试种地的产品做种子（有把握的时候也可以再引进一部分），在试种点附近的地方推广，波浪式地逐步扩大。这样做，既可以把多点试种的结果加以比较，多点试验得出的结论比少数几个点得出的结论更为可靠；在推广的时候，又可以有较多的点在技术上起示范作用，可以防止一下子推广太多。采取这种办法来推广良种，是不是速度太慢呢？其实不然。拿一个县来讲，某一种作物全县的种植面积，至多不过几万亩，如果第一年全县试种几十亩，又假定每亩所收获的良种可用十亩地做种子，那么，五年之内，良种就可以普及了。这样做，种子既稳，速度也不慢。

关于种子经营问题。种子分三类，按照中央的决定，同粮食部门做如下的分工：

（1）农业试验研究机关和农场等繁殖的良种，数量很小，可由农业部门经营；

（2）一般推广的良种，实际上在推广地区说是良种，在产区说就是当地收购的粮食。这种种子的经营工作，原则上应该由部门管起来，但是，要有一个过渡步骤。先由粮食部在粮食系单独成立起一套种子经营的机构（包括仓库），然后再从粮食部门把这一整套机构划出来，改归农业部门领导管理。完成这个步骤，大约要一年的时间。在此过渡期间，关于种子经营的技定和调拨计划工作由农业部门负责。种子经营工作划归农业部门管理后，收购种子的办法，也要在此过渡期间，制定出来。

（3）国家调拨的备荒种子，在目前条件下很难同粮食分开，仍然按现行办法由粮食部门经营。为了同时调运方便起见，建议粮食部门结合粮食调运计划，在机动地点留下一批可做备荒种子的粮食，以备不时之需。

（五）农具是需要改良的，并且应该根据不同地区的不同情况，积极研究和试制不同的改良农具，试验成功后，分别在条件适合的地区加以推广。

1956年，双轮双铧犁的推广计划定得过大，这是我们工作中的主观主义的表现。双轮双铧犁，在平原旱作地区，经过三四年时间的逐步推广，证明是适用的，山地则不适用。南方水田地区，只在1955年才开始试用，有的地方经过试验改装后，可以在部分的水田中使用，有的地方下水田的试验还没有成功。可是在1956年推广双轮双铧犁的工作中，忽视了这种地区性，只看到下水田试验的个别成功的例子，误以为在水田地区一般可以推广，以致提出的推广计划脱离实际。同时，凡是新推广的乡村和农业合作社，农民都不使用双铧犁，而我们的技术指导工作又没有紧紧跟上去，牛力也有问题。有的地方春天到货较晚，以致 1956 年推广的双铧犁有许多在耕种中没有发挥效能。秋耕中使用率有所提高。南方有些田埂小，双铧犁要两人抬着走，也不方便；有些田坵小，犁也转不过弯来，土地比较软的田则根本不需要也不能用，因此仍然搁置未用，已经用的，效率也没有充分发挥。已推广的双轮双铧犁，凡是在当地确实不能使用，群众要求退货的，应该根据国务院的指示，允许群众退货。而在可用的地方，则要首先加强技术训练，教会农民使用并进行简单的修理；其中有的缺零件，配不到（供销部门存的双铧犁也有的短零件，卖不出），必须帮助他们解决零件的制造和修配问题。必须做到，教会群众使用，短零件有地方配，坏了有地方修理。1957 年新农具的推广，在条件适合的地方仍然应该积极进行，由各省自定计划，自产自销，中央有关部门负责调剂余缺。

小农具的改良、生产和供应工作，近年来是注意不够的。各地农业部门应该主动地与手工业和供销合作部门协商，并且配合他们做好小农具的改良、生产和供应工作。

（六）农业机械化，现在基本上还是试办。现有的各种类型的农业机械，对于北方平原旱作地区，一般是比较适用的，当然也还存在着若干问题。至于在南方水田地区，怎样实行农业机械化？机械化，采用旱直播的办法种水稻，同双季稻是有矛盾的。怎样解决北方种旱作物，有些地方是垅作的，确有好处，机械化怎样保持耕作？怎样使机械化同我国农民原有的精耕细作的优良传统结合起来？这种种问题还没有解决。总之，中国农业的机械化，必须是要得到机械化的好处，又要保持我国农业耕作技术上的好传统。有的各种类型的农业机械不能完全适应这种需要，应该经过试研究，加以改进，并且创造出新的适应上述种种需要的农业机械。此外，在地少人多的地区，实行农业机械化，还有劳动力的问题要适当安排。因此，除了地多人少、劳动力不足的地区和一部分农作物区以外，不解决上面这些问题，简单地急于实现农业机械化是不受群众欢迎的，对于农业增产也未必有利。

对于已经办起来的拖拉机站，则应该集中力量办好。有些位置不适宜，确实不受当地群众欢迎的，可以考虑搬到群众需要地方去。零件问题、修理问题、拖带的农具问题、技术干部问题等，也是现有的拖拉机站不能很好发挥效力的原因，应该积极设法地加以解决。还必须根据勤俭办站的方针，提高机具效率，减少消耗，使拖拉机站的作业成本降低，质量提高，从而使拖拉机站确实做到增加农作物产量，增加农民收入，起到应有的示范作用。

（七）改进耕作技术、推广先进的增产经验。

1956 年各地在这方面也尽了很大的努力，工作量之大是空前的，效果也是显著的，湖北棉花增产就是一个明显的例子（1956 年湖北的气候条件比较有利于棉花生产也是一个因素）。但是，有些地方，由于没有严格遵守因地制宜的原则和先试验示范、成功后再推广的原则，而是要求过急，一下子推广过多，也出了一些毛病。例如有的地方，推广棉花早播，遇到春寒和连阴天，棉种烂在地里，又要重播，造成损失。

十二年全国农业发展纲要草案规定："推广先进经验的办法，主要是：（1）由各省、市、自治区把当地合作社中的丰产典型搜集起来，编成书，每年至少编一本，迅速传播，以利推广。（2）创办农业展览会。（3）各省（市、自治区）、专区（自治州）、县（自治县）、区、乡（民族乡），都应当定期召开农业劳动规模会议，奖励丰产模范。（4）组织参观和竞赛，交流经验。（5）技术传授，发动农民和干部积极地学习先进技术。"根据这项规定来检查，我们是做得很不够的。今后应该更加积极努力，广泛采用这些办法，把各项先进的增长经验推广到群众中去。

（八）在我国现有的耕地中，估计有 10%～20%的盐、碱、沙地和红壤土等瘠薄的土地，亟须进行土壤改良。对于改良土壤，其中有不少成功的经验，科学研究机关，在这方面也有不少成功的试验。各地农业部门应该同科学研究机关协作，总结这些成功的经验，加以推广，帮助农业合作社来改良土壤。

农业合作社的土地规划，可以做到合理地使用土地，因地种植，全面安排农、林、牧业和副业的多种经验；并且，土地经过调整以后，耕地面积还可以增加一些。根据 58 个社土地规划的总结，平均可以扩大耕地面积 5%。虽然未必到处都可以扩大 5%，然而总可以扩大一些，这是一项应该积极进行的工作。

应该在国家财力许可的范围内，尽可能争取多办国营农场和农民垦荒。同时，凡是有小片荒地的地方，只要不破坏水土保持，不妨碍造林和放牧，都应该鼓励农业合作社把它开垦出来。

（九）植物保护和植物检疫工作，是一个比较落后的部门，要求各地多加注意。1956年创造了一些大面积防治病、虫、鸟、兽等灾害的经验，应该加以总结和推广。在加强防治粮棉病、虫害的同时，也要重视果树、蔬菜、油料和其他经济作物的病、虫、鸟、害的防治工作。继续做好防止植物病、虫害的传播。在使用“1605”和“1059”等巨毒性的农药的时候，必须注意保证安全。

总之，1956年在推行各项增产措施、提高单位面积产量的工作中，成绩极为伟大。1956年农业所以获得显著的增产，就是在合作化和农业生产两大高潮之下，广大群众以无比的热情、大规模地推行了这些措施而取得的成果。但是，也出现了一些毛病，旱地耕水田、单季改双季、籼稻改粳稻、良种推广、技术改进（密植），大多数是成功的，少数搞错了。根据华东各省的估计，改制成功而增产的，在改制面积中所占的比例，一般是80%左右。其余的20%也不是完全失败的，一部分是有些缺点，并未减产，减产的只占其中的少数。山西全省1956年种植金皇后玉米499万亩，搞坏了的只占20多万亩。四川省对于推行各种技术措施的估计也大体如此，失败减产的只占百分之几。这种分析，是合乎实际的，同农业全面增产的实际情况是相符合的。

1956年，在推行各项增产措施和推广先进经验方面，各地经验都非常丰富，必须很好地、具体地、分别项目、分别地区加以总结。凡是成功的必须坚持，并且在条件相同的地区积极推广。凡是失败的，必须弄清原因，得到教训，不再重复。另外，有些在疑似之间，或者原因复杂，一时难以肯定的，应该继续在小范围内进行试验，不要急于推广。

我们必须一方面去掉主观主义和盲目性，一方面保持和发扬积极性，根据党的第八次代表大会的决议和十二年全国农业发展纲要方案，积极地、因地制宜地推行这些措施来提高单位面积产量。就是争取1957年农业大丰收的可靠途径。

三、发展畜牧业生产

（一）1956年各种牲畜的发展计划都没有完成。根据国家统计的预计，大家畜的总头数比1955年略有增加，黄牛和马增加86.5万头，水牛、骡、驴减少69万头。小家畜中，绵羊和山羊增加794万头，猪按1956年6月的统计，则比1955年同期减少350万头。畜牧是农业工作中薄弱的环节，各地必须立即加强对畜牧业生产的领导。

畜牧业生产，分农区和牧区两个方面。牧区的牲畜是比较集中的，畜牧业是牧民的主要生产，领导好畜牧业生产是牧区的中心工作。农区的牲畜是比较分散的，但是，农区的牲畜头数在全国牲畜总头数中所占的比例很大，猪主要分布在农区。因此，在农区，不重视畜牧业生产的想法，是片面的。发展畜牧业生产，必须在农区和牧区同时进行，必须同时发展牧区的牧畜和农区的耕畜，发展猪的生产。羊在农区，特别在山地，也应该发展，而且是可能发展的。

（二）耕畜。

目前耕畜的情况是：（1）配种率下降，繁殖率下降，死亡增大，所以纯增率就下降了。其中，牛和驴尤为严重。（2）有些地区，老残耕畜在现有的耕畜中占的比例过大。这是由于几年来禁宰耕畜禁得过死而积累起来的，同地区封锁因而影响了耕畜的地区调剂也不无关系。（3）农业合作社不愿意喂养母畜、孕畜和耕畜，也不愿意喂养体格小、力气小的牛和驴，甚至拒绝这些牲畜入社。体格大、力气大的耕畜和壮畜，市价相当高，而体格小、力气小的耕畜和幼畜，则没有人要，市价极不正常。（4）农业合作的耕畜，担负的活计很重，比合作化以前重得多，原来规定的饲料标准偏低，在使役加重的情况下又没有相应地提高，因而发生了减弱现象。（5）耕畜的贩运调剂工作，无人负责，基本上是停工的。这就使缺耕畜的地方买不到耕畜，而耕畜较多的地方多余的耕畜卖不出去，也影响农民发展耕畜的积极性。

解决的办法主要是：（1）首先，克服一部分人不重视耕畜的错误看法。有些人以为，既然随着国家工业化将实现农业机械化耕畜的前途不大了。这种看法是不对的。必须了解，耕畜在长时期内仍然是农业生产的主要动力。即便农业实现了机械化，耕畜在农村中的用途仍然是很广泛的，必须从思想上树立重视耕畜的观点。（2）农业合作社愿意要体强力壮的耕畜，这是可以理解的。但是，不能盲目排挤体格小、力气小的小牛和小驴。因为，体强力壮的耕畜数量是不足的，每一个农业合作社都应该根据全社耕地的多少和畜力的需要，来统一安排耕畜，要用体小力弱的耕畜来补体强力壮的耕畜的不足。同时，在耕畜较多的地方，有些不适宜田间耕作的体小力弱的牲畜，还可以仍旧归社员私有私养或几户社员伙有伙养，解决社员驮水、碾磨等家庭生活的需要。(3) 改善农业合作社的耕畜饲养管理和役使的制度。饲养不宜过分集中，应该适当分散；役使不宜过重，必须保证牲畜有适当的休息；饲养同役使应该结合起来，以便相互监督，共同负责，保证牲畜体强力壮。(4) 保证牲畜有必要的饲料。耕畜的饲料标准，应该随着役使强度的提高，有所提高。农业合作社在安排农作物品种的时候，还必须考虑到耕畜饲草的需要。(5) 加强耕畜繁殖的技术指导工作和兽疫的防疫工作。(6) 老残耕畜应该有计划地合理淘汰。耕畜价格、菜牛价格以及牛皮、牛肉的价格，都要做进一步的研究和必要的调整。(7) 要求供销合作部门，进一步加强耕畜的调剂贩运工作，并且在私营工商业的社会主义改造中做好对农村牲畜贩运者的组织和领导的工作，帮助他们把地区间的耕畜贩运业务恢复起来，保障他们合理的收益，使他们为发展农业生产服务。

(三) 关于发展养猪生产的问题，在全国农业工作会议上，传达和讨论了陈云同志在党的八届二中全会上所做的报告，大家一致同意陈云同志的报告，认为从 1954 年下半年以来，养猪生产逐年下降的原因是：(1) 饲料不足；(2) 毛猪的收购价格不合理，偏低；(3) 农业基本实现合作化以后，养猪的条件已经发生变化，而我们的政策指导没有及时跟上，农业合作社的经营中还有问题。

解决的办法是：(1) 在粮食统购中，按规定的标准，留够猪的饲料，并且由农业合作社统一安排全社公私养猪所需要的饲料的生产和供应。(2) 适当地提高毛猪的收购价格，禁止收购中的压级压价，务必做到农民养猪能够得到合理的收益。(3) 坚持以“社繁私养”为主的方针。农业合作社应当在饲料作价、粪肥作价和社员劳动时间的安排等等方面，做出合理的规定，积极发展生产。

(四) 牧区的牲畜发展，在草场、配种、防疫、税收、价格及牧业合作化等等方面，问题也不少。在全国农业工作会议上，进行了初步的讨论。但是，问题还没有摸清楚，要协同有关部门，另外召集牧区工作会议，专门讨论，拟定解决方案。

（五）无论在牧区和农区，当前在畜牧工作方面，都必须首先做好各种准备工作，迎接配种季节，到时配种，避免空怀，1955 年必须认真扭转繁殖率下降的局面；还必须加强兽疫的防治工作，特别着重防治为害严重的鼻疽病和猪瘟。个别地方，已经发现水也传染了血吸虫病，应该及时注意研究防治的办法。目前新式兽医药品是不敷供应的，各地必须利用一切行之有效的“土方”把广大的民间兽医的积极性充分发挥起来，使他们成为防治兽疫的一支重要力量。

此外，关于农业副业生产、山区生产和灾区生产以及农业科学研究工作和干部教育工作，在全国农业工作会议上也进行了讨论在这里不详细讲了。

四、改进农业生产合作社的经营管理工作，巩固农业生产合作社

（一）到 1956 年 11 月底的统计，全国入社的农户已占总农户的 96.2%，其中加入高级社的已占总农户的 83.2%，已经基本实现了高级形式的合作化。1956 年是在全国范围内实现了合作化的第一年，大多数农业合作社是增产的，大多数社员的收入是增加的，这已经充分地显示出合作化的优越性。

完全社会主义性质的合作社，已经成为农业生产的主要形式。各级农业部门应该在党委和农村工作部的指导下，配合农村工作，帮助农业合作社改进经营管理工作，进一步提高生产。那么，农业合作社就会更加巩固，农业增产也就有了保证。

在 1957 年春耕以前，中心任务是根据中央和国务院 1956 年 11 月关于农业合作社秋收分配的指示，帮助农业合作社做好全年分配结算的工作，总结 1956 年全年的生产，制定 1957 年的计划，并且安排冬季生产，以生产为中心来整顿合作社。

（二）巩固农业合作社的中心关键在于搞好生产，搞好分配，在生产发展的基础上，增加社员的收入，也增加合作社的公共设施；为此，就必须正确地解决个人与集体的关系以及合作社与国家的关系。

同时，必须正确地处理社员与社员之间的关系，包括中农与贫农的

关系，村与村之间、队与队之间的关系，主要是使各方面的经济利益都得到恰当的照顾，确实做到互利。

还必须正确地处理社干部与社员之间的关系，主要是发扬民主，依靠全体社员，办好农业合作社。

（三）农业合作社经营管理工作的具体要求是：

1. 制定好计划，安排好生产——根据合作社的土地条件和人力、财力、物力等条件，因地种植，扩大生产范围，发展多种经营。

2. 组织好劳动力，加强技术指导——精耕细作，搞好劳动管理，提高劳动生产率和劳动力的利用率。

3. 财务管理——保证必要的生产费用，缩减非生产开支，一些并不急需的生产性的基本建设，只能量力而为，以求节约成本，真正做到勤俭办社。

4. 分配工作——既要正确处理国家、合作社同社员之间的关系，又要在社员间分配得公平合理。

（四）在国家计划指导下，加强农业合作社生产经营的独立性。这也是发扬农业合作社的积极性和创造性，办好合作社的重要关键。在制定农业计划的时候，必须充分考虑到农业生产的以下四个特点：（1）农业生产的地区差别很大；计划越集中统一，越切合实际，越难因地制宜。（2）农业生产受气候条件变化的影响很大；计划控制越紧，基层生产单位的机动性越少，就越不能因地制宜。（3）农产品中，粮食只有一小部分是投入市场的，经济作物则是商品性为主。对于农民自己生产、自己消费的部分，不必因国家计划加以规定。（4）农业合作社是集体所有制，不同于国家企业，应该在国家计划指导下，更加强合作社的生产经营的独立性。因此，高级农业生产合作社示范章程明白规定："合作社应该在国家经济计划的指导下独立地经营生产。"

为了具体实现高级社章程的这一规定，全国农业工作会议讨论的结果认为，农业生产指标，只发到区（或乡）作为县、区（或乡）的参考指标，并且允许县、区（或乡）有一定的机动幅度。县、区（或乡）不向农业合作社分配生产任务，而只根据国家的购销计划，向农业合作社提出农产品的收购任务（对于以种植经济作物为主、需要由国家供应粮食的农业合作社，则同时宣布粮食统购数字）。农业合作社在完成农业税和各种农产品的统购任务，履行同国家采购部门、商业部门所订立的合同义务的前提下，可以按照自己的需要和可能，自由地安排自己的生产，定出自己的生产计划，送县、区（或乡）审查。县、区（或乡）把各个农业合作社的生产计划同上级分配的生产数字比较一下，如果出入不大，就予以批准；如果出入过大，可以同农业合作社共同商量，由农业合作社重新讨论，加以修正。这样做，就可以从计划体制上来保证实现农业合作社在国家经济计划指导下的生产经营的独立性，更有利于发展农业生产。

五、改进我们的领导方法和工作作风，加强对农业生产的领导

（一）在一年来农业生产的高潮中，各地各级农业工作的干部，在党政的领导下，都尽了很大的努力，做了很多工作，也获得显著增产的效果。这一年来，工作做得多，取得的经验多，成绩较大，出的毛病也不少，教训也不少。前面已经说过，从推广新式工具、改良种子、改进耕作制度和耕作技术以及农业计划工作等等方面，都可以明显看出，我们在领导农业生产中，还存在着主观主义和官僚主义。首先，农业部和我个人就有主观主义和官僚主义，由于我们的主观主义和官僚主义，到下面就难免发生强迫命令。基层干部的强迫命令，一部分来源就是领导机关的主观主义和官僚主义。成绩是应该肯定的，缺点和错误也是必须改正的。只有努力克服主观主义和官僚主义的毛病，才能更好地继续前进，取得更大的成就。

（二）加强调查研究，提倡实事求是的思想作风。深入下层，深入群众。下乡调查，要抓典型，还要把典型调查的材料，同一般综合的材料结合起来，加以研究。调查只能是若干点，而研究就必须全面，点同面必须结合起来。只有点，就容易忽视主流，只有了解不能深入。有了点面结合的、深入而又全面的调查研究，就可以发现“实”，也就能够求到“是”，就可以避免主观主义。要走出办公室，深入下层，就必须克服目前机关中的四多——机关多、人员多、会议多、公文多。农业部和各级农业部门必须厉行简单，克服这四多，从而克服高高在上的官僚主义。

同时，也只有深入群众，深入实际，才能摸清情况，发现问题，总结群众的智慧才能在我们的工作中表现出生龙活虎的积极性和创造性，避免主观主义。

（三）必须用群众路线的领导方法，来领导农业生产。我们农业部门是各级政府的一个行政部门，这是无疑问的，但是，并不是说，行政部门就应该用行政命令的工作方法办事。然而，实际上，我们却在滋长着一种行政命令的工作方式和作风。这种行政命令的作风，在腐蚀着我们的群众路线的优良传统。如果说，在合作化高潮以前，绝大部分农民还没有组织起来，还是个体农民，任何命令的手段也很难把几万万个体农民都命令起来。而在基本实现农业合作化以后，百分之九十几的农民都已经组织起来，组织成几十万个农业合作社；农业合作社内部，又是管委会、生产队、生产组，组织得整整齐齐，一声令下，就可以全体动作起来。这种情况，本来应该引起我们这些做领导工作的人更大的警惕，更加谨慎从事。然而，我们却往往只看到农民组织起来以后，事情好办了，提出一项任务，容易布置到底，往往容易被这种现象所迷惑，而放松了对我们工作中的主观主义毛病的检查，结果就造成一些本来可以避免的损失。经验告诉我们，领导组织起来的农民，领导农业合作社，更要时刻警惕主观主义的毛病，更不能采用行政命令的方法，更要实行群众路线。必须是“从群众中集中起来，到群众中坚持下去。”到群众中坚持下去的，又必须是经过宣传、说服和示范，群众自觉接受的东西。并且，还要在群众的实践中，来检查这些东西是否正确，时刻准备修正错误。我们必须按照这样的领导方法，来领导农业生产。

（四）在推广各种先进增产经验的时候，我们应该采取宣传介绍和示范等方法，来促起群众自愿地接受，而不能采取布置数字，分配任务的做法。群众中的先进的增产经验，必须积极地总结起来，加以推广，采取消极态度是不对的。首先，总结必须是全面的、是实事求是的，不能根据主观的先见加以取舍；并且要把它所以成功的种种具体条件，都总结得清清楚楚，这样别人才有可能把当地的物体条件同这些条件加以对比，从而决定这些先进经验是否适合于那个地方，他能否采用。有些先进增产经验的总结，是把若干在相同地区、不同条件下的先进增产经验总结在一起的。这种一般化的总结经验的办法是不好的，把这种经验总结发下去，推行起来尽管总结中也在原则上提到应该因地制宜，而实际推行的结果总不免存在机械搬用的毛病。还有些先进增产经验的总结，只讲了这个先进的典型如何做的，取得了如何的成绩，而不讲或者很少讲这个先进的典型是在什么条件下取得这些成绩的。这种经验总结也应该说，总结得是不好的，把这种总结介绍出来，加以推广，也难免发生不同条件、机械搬用的毛病，因为总结本身就没有说明或者没有详细说明，采用这种先进经验所需要的具体条件是什么。其次，所谓推广，应该是向群众宣传介绍这种先进经验（包括参观、示范、展览会、劳模会等等办法），同群众商量研究本地和本农业合作社的主体条件是否适合，能否采用这种先进经验；如果采用的话，是在全社范围内采用，还是先选择一定的范围，局部试办。这些问题，需要同群众商量研究以后，由群众自己决定，不能自上而下地先定个数字，层层布置下去，强迫群众接受。

（五）采取群众路线的领导方法，并不是放任自流，怕犯错误，而采取消极态度。相反的，我们必须积极地采取宣传教育、用举例示范的办法，来领导群众。任何新的东西，在一个地方做起来都不可能是万无一失的。同样，在推广先进的增产经验的时候，我们也不能要求万无一失。推广一种新事物，本身就带有一定的试验性，失败是不能完全避免的，错误也是不能完全避免的，如果怕错误，谨小慎微，前怕狼后怕虎，束手束脚，裹足不前，结果会一事无成。这样怕犯错误的结果，还是犯了错误——右倾保守主义或者是放弃领导的尾巴主义。但是，在任何一个地方，推行任何一种新事物的时候，都必须时刻注意执行的情况，及时发现，坚决加以改正。我们应该严格要求少犯错误，更不允许用行政命令的做法强迫群众去犯错误。

（六）我们不仅要求农业部、农业厅、农业局这些高级领导机关采用群众路线的工作方法，也要求各级领导机关都采取群众路线的方法，也要求农业科学技术人员、农业技术推广站的技术推广员和农业合作社的干部，在工作中，采取群众路线的方法。领导庄稼人种庄稼，而不同庄稼人商量，不尊重庄稼人的意见，不重视庄稼人的经验和创造，这种毛病，必须切实改正。改正的办法，就是发扬群众路线的工作作风。

（七）农业生产是一种经济工作。农业合作社的大生产同小农经济的小生产又有根本的不同，它在整个经济体系中与各部门的关系更为密切了。有些担负农业行政领导工作的同志，对于与农业生产关系很大的各种经济问题，例如市场问题、农产品价格问题等不大注意，不甚了解，这是不行的。价格对于农业生产，目前有着相当大的调节作用。要求担负各级农业行政领导工作的同志要注意全面的经济工作，摸清楚经济工作的规律，从而更好地指导农业生产。

（八）为了把农业生产工作做好，要求全体农业工作干部，努力学习马列主义，提高我们的思想水平和理论水平。要求各级农业的领导同志，加强对干部工作和政治思想工作的领导。所以说，团结干部，教育干部，提高干部的政治思想水平和理论水平，是改进工作和工作作风的主要关键。

1957 年的农业生产任务是艰巨的。而 1957 年农业生产资料（化肥等等）的供应量增加不多，1957 年可以使用的农业贷款将比 1956 年大为减少，1956 年灾情较重，灾区的恢复生产还有不少困难，对于这些不利的因素，我们要有足够的估计，并且积极努力，加以克服。另一方面，我们又必须看到，高级形式的农业合作化已经基本实现，因而在 1957 年就有可能集中更多的力量来搞好农业生产。各级干部和广大群众都从一年来的合作化高潮和农业生产高潮中取得了丰富的经验，在这种丰富经验的基础上，农业合作一定会办得越来越好，农业生产工作也会搞得更好。一般地区 1956 年是丰收的，农业合作社一般也有了一些公共积累，种子、饲料、牲畜草料和生产资金等也有了一定的准备，这同 1956 年春、合作社刚刚成立、生产资金非常困难的情况，是完全不同了。灾民的生活是安定的，灾区恢复生产的条件也比合作化以前好得多。这都是争取 1957 年大丰收的有利因素。我们要善于发挥这些有利因素，积极作用，来克服困难，并且要用 1956 年在比较严重的灾荒的情况下、各种主要农作物仍然获得全面增产这一成就，来鼓舞广大和群众，更积极热情地、劲头更足地再掀起一个农业生产的高潮。同时，努力克服我们工作中的主观主义和官僚主义的毛病，加大调查研究，发扬群众路线的优良传统，为实现 1957 年的农业大丰收奋斗。

中国农业代表团访问南斯拉夫报告*

（1957年10月9日）

总理并报中央和农村工作部：

农业代表团在南斯拉夫访问了一个月，回国途中，在保加利亚和苏联各参观了两三个星期。现在就（一）南斯拉夫的农业生产、农业合作化和工人委员会等问题。（二）保加利亚农业中的几个问题。（三）苏联畜牧业的发展（“牛奶、奶油和肉类赶上美国”）和农产品义务交售问题，呈报如下：

（一）南斯拉夫的农业生产、农业合作化和工人委员会等问题

1．南斯拉夫是一个粮食进口的国家，每年从美国进口小麦100万吨左右。

南斯拉夫全国人口1 800万人，劳动力约占全国人口的45%，其中2/3从事农林牧业生产（约230万户）。全国农用土地1 510万公顷，其中耕地760万公顷，果园、葡萄园66万公顷，割草地和放牧场676万公顷，其余为沼泽地、苇子地和鱼塘。760万公顷的耕地中，又有40%是种植各种经济作物、饲料作物和蔬菜的，小麦只有162万公顷，玉米、大麦和燕麦共约300万公顷，后者又主要用作饲料。162万公顷小麦，1956年产小麦160万吨，每公顷平均一吨，今年麦子丰收，据说每公顷

* 1956年，南斯拉夫一个高规格的农业代表团访华，并参加了中国共产党第八次全国代表大会开幕式。作为回访，1957年，廖鲁言率中国农业代表团访南。为了全面了解南斯拉夫的社会和农业生产情况，在南斯拉夫的每次参观，代表团都事前列出需注意和询问的问题，并把这些问题在团内分工，要求当晚向团汇报并汇总。本文即访问回国后向中央的报告。本文标题是文集编者加的。报告中的《（二）保加利亚农业中的几个问题》《（三）苏联畜牧业的发展（“牛奶、奶油和肉类赶上美国”）和农产品义务交售问题》未收入。

产量1.5吨，总产量可达250万吨左右（一说可达300万吨）。但是，据农林秘书长谈，为了增加小麦储备，今年仍拟进口小麦。他们虽然也表示要增加小麦的生产，打算在今后五年左右争取小麦自给，但是只有技术性的措施，主要靠投资扩大国营农场，而缺乏决定性的政策措施，也没有在群众中提出“争取小麦自给”的口号，进行广泛的动员。他们对于增产葡萄、水果和蔬菜很感兴趣，主要向西德、奥地利、瑞士等西欧国家出口，农民也愿意多种这些作物，获利较大。对于增产玉米发展畜牧业，增加畜产品，也比较重视。

南斯拉夫农作物的产量是不稳定的，几年来发展不多，1956年的小麦、玉米、薯、麻、棉花、油料和糖甘蔗的单位面积产量，都还没有达到战前1930—1939年的平均水平。

2. 南斯拉夫的农业生产主要还是个体经营。

在1949年以前，集体农庄曾经发展到占农户总数的40%以上，后来大批解散了，现在剩下的只占农户总数的5%，名称改为“农民生产合作社”。这种合作社的性质同我们的农业生产合作社大体差不多，我们曾经参观了一个一直坚持办到现在的“农民生产合作社”，据社干部说，当时该社也有大批社员退出，坚持下来的是一部分党员和贫农积极分子。

现在，农用土地的86%、果园的94%、牛的97%、猪的88%和鸡的99%，都是个体经营的（根据南联邦农林秘书处的统计）。

3. 把个体农民组织起来的“普通合作社”正在发展中。

加入“普通合作社”的社员，劳动生产过程还是分散的、个体的。“普通合作社”是在1949年以前成立的供销合作社的基础上发展起来的，它的主要业务是，供应社员种子、肥料等生产资料，收购社员的农产品（对于非社员也进行供应和收购的业务，但是社员有优先权，并且在价格上有10%左右的优待）。“普通合作社”还备有少数拖拉机，通过合同方式为社员代耕，收代耕费。“普通合作社”一般都有一两个农业技术干部，通过合同方式给社员以技术指导，收服务费。“普通合作社”还有加工设备和储藏设备，为社员加工和储藏农、畜产品，收加工费和仓租。因为经济作物在南斯拉夫的农业构成中所占的比重较大，并且是出口物资，而个体农民不能经营出口，这就便于“普通合作社”通过上述几个方面的活动把个体的农业经济控制起来。“普通合作社”比起“农民生产合作社”来是低级的，但是，这样组织起来，总比不组织好，也可以算是在合作化——农业社会主义改造方面开始了第一步。

全国 13 000 个居民点中，现在已有 6 000 个成立了“普通合作社”。据农林秘书长表示，还要五六年的时期，才能做到村村有社；虽然，现在有的农民认为“没有农业机器，成立起来，也是徒具形式”。在有社的村子，多数农民已经入社，有的已达农户的百分之八九十；有的村子，既有“普通社”，又有“生产社”；有的村子，“生产社”和“普通社”同属一个管理委员会，“生产社”是“普通社”的一个部分；因为这一部分“生产社”的社员原本是“普通社”的社员，进一步组成“生产社”的。

关于“普通合作社”的发展前途问题，据管理农业的联邦执行委员和农林秘书长谈，“普通社”的公共积累较大，公共积累是不可分的，发展下去，公共积累年年增加，就可以添置更多的农业机器和生产资料，然后转变成“生产社”；或者把社员的土地买过来，用机器耕种，转变成“农业企业”（国营农场）。他们认为，这种前途是可能实现的。因为，现在合作社社员的土地收入已占很小比例，地价已经很便宜，有的每公顷只合 1.5 公担小麦，并且已经有少数合作社社员把土地卖给合作社。

4. 农村中的政治情况和阶级关系。

南斯拉夫农村中的政治空气是比较薄弱的。解放后，虽然曾经进行过两次土改，1946 年第一次土改，除没收德国人和民族叛徒占有的土地以外，并且以 35 公顷为占有土地的最高限额，超过者没收，共没收土地 160 万公顷，分给农民 80 万公顷，其余的 50 万公顷森林、牧场和 33 万公顷耕地，用来建立国营农场；1953 年第二次土改，土地最高限额改为 10 公顷（山区可以多一些），又没收了 20 万公顷土地，完全交给国营农场。第一次土改中，得地的人主要是移民和游击队战士，没收的土地中分给一般农民的不到一半，而分地的原则又是按劳动力分配的，劳动力强而土地不足者分入土地。土改的方式方法又是自上而下地单纯的行政命令，没有充分发动群众，1949 年以后，大批解散集体农庄，群众思想更混乱了。现在组织“普通合作社”，主要着重于经济方面，很少进行社会主义思想教育。

从土地占有情况看，230 万户农户中，一户占有土地 2 公顷以下的占 30％，2～5 公顷的占 40％，5～8 公顷的占 17％，8～10 公顷的占 13％，最高的不超过10公顷。一方面，法律规定土地可以买卖，可以雇工。过去有一段时期，农业机器也可以卖给私人（现在不准许了），这就给富农经济以发展的可能；另一方面又规定，占有土地的最高限额不得超过10公顷，雇工的人要增加农业税的5%～20%，私人占有农业机器和牲畜的要加征生产资料税。同时，个体农民的农业税是累进的，税率也大大高于合作社，从10%～44%，用这些办法来限制富农的发展。看来，限制的这个方面是最近两年才比较强调的。按照他们的标准，自己不参加劳动，雇工经营大面积土地的富农，现在是没有了。但是，在他们所谓的富裕中农中，我们发现一户，调查了他的占有和劳动、收入和支出的详细账目，计算结果，按照我们划分阶级的标准，则显然是一户富农。据说，像这种农户，在农村中约占户口的3%～5%。

5. 农产品的价格政策和自由市场。

据南斯拉夫政府的正式统计，工农产品的价格，同战前比较，以战前为一百，那么工业品上涨了十七倍，农业品上涨了十九倍。近两年来，物价比较稳定，并且准备就在这个水平上把它稳定下来。

在1951年以前，工农产品的价格都由国家规定。1951年以后，提倡自由市场，除了少数几种特殊的重工业原料以外，国家不规定任何商品的价格，而任其在市场上通过供求关系自由形成。从表面看，到商店买日用工业品，确实是同一商品在不同的商店有不同的价格。但是，实际上并不完全如此，政府还是通过种种经济手段控制物价的。譬如粮食，国内生产不足，但是国家掌握了大量的进口小麦（相当于全国小麦总消费量的40%左右），用来供应城乡居民（并不限量），用来稳定小麦和面包的市价，结果据说小麦的市价不是高于国家的收购价格（每公斤36丁拉尔，合人民币0.225元），而是常常低于这个价格。水果、蔬菜等经济作物，因为国内市场销售不完，所以凡是有"普通合作社"的乡村，大部分都是按合作社规定的价格卖给了合作社了，由合作社组织内销和出口。

6. "工厂归工人所有"和工人委员会。

这是南斯拉夫标榜的所谓"特殊创造"。据我们参观拖拉机制造厂、肉类联合工厂等的了解，其实际情况，大概可以分两方面来说：一方面，工人委员会在工厂里有较显著的地位，活动也比较多，有权选举厂长和讨论厂长的各种问题；但是，另一方面，工人委员会选出的厂长，如果政府不同意，则由工人委员会另选，政府对另选出的人如果仍然不同意，则由政府指派厂长。工厂的生产计划，经工人委员会讨论通过以后，仍然要由国家计划部门来加以平衡，并且提出修改。工厂企业的利润（国营农场也一样），要交50%给联邦政府，还要交20%～30%给县、区各级地方政府，其余的20%左右由工厂自己支配（大体同我们的厂长基金差不多）。工厂如果赔钱，有的可以得到国家的补贴（例如每生产一台拖拉机，成本260万丁拉尔，农业生产单位购买时只出110万丁拉尔，由国家补贴150万丁拉尔），有的扣职工工资来弥补，但是顶多只能扣发工资的40%，必须保证至少发60%的工资。所谓“工厂归工人所有”和“工人委员会制度”，看来有些故意夸大宣传的味道。

7. 南斯拉夫的工人和农民的生活水平比中国高。由于经济作物的发展，农民的收入有所增加。工人的工资水平不高，但是房租很低，子女补贴和其他各种福利费共相当于工资总数的1/4左右。据南负责人谈，这已成为财政预算中的一笔过重的负担，准备减少工人的子女补贴。

8. 这次所接触的联邦和地方的各级党政负责人，都很强调同中国的友好，除了个别场合，讲到“情报局”事件后南斯拉夫所遇到的困难的时候，对苏联当时的政策有些微词以外，一般没有对着我们指责苏联。个别人还曾经讲过与苏联的团结和社会主义各国的团结，但是完全不提“以苏联为首”，对阿尔巴尼亚的态度很不好，特别是马其顿共和国的干部，甚至表示“在改善南阿关系方面，南已仁至义尽，就看阿怎么做了。”

……

以上报告，请审阅。

学习苏联，为建设社会主义的现代化农业而努力*

——在农业部庆祝伟大的十月社会主义革命四十周年大会上的讲话

（1957 年 11 月）

亲爱的同志们：

伟大的十月社会主义革命四十周年纪念日到来了！首先，请允许我代表农业部的全体工作人员，向来我国工作、帮助我国农业经济建设的苏联专家同志和你们的夫人致以衷心的热烈的祝贺！并且通过你们向全苏联的农民、农业工作者和农业科学研究人员致以衷心的热烈的祝贺！

伟大的十月社会主义革命，开辟了人类历史的新纪元。从这个时候起，在世界上出现了第一个无产阶级专政的国家，第一个由工人、劳动农民和为工人、农民服务的知识分子，在工人阶级及其政党——共产党的领导下，自己当家做主，自己管理国家大事的国家。这个国家，剥夺了剥夺者的特权，取消了人剥削人的制度，建立了没有阶级没有剥削的社会主义社会。正如我党中央在“再论无产阶级专政的历史经验”一文中所指出的：“俄国无产阶级在列宁和苏联共产党的领导之下，在 1917 年胜利地实现了无产阶级革命和无产阶级专政，接着又胜利地建成了社会主义社会。科学的社会主义从此由理论变为活生生的现实。这样，1917 年的俄国十月革命，就不但在共产主义运动史上开辟了一个新时代，而且在整个人类历史上开辟了一个新时代”。苏维埃社会主义共和国联盟，从一开始就代表着全人类的希望，鼓舞着全世界工人阶级和劳动人民的革命勇气和胜利信心。所以，全世界的工人、农民、其他劳动人民

---

* 本文原载《中国农报》1957 年第 21 期。

和一切进步人士，都把十月社会主义革命节当做自己的伟大的节日。中国工人阶级和劳动人民的优秀儿女，在革命胜利以前，在反动统治的年代里，每逢十月革命节，就曾经冒着坐监和杀头的危险来庆祝这个伟大的节日。在中国革命胜利以后的今天，又欣逢十月革命的四十周年，更是举国狂欢，热烈庆祝，盛况空前了。因为，我们深深知道，正是伟大的十月社会主义革命的一声炮响，把马克思列宁主义带到中国来的；正是雄伟的十月社会主义革命的胜利，鼓舞着中国工人、劳动农民和其他劳动人民的大无畏的勇敢精神，使之为中国革命的胜利而不屈不挠、不惜牺牲、前仆后继、英勇奋斗；也正是伟大的十月社会主义革命和它所缔造的第一个社会主义国家——苏联，给全世界的工人阶级和劳动人民、也给中国的工人阶级和劳动人民开辟了一条通往社会主义的道路；并且，正是从伟大的十月社会主义革命起，四十年来苏联建设的经验，给我国的社会主义建设提供了活生生的榜样。这一切，就使得全中国的人民，怀着充分的欢乐和感激的心情，为伟大的十月社会主义革命四十周年而欢呼庆祝！

毛主席曾经指出："我们中国人民正是沿着十月社会主义革命的道路取得今天的胜利和成就的。中国人民一贯把中国革命看作是伟大的十月社会主义革命的继续，并且以此为莫大的光荣。"伟大的十月革命和四十年来苏联建设的基本经验，撇开它在当时当地所表现的具体形式来说，就基本经验而言，它"揭示了适用于所有走向社会主义国家的共同特点和规律性"，它是放之四海而皆准的马克思列宁主义的普遍真理同革命实践相结合的光辉典范。在庆祝伟大的十月社会主义革命四十周年的时候，我们应该而且必须努力学习苏联的建设社会主义的经验，更快更好地把我国建设成为一个社会主义国家。

社会主义社会在苏联已经建成了。苏联正在建设共产主义的道路上胜利前进，苏联建设社会主义的经验是最全面的，我们必须积极努力学习。同志们！我们是农业工作者，我们必须很好地学习苏联建设社会主义农业经济的经验，把我国的农业建设成为社会主义的现代化农业。

伟大的十月革命的胜利，俄国的工人阶级取得了政权。苏维埃政权一成立，就立即宣布了土地法令，废除了地主和贵族的封建的土地所有制。接着在国内战争时期，就曾经采取共耕社等组织形式来组织农民。

到社会主义经济建设的第一个五年计划的初期，开始推行农业的集体化，用集体农庄庄员的集体所有制代替了个体农民的小私有制。“在集体化的前夜，苏联有2 500万小农户，而现在都成了用先进技术装备起来的大规模的集体农庄。到1957年初，苏联农业有1 577 000台拖拉机（每台以15匹马力计算）、385 000台谷物联合收割机、631 000辆载重汽车和数百万架其他农业机器。”由于大规模的垦荒，耕地面积扩大很多，从1954到1957年，就扩大耕地3 590万公顷，并且计划从1958到1960年再扩大1 500万公顷。从1954年以来，在开荒地区新建国营农场425个。“各种作物的播种面积比1913年扩大了50%多，其中小麦播种面积几乎扩大了一倍，技术作物1.7倍，棉花和甜菜2倍。不仅播种面积增加了，耕作技术和单位面积产量也提高了”。社会主义改造大大增加了农作物的总产量。苏联的粮食总产量，按全国人口平均，每人约合1 300市斤；按农业人口平均，每人约合2 400市斤。苏共中央根据先进集体农庄的经验和成就，向社会主义农业劳动者提出：“在最近几年内，在按人口计算的牛奶、油脂和肉类的产量方面赶上美国”。这个口号，得到了全苏联社会主义农业劳动者的普遍响应和拥护。今年九月间我承蒙苏联农业部长马茨凯维奇同志的邀请，有机会到苏联去访问，在全苏农业展览会上，在各地参观集体农庄、国营农场和农业科学研究机关的时候，到处都可以看到迅速发展畜牧业的积极活动，听到关于“肉、奶、油赶上美国”的谈论。据苏联农业部的计算，每100公顷农用土地的产奶量由现在的101公担增加到141公担，产肉量由现在的13.3公担增加到42公担，肉、奶、油按人口平均的产量即可赶上美国。从全苏联的社会主义农业劳动者在增加畜产品方面所表现的满怀信心、高度热情和最大的积极性看来，苏共中央的这一号召是一定能够实现的，苏联人民的肉、奶、油的消费水平在几年之内毫无疑问将有急剧的提高。

旧中国的农业，多少世纪以来都是一家一户为一个生产单位的小农经济。旧中国又是一个工业极不发达的国家，农业的技术装备也是非常落后的。解放以后，首先实行了土地制度的改革，废除了地主阶级的封建制剥削的土地所有制，没收了地主阶级的土地、分配给无地少地的农民；紧接着就在胜利地实现了土地制度的改革的基础上，展开了互助合作运动，经过农业劳动互助组，到初级农业生产合作社，再到高级农业生产合作社。

现在加入农业生产合作社的农户已经占全国农户总数的97%，其中加入高级农业生产合作社已经达到93%以上，农业生产资料的个体农民的小私有制已经为农业合作社社员的集体所有制所代替了，1亿1 000多万农户组成为七八十万个农业生产合作社，从生产关系的改革方面讲，社会主义改造的任务已经实现了。1956和1957两年，农业增产的事实，已经无可争辩地证明了社会主义经济制度的优越性。我们学习了苏联的经验，走伟大的十月革命所开辟的社会主义的道路，采取了使我国的农业合作化的步骤同我国的社会主义工业化的步骤相适应的方针，在我国社会主义建设的第一个五年计划的头一年，就提出了农业合作化的任务，采用农业合作社这种具体形式来实现对农业的社会主义改造，这是完全正确的和必要的，已经收到了极其显著的效果。

苏联的社会主义的经验还告诉我们，为了适应我国社会主义工业化的发展，对于农业的社会主义改造，不仅在社会制度方面要实行由私有制到公有制的革命，而且在生产技术方面也要实行由手工业生产到大规模现代化机器生产的革命。我们的任务是把我国的农业建设成为社会主义的现代化的农业。所谓现代化的农业，我以为可以概括为："机械化"、"电气化"、"化学化"和"科学化"。而农业的机械化又包含着："水利排灌的机械化"、"农业耕作的机械化"、"防治病虫的机械化"、"农产品初步加工的机械化"（例如脱粒机械、薯类切片机械、剥麻机械等等）、"田间运输的机械化"等等。我们过去讲到农业机械化，往往是仅指农业耕作的机械化，这显然是不全面的。苏联在建设现代化的农业方面，已经取得了巨大的成就和丰富的经验，我们要积极努力向苏联学习。也要学习其他社会主义兄弟国家在这方面的经验。就是其他资本主义国家，在农业现代化方面的科学技术的先进经验，也是值得我们学的。

当然，我国农业的现代化，同我国社会主义工业化的发展是密切联系不可分开的。"在优先发展重工业的前提下，工农业同时并举。"根据这个方针，我国的农业，将随着国家工业化的发展，积极地有步骤地向着现代化胜利前进。

几年以来，苏联政府和苏联人民派遣了一批又一批的农业方面的专家到中国来，不仅把苏联农业集体化和集体农庄管理的经验介绍给我们，而且在建设现代化的农业方面给了我们很多很大的帮助。把先进的生物学的理论、米丘林学说和先进的作物栽培技术介绍给我们。在农业机械的制造、使用和机器站的经营管理方面给了我们以宝贵的具体的技术指导。帮助我们发展畜牧业。赠送我国全套的设备，派来全组专家，在我国黑龙江省开办了拥有30万亩以上的耕地并且全部机器生产的“友谊农场”，使我们从中学习机器垦荒和大规模机耕农场的经营管理的经验。把组织农业科学研究工作的经验介绍给我们，帮助我国成立了农业科学院；并且正在帮助我国建立原子能农业应用的研究室，把最新式的最先进的科学技术介绍给我们。这一切真诚无私的援助，体现了社会主义的社会经济的本质，体现了社会主义的各个兄弟国家之间的关系的本质，也体现了苏联共产党、苏联政府和苏联人民的国际主义精神。这种国际主义的精砷，也是值得好好学习的，我愿意在伟大的十月社会主义革命四十周年的纪念会上再一次地向各位专家同志们表示诚恳的感谢和衷心敬意！

我们并不讳言，我们在学习苏联的经验，把苏联建设社会主义的农业的经验运用到中国来的时候，曾经犯过个别的教条主义的错误，但是，这不能怪苏联的经验不好，也不能怪帮助我们建设社会主义农业经济的苏联专家同志，而只能怪我们自己学得不好。我们应该更努力地学习，端正我们学习的态度，更好地结合中国的具体情况，而把苏联的经验运用到具体的实践中来。必须肯定，伟大的苏联四十年来革命的和建设的经验是最完全的，我们必须努力学习苏联。

我们农业工作者要更好地学习苏联的经验，建设我国社会主义的现代化的农业，用此来庆祝伟大的十月社会主义革命四十周年！

最后，让我们高呼：

中苏两国的永恒的、牢不可破的友谊万岁！

以苏联为首的社会主义阵营的兄弟般的团结万岁！

伟大的苏联——世界和平的堡垒万岁！

伟大的十月社会主义革命万岁！

马克思列宁主义胜利万岁！

在一九五七年全国农业工作会议上讲话提纲

（1957年12月9日）

这次会议的开法改变了一下，不做报告，只发材料和各项工作的规划的意见供同志们参考，请同志们先发言。我们想，这样开，可能更活泼，更深入，更畅所欲言。这是一种尝试，是否好？结束时再公断。

现在只就会议的开法和精神谈几个问题，当作开场白式的东西。

（一）会议的目的和要求——组织农业生产跃进的发展。

议题五项（1957年和第一个五年的总结，1958年和第二个五年安排，实现四十条纲要的规划、耕畜问题、种子工作），已发通知。其他具体问题，同志们可能还会提出，凡带普遍性的可以大会讨论，个别性的，会外商决。

主要是对1957年和第一个五年计划做出总结，提出1958年的任务和对第二个五年计划的意见。讨论实现四十条纲要的规划，总理提出十五年农业赶上日本（单位面积产量）的号召，怎样实现？

所以，这次会议要讨论1958年的任务，第二个五年计划的任务，十年的任务（实现四十条），十五年的任务（单产赶上日本，搜集一些日本材料，供会议参考）。这是主要议题，会议的中心目的和要求，就是把这些问题讨论清楚，做出结论，从而组织全国农业生产跃进的发展。

（二）农业在社会主义经济建设中的重要地位和农业部门任务的艰巨性。

工业、农业是相互支援的。总理指示："工业、农业是两只脚，不能跛足前进"。一方面，没有重工业的基础，农业就不能现代化。另一方面，在我们这个有六亿几千万人口，农民有五亿几千万人的国家，"农业如果不发展，工业也不可能单独发展"。所以，中央提出"在优先发展重工业的基础上，工业、农业同时并举”。

目前的情况是：“同迅速发展的工业相比较，同人民生活和国家建设的需要相比较，农业还显得落后了一步”。另一方面，直接促进农业生产发展的工业（例如化学肥料工业等等），一时也难于满足农业发展的需要。对后者我们应该提出要求，对前者我们必须加紧努力。

农业增产的任务是艰巨的。1958 年要求粮食增产 220 亿斤（由 3 700 亿斤增加到 3 920 亿斤），棉花增产 220 万担（由 3 280 万担增加到 3 500 万担），猪增加 2 500 万头（由 12 500 万头增加到 15 000 万头），这是主要的项目，其他还有。第二个五年计划到 1962 年，按李富春副总理的报告，粮食增加 30%以上，棉花增加 31%以上，猪增加 80%以上；按八大建议，粮食增加 35%，棉花增加 46%，猪增加一倍。十年粮食亩产量达到“四、五、八”。十五年粮食单产赶上日本。任务是艰巨的。要完成任务心须组织跃进的发展。

（三）农业增产的有利因素和不利因素。不利因素也可以变为有利因素。克服保守思想，组建农业生产的跃进。

不利因素——人口多，耕地少，自然灾害严重，技术装备落后，开荒的困难较多。

有利因素——人多即劳力多，勤劳俭朴，有丰富的生产实践经验，在长期革命斗争的锻炼中提高了觉悟，并且已经按照社会主义原则组建起来；群众的积极性高，生产高潮。

自然条件又有其有利的一面，并且主要说来是优越的，有利的因素多；耕地少，但可利用自然条件的有利方面，扩大复种。

技术装备的落后状态，将随着国家工业化的发展而逐步改变；耕作技术的改进和先进增产经验的推广，合作化以后有了新的有利条件。

自然灾害将逐渐得到克服，在合作化的集体力量下，经过改造，可以把不利的自然条件变为有利的因素（天津改造低洼地即其一例）。

目前掀起的生产高潮，比 1955 年冬 1956 年春的高潮，更广泛、深入和扎实。农业社一般已有二年的历史，群众和干部的经验教训都比较多了，各项增产技术措施都创造了一批在不同地区、不同条件下的成功的典型，这就有利于推广。

第二个五年比第一个五年条件更好，抓住并突破关键，争取跃进发展。

粮食、经济作物和畜牧业已经有一批达到四十条纲要要求的县、乡、社。这些县、乡、社能够做好，已经做到，条件相同的或者条件更好的县、乡、社，为什么不能做到？

保守思想是完全没有根据的。1955 年能够跃进，今后为什么不能跃进？

去冬有一股歪风，那是富裕中农情绪的反映和右派分子的兴风作浪。

就我们农业系统讲，一方面在 1956 年高潮中，有些工作有缺点（双铧犁推广计划过大等等）；另一方面也曾经有在风头上沉不住气，而泄气松劲的现象。中央、主席一发现，即一再给我们打气，鼓励我们。一般地在春季就扭过来了。但是，有的地方，有的事情还是受了一定的影响（如有的地方复种指数降低，有的地方玉米减少过多，有的地方双铧犁适用的也不积极推广，等等）。

事情过去了，现在不要抱怨，也不要后悔，应该从此得出教训。做得对的，必须坚持，勇敢前进，不受风吹草动的影响；做得不对的，应该切实检查改正，不能把对的也改了。

（四）制定农业生产的发展规划。

必须要有规划，各级规划，一直到合作社。分批分期分步骤实现四十条纲要的规划，1958 年的计划和第二个五年计划就要体现分批分期实现四十条纲要的要求。

规划要自上而下、自下而上相结合，去掉强迫命令，经过群众路线（鸣放辩论）而制定出来的规划，对农业生产的跃进发展就有极大的推动作用。计划是社会主义经济的一个重要特征。

规划要有指标，也要有实现指标的具体措施——技术的、经济的、组织的以及行政的各项措施。党制定方针政策，政府的业务部门就是要在党委的领导下，提出和推行各项具体措施，来实现党的方针政策。

规划也要“抓两头，带动中间”。例如，有些县几年来是减产的，有的县还不如条件相同的或者条件更坏的县，对这种县就要深入了解，找出关键。

规划要积极又要充分可靠。冒进不等于积极，消极保守也不等于充分可靠。规划要实事求是，多快好省。规划要充分估计到群众的积极性和创造性，实现规划主要依靠群众力量（群众的人力、财力）。

制定规划的过程也是摸清情况、克服主观主义、官僚主义的过程，要有意识地通过制定规划来克服工作中的主观主义和官僚主义。

此外，规划中的几个技术问题，如按耕地面积计单产、复种的如何折算？特殊例外的地区如何扣除，如何计算？等等，也请大家讨论，这个会议要定出个计算方案。

（五）用整风的精神来开好这次会议。

大鸣大放，展开辩论——这是我党的群众路线的新发展，是社会主义民主的最好形式。指导农业生产，也必须采取这种形式。我们这次开会，也要用这种形式，用整风的精神来开。

希望大家检查1957年和第一个五年计划的执行情况，检查农业部对农业生产的领导。

在一九五七年全国农业工作会议上的总结

（1957年12月24日）

会议开得好。这次会议期间，朱副主席、周总理、李富春副总理、邓子恢副总理和谭震林同志先后讲了话，他们的讲话给会议指出了明确的方向和详尽的指示。

同志们说："各地的发言，无形中把各地工作排了队。""有些发言特别是某些专、县的发言对大家的启发和鼓舞很大。"我深有同感，深受感动，上了一课，这里有一个谁领导谁的问题。实际上是这些先进的专、县（包括到会和没有到会的）带头与大家一起前进。我们农业部和省厅要向他们学习，向他们学习也就是向群众学习。

这次会议的缺点是，因为时间关系，一些具体问题讨论得不够深透，对农业部工作的批评太少。

（一）1957年和第一个五年农业发展计划执行情况的总结

甲、我们党和人民政府领导五亿农民，在第一个五年计划时期内，在农业上取得了伟大的成就。

第一，在毛主席"关于农业合作化问题"的报告的指引下，从1955年下半年起，在一年多的时间内，经过社会主义革命的一个高潮，就基本上实现了农业合作化。据今年六月的统计，入社农户达到总农户的97%。第一个五年计划原定的任务（"建立对于农业社会主义改造的初步基础"），大大超额完成了，提前十年实现了对农业的社会主义改造的任务（从生产关系方面讲）。

去冬今春，农村中曾经一度波动，经过整社（毛主席“关于正确处理人民内部矛盾问题”的报告）和在农村中展开社会主义教育运动（毛主席“1957年夏季的形势”的报告）以及鸣放、辩论，农业合作社已经进一步巩固下来。

社会主义制度的合作经济，是我国第二个五年农业发展计划的基础。这同第一个五年计划开始时候（1953年）的条件是截然不同了。我们对于这一个极其有利的条件，一定要有充分的估计，并且必须按照八大决议所指出的，很好地去利用农业已经实现合作化这一个优越条件。对农业合作化制度的优越性估计不足，就不敢放手组织农业生产的跃进。

第二，1955年下半年开始的农业合作化的高潮和毛主席亲自主持起草的四十条纲要的公布，掀起了1955年冬季和1956年春季的农业生产高潮，使1956年的农业生产（特别是粮食生产），在严重的自然灾害条件下，仍然获得大的跃进。这就为1957年农业和副业的总产值和主要农作物（粮食、棉花）完成和超额完成第一个五年计划的指标，打下了有力的基础。

第三，1957年的农业和副业的总产值，预计为603亿元，超过了原定指标8亿元；粮食3 700亿斤，超过了原定指标68亿斤；棉花3 280万担，超过了原定指标10万担。

1957年，全国已经有65个县（市）粮食每亩年平均产量分别达到或者超过了四十条纲要所提出的400斤、500斤和800斤的指标，约占全国总县数的3%，这65个县（市）的耕地面积约占全国耕地总面积的2%。此外，据广东、四川、湖北、湖南、福建、安徽、河南、河北、山东、山西、陕西、辽宁、黑龙江等十三个省的不完全统计，粮食每亩平均产量分别达到400斤、500斤或者800斤的农业合作社，共有25 806个，约占这十三个省农业合作社总数（55万多个）的4.7%。

棉花平均亩产达到40斤皮棉的县（市）有128个，面积1 768万亩；达到60斤的县（市）45个，面积801.2万亩；达到80斤的县（市）6个，面积55.9万亩；达到100斤的县（市）5个，面积84.3万亩；加上其他县（市）中亩产皮棉100斤以上的棉田，则100斤以上的棉田面积为418.6万亩。以上共计3 043.7万亩，加上其他县（市）中亩产40斤、60斤或80斤皮棉以上的棉田，估计不下4 000万亩，约占1957年棉田面积的一半。

据河北、山西、辽宁、黑龙江、陕西、河南、安徽、江苏、四川、湖南、福建、广东等十二个省的调查，生产水平已经赶上或者超过农业合作化以前当地富裕中农水平的农业社，约占总社数的30%，生产和生活水平都赶上或者超过富裕中农水平的农业社，约占总社数的20%。

这65个县（市）、约近半数的棉田和20%～30%的农业合作社能够做到的事，其他的县（市）和合作社为什么不能做到呢？肯定是能够做到的。现在还没有做到的，应该在今后十年之内分批分期做到。现在条件还不具备的，应该积极地去创造条件，努力做到。不顾条件，盲目空喊，不对。不积极创造条件，消极等待，也不对。

第四，在第一个五年计划时期内，按内务、农业、水利三个部门商定的数字，五年遭受水旱灾害面积共为84 288万亩，平均每年16 842万亩。五年共因灾少收粮食1 052.2亿斤，平均每年210亿斤。因灾少收的棉花，单是1956年、1957年两年就有720万担，平均每年360万担。在这样严重的灾情下，五年累计生产粮食（包括大豆）18 159.5亿斤，平均每年3 631.9亿斤，比1952年的3 278.3亿斤增加353.6亿斤，增加10.7%；五年累计生产棉花13 692.7万担，平均每年2 738.5万担，比1952年的2 607.4万担增加131.1万担，增加5%。

烤烟1956年就超额完成了第一个五年计划的指示，1957年因灾减产，五年累计生产2 885.3万担，平均每年577.1万担，比1952年的443.2万担，增加133.9万担，增加30.2%。其余各种作物没有完成计划，但是，除油菜籽以外，产量也是增加的。花生五年累计生产28 062万担，平均每年5 612.4万担，比1952年的4 631.5万担增加980.9万担，增加21.2%。甘蔗五年累计生产85 949.6万担，平均每年17 189.9万担，比1952年的14 231.6万担，增加2 958.3万担，增加20.8%。甜菜五年累计生产13 037.6万担，平均每年2 607.5万担，比1952年的957.1万担增加1 650.4万担，增加172.4%。这些作物的增长比例都大大超过粮食和棉花。此外，蚕茧没有完成计划，茶叶则超额完成了第一个五年计划的指标。

大小家畜都没有完成计划，猪达到13 043.4万头，完成计划的94%，山羊完成计划的98%。

第五，积极推行了各项增产措施，扩大了农业的基本建设。

按四十条纲要所提出的各项增产措施来检查，五年来，扩大耕地面积7 756.5万亩，等于原计划开荒面积（3 868万亩）的2倍；增加灌溉面积20 746万亩，由1952年的31 738万亩增加到1957年的52 484万亩；大大增加了每亩的施肥量，施肥面积已占耕地的85%以上；复种指数由1952年的130.9%提高到139.5%，复种面积约扩大14 400多万亩；增种了高产作物，水稻比1952年增加5 703万亩，玉米增加3 495万亩，薯类增加2 702万亩，三项共增加11 900万亩；推广了各种作物的优良品种，粮食作物的良种面积，1952年只有7 984.7万亩，1957年已达105 605万亩，占粮食播种面积的58.4%，棉花良种面积1952年是4 180万亩，1957年已达8 157万亩，占棉花播种面积的94.5%；推广十三种新式农具468万件（排灌和运输工具不在内），拖拉机站已有352个，有拖拉机10 932.8个标准台，服务面积2 600多万亩耕地；五年累计供应防治植物病虫害的农药43万多吨，药剂防治的面积五年累计达15亿亩，创造了大面积彻底防治的示范区；耕作制度的改革、耕作技术的改进、水土保持、土壤改良以及新桑园和新茶园的培植等等，都有一定的成绩。这些措施，既有利于第一个五年计划的增加生产，有的还为第二个五年计划以及以后的扩大再生产增添了基本建设。

第六，建立了科学研究机构、技术机构和农业教育机构，开展了科学技术和培养干部工作。

成立了中国农业科学院，形成了从科学院、科学研究所、省试验站、专县示范繁殖农场到农业技术服务站的科学技术系统，几年来在农业科学技术方面也有不少的发明创造；技术服务站在推广先进技术、促进农业增产上也起了积极的作用。

高等农业学校有30所，中等农业技术学校有152所，还有省专两级开办的合作化干部学校152所，农业干部学校29所，在培养农业技术干部和农业合作社干部方面也收到了显著的效果。

第七，广大干部进一步摸清了农业的基本情况，积累了比较丰富的经验（包括成功的和走了弯路的），群众也有了更多的经验，在许多地方发现和培养出各个方面的和不同条件下的一批先进的典型，树立了大面积高额丰产的旗帜。这些点已经在逐步推广之中，并且为今后的进一步推广打下了基础，由点到面，点是可贵的，没有点就没有面。

所有这些成就的获得，都应该归功于：（1）广大农民在民主革命和社会主义革命胜利实现后所发扬起来的无比热情和积极性；（2）党中央、毛主席和各级党委的领导，国务院和各级人民政府的领导；（3）工业和其他财经部门的支援和配合；（4）农业系统广大干部和技术人员的努力钻研，并且逐渐学习了群众路线的工作方法；（5）苏联和各兄弟国家的专家和技术的援助。

乙、第一个五年农业发展计划的完成是不全面的。虽然农业和副业的总产值计划完成了，粮食和棉花的产量计划完成了，并且有些超过，但是，许多经济作物和大小家畜（共计约占农副业产值的六分之一）都没有完成计划，这不仅影响到整个国民经济的发展，也影响到农民的收入，不能适应农民和全体人民生活水平不断提高的需要。

第一，许多经济作物没有能够完成第一个五年计划的原因是多方面的，主要是：（1）首先从我们农业部门来检查，对这些作物抓得不够，播种面积计划没有切实排下去，技术措施不够有力；（2）有些作物原定的计划指标似乎过高，例如黄洋麻的单位产量要求在五年内提高近40%；（3）这些作物是商品性的，受市场的影响很大也很灵敏，1953年麻、丝和油菜籽的价格猛然下降，影响到这几种作物，从而一蹶不振；反过来看，棉田稳定，也由于棉粮比价一般合理；（4）这些作物的播种面积虽然不多，但是集中在少数地区，与粮食争地（如群众在桑田间种粮食，黄麻、甘蔗与粮食争田）；（5）农产品初步加工的过分集中，也影响到农民发展某些经济作物的积极性。

第二，大小家畜的第一个五年发展计划未能完成的原因，也是多方面的。（1）就牧区说，部分牧区牲畜的纯增率下降，甚至头数减少的原因主要是草原的基本建设（草原的水利建设和培育管理）没有能够赶上牲畜发展的需要，因而牲畜发展到一定程度，就感到水草不足，放牧不好，抗灾力弱，遇到风雪灾害，就大批死亡（内蒙的例子）；（2）就农业区说，耕畜减少，畜力不足，幼畜比例小，接不上气，产生这种情况的原因主要是：小农经济的规律在农业实现合作化以后已经失去作用，而我们的预见不足；在农业社内如何从饲养管理和使役制度方面来搞好牲畜的保护繁殖工作，由于缺乏经验，没有摸索出一系列成功的办法，加上对畜力在农业生产中的作用和重要性，重视不够，对畜牧业的工作抓得不紧；有些农业合作社又会一度片面强调经验核算，排斥老弱幼畜；因而一度出现老弱幼畜非正常死亡的严重现象；（3）自然灾害的影响；（4）部分农业区耕畜的草料不足；（5）兽疫防治工作做得不够；（6）耕畜禁宰禁运过于机械和过分地强调淘汰，耕畜地区间的调剂贩运工作有些停滞；（7）牲畜和畜产品的收购工作、价格政策和加工方面也还存在一些问题；（8）部分省原定的牲畜发展指标有些偏高。

丙、在第一个五年计划时期内，各个地方农业生产的发展是不平衡的。从粮食的产量看，以省为单位，完成和超额完成第一个五年计划指标的有四川、云南、贵州、湖北、江西、广东、河南、安徽、江苏、福建、甘肃、青海、新疆、辽宁、河北十五个省区和北京、天津两市。其中，增产数量较多的是，四川省 1957 年比 1952 年增加 130 亿斤，年平均速度 6.7%；广东比 1952 年增加 67 亿斤，速度 6.6%；安徽增加 64 亿斤，速度 6.1%；湖北增加 50 亿斤，速度 5.6%；河南增加 40 亿斤，速度为 3.5%；贵州增加 38 亿斤，速度 9%；甘肃增加 38 亿斤，速度 10.1%；云南增加 37 亿斤，速度 7.1%；江苏增加 34 亿斤，速度 3%；辽宁增加 26 亿斤，速度 4.3%；江西增加 25 亿斤，速度 4%；青海、新疆和北京市增长的数量不多，但是速度很快。内蒙、陕西和山东，1956 年已经提前完成第一个五年计划，今年因灾减产。湖南基本完成计划（99.9%）。黑龙江、吉林、山西、广西、浙江和上海市没有完成计划。其中，浙江省 1957 年的粮食产量比 1952 年增加 18.5 亿斤，黑龙江、吉林、广西、浙江和上海市低于 1952 年，吉林和黑龙江五年以来一直没有达到 1952 年的产量。再按县（市）为单位计算也有一些县（市）1957 年的粮食产量低于 1952 年。这些单位减产的原因是很复杂的，例如，连年遭灾、条件困难、1952 年的基数不实等等。但是，事在人为。浙江公布的平阳和黄岩两县的对比充分说明，有些县条件同别的县差不多，甚至更好些，但是生产不如别的县好，这就显然是工作努力不够了。要求这些地方，以县（市）为单位，由县（市）的党政领导亲自动手，农业部门各单位积极做好具体工作，依靠群众，定出规划，分析减产的原因，找出增产的关键性的措施，贯彻到底，必须在最短时期内把这个局面扭转过来。

丁、1956年冬季和1957年上半年的一股风，吹掉了“多快好省”，吹淡了“四、五、八”，有些地方有些具体工作松了劲，给1957年的农业生产带来了一定的损失。

第一，这一股小台风的由来：（1）富裕中农对于社会主义改造的抵触情绪；（2）农民习惯势力的影响；这两者在干部思想中的反映——右倾保守思想；（3）右派分子的兴风作浪；（4）但是，也必须看到，我们工作中的缺点，农业社经营管理方面的和生产技术措施方面的一些缺点，这些缺点的存在就给了可乘之隙。

第二，党中央和毛主席是一直鼓励我们的（二中全会、农业会议、两个指示、一月省市委书记会议、二月最高国务会议……）。我们农业系统还有不少干部在这股小台风面前，沉不住气，勇气不足。原因是：有的人本来也有右倾保守思想；有的人由于革命的朝气不足，意志衰退，畏首畏尾；有的人由于对情况不摸底，心中不是那样有数，当然就不能理直气壮，就表现出勇气不足，甚至动摇起来。于是有不少地方出现了松劲现象，有些已有成效本应继续推行的事，不推或者少推了；有些本来是对的事也改掉了。我们农业部也未能及早发现这种情况，或者看到了局部的情况，也没有坚决要求改变。这就给今年的农业生产带来一定的损失。

譬如，1957年的粮食产量问题，1957年粮食产量3 700亿斤，比1956年只增加50亿斤，如果按各省所报的最低数字计算，则比1956年只增加十几亿斤。按今年的年景，粮食征购的情况和一些县、区、乡和合作社瞒产的实例来看，估计实际产量要超过3 700亿斤。

但是，也有另一方面的因素，在那一股“小台风”的影响下，1957年的总播种面积比1956年减少4 080万亩，复种指数由142.2%下降到139.5%，减少2.7%；其中粮食作物的播种面积由1956年的186 440万亩减少到180 874万亩，减少5 565万亩，按1957年粮食每亩平均产量预计202斤计算，只此一项就少收粮食120亿斤，实际上，分粮食种类计算少收的数目还要大些。1957年比1956年，减少播种面积的都是高产作物，计水稻减少1 690.5万亩，亩产385.4斤，共少收稻谷60.5亿斤；玉米减少4 150.6万亩，亩产185.0斤，共少收76.8亿斤；薯类减少

754.5万亩，亩产折粮272.2斤，共少收20.5亿斤。另一方面，小麦增加383万亩，亩产114.4斤，共多收4.4亿斤；其他杂粮增加647万亩，亩产137.5斤，共多收8.9亿斤。以上五项增减相抵，共少收粮食144.5亿斤。这就是减少复种、减少双季稻、减少玉米和薯类等高产作物所带来的损失。如果不刮“小台风”，或者我们工作做得好，不受“风吹草动”，只把1956年很少数改得不适当的双季稻和玉米等改回去，而把大多数改对了的坚持下来，并且进一步在条件适当的地方发展双季稻，发展玉米、薯类等高产作物，那么1957年水稻、玉米和薯类的播种面积不仅不应该比1956年减少，并且应该增多，那就不仅可以避免少收144.5亿斤粮食的损失，并且可以更多地增产粮食。这一个最实际的严重教训，必须记取。

第三，在合作化开始的时候，出现这种反复，也难免。夸大1956年我们工作中的缺点，不好，但是不批评也不好。小台风是坏事，但是只要我们深刻记取了这个教训，这个坏事也就成了好事，不要抱怨。同时，正如邓小平同志所指出的经过1956年冬季的波折，农业工作也确实比较细致，比较踏实了，这也是好的一面。要知道，明年还可能出闲话，因为高潮一来，办了很多事，千千万万人动手动脚，万无一失不可能，还会出一些毛病（当然应该比1956年少些），那时候就会有正确的批评，也会出来闲话。我们应该一方面接受上述的教训，坚决与保守思想做斗争，另一方面，又继续发扬细致踏实和群众路线的作风，把工作做得更好。

事实上，在去冬今春的“小台风”面前，凡是坚持这样做的，都得到了生产的跃进发展（安徽的坚持三改，湖北省委对青森五号问题的态度，等等事例）。

（戊）执行第一个五年农业发展计划的基本经验。

第一，农业的增产潜力极大。向自然斗争，要认识自然、改造自然。认识自然，就要调查研究，弄清情况，找出自然的规律，而后就可以改造自然（天津低洼地的改造、满城低洼地的改造、平顺山地的改造，就是很好的例子）。不同地区，不同的办法。千篇一律不行，乱来也不行。

第二，向自然斗争，必须有革新的精神，墨守成规不行；要有顽强的意志，不向困难低头；还要有愚公移山的毅力（大山社就是很好的例子）。要处理好“万无一失”与“难免”的关系。鼓励试验。支持先进。

第三，必须不断地与保守思想做斗争。几年来证明如此。冒进要防，但是主要是反保守。合作化、四十条，不克服保守思想，就不能实现。农民的习惯势力，也是一种保守思想（松滋棉花减产的例子）。必须走群众路线。但不是做农民习惯势力的尾巴。

第四，必须努力学习领导集体经济的规律（新会龙榜社积肥的经验、新野棉花的经验就是例子）。这次会上谈得不多，农业行政部过去管得也不多，这种情况必须改变，要学。合作社的经济核算问题（种双季稻算账）。干部下放，组织力量到合作社、边生产边研究这种规律。

第五，要全面发展，不能顾此失彼（多种经营、经济作物）。计划是必要的，计划的指导性和合作性相结合，自上而下、自下而上相结合。

第六，克服发展不平衡。平衡是暂时的，不平衡是经常的。但是，又必须在不断克服不平衡中不断前进。先进帮助落后，落后的批评和自我批评（包括必要的干部调整）。

第七，光靠农业行政部门不行，农业生产是千千万万农民的行动，必须书记负责，全党动手（孝感的例子，新野的例子）。农业行政部门是个参谋机关，又是个作战单位。要反映情况，提出意见，供党领导机关决策。方针政策定下来了，政府业务部门就要采取一系列的措施组织实现（技术措施、经济措施、行政组织措施）。

（二）“苦战十年，实现四十条”，第二个五年农业发展计划是关键

甲、第二个五年农业发展计划的几项主要指标：

各省提出的1962年的生产指标是积极的。把各省所提数字加在一起，粮食：5 592亿斤～5 619亿斤；棉花6 254万～6 279万担；猪29 000万头。

我们认为各省所提的数字，经过省委和省人委讨论审核批准后，可以做为省的计划数字。国家计划，向国务院和计委建议如下的指标：

1962年，粮食产量5 000亿斤，第二个五年累计生产粮食21 000亿斤左右；

棉花产量4 800万担，第二个五年累计，生产棉花20 000万担左右；

猪 25 000 万头（有的省猪的增加计划太低）。大家畜 11 000 万头～12 000 万头。

这个数字是积极的，也是比较可靠的。它与各省的计划数字相差不太远，并且同“八大”建议的数字是基本一致的。

其他作物各项指标，必须在会后根据各省提出的意见，再做研究，而后报国务院和计委、经委。

乙、到 1962 年，不同地区的粮食每亩平均产量分别达到“四、五、八”和棉花分别达到四十、六十、八十、一百斤的县（市）数目，在第二个五年计划时期内逐年达到的县（市）数目，以及在第二个五年计划时期内赶上或者超过当地富裕中农水平的分批分期实现的规划，因为各省还在规划的过程中，还提不出具体的数字。

我们建议：现在已经有四五个或者十个左右县（市）提前实现“四、五、八”要求的省，像 1953 年主席对于发展农业合作社的要求一样，在第二个五年计划时期内，争取“翻两番”或者“翻三番”，其余的省，在第二个五年计划时期内，争取至少有 1/5 左右的县（市）提前实现“四、五、八”的要求。这样，到 1962 年，全国将有 1/3 左右的县（市）提前实现“四、五、八”，比现在已经实现的县（市）数大约增加十倍。这样在第三个五年计划内实现四十条才有保证（储粮备荒）。

贯彻执行同时积极发展棉花和其他各种经济作物的方针。发展畜牧业、副业、多种经营，对国家、农民都有好处，都很需要。但是优先发展粮食必须坚持。并且要有计划，不能按富裕农民的自发倾向办事。

丙、实现第二个五年农业发展计划和四十条的根据和有利条件。

第一，我国的农业已经成为社会主义的合作经济，合作化的制度将日益巩固，这与第一个五年计划不同（头三年农业是个体经济，后二年是实现农业合作化的初期），农民的积极性和合作社的优越性将得到更好的发挥。农业社公共积累的增加，有利于基本建设，扩大再生产。公共积累的实际状况，不单是实物和现金，还有用于基建的劳力，实际也是积累。主要依靠农民自己的力量实现四十条，是完全有根据的（国家当然尽力给予支援）。

第二，广大农民和各级干部的经验增加了，作风改善了，创造了典型，创立了旗帜，干部下放和毕业学生回乡生产，将使新的一代有文化的农民逐渐成长起来。这非常有利于先进经验和技术的推广（当然要注意防止下放干部的主观主义）。

第三，水利灌溉面积（实际效益面积），按 1956 年和 1957 两年的速度，1962 年将比 1957 年增加一倍，将达到十亿亩。第三个五年更多（要求水利部门制定基本消灭水旱灾害的标准，并且按照这个标准来规划，分批分期实现四十条纲要所提出的要求。渠道工程、提水工具、土地平整、灌溉管理）。

第四，化学肥料，1962 年的供应量预计（包括自制和进口的）将达 500 万吨～600 万吨，相当于 1957 年供应量的三倍以上，比 1952 年增加 400 万吨左右。加上 2.5 亿头猪、1 亿多头大家畜和人粪尿（其他农家肥料不算在内），按化肥折合计算，可以做到每亩地（按播种面积）平均施肥 20 斤（折合化肥）。并且消灭白水田和白地。第三个五年化肥将达到 1 500 万吨。

第五，在第二个五年内将增加 6.7 万台拖拉机（国产的）用于农业生产，新式畜力农具的推广，这将大大有利于地多人少劳力和畜力不足的地区进一步做到深耕细作和扩大耕地面积。插秧机、水利排灌机械、脱谷机等等的推广，将大大有利于提高复种和精耕细作（解决季节性的人力不足的困难）。在畜力上也可以赶上或者超过富裕中农的水平。

第六，在第二个五年内，良种将基本普及。保证社社有种子地，合作社所用的种子至少是本社留种田所选育的种子。

第七，低洼地和各种低产地的改造，梯田和梯地的兴修，水土保持工作的开展和山区生产的发展，都将显著提高农田的单位面积产量。

第八，旱改水、单改双、低产改高产。1956 年和 1957 年两年正反两面的经验都证明是确实有效的。今后继续改，有条件的积极推行，条件不足的积极创造条件。第二个五年内，发展水稻一亿亩。

第九，改进耕作技术，在已有经验的基础上，将比过去做得更好，成效更大，而力求避免损失。

第十，防治病虫害，在药械供应增加的条件下，和大面积彻底防治示范区的推动下，也将收到比过去更大的效果。在第二个五年计划时期内，将首先消灭蝗、螟、蚜、红蜘蛛、棉蛉虫、小麦线虫病、小麦吸浆虫等病虫害；畜牧方面集中消灭猪瘟。

第十一，扩大耕地面积，在第二个五年计划时期内，国营农场垦荒、移民垦荒和合作社小片开荒，共计不下一亿亩。

第十二，体制的改进，许多事权下放，经济工作的支援，各方面协作的改进，这将使生产中不时出现的许许多多的具体问题，能够比较更及时更适当地得到解决，这也将有利于促进农业生产的发展。

当然，这些条件并不是现在都已经完全具备了，有的还有待于我们和有关部门的同志大家共同积极努力。我们在估计有利条件的时候，应该根据积极创造条件的精神把它估计进去，并且真正努力去创造它。

丁、各级定出规划，按规划执行，坚持到底，苦战十年，实现四十条，并且力争提前实现。

制定规划要：①依靠群众，鸣放讨论，上下结合；②综合规划，不是各搞一套，搞集体主义，不是单干；③要积极又要充分可靠，积极是要战斗的精神和革命的意志，充分可靠是要认真从实际出发，两者也有结合；④做好调查研究，所以规划工作就是克服主观主义和官僚主义的过程；⑤根据八大决议的方针和四十条的要求制定规划；⑥党政领导人带头，组织各方面的力量制定规划。

对于已经实现四、五、八的，百斤皮棉的和已经赶上富裕中农水平的要提出更高的要求和新的口号。“过黄河、跨长江”，“亩产一千斤、两千斤”，“千、百、万斤”及其他类似的动员口号。要有这个志气。

戊、“十五年粮食单位产量赶上日本”的问题（各种粮食平均每公顷4.2吨）。

（三）进一步推进1958年的农业生产高潮

“十年看三年，三年抓头年。”四十条纲要的实现，第二个五年计划是关键，头三年最重要，1958年是第二个五年计划的开端，必须紧紧抓住，稍纵即逝。“发扬革命战斗的精神，坚持愚公移山的毅力，争取农业大跃进”。

甲、1958年的几项主要指标：

粮食3 920亿斤，棉花3 500万担，猪15 000万头，大家畜9 787.5万头。会议讨论中没有不同的意见。各省所提的数字，经省批准后，可以作为省1958年的计划。

乙、在1958年的农业生产高潮中，必须努力做到的几项增产措施（水利和水土保持另有规定）。

第一，首先抓积肥造肥。凡是人无厕所猪无圈的，一定要在春耕以前或其他农事间隙时间，把厕所盖起来，把猪圈修起来。“社社积肥，户户积肥，积肥经常化”。分等论价收购的政策（新会龙榜社的经验）。

第二，“社社选良种，社社建立留种田。”争取在第二个五年计划时期内把各地方各种作物的良种系统整理出来。专县农场要真正成为良种繁殖的基地。接管种子公司（原种繁殖场问题）。

第三，“改造低洼地”，“坡地改梯田”，“向低产田地进军”。省专县社逐级进行土地排队，抓住低产田地，找出改造办法，坚持到底。每一个比1952年减产的县，都要定出改造的规划，并且从1958年就认真开始改造（规划请报部）。

第四，按照四十条纲要的要求，分别不同的地区提高复种指数，1958年要超过1956年，扩大播种面积，增种高产作物，把1957年不该改掉的那一部分再改回来（当然改对了的那一部分不要又重复错误），并且在适宜的条件下力争新的发展。

第五，不误农时，避免一季拖，季季拖。

第六，“无虫要防，有虫就治，社社创造防治病虫的示范区”。省县也要创造大面积的彻底防虫的示范区，作为典型，逐步推广。除四害（鼠雀对农业的危害）。

第七，耕作制度的改革，耕作技术的改进和新农具的推广，都要根据当地条件积极进行。1957年有些地方，在这些方面停滞不前的现象必须克服。

第八，劳模会、展览会、增产技术总结，大面积丰产。

丙、进一步整顿巩固农业生产合作社是保证农业增产的一项重要工作。

第一，经过农村社会主义教育运动和最近召开的各级党代会和三级干部会，现在主要是以整改为中心内容，来整顿巩固农业生产合作社（对合作社内部问题和社干部情况的分析和公布账目问题）。

第二，改善合作社的经营管理，贯彻执行民主办社和勤俭办社。原则要按社章办事，但是形式和做法不必强求一律。比较好的形式和做法，应该积极提倡；但是，也只是既有经验下的比较好的办法，并不是完满无缺的，并且一定还要在实践中不断改进的。

第三，合作社的经营管理的制度和办法要与推行各项增产措施的要求相结合。

第四，多种经营，增加公共积累。

（四）努力学习群众路线

甲、指导农业生产不是单纯技术问题，必须走群众路线。

乙、鸣放辩论是社会主义民主的最好形式，是我们党群众路线的新创造，这种方式在指导农业生产中同样适用的，也必须运用，要学会运用。

丙、干部搞试验田，就是运用群众路线、参加生产来指导生产的一种好办法，应该普遍推行。

丁、走群众路线就可以真正做到因地制宜。因地制宜是说推广一种新事物的时候要因地制宜。研究历史并不等于墨守成规，因地制宜也不等于完全按当地的老一套办事。既要推广新事物，如果不走群众路线，就做不到因地制宜。

戊、只有走群众路线，才能真正克服保守思想，做到实事求是（引主席在“社会主义革命高潮序言”中的一段话）。

己、推行先进的新事物，并不能万无一失。走群众路线，由群众自觉推行的，失败了，群众也得到了教育，也容易纠正。

必须下决心学会走群众路线，来改进工作，改进对农业生产的领导，争取1958年的农业大跃进。苦战十年，实现第二个五年农业发展计划，实现四十条纲要。

（五）几个具体问题

甲、机械化问题。机器下乡，技术革命的开始，有伟大意义。必须做好（关于农业机械化和农业现代化）。

乙、发展畜牧业与耕畜问题（畜牧业会议刚开过，邓老有总结），这里着重讲耕畜，特别是幼畜少、抓紧配种和耕畜基地的问题。

丙、农林水各部门相互配合发展山区，搞好水土保持。

丁、副业生产，主要讲两点：

第一，现在就要搞好冬季副业生产，不要又像 1956 年一样，春耕开始后闹钱紧。副业的生产门路很多。

第二，农产品初步加工下放（要提高技术），这样做好处甚多：（1）扩大农业社的生产范围，增加农村的就业门径；（2）增加合作社和社员的收入；（3）加工后的副产品可以充分利用；（4）减少了农产品和加工后的成品和副产品的来回运输，大大减轻对运输的压力；（5）减少了国家一部分不必要的基建投资，以便集中使用于重点建设；（6）避免人口过分向城市集中，减少对城市供应的压力。

戊、农业事业费、技术服务站和中等技术学校。

己、农业部门农学科学研究机构和农业院校三者结合（为四十条、化肥研究、机构化研究、科学下乡上山）。

庚、郊区在五年中对于供应城市蔬菜、奶、肉和其他副食品是有成绩的。今后要贯彻既定方针，继续努力。郊区要与邻近地区合作（北京与通县专县合作，解决猪肉供应的经验）。

在农业合作化的基础上，鼓足革命的干劲，为提前实现全国农业发展纲要而奋斗*

——在中共中央直属机关俱乐部的报告

（1957年12月25日）

（一）农业合作化的伟大成就，进一步巩固农业生产合作社的几项主要工作

农业合作化的伟大成就可以总括为：提前完成了农业合作化，带来了农业生产的高潮，避免了可能引起的损失。

根据1957年6月的统计，全国1亿2 000万农户中，入社的农户达到96.8%，其中93%多一点是高级社，3%多一点是初级社。全国合作社有78万多个。现在又过了半年，1957年12月底的统计数字还不完全。大概合作社的数字会要增加一些，因为有些大社划小了；入社农户的数字可能更多些，因为有些单干户已入了社；初级社的比例可能更小些，因为有些初级社升级了。原来打算三个五年计划的时间完成合作化的；1955年冬季，合作化高潮到来，提出全国农业发展纲要草案的时候，估计在1958年完成，实际结果是1956年冬和1957年春就基本上完成了合作化的任务。按原来三个五年计划的估计是提前十年，按全国农业发展纲要草案的规定是提前一两年。

1955年下半年开始的普遍全国农村的社会主义革命的高潮，带来了1955年冬和1956年春农业生产的高潮。1956年经济战线上的跃进，为

---

* 本文原载《农村工作通讯》1958年第2期。

胜利完成和超额完成我国国民经济发展的第一个五年计划打下了基础。本来，高潮应该是一个跟着一个继续下去的，高潮再高潮，跃进再跃进。但是，1956 年下半年和 1957 年上半年，却刮起了一股“小台风”，多、快、好、省被吹掉了，四十条纲要也被吹掉了。在农业生产方面，有许多地方松了劲。到 1957 年下半年，在整风运动、反右派斗争和农村社会主义教育运动的基础上，又公布了全国农业发展纲要的修正草案，并且展开了全民讨论，于是又掀起了当前新的农业生产的高潮。

我国农业合作化运动，使 5 亿多人口在生产和生活方式上发生了根本的变革，比以往任何一次社会变革都广泛深入得多，这是有很伟大的意义的。过去农民是一家一户进行生产的，现在参加了合作社，主要的生产资料归集体所有，统一经营，集体劳动，劳动成果按各人劳动的数量和质量进行分配。这是 5 亿多农民从生产到生活的伟大变革。在这样一个伟大的变革当中，会不会引起什么损失，是值得注意的一个问题。所以，1953 年 12 月中央关于发展农业生产合作社的决议指出，要使农民“进到农业的完全社会主义的经济制度的时候不感到突然，而是事先有了精神的和物质的准备的，因而能够避免由于突然变化所可能引起的种种损失”。从 1953 年逐级试办农业生产合作社开始，中央和地方各级党政领导机关，随时随地都密切注意了这一问题，一有毛病就随时纠正。现在农业合作化已经完成了，我们可以回过头来看一看。在整个运动过程中，农业生产是年年发展的。1953 年和 1954 年的农副业总产值都比前一年有所增加。1955 年是空前的丰收。1956 年的受灾面积 2 亿 3 000 万亩，受灾人口 7 000 多万人，粮食产量（不包括大豆）仍较丰收的 1955 年增加了 150 亿斤。1957 年的受灾面积也在两亿亩以上，粮食增产不多，棉花增产较多，由 1956 年的 2 890 万担增加到 1957 年的 3 280 万担，增加了 390 万担，增长 13.5%。

中国农业人口这样多，从 1955 年下半年合作化高潮算起，经过一年半的时间，加入农业合作社的农户在总农户中所占的比例就从 14%提高到 96.8%，基本上完成了合作化的任务。在整个合作化的过程中，农业生产是年年发展的，并没有因为这个伟大变革而引起什么大的损失，这是具有伟大意义的事情。正如朱副主席在农业工作会议上所说的，这是特别值得高兴的事。

今后的任务是巩固农业生产合作社。全国农业发展纲要（修正草案）第一条就讲巩固农业合作化制度，“争取在第二个五年计划时间内，或者更多一点时间，把所有的农业生产合作社巩固起来。”并且指出为巩固农业合作社必须做好的六项工作：“（1）在合作社的领导成分中，保持原来的贫雇农和下中农（主要是现在的贫农和新中农中间的下中农）的优势，同时注意使上中农也有适当的代表。（2）贯彻执行民主办社的方针。合作社领导机关要按时公布财务收支，干部要同群众商量办事，参加生产劳动。（3）贯彻执行勤俭办社的方针。要同一切游手好闲的现象作斗争，反对铺张浪费。（4）根据合作社的经济情况和当地的自然情况，采取各种增产措施，逐步地增加农业基本建设，保证遵守和完成国家的计划，不断地扩大再生产，争取在第二个五年计划时期内，使大多数合作社赶上或者超过当地富裕中农的生产水平和收入水平。（5）合理地处理分配问题，兼顾国家、合作社、社员三方面的利益，在发展生产和正常年景的情况下，使合作社的公共积累和社员的收入逐年有所增加，争取在一九六二年前后，合作社集体经济的收入，加上社员家庭副业收入，按人口平均，赶上或者超过当地富裕中农的收入。（6）加强政治思想工作，不断地提高社员的社会主义觉悟，克服资本主义思想，克服不顾国家利益和合作社集体利益的本位主义思想和个人主义思想；每年应当结合农村干部的整风和合作社的整社，系统地总结本年度的工作，在全体农村人口中集中地进行一次社会主义教育。在多民族的地区，要特别注意民族间的团结和互助。”这六项工作都非常重要，必须做好这六项工作，才能使农业合作社在经济上、组织上和思想上完全巩固起来。现在就改善农业合作社的经营管理、增加农业合作社的公共积累和赶上或者超过富裕中农水平三个问题来谈一谈。

（1）改善经营管理，使农业合作社的生产年年增加，不断扩大，这是巩固合作社的首要的前提。如果不增产，合作社就不能巩固。实行农业合作化的目的，也就是为了发展生产。毛主席 1947 年在晋绥干部会议上的讲话中就曾经指出：“一切革命的终极目的就是为了发展生产。”

农业合作社必须实行多种经营。在作物的种植方面，不仅要努力增产粮食，也要按照因地种植的原则，积极发展当地适宜生长的种种经济作物。不仅要努力增加各种农作物的产量，也要积极发展畜牧业和当地有条件发展的林业、渔业和其他各种副业生产。

农业合作社的经营管理工作，应该不断改善，不断提高。合作社的生产计划、劳动组织、劳动定额、财务管理和“三包制”等等经营管理制度都应该同农业增产的技术措施结合起来。例如要保护牲畜，就不能使用过度。母畜、种公畜疲劳过度就不能配种、孕畜过度疲劳就会流产。所以，除了做好配种、保胎、防疫、治病等技术措施以外，在决定牲畜使用计划、劳动定额的时候，还要分别规定公畜、母畜以及母畜怀孕时如何照顾等。再如提倡精耕细作，包工包产时就应多包点工，消灭虫害也要加工。否则，这些增产技术措施就会落空。

（2）增加合作社的公共积累。农业合作社要不断地扩大再生产，就需要修水利（打井、挖塘、修渠等），进行土地加工，购置农具、牲口和农业机械等等，也就是要进行农业生产的基本建设。这些都要人、要钱。合作社和国营企业不同。国营企业是全民所有制，利润上缴，所以基本建设也由国家拨款兴办。农业合作社是集体所有制，收入除了按照规定交纳农业税以外，都归合作社分配，农业生产的基本建设不能完全依赖国家，小型的应该由合作社自己的人力和财力来兴办，中型也要靠合作社办，国家予以必要的支援。农业合作社是有人力的，事实上，合作社每年的劳动日总数中，有相当一部分就是用于如打井、挖渠、挖塘、改良土壤、平整土地、种树等等基本建设的，据部分材料统计，合作社花在基本建设上面的劳动日，约占劳动日总数的20%。这一部分劳动日不是用于当年生产的，而是用于今后生产上的，所以计算公共积累的时候应该把这一部分劳动所创造的价值计算上。除了人力以外，还有钱的问题。据河南的局部调查，约有28%的合作社，1957年公积金扣留的比例已经超过8%。全国各地都有一批合作社已经有若干储备粮。信用合作社的存款也大量增加，据人民银行统计，1953年全国农村信用合作社的存款是几千万元，1956年则达10亿元以上。又如甘肃敦煌县每户平均有1 500元收入，每人270元。可见，钱也有，增加公共积累是可能的。所以，最近全国人民代表大会常务委员会通过决定，农业合作社公积金的比例可能超过8%，经营经济作物的合作社可能超过12%。1956年春曾经提出合作社分配的时候要实行少扣多分，就是少留些公积金，多分一些给社员。在合作化的第一年，为了使社员入社后就能够增加收入，这样做是适当的。但是，如果继续这样下去，就会影响农业合作社的公共积累，也就会影响生产性的基本建设，影响扩大再生产。

（3）赶上或者超过富裕中农水平。富裕中农的条件是：土地较多、较好，有水利设施，肥料足，畜力够，农具齐全，耕作及时，还有些富裕中农的耕作技术比较高。在这种条件下，他们经营的土地，单位面积产量较当地贫农为高，一般要高出30%左右。全国农业发展纲要（修正草案）提出，在第二个五年计划期内，要使大多数农业合作社的生产水平和收入水平赶上或超过当地富裕中农。这是完全可以做到的。在集体经营的条件下，质量差的土地也可以采取多施肥、修水利等办法，把它变成好地。例如，山东莒南大山社，合作化后挖掉石头，把沟填平，就把坏地改成好地；寿张县采取土地深翻的办法，把沙地改造成好地；天津附近把洼地改成了稻田。黄骅县沙井子村农业合作社有700多户人家，1957年就打了958万斤稻子，平均每家有一万多斤。按照全国农业发展纲要（修正草案）的规定，到1962年，每户要养猪一头半至二头，过去富裕中农也不过一家有两头猪，所以肥料也可赶上。农具方面，大农具已经入社，统一使用，农具的利用率大大提高了，合作社还新添置了一批新式农具和若干农业机械，这是过去的富裕中农所望尘莫及的。畜力方面，按照今后的计划，大牲畜每年可纯增6%左右，五年就可以增加1/3，五年内在牲畜方面就可以赶上富裕中农的水平。至于耕作及时，那是劳动力安排的问题，合作社人手多，完全可以做到。技术，是可以学习的，合作社集体生产，技术交流和相互学习的条件更好，还有国家的科学技术试验研究机构的支援。所以从这些条件来看，在第二个五年计划期内赶上富裕中农水平是肯定可以做到的。事实上，据30多万个合作社的统计，已经有25%的合作社赶上或者超过富裕中农的水平。至于过去的富裕中农经营的副业，合作社就不能样样都搞，农业合作社经营副业也应该是有计划的，必须注意到原料来源和产品销路的问题，有原料和销路的应当发展，没有的就不能发展。粉坊、豆腐坊、油坊等，是过去富裕中农的主要副业，这些副业所用的原料都是统购统销的物资，农业合作社只能在国家统一安排下经营这些副业，不能任意发展。过去的富裕中农还有雇工剥削，搞投机买卖，合作社当然不能这样干。提出赶上富裕中农水平这个口号的好处是，农民心中有数，目标具体，因此动员的力量很大。同时，各地富裕中农水平不一样，这个口号又可做到因地制宜。实现了这个口号，农业社就更加巩固了。

（二）第一个五年农业发展计划执行的结果和所取得的经验教训

第一个五年计划终结了，五年来的农业生产概括地说来就是，农业副业总产值和主要农作物（粮食、棉花）完成了第一个五年计划，并且稍有超过，但是，计划完成得不全面、不平衡，农业生产发展的速度，还赶不上国家建设和人民生活水平不断提高的需要。

1957 年是胜利完成第一个五年农业发展计划的一年。自从秋季以来，全国农村经过了两条道路的大辩论，加强了社会主义教育，批判了资本主义的自发倾向，坚定了广大农民走社会主义道路的决心，也改进了合作社的经营管理，执行了民主办社的方针，改善了合作社内部的干群关系，进一步地巩固了农业合作社。思想战线上和政治战线上的这一伟大胜利，也促进了经济战线上的胜利。根据预计，1957 年比 1956 年：粮食增加 50 亿斤，棉花增加 390 万担，黄、洋麻增加 100 万担，甘蔗增加 3 092万担，甜菜增加 390 万担，猪增加约 3 000 万头，农副业总产值增加约 20 亿元。全国已经有 65 个县（市）的粮食亩产量，按照全国农业发展纲要所划分的不同地区，分别达到 400 斤、500 斤和 800 斤；亩产达到皮棉 100 斤的县（市）有五个，80 斤的有六个，60 斤的有 45 个，共计 56 个县（市）。此外，据部分省区的统计，粮食亩产达到全国农业发展纲要所要求的指标的农业合作社有 25 000 多个，占统计的合作社数的百分之四强。当前在全国农村中所掀起的新的生产高潮，比 1955 年冬和 1956 年春的高潮规模更大，也更加扎实、更加深入。参加水利建设的劳动力，每天有 8 000 万人，已经增加了约一亿亩的灌溉面积。积肥的数量和质量也多于 1955 年和 1956 年春，并且结合以除四害为中心的爱国卫生运动，更多地修盖了厕所和猪圈、牛栅，增添了积肥的基本建设。“万斤肥”、“五千斤肥”已经成许多地方的群众性的行动口号。当前的水利积肥的高潮，就为 1958 年的农业跃进准备良好的基础和有利的条件。

第一个五年计划期间，每年都有一些地方受灾。据内务部、水利部、农业部共同核定的数字，五年中遭受水旱灾害的面积，1953 年为 8 000 万至 9 000 万亩，1954 年为 1 亿 6 000 万亩，1955 年为 1 亿 1 000 万亩，1956 年为 2 亿 3 000 万亩，1957 年为 2 亿 2 000 万亩。五年合计为 8 亿多亩，平均每年 1 亿 6 000 万亩。五年中因灾损失的粮食估计为 1 050 亿斤，1956 年、1957 年两年因灾损失的棉花估计为 720 万担（1956 年损失得多些），平均每年损失粮食 210 亿斤，棉花 360 万担。在这样严重的灾情下，粮食和棉花还是年年增产的，完成了第一个五年计划原定的指标，并且稍有超过。

在经济作物方面，除了棉花和茶叶完成了第一个五年计划以外，烤烟 1956 年已经超过了第一个五年计划原定的 1957 年的指标，而 1957 年因灾减产了。其他经济作物都有发展，增产的幅度，多数比粮食和棉花的增长幅度大，但是，都没有完成计划。没有完成计划的原因是：

第一，首先从农业部门检查，对这些农作物抓得不够。这些作物的播种面积并没有真正地安排到合作社中去。技术措施的推行也不够有力。这些经济作物的单位面积产量每年变动很大，这一年高了，那一年又低了。

第二，原来的计划中有的指标偏高，例如麻的单位面积产量，在当时的个体经济条件下，要求五年增长 40%，看来高了一点。

第三，经济作物不同于粮食，粮食主要是农民自己吃的。经济作物主要是商品，受市场和价格的影响很大。例如麻、丝和油菜仔等，1953 年一度压价，这些作物就一蹶不振。反过来看，棉花因为实行棉粮比价，每年价格固定，播种面积总是上升。1956 年河北遭灾，需要多种冬麦，做了很多说服工作，才把棉田面积压下来。又如蚕丝，广东在 1954 年冬提了价以后，发展得就比较好。

第四，这些作物的播种面积数量不多，但是比较集中，在集中地区如果安排得不好就发生了同粮食争地的问题。例如，在桑树地里间种粮食，就影响桑叶产量，影响蚕丝的产量。我们提出蚕丝上山来解决这个问题。这还需要做很多工作，山上新培植的桑树也还要几年才能长成。

第五，农产品初步加工过分集中，也影响农民种植经济作物的积极性。农民种油料作物除了卖油，还想得到花生饼、豆饼用来肥田，现在在城镇集中加工，把饼运回农村出卖，加上了运输费价钱就贵了，农民对发展油料作物的积极性就不很高。

以上说的是计划完成得不全面的一个方面。

不全面也表现在牲畜方面。1957 年，大家畜、小家畜的数量比 1952 年都有增加，牛、马、驴、骡等大家畜增加八百万头，羊增加 3 600 万头，猪增加 4 000 万头以上，但是都没有完成计划。猪的产量增长得最多，1957 年达到了 1 亿 3 000 万头，超过了 1957 年的年度计划，但是没有完成第一个五年计划原定的指标。畜牧业没有完成计划的原因，就牧区来讲，主要是牲口年年发展，而水利建设、草原建设没有跟上，结果水、草好的地方牲口集中，放牧时喂不好，抵抗力弱，风雪灾害一来，大批死亡。部分地区牲畜纯增殖率有些下降。1957 年内蒙遭受灾害，牲畜头数比 1956 年少了 190 万头。农区没有完成计划的原因，主要是农业实现了合作化，经济规律发生了变化，我们对于这个变化预见不够，或者看到了一时也找不到妥善的办法，农业合作社对于牲畜的饲养管理、役使制度和奖励繁殖的制度一时还缺乏经验，定出了一些办法并不完全解决问题。办法也要在实践经验中产生，并在实践中不断补充，求得完善的。土地改革以后，每户有十亩八亩地，家家要一个牲口，大、小、老、弱都要，因为十来亩地有一个弱牲口也就够用了。因此，从解放到土地改革完成的这两三年中，牲口发展得很快。合作化一来，有的农民想把牲口卖掉换成钱。1956 年初国务院规定，合作社要把所有的牲畜都包下来，不准农民随便出卖、宰杀，这个规定收到了效果。除了东北、华北部分省分，大牲畜的头数有些减少以外，没有造成大的损失。但是包下来以后，如何饲养、管理、繁殖、保胎等等，合作社还缺少一套经验。还有的合作社在算养牲口账的时候有些片面。过去个体农民喂养牲口，草不算钱，小孩老头照看也不算劳动日，农业合作社这些都要算，一算下来，一年得几十元，小牲口养三年才使用得上，就得花百把块钱。有的合作社就想，这样还不如花百把块钱买一头大牲口来得合算，因此，不愿意养小牲口。这样，有一个时期耕畜的繁殖率不高。此外，自然灾害的影响，防治兽疫工作和耕畜的地区调剂工作做得不够，也是大牲畜发展不快和部分农业区耕畜头数减少的原因。

其次，农业生产的发展也是不平衡的。以粮食生产为例，一方面，如前所述，1957 年已经有 65 个县（市）的粮食每亩平均产量分别达到了

400斤、500斤、800斤的指标。还有四个县1956年就达到了，1957年因为受灾，低了一点，如果把这四个县也算上，就有69个县（市）。它们提前十年实现了全国农业发展纲要。完成或者超额完成第一个五年计划的有15个省，占全国24个省当中的3/5以上。另外，陕西、山东和内蒙在1956年就完成了第一个五年计划的指标，1957年，因灾下降了。如果把这三省算上，就有18个省，占24个省的3/4。三个市当中，北京、天津也超额完成了第一个五年计划。其中，以四川省超过得最多，1957年四川省的粮食产量比1952年增加了130亿斤。另一方面，还有些县和个别的省，1957年的粮食产量不如1952年，其中有一部分是几年来粮食产量一直不高，有一部分是由于1957年遭受灾害。

农业生产计划完成得不平衡，同工作做得好不好有很大的关系。以浙江省的黄岩县同平阳县来对比，讲生产条件黄岩不如平阳，讲增产则黄岩多于平阳。这就是因为前者工作做得好，后者工作做得不好。最近召开的农业工作会议上，还反映了不少这样的例子。总之，事在人为，工作落后了的地方应该积极努力赶上去。

在第二个五年计划期间，必须在优先发展重工业的基础上，发展工业和发展农业同时并举，要比过去更多地注意发展农业生产，促进农业生产大跃进，以适应国家建设和人民生活水平不断提高的需要。必须在继续优先发展粮食生产的同时，比过去更多地注重发展经济作物，特别是油料、糖料、丝麻等纺织原料和烟叶、橡胶等等作物的生产。必须发展农业的多种经济，发展畜牧业、林业、渔业和其他副业生产。在畜牧业方面，在积极发展养猪的同时，要特别注意保护和繁殖农业区的耕畜。在第二个五年计划时期内，还必须先进更先进，落后的赶上去，克服农业生产发展的不平衡状态。为什么要优先发展粮食生产？因为六亿人口的第一件事就是要吃饭。我国的工业越发展、商品粮食的需要量也就越大。同时，各种经济作物的发展也同粮食生产有关，种植经济作物的农民也需要粮食。畜牧业的发展同粮食也有关系，粮食多了，牲畜就发展得快。粮食紧了，牲畜的发展就会受到影响。所以说，粮食是农业经济的基础，必须优先发展粮食生产。

为什么在优先发展粮食生产的同时，也要积极发展经济作物？这是整个国民经济发展的需要，是人民生活水平不断提高的需要。如果棉花增产不多不快，纺织工业就不能大发展；花生增产不多不快，榨油工业也就不能大发展。甘蔗、甜菜同制糖工业的关系，烟叶同卷烟工业的关系，蚕丝同丝绸工业的关系，也莫不如此。轻工业的原料有80%来自农业，没有农业的发展，工业特别是轻工业的发展就要受影响，整个国民经济的发展也就要受影响，人民生活水平也不能提高。工资增加了，如果物资供应不上，生活水平还是不能提高的。人们吃的东西来自农业。穿的东西，原料也主要来自农业，虽然人造纤维也是纺织原料，但是目前我国人造纤维的产量还不多，棉花、丝、麻、羊毛等纺织原料都靠农业供应。同时，纱布、烟、糖等是我国社会主义建设资金积累的重要来源之一。油料、丝绸是换取外汇支援工业化的重要的出口物资。由此可见，这种经济作物发展的多少和快慢，直接影响着国民经济建设的速度，也影响着人民生活水平的提高的程度和速度。因此，在优先发展粮食生产的同时，必须积极发展各种经济作物，发展畜牧业、林业、渔业和其他各种副业生产。至于粮食和其他作物的比例应该怎样安排才适当？第一个五年计划时期内的实际情况是，粮食播种面积历年都占百分之七十五到八十之间，这个比例是否合适，还可研究。各地比例也不一定相同，要看各地农作物发展的条件。总之，要同时照顾到国家的需要和农民及合作社的需要。

说到第一个五年计划的时候，特别要说一下1956年和1957年两年。合作化以后，这两年一反一复，有很多经验教训值得吸取。1955年冬和1956年春，全国掀起了农业生产的大高潮，大家劲头很足。1956年冬和1957年上半年，许多地方（如湖北）继续保持着生产高潮的劲头，他们的生产搞得很好，出了百斤皮棉县，出了粮食产量超过800斤的县。但是，另一些地方却受到挫折，泄了气，松了劲，高潮没有继续下去，带来了损失。1957年水利灌溉面积的扩大不如1956年，积肥数量不如1956年，复种指数比1956年降低了，播种面积比1956年减少了。结果，以粮食为例，1957年由于复种指数降低，粮食的播种面积比1956年少了5 500多万亩，按1957年平均每亩粮食产量202斤计算，就少收粮食120亿斤。进一步按不同的粮食作物分开来看，1957年麦子、小米、高粱的播种面积增加了一点，水稻1957年比1956年少种了1 690万亩，按每亩产量385斤计算，要少收60亿5 000万斤；玉米少种了4 150万亩，按每亩产量 185 斤计算，要少收 76 亿 8 000 万斤；薯类少种了 750 多万亩，按每亩折合粮食 272 斤计算，要少收 20 亿 5 000 万斤。三者合计，要少收 160 亿斤。如果没有这种情况，1957 年的粮食产量还会比 1956 年增加得更多。

1956 年改种这些高产作物，有的地方有百分之几出了毛病。1957 年把那些改得不好的改过来是应该的，但是不应该把一些改得并不坏的又压缩了，另外还有许多够条件的能够继续发展的没有发展。这就是由于一股“小台风”，而使有些地方松了劲所引起的损失。

“小台风”是富裕农民对社会主义抵触情绪的反映，是农民习惯势力和保守思想的反映，还要加上右派分子的兴风作浪。在风浪面前，泄气松劲是不对的，这也表现了革命的朝气不足，勇气不够。尤其是党中央和毛主席一再鼓励打气，而仍然出现松劲，则更是不应该的。这个教训必须很好吸取。今后工作中还会有缺点，有缺点就应该接受批评，积极改正。由于对情况不摸底，对于工作中的缺点也难免有不恰当的批评，不应该因而松劲泄气，凡是对的，必须坚持，勇敢前进。邓小平同志在“关于整风运动的报告”中说：“一九五六年生产高潮的巨大成绩应该肯定，这些成绩超过解放后的任何一年，有的项目甚至超过几年成绩的总和。当然也有缺点，应该好好总结经验，但是决不应该因为有些缺点而对伟大成绩估计不足。一九五七年的农业生产，好的一面是工作踏实一些，但是有些地方有劲头不足的现象，必须注意纠正。”1956 年和 1957 年两年比较起来，权衡得失，我们要 1956 年的跃进，而不要 1957 年有些地方的松劲。要保持 1957 年的细致踏实，恢复并且超过 1956 年的干劲，争取 1958 年农业生产更大的跃进。

第一个五年农业发展计划执行的结果，得到了以下几条基本经验：

1. 农业增产潜力很大。达到 400 斤、500 斤、800 斤以后，还可以向 1 000 斤、2 000 斤努力。四川郫县已经达到 1 000 斤，现在正在继续努力，争取 1967 年达到 1 500 斤甚至 2 000 斤。我们要有志气，要争取把我国农田的单位面积产量提到世界上最高的地步。农业增产的潜力是很大的。过去搞土改、合作化，是搞社会改革，解放生产力。这个任务完成了，现在是向自然作斗争，就要认识自然。认识了自然，才能利用自然，改造自然。

2. 向自然作斗争，也必须有革命的精神，不能墨守成规。如果照老样子办事，产量就达不到400斤、500斤、800斤。向自然斗争，还要有顽强的意志，不向困难低头。做事情总是会要遇到困难的，要有愚公移山的毅力。像大山社那样，那真是愚公移山。搞技术革命，试验和推广先进技术，万无一失是不可能的，缺点是难免的。我们要做鼓励试验、支持先进的促进派，而不要做评头论足、过分责难的促退派。试验总是要经过失败而后得到成功的，科学上的发明也是这样，在它成功之前不知道经过了多少次失败。所以不要怕失败而不去试验。但是，在试验的阶段，则不能大面积推广，以免损失大。

3. 要不断地向保守思想做斗争。社会主义革命是改变人们的生产方式和生活方式的大事情，一定会遇到保守思想的抵抗。事实证明，我们是在不断地反对右倾保守思想中实现农业合作化的。技术革命，向自然斗争，也是一样。全国农业发展纲要四十条，不反对右倾保守思想，也就不能实现。要在全国普遍实现400斤、500斤、800斤的粮食增产指标，那很不简单，不反对保守思想是不行的。农民的习惯势力也是一种保守思想，也要反对。当然，发展生产应当走群众路线。但是走群众路线不等于做群众的尾巴，不是跟着群众的落后，向保守的方面走，而是采取群众路线的方法，发动群众，引导群众前进，引导群众革命。有这样一个例子：湖北松滋县1956年试种粳稻出了毛病，干部总结经验教训的时候，不是改正缺点，继续领导群众前进，而是束手束脚了。1957年许多做对了的增产措施也不敢提倡了。结果这一年附近各县棉花都增产了，松滋县的棉花却每亩少收九斤，全县35万亩，一共少收了315万斤，比1956年搞粳稻的损失大得多。但是许多农民却习惯地认为这是年景不好。这就反映了农民安于现状的保守思想。

4. 必须努力学习领导集体经济的规律。领导集体经济有一套规律，我们要好好地去学，努力学会它。下放到农村去的干部除了劳动锻炼以外，还应当研究一下集体经济到底有些什么规律。农业已经实现了合作化，如果还是按照过去对待小农经济的一些想法去对待问题、分析问题和处理问题，用老眼光来对待新事物，那么势必要阻碍农业生产在合作化基础上的跃进，势必会成为促退派。

5. 农业生产要全面发展，不能顾此失彼。粮食不发展不行，经济作物不发展也不行，畜牧业、林业、渔业和各种副业生产不发展也不行。还要克服年度之间、地区之间的不平衡。平衡是暂时的，不平衡是经常的，我们要在不断地克服不平衡当中不断地前进。事物的发展规律就是这样的。先进的要更先进，也要帮助落后的，落后的也要开展批评和自我批评，努力赶上先进的。

6. 发展农业生产，不能光靠农业部门，发展农业生产是全民的事业，全党的事业，必须各级党政负责同志亲自动手。业务部门要做好具体工作，提出意见，想出办法，搞好技术措施、经济措施、行政组织措施。工业、商业、交通等等部门，也要密切配合，尽力支援农业生产。湖北省在这方面创造了很好的经验。有些县几个县委书记在集体领导下，分工负责，各管一项，分片包干，并亲自搞试验田，都搞出了一套，通过试验田，来示范和推广新技术，指导农业合作社的生产，使农业生产获得了大的跃进。

（三）十年看三年，三年看头年，提前实现全国农业发展纲要

第二个五年计划是实现全国农业发展纲要四十条的关键，1958 年又是第二个五年计划的开端。从 1958 年开始，要狠狠地干一番。在最近召开的农业工作会议上，大家表现得决心很大，甘肃的干部甚至说："少活十年，决心争取农业生产的大跃进。"这是一个决心的表示。实际上把农业工作搞好了，由缺粮省变成了余粮省，别的工作跟着也就好办了，心情也会舒畅得多，其结果不是少活十年，而将是多活十年。

全国农业发展纲要四十条的中心是什么？关键是什么？中心关键就是第二条，就是 400 斤、500 斤、800 斤的粮食亩产指标和 60 斤、80 斤、100 斤的棉花亩产指标，还有发展畜牧、林业、水产等等增产指标，中心和基础是粮食生产。全国农业发展纲要第一条巩固农业合作化制度，如果农业合作社不增产，就不能巩固；第四条推广先进经验、第五条兴修水利、第六条增加肥料、……一直下去十几条，都是增产措施，都是为了粮食达到 400 斤、500 斤、800 斤的增产指标，为了棉花达到 60 斤、80 斤、100 斤的增产指标，而必须采取的各项增产措施；又如第三十四条的

发展交通运输、第三十五条的调整农村商业网、第三十六条的发展农村信贷合作事业等等，都是为了增产而提出的经济措施；至于发挥复员军人和青年的积极性、保护妇女儿童、城市工人和合作社农民相互支援等等几条，是政治性政策性的措施，目的还是为了增产；还有改善居住条件、扫盲等好几条，则是增产的结果，不增产没有钱，这类事情想干也办不到。关于物质文化生活的这几条是建立在增产的基础上的。所以说，整个四十条的中心和基础是增加农、林、渔、牧、副各项生产，是实现“四、五、八”。

要在全国范围内实现“四、五、八”，而不是像合作化以前那样某个劳动模范有几亩高额的丰产田。这是一件大事。能不能实现呢？有什么根据实现呢？根据有以下三个方面。

首先，我国的农业已经实现了社会主义合作化，这是同第一个五年计划期间不同的。第一个五年计划期间农业增产不算很快，而今天我们可以在农业上大跃进，实现了合作化是一个首要的条件。第一个五年计划的头三年，农业还是个体经济，后两年虽然农业已经变成了集体经济，但只是刚刚开始，而且还遇到一股“小台风”，在 1957 年受到了一点波折。第二个五年计划一开始的时候，就是社会主义的合作经济，合作社集体经济的优越性和合作化所发扬起来的农民的积极性，在第二个五年计划期间一定会得到更好的发挥。现在已经有无数的实例证明，农业合作社确实能够人尽其才，地尽其利，农业合作社抵抗水、旱、病、虫等自然灾害的能力确实是个体农民根本不能比拟的，农业合作社投资扩大再生产的能力也是个体农民根本不能比拟的。合作社经济越发展，公共积累就会更多地增加，这不仅表现在增加了多少公积金，而且表现在有无数的劳动力投入于生产性的基本建设（前面已经说到过，合作社每年的劳动日总数中，有 20%左右是用于基本建设的，这部分劳动日也应当计算在公共积累里面）。这是个体小农经济不可能设想的。我们深信，合作化的优越性今后将更大地发挥起来。这就是农业增产的第一个重要条件。

第二，从农民到各级干部，都有了一定的经验，工作作风也有改进。对于领导农业生产和推行各项增产措施，全国各地创造了许多典型。例如，湖北省红安、麻城县领导农业生产的经验，领导干部亲自搞试验田的经验。又如改造低洼地的问题，老早就提出了，但是没有成功的榜样，现在天津和满城创造了典型经验，组织大家去参观学习，就更便于推广。此外，像山东大山社、山西大泉山、河南莽河治理、山东寿张县土地深翻、广东改良红壤土、安徽三改以及万斤薯、万斤蔗、万猪乡等等典型，从南到北、从东到西，山地、平原、洼地到处都有一套一套的经验。提前实现“四、五、八”的六十五个先进的县（市）都是典型。这就好办了，只要我们加紧工作，使群众掌握起这些经验，就可以发挥出想象不到的巨大的物质力量。当然，也不能把经验生搬硬套，而要因地制宜。

第三，农业基本建设和支援农业生产的物质力量，第二个五年将比第一个五年有巨大的增加。

兴修水利和增施肥料是农业增产的重要措施。我国水利灌溉面积在1952年是2亿多亩，1957年已经增加到5亿亩，第二个五年增加到10亿亩是完全可以做到的。当然渠道工程、平整土地等工作都要跟上去，而后才能收到灌溉的效益。猪和各种家畜家禽的发展，人畜粪肥也将有很大的增加。同时，化学肥料1957年生产和加进口的共一百几十万吨，第二个五年计划要达到年度500万吨到700万吨。第三个五年计划要达到1 500万吨。这对于农业增产将有巨大的作用。有水有肥，又有劳动力，复种指数将有很大提高，高产作物也要大量增加，全国农业发展纲要提出要增加水稻种植面积2亿5 000万亩，现在看来，完全可能提前实现和超额完成。

在农业机械方面，拖拉机工厂正在加紧基建施工，不久就可以有国产的拖拉机。水稻插秧机已经基本试制成功，并且获得了外国朋友的称誉。此外，排灌、耕作、运输、动力、脱谷、加工等等机械，将纷纷下乡。机器下乡是一个具有伟大的经济意义和伟大的政治意义的事。过去只有工人用机器生产，农民是用手用牲畜生产的，到农民也用机器生产的时候，大变化就发生了，这就是逐步消灭城乡差别和工农差别的开始。机器下乡以后，文化也得跟着下去。机器下乡这个条件也使得农民更有可能腾出人手来，扩大复种，精耕细作，提高产量。农业是要赶季节的，所以当农忙的时候，劳动很紧张，例如车水灌溉就是一件很费力的事，机器下乡以后就可以得到解决，就可以更有条件精耕细作了，也就可以提高复种指数，就可以大大增产。还有耕作制度的改革，旱地改水田，单季改双季，低产改高产，只要有条件就干，没有条件就积极创造条件。虽然农业生产要受自然条件的一定的限制，我们现在还不可能完全征服自然，但是，要坚决向自然做斗争。水不够的搞水利，肥料不够的多养猪，人力不够的错开季节，妥善安排，并且逐步地使用机器。总之，什么条件不够，就积极地创造，不能坐着等待，消极等待是错误的。

在第一个五年计划期间，良种推广方面，如粮食已达总播种面积的58%，棉花达到95%。在第二个五年计划中，良种更要普及，而且还要进一步培育出新的更好的良种。

防治病虫害也是一样，在合作社之后，就出现了几十万亩连片的大面积的彻底防治病虫害的典型，至于一个社彻底防治了病虫害的例子就更多了。这都是在个体经济时办不到的事。防治病虫害的工作做得好，当然也就使农作物增产。

第二个五年计划期间，国营农场开荒和移民开荒共8 000万亩，另外加上农业合作社整理土地和小面积开荒，总计可以增加耕地面积1亿亩左右。

体制下放、权力下放，肯定地对农业生产有很大的好处，因为农业生产是分散的，许多具体问题在下面就地解决，可以更及时、更切合当地情况。所以，体制下放也是推动农业生产发展的一个有利条件。

现在，已经有65个县（市）提前实现或者超过了全国农业发展纲要所规定的粮食增产400斤、500斤、800斤的指标，还有五个县（市）提前实现亩产百斤皮棉的指标了，为什么这些地方可以实现，而别的地方做不到呢？应该说也是可以做到的。各省、市、县、区、乡、社都正在制定分批分期实现全国农业发展纲要的规划。我们相信，全国农业发展纲要提出的各项增产指标，不仅会有很多地方提前实现，而且一定会有很多地方超额实现。一定要鼓足革命的干劲，十年看三年，三年看头年，争取农业生产的大跃进。为提前和超额实现全国农业发展纲要而努力奋斗！

在全国拖拉机站站长会议上的报告

（1958 年 2 月 1 日）

关于拖拉机站工作，只讲几个问题。

一、建设现代化的社会主义的农业。党给我们提出一个任务，就是要把我们的国家，建设成具有现代工业、现代农业、现代科学文化的社会主义国家。我国的农业，从生产关系来说，已经是社会主义的了，全国 97％的农户已经合作化。但主要还是靠用人力、畜力进行生产。目前，拖拉机站只有拖拉机 1.2 万多标准台，服务面积 2 600 多万亩，全国 16 亿多亩耕地，拖拉机站的机耕面积只占全国耕地面积的 1.6％左右，如果加上国营农场的机耕面积，也只占全国耕地面积的 3％左右，其余 97％的耕地，都是靠人、畜力耕作。要搞现代化的农业，这种情况必须改变。所谓农业的现代化就是机械化、电气化、化学化、科学化以及原子能化。农业机械化也不能理解为仅仅是拖拉机，还有水利的排灌、农产品加工以及农村交通运输等也要机械化。这件事是大有前途的，你们是作拖拉机站工作的，当然也大有前途。我国的农业机械化还是刚刚开始，现在的拖拉机是依靠进口，因此发展得慢一些，今后我们自己要生产拖拉机，机械化也就会快一些了。

过去，曾经流传着一种说法，即中国人多，要不要机械化？外国朋友也替我们担心。现在的事实证明，这种说法是没有根据的。合作化完成以后，生产力提高了，两个人顶三个人用，但到处还是感觉人力不足。过去冬天是农闲，现在冬天也忙了，东北地多人少，人力畜力都不够，而华北及江南地区人多地少也喊人不够。这就证明合作化以后，并不是人力有剩余，而是不够用，迫切要求机械化。所以说机械化这件事情是大有前途的。

要机械化就要研究一套适合中国具体条件的机械化方案，照搬外国的一套是不行的。农业发展纲要中，也规定要研究出这一套来。现在进口的拖拉机，在北方平原旱作地区可以说基本适用，但中耕、除草的机械尚未解决，东北是垅作，进口的机具都只能平作，因此就应该研究垅作机械。机器是人造的，为什么研究不出来？能造出这一种机械，就能造出那一种机械，今天不能，总有一天会实现。至于水田、丘陵地区的机械化怎样办？能否造小型的，有没有其他办法，都需要研究。机械化在中国是存在问题的，问题是要研究的，要边研究边作，不能等待研究十年八年后再作。因此就必须一面研究，一面推广，不适用的继续研究，适用的推广，基本适用的先用起来，人畜力紧张的地方先办，一办机器就下了乡，现在机器下乡还不多，肯定是会越来越多的。大家要知道拖拉机站是在办大事情。农民和工人的区别就是工人用机器生产，农民用手生产，这叫经济基础。有这样一个根本差别，就产生了很多不同。但总有一天农民也用机器生产。机器下乡一系列的工作都要赶上去，生产力提高了，文化也得跟下去，生产和文化提高了，整个生活都变了，机器下乡，就有这样一个结果。共产主义就是要消灭城乡差别、体力劳动和脑力劳动的差别，机器下乡就是这样一个伟大革命的开始。这不仅有经济意义，还有政治意义。拖拉机站担负这样一个任务是光荣的，应很好地鼓起劲头来干。

二、上面讲的都是好事，现在讲的这件事就不太好，就是年年办站，年年赔钱。虽然有一部分站不赔，但从国家算总账来说还是赔的。这个事最不好。不能再继续下去了，从 1958 年起应该采取革命的态度把它搞掉，不能继续。从 1958 年起，再不允许有赔钱的事了。我看应该有这个勇气。要解决这个问题，就得分析分析为什么赔钱，我看主要原因有三条：

1.机具的使用率太低。有的机械只能干一种活，或者只能用一季。而且故障多、停车多，当然成本也就高了。

2.消耗大：用油多、损坏多、空转多。

3.人多：1957 年全国拖拉机站的职工共 3 万多人，按每混合台拖拉机平均职工 2.2～2.5 计算，2 万就够了。人员多了 1/3，成本就高 33%。生产人员多，非生产人员更多。

解决的办法有四个：

1. 要开展多种经营。拖拉机可以种地、抽水、脱谷、运输。应该是生产需要什么，我们能做什么，就干什么。要尽量想出路，把动力运用起来。但做买卖可不能允许。

2. 精简人员。肯定要走这一条路。应该规定：增机不增人，增站不增人，搞多种经营不增加人。这就是要强迫命令，因为这是好事情。要一个人学会作几件事，在农村只会一套不行，学会几套才能开展多种经营。小马戏团只有两三个人，什么都能耍。拖拉机站不能分工分得那样细，过细了就浪费人，只有加大成本。驾驶员下放到农业社，这个办法很好。拖拉机的所有职工，由站长带头都要参加体力劳动。可以采取定工生产的办法，全站讨论执行。拖拉机站不要搞什么编制，只规定一个比例，一个混合台拖拉机不超过 2.2 到 2.5 人，现有 3 万多人，砍掉一万是可能的。小站的比例应卡得松一些，大站卡得紧一些，如果做不到，就要说出道理。

3. 压低耗油定额。各种不同的作业，应有不同的耗油定额。定额应先由你们制定，农业部是不好制定的。大家都是干革命的，都有革命良心，只要想法搞出来，就可以。这次规定每折熟亩耗油量不超过 0.9 公斤是可以的，如果你们的定额比 0.9 公斤还少，即不用请示，但要增加，就必须请示。

4. 爱护机器，减少损坏。现在事故很多，机子磨损得很厉害，一定要制止。机器是别人劳动的结晶，你不爱护，这就是共产主义道德问题，要把它提到原则的高度，如果有人不注意，戴上这样一个帽子就知道警惕了。要进行思想教育，要讲清这个道理。

搞个奖惩制度，对用油用得最省的，爱护机器好的奖励；损坏多的处罚，扣工资。用思想教育结合物质奖励，事情就可能办成了。

要达到这些要求就要努力。如果说没有这个，没有那个，只会伸手向国家要，这是不行的。手是要伸的，但必须力争有利条件，要从现有条件努力，不能坐在那里等。要依靠群众，不是依靠财政部，自己想办法，跟农业社商量，这样，事情就好办了。这是一个思想问题，搞这些事靠什么？就是要靠群众，靠农业社。

扭转赔钱局面要提个口号，在不增加代耕费的前提下，从 1958 年开始做到不赔钱，已经不赔的要做到有利润。作业报酬过低的，像发救济费一样，也是不行的，这样表面上好像是替农民作好事，实际上就是把好事推迟了几十年，这样赔下去，国家办站办不起。个别作业报酬太低的站，应适当调整。

三、办站的经营方式。主要是依靠合作社办站，国营的为辅。随着农业生产的发展，农业社公共积累的增加，就完全有可能实现。农民拿一部分钱出来，也比国家投资办站经费多。以后可采取几种方式：（1）社有社营，由农业社自己买拖拉机。苏联准备这样做，我们也准备这样，农业社自筹资金，不够的可以贷一点款，这种形式很好，越发展可能性越大。但现在国营的拖拉机站并不是无用。（2）国有社营，把机器租给农民使用，国家收租金。（3）国社合营，以国家出一部分资金，农业社也出一部分资金共同来办。这样就可以做到少花钱、多办事，要多快好省，省就是如此。（4）就是国有国营，收代耕费的方式。国社合营的方式现在还没有，各省可以试一试。几种形式都可以试办，总结经验，而后推广，还可发展新的。高潮来了，不能被清规戒律束缚住，只要有好处，就应该办。

四、要为生产大跃进服务。机耕的土地一定要比畜耕能增产，而且要为群众公认，这样，拖拉机站才有生命。

机耕地增产幅度的大小是检查和评比拖拉机站工作好坏的主要标准。这次会议应评比一下，把增产多的、少的、赔钱的、赚钱的排个队，评比一番。还可考虑，站和农业社订合同时，农业社规定机耕超产的提奖，减产的赔偿。可拿几个办得好的站试一试。要有这一套，拖拉机站为大生产服务才不会落空。现在广东、江苏等省提出在5年内实现四、五、八，而我们拖拉机站每年只增产2%或5%，怎能赶得上去。几万万农民都有了劲，我们这些为农民服务的人民没有劲，就会被甩掉下来。

推广双铧犁 提高生产力[*]

（1958年2月28日）

这次现场会议的目的是以恢复双轮双铧犁的名誉，相互交流经验，再进行积极推广。这个目的已经达到了。经过这次会议一定会更加促进双铧犁的推广工作，不仅对南方各省，对北方各省也将起促进的作用。

推广双铧犁是技术改革的开始

关于在农村、农业方面，生产力的解放与技术改革的问题，全国解放和土地改革，从封建的剥削制度下解放了生产力。其后，实现农业合作化，在农业生产资料的所有制方面，取得了社会主义革命的胜利，又从个体农民的小私有制下进一步解放了生产力。从去年下半年以来，在农村展开的社会主义教育运动和整风整社，通过大鸣大放大辩论，击破了地主、富农、反革命分子和其他坏分子对社会主义的造谣污蔑和进攻。批判了一部分富裕中农对社会主义的动摇和资本主义自发倾向，坚定了广大农民走社会主义道路的决心，在思想战线上和政治战线上取得了社会主义革命的胜利，彻底地解放了生产力。

生产力是什么？就是劳动者加生产工具，还有劳动对象。从农业方面来说，就是农民加农具和土地。广大农民目前表现出从来没有过的积极性和创造性。去年，全国有65个县、市的粮食产量和56个县、市的棉花产量提前十年达到了全国农业发展纲要修正草案的产量指标，第一个五年计划的粮、棉产量计划已经超额完成。当前一个规模更大的生产高潮正在继续发展，农民们力争生产大跃进！这些都是农民积极性空前高涨的证明。

---

* 本文是廖鲁言在南方双轮双铧犁会议上的讲话摘要，原载1958年3月2日《人民日报》。

更大的跃进，更高度的发展生产，是生产关系变革以后广大群众的迫切要求。提高生产力，除了在胜利实现社会主义革命的基础上，继续发扬劳动者的积极性以外，还要提高劳动者的生产技术和改革生产工具，这是广大群众当前的迫切要求。

技术改革的路程很长，推广双轮双铧犁和其他新式农具等等是开始，还要逐步地向农业机械化过渡。对于技术改革，凡是发展生产力的一切东西都应该促进，不能促退。不仅现在应该这样，任何时候都应该这样。

要为双铧犁恢复名誉

双铧犁是好东西，它的优越性，大家讲了很多条，概括起来表现在：

（1）耕得深、平、稳、匀，翻土较好，盖土较严，作物植株根扎得深，吸肥面宽，耐旱，长得好，所以增产；能耕死板田土，有利于抗旱耕种；耕得快，有利于抢季节；所以也有利于增产。会议上反映的增产实例说明，它的增产幅度是5％到30％、40％。

（2）节省人力和畜力。许多典型例子证明，旧犁比双铧犁牛力费一倍，人力费二倍到三倍。使用双铧犁节省出的人力和畜力，又可用来扩大生产。

（3）减轻劳动强度，许多实例证明，妇女和半劳动力也可用双铧犁耕田，这就是提高了劳动力的利用率，也有利于增加生产。

（4）双铧犁也是巩固农业合作社的物质基础之一。增加生产，增加收入，增加公共积累，促进农业合作社越来越巩固。

双铧犁是好东西，必须积极推广。事实证明，所谓不能推广的种种借口都是没有根据的。所谓“水田不能用”、“山地不能用”、“不能耕田边地角”等等说法，现在都已被事实打破了。双铧犁真的“太笨重”吗？并非如此。用拉力表试验结果，双铧犁单位面积的拉力和每头牛负担的拉力并不比旧犁大。还有一种“不便运行”的论调，这可以用与土地规划、平整土地相结合，适当加宽道路来解决，也可以临时加个独轮来运行。

有人说，“牛力不足”。这可以繁殖牛，综合利用牛，养牛的农业社收益增加了，自然愿意增殖。又有人说：“牛不合理”。这是可以训练的，也不难，许多例子说明，只要几天就可以训练得能够合理。

还有人说，购买双铧犁“不合乎勤俭办社的原则”，这是片面的说法。说这种话的人既没有结合增产算总账，也没有按使用年限算总账，而只看到买犁时一次出钱较多。所以，这种种借口都是没有根据的。双铧犁必须积极推广。当然，这不是说，全国17亿亩耕地，块块都能用双铧犁，都必须用双铧犁；也不是说，双铧犁已经没有任何缺点，不需要任何改进了。但是不能借口因地制宜，借口需要“改装”，而对推广双铧犁抱消极态度，这种消极态度仍是保守思想的表现。

过去，双铧犁的名誉为什么一度很“臭”，甚至出现“退犁”？根据各地发言说明，主要是思想问题。从去年下半年以来刮起一阵“小台风”和“反冒进”，是右倾保守思想在作怪。保守思想、“小台风”的由来是富裕农民对社会主义抵触情绪的反映，农民的保守思想和习惯势力的反映，以及右派分子的兴风作浪。我们业务部门本身也有这种保守思想，或者是由于革命的朝气还不足，或者心中无数，而不能在台风面前“硬着头皮顶住”。我们也应该有自我批评，农业部就要进行自我检查和批评。

此外，在推广中，也的确有些工作做得不够好。例如，技术传授、农具手训练、有些犁的质量问题、修理问题、配件问题等等。这些工作没有做好，更是我们业务部门的责任。当然，这些缺点不是完全可以避免的，主要还是对这些缺点的看法和态度，主要是右倾保守思想作祟。

做好双铧犁的推广工作

怎样做好双铧犁的推广工作呢？根据各地的经验，首先要解决思想问题，必须认识双铧犁和其他新式农具在由半机械化到机械化的过渡中所起的作用，要广泛宣传双铧犁增产的效果，普遍介绍使用双铧犁所产生的牛力、运行、耕田边地角等等新问题的解决办法。

其次，要解决技术问题，要认真地训练农具手，学会使用、安装、小修和耕田边地角的技术；要训练耕牛，还要解决修理和零配件的困难等等。

第三，要进行土地规划，土地平整，小丘并大丘，适当加宽道路，以适应双犁耕作的需要。在上述工作中，应该力争少损失耕地，算总账，应该增加耕地面积。

第四，农业合作社经营管理也要适应推广双铧犁的需要。要推行定人、定犁、定牛、定田、定时、定耕作质量、定工分、定饲养标准，以及保牛、保犁、保教会技术等等几定几保，各地说法不一，不必强求一律，内容要包括这几个方面。组成双铧犁耕田队（组），或者结合其他新式农具，组成半机械化生产队也是可以的。

第五，关于领导方法问题，要领导重视，亲自动手，做出典范，现场示范（参观、开会），由点到面，积极推广。农业部门下乡的干部，以及县区乡干部，技术服务站的干部，人人都要学会使用、安装和小修双铧犁。

在推广工作中，还必须走群众路线。强迫命令和尾巴主义都是同群众路线对立的，都要反对。

第六，为了做好推广工作，要成立一定的组织机构，特别是县区乡社，应该成立推广委员会、技术委员会或小组，并确定专人做这个工作。有些地方已经介绍了这方面的经验，各省可请示省委、省人民委员会决定，斟酌采用。此外，各有关部门还必须密切合作，分工负责。

关于改装问题，这次到会的省带来的式样有十四种。经过试耕，都由技术人员做出技术鉴定，说明其优缺点，作为进一步研究改进的依据。看来，一些小改的，问题不大；一些大改的，固然创造出某些新的优点（这是好的），但是也改掉了原有某些优点（这就不好了）。还须继续研究。

改进的方向应该是：（1）为不同地区适应性的需要；（2）保持双铧犁原有的优良的特性；（3）在实际使用中，群众与技术人员相结合来研究改进，不能无目的乱改，也不应该等待改装，而对推广抱消极态度。除了确实不能使用的田土以外，适用的应积极推广，有些条件不完全具备的，应该积极创造条件，加以推广。新式农具也不要停止不前，技术改进是无止境的。

对新旧农具的试验研究工作要加以鼓励。省应成立农具研究所。技术人员要积极研究，试验研究要百花齐放，不怕失败，定型生产推广则要慎重。有的省提出县县设立农具试验站（采取办试验田的办法，依托农业合作社办），这是好办法。各省请示省委、省人民委员会决定进行。

农具是有地区性的。改进的新旧农具，是否成熟和是否可以正式生产推广，一般地应该由省决定。中央有关部门要加强经验交流。

关于第二个五年计划和1958年的推广双铧犁的计划，各省已报了数字，会议对此不做什么决定。大家回省以后，经过讨论和积极开展推广工作以后，已报的数字，还会增加的。当前要做好地区调剂，适应春耕的需要。也要考虑精确制造问题。此外，在今年的高潮、大推广中，还可能出点毛病，要有精神准备，对的要坚持，正确的批评要接受，不恰当的责难要“顶住”。

实现机械化主要依靠群众力量

我们的任务是建设一个具有现代工业、现代农业和现代科学文化的社会主义国家。现代农业就是农业机械化、电气化、化学化和科学化。所谓农业机械化，包括的机械有动力机械、耕作机械、排灌机械、运输机械、加工机械，还有畜牧机械、捕鱼机械等等。要逐步地由半机械化过渡到机械化，要从以人力、畜力做动力的机械过渡到机器动力的机械。

实现机械化，主要靠群众、靠农业合作社的力量来办。以机器拖拉机的经营方式为例，它可以有几种形式：国有国营、国有社营、国社合有合营、社有社营，今后的发展将以后面的几种为主要的方式。因此，各地要制定农业机械化规划，而在制定农业机械化规划的时候，必须与合作社的积累合并考虑。

实现农业机械化便是机器下乡。机器下乡是具有伟大的经济意义和伟大的政治意义的事，是逐步消灭城乡差别、工农差别的开始。各地应该充分地认识到它的意义。

中国农民在党的领导下，有长期革命的锻炼，组织性强，觉悟程度较高，有勤劳俭朴的传统，已经按照社会主义的原则组织起来。现在已不断产生新的一代有文化的农民（包括成百万的下乡干部），再有了机器，这样的几万万农民，无疑将创造出人类有史以来没有看见过的奇迹。不仅可以提前实现全国农业发展纲要修正草案的要求，而且可以把我国农业的单位面积产量提高到世界最高的水平。

关于农业方面的几点意见*

（1958年3月）

（一）从1956年下半年“反冒进”的风浪中得到的教训

1955年冬季农业合作化的高潮以后，1956年和1957年这两年一反一复，教训是深刻的。1955年冬和1956年春，农村社会主义革命的高潮和全国农业发展纲要四十条的公布，掀起了农业生产的高潮，全国各地，劲头十足，因而取得了1956年农业生产的巨大成绩。1956年下半年和1957年春，来了个“反冒进”，基本上吹掉了三个东西（四十条、促进会和多快好省）。从农业生产看，有的地方受的影响较小，但有不少地方受到了挫折，泄了气，松了劲。我自己也反映了这种情绪，在这个风头上坚持不力，信心不足，也有松劲情绪，心情不畅。1957年的农业生产，劲头远不如1956年，水利、积肥、高产作物、新式农具和先进技术的推广，都比1956年差得多。结果如何呢？虽然1957年农业还是增产的，但是粮食比1956年增产不多。1957年的粮食播种面积比1956年减少了5 500多万亩，玉米、薯类和水稻等高产作物的播种面积减少得更多。如果，这些作物的播种面积不减少，按照1957年的每亩平均产量计算，可多收粮食140亿斤。这就是1957年粮食比1956年增产不多的重要原因之一。1957年12月全国农业会议对此做了检查。大家又回忆了主席在1956年底对于全国农业会议的指示，认为主席是一再鼓励我们的，而我们在“反冒进”的风头上仍然松劲泄气，这是完全不应该的。为什么会这样呢？因为：（1）对在所有制方面获得解放以后的广大农民的积极性和创造性估计不足，也有保守思想；（2）对于情况不摸底，也不善于掌握分

* 本文是廖鲁言1958年3月在成都会议上的发言。毛泽东对该发言稿作了批改（见《建国以来毛泽东文稿》第7册，中央文献出版社1992年版，第164页）。

辨主流和非主流的分析方法；（3）朝气不足，勇气不够。听了主席的指示，思想豁然开朗，但是，过一个时期，慢慢地不自觉地模糊起来了，碰到问题，又出毛病。这是必须深刻记取的教训。

（二）五年之内，基本实现农业机械化（包括半机械化）

有些省提出："五年实现农业机械化"。这是在生产关系方面取得了社会主义革命的基本胜利以后，广大农民迫切要求在农业生产工具方面实行技术革命的反映。从重工业发展的可能和农业合作社资金积累的可能这两个条件看来，这个口号是能够实现的。就全国讲，五年之内也可能基本实现农业机械化，包括半机械化，即包括以畜力和人力为动力的所谓半机械农具，不完全是用摩托开动的农业机器。

过去把农业机械化看得神秘化了，一想到农业机械化，脑子里就出现了苏联集体农庄的样子：大平原、旱作物、拖拉机以及国家大量投资办拖拉机站等等。回头一想，我国的土地条件、作物品种、耕作制度都跟苏联不同，机器制造、石油生产和国家投资也有问题，反复计算，越算越神秘。这实际说明，我们在思想上缺乏独创精神，一方面感觉不能照搬苏联的办法，另一方面又缺乏独创精神，不放手发动群众去寻求出路。

现在，思想一解放，依靠群众，依靠地方，从当地的实际需要出发，因地制宜，要什么机具就搞什么机具。田间耕作的、排水灌溉的、交通运输的、农产品初步加工的和动物饲养的都可以搞；机械化的、半机械化的和简单的改良农具都可以搞。机器也是以小型的、综合利用的为主，机器也不一定都要大厂制造，小厂子也可以造，燃油的也可以由地方开办小厂制造，还有小型水力发电和利用粪便制造沼气等等。投资也主要靠农业合作社，一般的农业机具和小型拖拉机都可以由农业社自买自用，自己经营。这样一来，就打破了对农业机械化的神秘感，主席指示我们，要学习苏联的先进经验，又要有创造精神。在农业机械化的问题上，又得到了再一次的验证。

关于拖拉机站的经营方式，根据少奇同志的指示，在去年十二月的农业会议和今年一月的拖拉机站会议上，总结了各地的经验，提出了四种经营方式，即社有社营（包括联社经营）、国社合营、国有社营和国有国营，主要是社有社营。我国的情况和苏联不同，苏联在集体化初期，拖拉机站是党在农村政治工作的中心，苏联的商品粮食（包括其他农牧产品）的主要来源一直靠拖拉机站用实物报酬的形式来取得。我们农村中的政治思想的中心是党的支部，不是拖拉机站；我们采取统购政策来取得商品粮食和棉花、油料等农产品，而不采取拖拉机站实物报酬的形式。所以，我们就不一定采取国有国营的形式来办拖拉机站（过去几年由国家开始试办拖拉机站还是必要的）。

拖拉机站，国家办的是全民所有制，农业合作社办的是集体所有制。其实，拖拉机站是国营的，也并不能决定农业合作社的所有制。农业生产合作社由集体所有制转变到全民所有制，也可以设想经过这样的道路——在生产不断发展和经济力量不断增强的条件下，农业合作社的劳动报酬制度，可以由劳动日制改为工资制，这是社员所欢迎的。这样在实际上农业合作社跟国营农场就没有什么差别，名义上的所有制问题也可以随着社员觉悟的提高而逐步获得解决。

（三）关于农业合作社经营管理中的几个问题

第一，农业合作社经营管理的办法和制度，必须同增产措施相配合。过去两年，集中注意于大田生产的经营管理，这是合乎情理的，因为这是大量的，是应该首先注意抓的。现在应该更进一步，使它的内容更加充实起来，更加具体化，并且应该使农业合作社的经营管理工作同采取先进技术、争取生产大跃进的要求相适应，同更多地发展某些经济作物、林业生产和畜牧业生产的要求相适应。例如，要繁殖耕畜，就要求在耕畜的劳动定额、役使制度和饲养管理制度方面有一套保护母畜、孕畜的办法和奖励繁殖的办法，否则，役使过重或者饲养不好，母畜就不发情、不受胎，容易流产或者幼畜难成活，繁殖计划就会落空。又如，要发展蚕桑，就要把“包工、包产、包成本”的三包制推行到桑田经营和养蚕方面去。要推广双轮双铧犁就要实行“定人、定犁、定田、定耕作数量和质量、定劳动工分”以及“保护牛、保管犁”的责任制度和报酬制度。要推行密植和防治病虫害等技术措施，劳力安排和报酬办法，也要有相应的规定。农业、畜牧业的经营，还必须要和各地大、中、小片各种类型的（用材林、薪炭林、其他各种经济林、防风防沙防潮林和风景林）林业经营相结合。总之，农、林、牧三业要结合，如此等等，都是农业社经营管理工作需要进一步具体化的问题，以适应农业生产大跃进。

第二，发展农业合作社经营的某些农产品加工业和其他有条件发展的工业、手工业，应该是发展地方工业的一个重要方面。由农业合作社经营这些工业、手工业，有六大好处：（1）扩大农业社的生产门路，增加农业社和社员的收入；（2）降低这些产品的生产成本；（3）充分利用副产品和废品，例如豆饼、粉渣等等，正是农业社十分需要的；（4）节省来回运输的费用，减轻运输力的紧张程度；（5）把国家用在这方面的投资节省出来，用到更需要的方面去；（6）分散一部分城市人口，缓和城市供应的压力。当然，有许多利润很大，不宜由农业合作社单独办的，应当由国家经营（县、区、乡政府经营）或者乡社合营、联社经营，或者由国家委托加工。

第三，在有的农业合作社内出现资本主义因素，这个问题值得注意。据辽宁省委报告，在该省西部原属热河省管辖的地区，有些合作社在1957年初把入社的耕畜退还归社员私有，出租给社使用，租价又过高。结果，合作社的总收入扣除农业税和生产费用，再扣除畜租以后，劳动报酬部分不到总收入的40%，低的只有30%左右；没有牲畜的社员有的劳动一年，生活还维持不住，有牲畜的社员参加少量劳动，收入也多。有的合作社，收买猪粪的定价过高。结果，私养猪多的社员占便宜，其他社员吃亏。这种情况，虽然是不很多的，但是，由此可见，不仅要防止某些社员在合作社外搞资本主义自发行为，就是在合作社内部，如果不加注意，也可以发展资本主义因素。

在全国种子工作会议上的讲话

（1958 年 4 月 26 日）

这次种子工作会议，以整风的精神，先谈虚、后谈实，出了六百多张大字报，鸣放了一下，这很好。这与反右派以前的鸣放，不大一样，这次鸣放，实际上是把思想清理一下，把思想弄清楚。

（一）

同志们在辩论中涉及过去的一些事情，以种子工作来讲，是有一些问题，应该检查。大体上，在 1953 年春反了一下冒进，对于农业技术措施上的所谓看井、挂犁、苍山拔棉事件等，那时都受了批判。种子机构撤销了，资金没有了，工作停顿了一个时期。1956 年又出了“青森五号”、“金皇后”等问题，种子工作又受了影响。这是过去历史的事实，今天并不是要翻历史老账，是要从思想上接受经验教训，以后不再重犯这类错误。

对这些事，应该怎样看呢？1956 年种子工作本身有没有缺点？应该说是有的，不能说毫无缺点。有了缺点，批判纠正也是对的。但这是问题的一个方面，如果只讲一面，是不符合实际情况，是不对的。还有另一个方面，就是说，推广良种好不好？应不应该干？在干的过程中，是根本干对了，还是干错了，也应该作一个肯定结论。良种是应该推广的，过去在这个问题上，主要的是做对了，这一方面，也应该摆出来。

对一件事情只作消极批判，不肯定成绩，是促进呢？还是促退呢？

对种子工作不作全面估计，对好事不讲，只提缺点，这样做显然是起了促退作用。对先进革新的事情，起了促退作用，当然是错误。

批评工作中的缺点这是应该的，但是不提积极的一面，就是错误。领导不是专找下级的毛病。对过去的事，应该作出这样的结论。

今后还要搞技术革新的工作。在工作过程中，总要出一些毛病，毛病是难免的。有毛病，应该批评。但是还要从思想上把问题认识清楚，要爱护下面的积极性，提出改进办法，推动运动前进。

（二）

会议上，对“就地繁殖，就地推广”的方针有争论。这两句话，说它错了，也很难讲。提出这个方针，也不是根本不许调剂种子。实际上年年都在调剂。按“准确性”来要求，这两句话就不那么准确了。现在省与省之间调剂了大量的种子，再加上省内的调剂，数量就更大了。

可见“就地繁殖，就地推广”包括的内容并不完全，与实际情况尚有出入。我想可以换一个说法，种子工作的方针应该是“主要靠农业社自繁、自选、自留、自用，辅之以调剂”。这是符合实际情况的。全国需要的种子，完全由国家包下来，做不到；完全靠农业社，没有国家调剂也不行。把这两句话加起来，分清主次，今天只能这样，过几年变了再讲，因为从来事情没有不变的。

“辅之以调剂”调剂什么？调剂多少？我看可以调剂两种种子：一种是国家（包括中央、省、县）认为需要推广的良种，群众没有，而又愿意要的；另一种是群众自己没有，或自己虽有但不够，要求调剂的。这两种调剂，都有数量的限制，要根据需要和可能。至于一般种子，主要靠农业社自繁、自选、自留、自用。

（三）

普及良种有一个过程，首先要对品种进行选育、鉴定，然后再进行繁殖推广。过程大概是这样：

科学研究机关负责选育新品种是责无旁贷的。事实上他们也正在积极努力地工作。

关于品种选育工作，科学研究机关应当与群众相结合。在群众中有很多的优良品种，并且农业社也能把他们选育出来。如吉林省安图县三道乡有一个老农，年年在稻地里选种，选单穗，种单行，再从单行里选单穗，连续选了十四年，现在已经选出两个增产50%～100%的优良品种（尚未命名）。我曾问过东北研究所的专家，农民这样干法科学不科学？专家说：这就是科学的方法。这完全证明农业社能选育优良品种。科学研究机关应该去帮助他们总结经验，并且对他们选育出来的品种鉴定一下。

吉林省怀德县湾沟乡兴治农业社，自己能配制玉米杂交种。他们的玉米长得很好，当然他们搞得还是比较粗糙，可能比不上科学研究机关，但比原来的品种增产很显著。

科学研究机关能拿出最好的种子给农业社，那是再好没有了。如果拿不出来，就应该让社里用自己的好种。最好的拿不出来，又不准农业社用较好的，那是歪道理。没有头等的，用二等的，能多打粮食，对国家、对人民都有利，应当让他们搞。

据说玉米杂交第二代种子比第一代种子减产，可能是事实。但是杂交第二代比原来没杂交的品种增产也是事实啊！在不能大量供应一代种的时候，为什么不准用杂交二代种呢？好是相对的，没有绝对的。对玉米杂交种应采取没有杂交一代种就用杂交二代种。我们要努力做到全用一代种，有了一代种，就不用二代种，这是辩证法。种子工作就是要根据这个原则去做，良种标准，也应该根据这个精神理解。

有的同志说，科学研究机关试验的新品种，迟迟不敢拿出来，可能是一片好心，怕品种有缺点，在生产中受损失；也可能在思想上有一举成名的个人主义，愈不拿出来，就愈没有把握，愈不能很快的得出结论。早一点拿出来给各个地方的群众多做点试验，可以得到很多资料，对于作结论或继续试验都有很大帮助。就是出点毛病，一个点上不过一二亩地，减产点也成不了什么问题。这种做法，只要与科学研究部门的同志们讲清楚，他们是会接受的。

繁殖良种，要搞一个“系统”。新品种出来了，由科学研究机关供给原种给示范繁殖场进行繁殖，示范繁殖场繁殖的，供给农业社的种子地。

过去有一个时期，对示范繁殖农场的看法也有些问题。当时强调不赔钱是应该的，但是强调得多了一点，对繁殖工作讲得少了一点。这个问题不怪各省，是农业部对问题没讲清楚。现在应该明确农场有繁殖种子的任务，并且是主要的任务。有的农场面积小，担负不了全部繁殖任务，也可以组织一个或几个条件较好的农业社，作为特约良种繁殖区。农场和繁殖区繁殖出来的良种，供给农业社的种子地，种子地繁殖出来的种子，供给一般大田，建立这样的繁殖系统是合理的、可行的。

农场和繁殖区进行繁殖所需要的种子，大约1亿斤由科学研究机关供给，农业社种子地需要的种子大约2亿斤由农场和繁殖区供给。

农业社种子地所需的2亿斤种子，只要农场和繁殖区拿出一二万亩土地就能繁殖出来了。加上20%的保险系数，也不过二三万亩。搞这样一个制度，一二年或两三年就可以搞起来。问题在于要认真去做。大家说调种调得很恼火，就是因为没有做好繁殖工作，把繁殖系统搞起来，问题就解决了。

据说示范繁殖农场繁殖良种有问题，我想问题无非是两个方面，一个是不要它繁殖，另一个是要它繁殖，它不干。不利用农场繁殖良种是不对的，农场不愿意干，也是不对的。有什么困难省里应该研究解决。

推广良种也要“充分发动群众，一切经过试验”。有人说，农业上的试验，一次就是一年，一个不准确，再来一次又是一年，很难符合多快好省的精神。我们认为可以多搞点试验，点的面积不要太大。全国平均一个县有300多个农业社，搞1/3，就有100多个，一个社搞一个一二亩的点，就是搞坏了，影响也不大，成功了，第二年就是一二千亩，第三年就是一二万亩，第四年就普及了。这样并不慢。

一个品种在一个地方不能过分集中，品种单一化，不仅劳动力不好调剂，偶尔遇到某些自然灾害，出了毛病就麻烦了。

试验不一定有把握完全成功，谁也不能保证没有失败，思想上要有这个准备。因此，多点试种，事先要与农业社说清楚，他们会愿意干的，这就是群众路线。

（四）

经营问题。种子公司成立了，叫公司也好，叫处、科也好，名称由各省自定。大家不要误会，种子机构成立后，并不是要把农民大田所用的种子都包下来，实际上包不起，也不需要。我们不能这样干，也不能这样想。种子经营机构，主要是经营必须调剂的良种。对全国需要的300

亿斤种子说来，是次要的。所谓调剂，并不是种子一出社，一定就要经营。邻近的社与社、县与县，可以组织群众相互传唤，不需要我们做具体经营；剩下省内、省外远距离调剂的种子，数量就不太多了，这就是种子经营机构应该经营的。

救灾备荒的种子，已经讲好还由粮食部门经营，临时要用时，可以在粮食仓库中挑选。过几年是不是由国家储备良种备荒呢？是有可能的。过几年再考虑，现在不可能。

经营范围的大小，将来再看。可能有的业务会缩小，有的业务会扩大。如玉米第一代杂交种就可能扩大全部由国家供应。

经营良种的资金，据说大家很关心。现在只有一亿元，是开办第一年的基金，只分这一次，不会年年分配。现在财政下放，钱都在省里，不能再增加。大家可以发扬集体主义互让一下，问题就解决了。

经营人员的工资，是由事业企业或行政费开支，机构和原有的种子机构是合并或是分开，或者一个机构，挂两块招牌，或刻两个章子，怎样方便，就怎样办。一切由省委及省人委决定，中央不作统一规定。

对统计工作的意见*

（1958年8月28日）

关于农村中统计报表太多的问题，据今年五月间河北省委农村工作部反映：光是中央各部门发下去的就有289种，其中有年报、半年报（全年2次）、季报（全年4次）、月报（全年12次）、旬报（全年36次），合计全年需填报1 300次，每月平均100次以上，每天平均3.5次还多，而每一报表并不是只有一栏、一个项目和数字，而是多栏、好多项目和数字。这种情况是严重的。当然，这里所反映的是年初的情况，当时，还是财贸上“两放、三统、一包”以及社办工业、交通、文教等等，所以各方面的统计报表都下到农村，都要通过公社填报，现在情况可能有改变，但是，也必须彻底清理一下。因此，如果批转统计局党组的报告，我建议在批语中提出这些报表必须彻底清理，并且建议：今后给省委一种权力，对于中央各部门发到农村，要公社填报的报表（不包括由设在农村的国营企业事业单位填报的），起一种“节制闸”的作用。省级各厅、局收到上面发下要填的这种报表，要经省统计部门汇总，与省委农村工作部商量，由省农工部提出审查意见，经省委批准后，才可以下达到农村，要人民公社填报。省委不同意下达的，再由该业务部门向中央部门报告申请收回。省级各部门发的要农村公社填报的报表，也要由省统计局汇总、省委农村工作部审查、省委批准，然后下达。在中央和省

---

* 参见《中华人民共和国统计大事记》，中国统计出版社1992年版，第60～63页。1958年6月25日，国家统计局党组向中央、毛泽东主席提出《关于改进统计工作的报告》，周恩来总理7月9日批示：鲁言同志，请你对中央批件和统计局党组报告，按照你的意见提出一个修改文字来。8月28日，廖鲁言提出意见，即上面的正文。9月4日，谭震林写信给富春同志：我基本同意鲁言同志的意见，但国家统计局的报告可以不转发，专门发一个整理农村统计工作的指示，指出每一个人民公社设立一个兼职的统计人员（不是专职）。为了做好这个工作请计委指定一人召集有关单位开一个会议，确定哪些表格要发，哪些表格可以废除，今后发表格的手续问题，都作出决定。以上意见，如你同意请你办理。6月27日，国家统计局发出《请紧急编报主要消费品生产及市场供应资料的通知》。

两级需要调查统计的事项以外，县级各部门另发统计报表的，都要经过县委批准。这样的办法，是否可以写在中央批语里面，或者写到统计局党组报告里面，请你们裁酌。农村公社设统计员问题，编制待遇如何解决，也请统计局考虑，并在原报告或中央批语中写明白。

关于农业生产和农村人民公社的主要情况、问题和意见*

（1958年11月16日）

中央和主席：

（一）根据西安、广州、南京、呼和浩特四个分片农业会议的预计，1958年粮食总产量是8 500亿斤。这是经过各省、市、自治区压缩后的数字，压缩的幅度一般是地、县委报的数字少10%～30%。目前红薯还没有全部收完，已收的晚稻也有一些还没有脱粒，没有过秤；红薯有边挖边吃的，边挖边窖藏的，边挖边加工的，如果都要过秤一次，也确有困难，且无此必要。薯类播种面积2亿5 000多万亩，总产折粮2 200多亿斤，亩产折粮900斤，计算得并不高。下面报产，有浮夸虚报的，也有隐瞒产量的。经过省、地、县三级打了些折扣，8 500亿斤左右是比较可靠的。退一步讲，总不少于7 500亿斤，可以照此数公布。这比1957年的产量3 700亿斤翻一番，还稍多一点，这是很大的跃进。这一点必须肯定，不能因为少数的虚报浮夸现象以及某些缺点错误而动摇这个总的估计。

棉花总产量预计8 500万担。由于入秋以来雨水过多和人手不够，对产量有些影响，但是出入不会很大，8 000万担左右还是有把握的，比1957年的产量3 280万担增长一倍半；公布数可以定为6 700万担，也是比1957年的产量翻一番，稍多一点。秋收油料作物预计，大豆260亿斤，比1957年产量201亿斤增长30%，面积减少26%，亩产量提高80%；花生1亿2 600万担，比1957年产量5 100万担增长近一倍半；芝麻1 188万担，比1957年产量625万担增长90%；加上棉籽1亿2 000万担

* 1958年12月，中央批准了这个报告，并要求各省、市、自治区党委照此执行。

（1957 年是 5 000 多万担）和明年春收的油菜籽（各省提出的计划共 1 亿 6 000 万担，比 1958 年产量 2 770 万担增长 4.8 倍，可能大了一点），共可产食油 650 万吨左右（胡麻、向日葵和木本油料都没有计算在内），每人平均有食油 20 斤。其他各种经济作物都有增产，烤烟由 1957 年的 512 万担增加到 1 987 万担，甘蔗由 2 亿担增加到 4 亿 5 000 万担，甜菜由 3 000万担增加到 1 亿 6 000 万担左右，都是成倍地增长；而麻（由 1957 年的 707 万担增加到 992 万担）；丝（由 1957 年的 225 万担增加到 314 万担）、茶（由 1957 年的 223 万担增加到 302 万担）的增长比例只有百分之几十，都不足一倍。

1958 年预计，大家畜由 1957 年的 8 382 万头发展到 8 842 万头，增加 460 万头；羊由 1957 年的 9 800 万只发展到 1 亿 2 900 万只，增加3 000 万只；猪由 1957 年的 1 亿 4 000 万头发展到 2 亿 5 000 万头，增加 1 亿 1 000万头。农村人民公社成立，实行“组织军事化、行动战斗化、生活集体化”，影响到社员家庭养猪，而公社集体养猪一时又衔接不上，因而养猪业有下降的趋势，养鸡养鸭也有同样的情况，都应该积极设法解决。另一方面，猪的增长速度越快，留的母猪和种公猪越多，屠宰率越低，这是一个矛盾。今后要兼顾这两方面，不要单纯追求养猪头数增长的速度，还要保证屠宰多少，每头猪平均出肉多少，除农民自食以外，有多少猪供应市场，要把年终存栏数、屠宰率和上市量都列入计划。

（二）1958 年的农业生产全面丰收，但是收购计划的完成情况并不很好。原因是多方面的：农民自用的部分增多了，留种增多了，劳力紧张，加工工具不足，运输来不及等等因素；此外，国家的采购计划，并没有真正成为农业社的计划，也是收购计划完成得不好的一个原因。因此，我们建议，从 1959 年度起，在农产品采购方面普遍实行合同制，由采购部门同农村人民公社订立合同，双方保证按合同完成任务。

（三）1959 年的粮食产量计划，公布数字可以定为 10 500 亿斤，实际上除个别地区以外，一般要求做到按人口平均每人 2 000 斤，某些地区有需要也可以超过 2 000 斤。1958 年已经接近 2 000 斤的地区，1959 年可以少增加粮食，多发展经济作物；距离 2 000 斤较远的，甚至不足 1 000 斤的地区，则应多增加粮食，同时也要适当发展经济作物。按照各省、市、自治区提出的 1959 年种植计划，各种经济作物的播种面积都有增加，粮食播种面积则将缩减到 15 亿亩以内，比 1958 年减少 4 亿亩左右，占20％以上。这就是说，全国平均粮食亩产量要比 1958 年增加一倍以上，才能达到每人 2 000 斤，根本解决粮食问题。这个任务还是十分艰巨的，绝不能疏忽大意。开展大面积丰产田运动，改变浅耕粗作、广种薄收为深耕细作、少种多收，实现土地利用的“三三制”，从而根本改变“五亿人搞吃饭”的局面。这个方针，必须肯定。但是，推行这个方针必须是有步骤的。1959 年是第一步，步子不能跨得过大，特别是 1958 年的冬种和 1959 年的春种，面积只能少减、不宜多减。把小麦、早稻和早秋杂粮抓到手，那么，1959 年的夏播、晚稻和其他晚秋作物就比较自由了。1959 年粮食产量达到了平均每人 2 000 斤，1960 年就可以有更大的自由。1959 年早稻和早秋的播种面积如果减少过多，那是相当冒险的。这一点，建议各地切实注意。

南方北方、山区平原、土地好坏、人口密度大小、复种指数高低等等条件，各地不同，因此，实现土地利用“三三制”的步骤和方法也应该有所不同。譬如人多地少，复种指数高的地方，首先应该随着单位产量的提高，降低复种指数，而不是缩小耕地面积。建议各省根据不同地方的不同条件，提出实现土地利用“三三制”的不同的步骤、方法和执行计划。

（四）多种经济作物，发展林、牧、渔、副业生产，发展社办工业。1958 年粮棉产量增加一倍以上，但是农副业总产值并没有翻一番。副业增加不多，个别地方还有减少的。炼铁炼钢，开支很大，劳动不算钱，但还有许多是亏本的。粮食，特别是红薯，一时又变不成钱，所以，许多以粮食生产为主，经济作物和副业收入不多的人民公社，账上积累不少，但是，现金短缺，有的甚至开不出工资，也没有现钱来购置生产资料和设备，扩大再生产。这种情况，必须力求及早改变。所有的人民公社都要首先抓住今年冬季，大搞副业生产，成立专业队，规定必须完成的任务，来解决 1959 年夏收以前的工资开支和其他现金支出。发展社办工业，扩大多种经营，多种经济作物，增加公社的商品生产。要求 1959 年在农村人民公社的总产值中，粮食作物只占 1/3，其他占 2/3；或者是四六开，粮食占 40％，其余占 60％（这是平均计算，有些公社 1959 年一年难以办到）。这是从经济上巩固提高农村人民公社的一项关键措施，必须认真实行。

（五）1958年冬和1959年的水利工程计划，按各地的初步计划，比上年度增加近3倍，有1 900亿土石方（去冬和今年是500亿方）。假定用农村男女劳动力的半数的1亿2 000多万人来兴修水利，每人工作100天，每人每天平均要做15方以上，才能完成。不能搞这样多，要大大减少，否则势必与钢铁积肥、副业生产、交通运输和其他农村基本建设，在劳动力的安排上发生矛盾，并且势必会加班加点，过分延长劳动时间，妨碍必要的休息和睡眠。因此，一方面必须保证重点工程如期完成，另一方面，必须减少一些次要工程，土石方工作量可以大体保持去年的水平，压缩到500亿方左右为好，其余的工程可以推迟到1960年和1961年再去兴修。

（六）全国现共有26 000多个农村人民公社，参加公社1亿2 000多万户（包括一部分城镇的非农业户）。在公社化的过程中，自留地等残余的私有生产资料归社公有，比较顺利，但个别地方出现过某些波动（例如卖猪、宰鸡等等），时间也只有几天，政策交代清楚，就稳定下来了。运动是健康的，比过去的初级合作化和高级合作化都顺利得多。但过去这两三个月各地人民公社忙于秋收秋耕秋种和大搞钢铁，大多数还只搭起个架子，一大堆问题尚未处理。处理这个问题是今后几个月的任务。

群众当前所最关心的问题是分配问题和集体生活问题。关于生活问题，主要有吃饭、睡觉、带小孩三件大事。睡眠一定要有8小时，加上吃饭和休息时间4小时，共计12小时，一定不可少。劳动时间一般为8小时，忙时可以有10小时，最忙也不可超过12小时，以为持久之计。公共食堂和托儿所、幼儿园必须办好。副社长和社党委的副书记中要有一个人专门负责管生活。此外，县和县以上的农村工作部和妇联，都应该有专门的机构和人员来管这件事。要把为公共食堂和托儿所、幼儿园服务的工作当做是为人民服务的最崇高的工作。生产和生活两方面，必须同时抓起来。不抓生活，要搞好生产是困难的。生产好，生活好，孩子带得好，这就是我们的口号。

分配问题。1958年收入的分配，可以以公社为单位统一分配，也可以由公社统一扣留之后，其余部分以原合作社为单位进行分配，由各省、市、自治区自行决定。在分配中，对于少数减少收入的社员，应该加以分析。有的社因遭灾减产而减少收入的，应该在公粮负担和社会救济方面给以照顾。有的社农业增产不少，但副业收入增加不多，没有增加，甚至减少了，因而有些社员减少收入，这应该在今后，特别是在1958年冬季的副业生产中求得解决。第三种，由于改行了半供给、半工资制，有些社员比去年的收入减少了，他们是劳力多人口少的社员，经过教育，思想提高之后，应当再在工资评级和奖励等方面给以照顾。在公社扣留的公积金较多的条件下，也可以向社员解释清楚，采取类似“保留工资”的办法给以补贴。

1958年粮食增产较多，完成了国家的征购任务以后，可以分一部分粮食给社员，使每户都有300斤至500斤储备粮。这样做，既减少了要求国家增加收购的压力，减少了公社集中储藏所引起的仓房设备等困难，也能够完全改变人们几年来积成的对于粮食的紧张心理。

（七）今后的任务是：抓思想，抓生产，抓分配，抓生活，加强党的领导，办好人民公社。农业生产并没有完全过关，油料、麻类和畜牧还根本没有过关，丝、茶还没有达到历史上的最高水平。就以粮食而论，薯类所占的比例还较大，1959年是农村实现公社化以后的第一个生产年度，又是苦战三年中具有决定性的一年，因此，必须力争1959年农业生产有一个更大的跃进。在1958年冬季和1959年春季的四五个月内，首先要鼓足干劲，搞好冬麦、油菜和其他越冬作物的田间管理工作，兴修水利，积肥造肥，发展副业生产，以及做好春耕前的各项准备工作，掀起一个比1957年冬季更高的生产高潮，保证1959年更大的跃进。同时，要根据主席在郑州会议上指示的精神，根据北戴河会议通过的关于在今冬明春进行社会主义和共产主义教育的指示，以及八届六中全会将要通过的关于人民公社若干问题的决议，系统地、全面地进行社会主义和共产主义教育。处理好由于成立公社而发生的在生产、分配、经营管理和生活福利等方面的一系列的新问题，整顿巩固人民公社。

人民公社的经营管理，比农业合作社复杂多了。既是工农兵学商、农林牧副渔的综合发展，生活又已经实现了集体化，生产、分配和生活都是要由公社经营管理的。为了研究在新的条件下公社的经营管理工作，准备在1959年1月，由中央农村工作部召开一次会议，专门加以研究，希望各省、市、自治区认真准备意见。

加强党对农村人民公社的领导，从县以上的机关中抽调较强的干部，去充实公社的领导核心，并有计划地把党员、团员和非党积极分子配备到各生产单位和生活单位去。也要把公社化和农业大跃进中的积极分子吸收一批到党内来，充实农村党的新鲜血液，保证党对人民公社领导的进一步加强。

以上意见，是否妥当，请示！

谭震林　廖鲁言

1958年11月16日

在六省七市副食品生产、供应会议上的总结发言

（1959年1月24日）

（一）方才先念同志讲的就是总结。副食品总的形势，正如邓飞同志所讲的“当前困难不少，转弯需要个时间，前途是乐观的”。不要把情况说得不得了似的，好像北起黑龙江，南到广东海南岛，到处都不可终日了。情况并不是那样严重。近来有点冷风，主席昨天说：“冷风过去了，春暖花开了”。情况就是如此。

（二）通过这次会议，在副食品问题上，总的要求是：经过1959年的努力，从下半年起把供应紧张的情况缓和下来，1960年则根本改变局面。

这次会议讨论了猪、鸡、鸭、蛋、油料、蔬菜等几个问题，也有的同志提到城市的粮食生产和供应问题。

猪——猪的调拨数字，五办牛佩琮同志已经表示可以照在这次会上各市提出的要求供应。各地提出的发展猪的计划，我们同意。但是在生猪屠宰率、出肉率上还要求做点文章，挖些潜力。看来潜力还是有的，一般屠宰率大体上应相当于上年年底存档数的70%，相当于除去公、母种猪以后余下存档数的90%以上。猪喂得好，喂上十个月就可以杀了，因此1959年第一季度生的仔猪，还可以在年底屠宰一部分。饲料问题确有困难，但是总比往年好办些，因为1958年东西是多了，不是少了，那么多红薯，除了人吃，总可以拿些来喂猪。主要还是工作问题。有些烂在地里是真的，有些并没有烂。徐水县最近作了这样一条规定：让社员到地里去拣，拣了算自己的，只要报个账就可以。这是个好办法，拣回来总比烂在地里强，不能吃还可以作猪的饲料。各地也可以参照徐水县的规定想些办法，拣回的东西可以归自己的，也可以交社，由社记工分

好。应该承认1959年将猪养肥一些的条件总比1958年要好。

蔬菜问题——各地早则从二月、三月开始，迟则从四、五、六月开始，新菜上来了，就可以好转了。而且应该从此开始，蔬菜缺的问题在我们的日程上不再出现了，以后不存在这个问题了。吃一次亏，也有好处，今年就会得到便宜。就像一个小孩子学走路一样，摔一次跤，得到一次锻炼。只要大家从此下定决心，今后就可以不再出现蔬菜供应紧张的问题。现在每个大城市都有相当大的郊区，都可以自己解决蔬菜的供应问题。当然有些菜还要适当调运一些，例如山东的大白菜、大葱，以及有的地区出产的某些细菜，还会运一些。但是，这只是某些名菜、细菜的品种调剂，至于靠远程运来解决蔬菜供应的情况，此后总不应该再有了。

鸡、鸭、蛋的问题——各地提出1959年要“少吃多孵”，这个口号很好，1959年也只能这样。但是出口和必要的供应还必须保证。王震同志刚才在这方面讲了很多好的经验。

鱼的问题——主要是北京吃鱼的供应问题，广州、武汉、上海、天津等城市看来问题不大。河北对于白洋淀的鱼产供应首都问题，已经商定一套办法，我看可以同意，谭震林同志也同意暂不设立捕捞公司。北京和各个城市（包括大郊区在内）都有不小的水面，都应该尽量利用来发展养鱼。

油的问题——这次会上摸得不透。据几大城市在这次会上报的计划，距离农业先进单位代表会议的十大倡议所提出的指标还很远。十大倡议要求1959年全国生产的油料可以榨油600万吨，也就是说包括出口及工业用油平均每人接近20斤，除掉出口等，大约有18斤，这是1960年可能达到的食油水平。但是，有的市不算城区，光算郊区也离这个水平很远，是否安排得少了一些，请同志们再具体算算账，再考虑一下。当然，各大城市的郊区并不都是产油区，一下子都要做到自给是有困难的。但是，过去大城市是小郊区，现在郊区扩大，这次到会的七大城市共有5 800多万人，郊区人口占很大比例，食油都要靠外地调入，数量太多，也成问题，所以，请同志们再加考虑。

粮食问题——过去郊区小，主要是为供应城市服务，现在郊区扩大了，每个大城市都有几个县以至十几个县，1959年下来，郊区所需要的口粮和饲料等应该做到自给。包括城区人口在内，粮食全部自给许多市也可以做到，北京、上海还有困难，上海提出要不断提高单位产量，逐步达到粮食 5 000 斤，做到粮食全部自给。这很好。当然，从现在的单产量增加到 5 000 斤，还要有一定时期，还要不断作很大的努力。今后大郊区的口粮和饲料一定要自给，城区居民需要的粮食，不能全部解决的，由国家调剂。据说北京从黑龙江调草，这不是一个长远的办法，要设法解决。实际上牲口非吃某一种草的习惯并不是不可以改变的。

（三）养猪、养鸡、养鸭，公养还是私养？我看第一要两条腿走路，公私都要；第二要分别情况，决定主次。猪大体上是公养为主，一时有困难，没有这么多猪圈，这是暂时问题，基本上讲应该以公养为主，私养为辅，私养也不能影响出勤，影响集体劳动。鸡在目前恐怕实际是私养为主，大力发展公养。鸭是成群饲养的，公养为宜，但是一家能够私养三四只，也是可以的。总之是两条腿走路，公私都要养，公养是方向，能公养就公养，不能公养，私养总比不养好，私养的条件是，不妨碍集体劳动。至于私养用什么方式养，可以用私有私养的办法，也可以用公有归私人代养的办法，还有什么其他办法，公私“分份子”的办法行不行？我看也可以。全国不必要规定一个统一办法，就是一个地区一个人民公社，也必是一个办法。

集体养猪，猪场养，食堂也要养，也要两条腿走路。食堂养猪，自己解决吃肉，这是大事。种菜养鸡鸭也有这个问题。猪场的猪是为收购的，当然完成收购任务以后，余下部分也可以给各食堂用。

收购问题，要真正把农业厅长和商业厅长在这里订的协议变为合同，必须由县的商业部门同公社来订合同，才算最后落实。合同上载明这个公社要卖多少猪、鸡、蔬菜等等给商业机关，除了卖给国家的，要多卖也可以，社员自己吃也可以。多养就多吃，少养少吃。这种办法比较好，如果规定农村一人一年只能吃多少，其余的都要卖给国家，反而不好。

（四）城市郊区农业生产的方针问题。过去小郊区时曾讲过郊区应主要为城市服务，那是对的。现在郊区大大扩大了，为供应城市服务这一条还是重要的，还是首要的任务。但是，同时大郊区所需的口粮和饲料要自己解决。至于发展多种经营和商品生产等等，在城市郊区更是重要的生产方针。

（五）城市、农村供应水平，应该兼顾。省对市、市对郊区、郊区人民公社对城市居民，都应该兼顾。城乡的水平有没有些差别？历史上有，目前还有，也不能没有差别，但是差别不宜太大，城市不宜定得太高，农村也不能把副食品自己消费太多，不照顾城市，精神是要兼顾。

（六）城市支援郊区农业生产。辽宁、沈阳讲的这条很好。郊区为城市服务，城市不给郊区点方便，不给点好处，那也不对。当然要钢材或指定工厂生产有困难，但郊区要的小玩意，城市里是有的。工厂里、大机关里的破烂，准备报废的东西，只要搜集一下，修一修配个零件部件，拿给农民就是好东西，就有大用。这样做了郊区就可以得到很多有用的东西，对于解决当前农村劳动力紧张有很大的帮助，应该动员城市职工在这方面多加努力。此外还有技术上的帮助和支援。城市劳动力对郊区的支援也是个问题。机关里要吃猪肉吃鸡吃菜，可以组织工作人员轮流到郊区去搞自己的猪场鸡场和菜园，不会可以请师傅。这样既支援了郊区，又解决了自己供应的问题，也就完成了干部每年至少参加体力劳动一个月的规定。这未尝不是个好办法。要把城区和郊区的关系搞得融洽，相互支援，政治经济密切往来，这有着深远的意义。

为全国农业工作会议准备的总结讲话*

（1959 年 3 月）

一、1959 年计划指标

国家计委下达的数字，实际上是农业会议上的数字，是农业部提出来的。这次核对，出入情况有好几种，无非是多一点，少一点。有的省无所谓多少；有的省仍然有两个数，保证指标少一点，争取指标多一点；还有的相差很少，像陕西计委下达是 56 亿斤，省计划 52 亿斤，这样的出入不必动了，将来要完成就都完成了，完不成都完不成；还有些项目，省计划数字少得多一点，如油菜少了 1 500 多万担，到底有多少现在还很难说。春播作物计划少得比较多。这次会议不打算确定。各地登报还是照过去那样干，将来人代会搞年度计划，还是照过去的指标，留有余地。各省的数字，这里不决定，回去请省委决定。各省在这个会议上最后报的数记下账，回去要改就改，不改就算了。

看起来 1959 年农业生产问题最大的是油，目前供应问题也是油。冬油菜的生产并不理想，和 600 万吨的要求差得较多。这件事还有可为，面积无可为了，产量还有可为。最近农业部准备在上海召开一个油菜现场会议，提出要求是"保持面积，提高产量"，办法无非是田间管理，除虫、追肥。这不仅是关系到 600 万吨的问题，而是关系到过两、三个月，城市中是否有油吃的问题。因为花生收得很不好，很有这个危险。冬油菜、春油菜就是解决这一手，搞得好一些就接上了，真搞不到的时候，买不到油就成大问题了。去年还可以解释，刚刚成立人民公社等等，今

---

* 本文是为原定 1959 年 3 月初在杭州召开的各省农业书记会议准备的，并报请中央批准。会议临时奉命停开。

年又为什么呢？主席说：难怪城市人说人民公社的优越性他看不见，你总得把东西给人家，才能看见。

大豆也不是很乐观，东北是产大豆最多、最好的。如果5月上半月不下雨，能否种下去就成问题了，现在干了5寸，冻层含水也只10%，过二、三个月是否也干了，也很难讲，土壤中没水，有什么办法！当然抗旱能种下一批，但常年抗旱不是办法，这种情况会不会出，很难讲。云、雨、水分，也是有一定规律的，数量就是那么多，这里（指杭州）下得多，那里就下得少。这是很值得注意的。

花生按计划少了216万亩，计划中还有很多漏洞，江苏计划发下去了，两个地委说不行，这是大问题，最后把王牌拿出来，说连种子还没有呢！广东省扩大很多，种子怎么样？山东省也说没有种子，事情怎么办？没种子就要落实。我们收回那么多贷款要贷出一些去，叫公社从群众手中买种，群众手中有种不卖，光靠动员不行，看样子要给点钱，还不能象征性地给10%、20%，一斤种给2分、3分，要按市价收购。公社有积累也可以拿出来买，买过来的不能作种子的打油。总之，把种弄到手上种下去，这是第一大事。我们约定一个口号“为实现600万吨油而奋斗”，油菜、大豆、花生，还有什么小油料，木本油料，最后不行还有棉花籽。油菜籽少收了一点，25万吨油没有了。有些省花生总产量加了，有几个靠得住？单产比计委下达数字还高，就更靠不住了，计划不会到处都100%实现，目前存在这种危险。600万吨搞不出来，1月2月登报，今天3月7日，才过了两个月，牛皮吹出去了，过了两个月拉稀不算数了，那还叫话。昨天和谭震林同志汇报了这个问题，他也担心油。

二、备耕春播

有利条件很多，形势很好，郑州会议上主席一指示，群众劲头更大了，各种措施比去年搞得更好，大家都承认。

土：一般冬耕深翻比往年好，但还有一部分没翻，现在还是白茬。个别省讲冬耕比例比过去小了，没有来得及耕，过去占90%，现在占70%，白茬地多了。深耕了生土上来了，肥料没跟上去。中央发指示说生土不要搞上来，搞上来就有危险，现在存不存在这些问题，很难讲。不大妙的情况要想法解决，看到它，而后去解决它。

肥：数多质高，究竟多多少，高多少？我不大相信，加一倍、两倍靠不住，多一点，不太多。有的多一点，麦田追肥用了，也剩不太多，有几个省讲肥料除麦田追肥外，还没达到省要求。质量高也不太高，安徽讲细肥提高14%，是比较可靠的，细肥来说，无非是人粪尿、牲口粪尿，人没有加几倍，牲口还减少了一点，猪加了百分之几十。这怎么能增加几倍？绿肥多了一点，也没有增加几倍。下边有夸大，我们冷静一些，想一想就好一些，别跟他到处吹就行了。质量不是太高，也许高一点，但有限，增几倍不可靠，个别地方可能，就全省讲、全国讲不可能，这事要估计到。现在最大问题是送，不送出去没办法。积也要讲、送也要讲，送到地里多少来算账。送要在春耕以前送到，时间不多了，就一、二个月，而粪只送了1/3。40%，30%，就这个比例。送一半以上了，80%了，我还没听见。送粪是突出的，有些省这样提了，我完全同意，就这样办吧。化肥确实少了。1959年化肥货源一共有多少？多于1958年（1958年290多万吨，今年300多万吨），开始觉得不错，实际一摸，1959年货源中进口大减，国产大增，这是大好事。国产大增，进口减少是应该的。但是国产230～250万吨中，有2/3以上是第四季度生产（一季10万，二季20万，三季30万），第四季生产是明年的事了。开始我们也不知道，摸了以后才提出来。去年进口180多万吨，大部是氮肥，今年进口46万吨，国产增加的110多万吨大部是磷肥，因此硫铵、硝铵分得少了，氮肥比去年少了100多万吨，还有一部分拿到福建。提出这个问题以后，中央增加了两次进口，还是180万吨。化肥现在困难，是否可以考虑下半年搞些小型化肥厂，化工部据说要安排，现在就要争取。有人说主要是设备问题，就是设备问题，中心是钢铁没有过关。

水：一般墒情较好，水利工程还是上人了，总是比去年增加了嘛！水和肥不一样，去年搞的今年又加上了，肯定是好的。问题就是山西提出的那个问题。去年新增的真正生效的是一半，这还没有算提水工具那个账，算进去还要多。可以想想，去年搞了水利就抢春播、夏收、夏种，人民公社化，搞钢铁、秋收、深翻种麦，有什么时间搞了渠道，搞了平整土地，就是水库存了水也浇不上，山西提的“水臌症”（库蓄了水未做渠道工程，不能浇地），不能登报，可以讲一讲，很有好处，不然光讲灌溉面积扩大多少亿亩，实际没那个事，要打对折拐弯，过去没时间，不怪，现在要认识这个问题，去搞。这样算还扩大灌溉面积为什么？所谓浮夸不扎实，就这些问题吗？整个看来，这个问题也值得考虑。工程面积还在的，浇上就是了，问题是真正浇上的不是这样多，怎样把那一半搞起来，就是搞渠道、平整土地。地看着是平的，但一上水就不平了，要用水去考验，种上以后就不能平，只有收了再搞，真正发挥效益要三年到五年，发挥效益还要维护。灌溉面积要按实际效益面积来计算。今年人上得少一点，是搞新工程还是搞旧工程发挥效益？有的地方没有这个问题，那是另一回事。水利是晚了一点，种前要把水搞一搞，渠挖了进不进水还不知道，要早搞一下。努力重点放到实效面积上。

种：比前面讲的条件好得多，有缺种问题，有调整问题，如麻、花生。花生是国家缺，老百姓不缺，公社缺，社员不缺，缺就想法调剂嘛，总之今年种是够的。

密：第一句是合理密植，第二句是“越密越好”不对。究竟多少合适，很难说。能不能全国规定，不行。将来定也要分区、分作物、分土壤。密和土、水、肥、种、风、光、温度等有关系，这件事不忙于定，定也不定全国的，要经过几年，汇总起来，大体定了差不多了。上海市叫部里定，部里怎么规定，替上海规定叫越权。农业一年只试验一回，早稻也是一年一次，下一作叫晚稻。农业和气候条件关系又大，气候不是按日历走的，变化是多的，搞试验，一年不能解决问题，要几年才能大体定案。可以发表原则意见，究竟多少为好，谁也不能发表，要试验。要注意，陕西省讲反对试 5%（面积），我同意，试验只能是很少量，上百分数的就不能冒来，有下种 1 000 斤的真叫试验，99%靠不住，大几百斤、一千斤，只能几分、几厘、几平方公尺地干，干 5%怎么得了？试验叫什么？叫掏学费，没准备叫他成功。试多少？一厘、一分、五平方公尺。

农药问题：底还没搞清楚，总之，六六六、滴滴涕，都要苯，没苯不行。搞 100 万吨焦炭，只出 1 万吨苯，还得靠洋法。土法根本回收不了，有什么办法。生产出来苯又不统统用在农业上，不少家等这个玩意。

搞17万吨，争取20万吨，现在了解到底生产多少。再就是进口一些，多进口是法，但外国还不是一样，苯也多不了。硫磺主要是开采问题（甘肃省矿藏很多）。

工具：是目前的重要问题。春播春耕送粪要造工具。有三种东西，最原始的到最进步的，就是小农具——改良农具——拖拉机。小农具修补差30%～40%，那么多妇女参加来，不能拿手干，加上去年搞掉了一批。目前这个是大面普遍，是大几千万人的问题。农具改革半机械化问题很多，土钢、土铁、木头不行，三天化过去四天化回来，虽然这里还有客观情况。另外，不能光靠一阵风吃饭，一阵风对打开局面很有好处，推开以后还搞一阵风，就不能巩固。一阵风打开局面，跟着就要巩固。去年发明很多，推广很少，按发明的工具数量平均算账，每种只推广几十件。搞了几万件，结果大同小异，有多少出入呢，十几二十种基本上一个类型。要做具体切实的工作，大量推广。排灌机械、拖拉机不讲了，有个归队问题。工具改革要原材料，工人，铁木匠走了，上了工地了，也有归队问题，修配厂升级改行，也有归队问题。原料要两头，一头是20万吨国家计划，另外是土钢土铁，土钢土铁不好，也比没有好，这是踏实吗？

劳动力问题：主席在郑州会议指示，劳动力要搞农业，农业放在第一，这些都有了。劳动力是紧，很紧张。怎么办？移民吗，从哪里移，移了也不够，无非是搬个家；中国不行，从外国移，不可能。办法无非是提高劳动生产率。使用方面怎样节省，甘肃讲要算算账，很对嘛！调动积极性是一方面，再就是工具改革。服务人员，行政人员减少是肯定的，社办工业搞不搞那么大摊子，该控制，该搞的，能搞的，也用不到那么多人。徐州关王庄400亩甜菜，搞个糖厂搞了50个人，显然是多了。大厂、小厂要有厂长，三个人的工厂两个脱产，一个厂长，一个会计，一个工人，这样办厂还得了，这种情况也有。很好地斟酌一下社办工业本身的特点，长处就是和农业生产季节性相配合，因此自然得出结论，农忙时节抽出来，能停的停，该停的停，你这个优点（指和农业生产季节性相配合）不用为什么？文教卫生等等，要按中央提出的无非是一年的几个节日搞几次，放假搞卫生。农村工作不和农业生产结合是错误的。成都会议就讲这个优点。劳动力要占百分之几十，全年可以讲，农忙农闲就要有变化。

三、几个并举问题

这是决议里解决了的，农村人民公社以农业为主。我向主席汇报，主席说：不以农业为主，还以工业为主？粮食和经济作物也是这样，随着粮食问题解决得如何如何，现在不是粮食已经解决，离得还远吗，这些事情农民很清楚，问题是脱产干部的脑子里边，就是不知稼穑之艰难。经济作物是随着粮食的增长而发展。商品生产和自给生产联系着的，粮食是可以成为直接商品或间接商品的。间接商品是人加工，通过养畜也可以把粮食加工成为商品，另外还有肥料。主席讲外国人吃饭是两条腿走路，中国人一条腿走路，这是需要改变的。怎么变，无非是粮食加工成肉。肉从哪里来，是粮食，不吃粮食除去两层皮、骨头，没有了。棉花产区也不是光商品，不能都办厂，处处办厂，无非是大厂化小厂，这不是发展道路、发展方向。商品性不是那样搞商品，加工是初步加工，用粮食造酒精可以，酒精造橡胶就不行，每个公社都搞了，谁买？统统出口怎么能行？分送，中国那么客气？这是不能设想的。粗加工可以，细加工不是社社都能办的。有些东西是非集中不可的，光是靠自己干，就完全自给了。自给性、商品性，把道理讲通就容易吗，搞这样、搞那样，自然有分工，分工就不是公社搞，而一定要由国家搞，这些问题，决议是说了的，要把这些关系摆开。现在是农业、粮食，讲农业不是不讲工业，讲粮食不是不讲经济作物，今年首先要解决的还是每人 2 000 斤、3 000 斤。粮食是元帅，但不是总是元帅，要变，在什么时候变，到 2 000 斤以上，粮食元帅非退位不可，保证每人每年 2 000 斤、3 000 斤粮食出来，他就不是元帅了。目前讲，粮食还是元帅。

四、畜牧业

大牲口增加 10％的问题，全国提这个问题，有一定根据。全国适龄母畜约 2 700 万头，去年年底有驹 1 500 万，空怀 1 200 万，打 90％，还有 1 350 万，今年一、二月配一些，可以生下来，当然数量不会很大。有可能搞出1 400万头左右小驹，死掉一些，屠宰一批，正常淘汰5、6、7，马5%，牛7%～8%，搞个7%～8%，600万头左右，还剩800万，800万对8 000万还不是10%，这是有根据的，统计数有问题那就不知道了。各省考虑一下，怎样配种，今年生不了，明年总要生。主席说的，中国人吃东西慢慢要两条腿走路。鸡、鸭、鹅、鱼要发展，北京会议上提了，不说了。

大家畜几年没有翻身了，从1955年开始下降，连降了三四年，这怎么行，对这个东西没办法，为什么？下个决心搞个办法，让它翻身吧。

五、动员口号、计划指标和包产指标的关系

没动员口号不行，动员口号只按计划指标不行。计划指标是按平均先进水平定的，大体能实现，不按这个定不行，不能按最先进的水平，国家、社都是这样。但是既定平均的先进水平，自然不能大家向他看齐。比他低的向他看齐，对了，比他高的要减了，就根本不用努力了，这怎么能行呢？所以总要有个动员口号。动员口号应该根据先进水平，大家向先进的看齐。比方小麦亩产千斤运动是动员口号，经过最大努力，可以实现，好的可以超过。当然动员口号不能信口开河，毫无根据，那样根本不能起动员作用，无非是吹牛皮。动员口号可以高，不能毫无根据地高，这样一来，动员口号和计划指标，显然有距离，计划指标是跳一跳把果子摘下来，动员口号是有些要达不到。小麦千斤，谭老向主席说搞到600斤就不错了，主席说500斤我就满意了。搞千斤麦，有的县是可能的，但35 000万亩是不可能的，明年有没有可能，再说。这两个东西有距离，最后没实现算不算浮夸，这不是浮夸，因为亩产千斤不是没可能，有一批搞到千斤，就有一批不到千斤，要都是千斤为什么不定千斤计划呢？就是有些不能实现嘛，这不是弄虚作假。可是有一条，最后收多少讲多少，不要喊千斤口号，把200斤也搞成千斤，明明没那么多，讲那么多就不行了，预计可以不准确，但要实际一些，最后拿到手。收多少是多少，有时候公布，对外国人必要时候没办法，那是很特殊的情况，也要防止杜勒之流抓小辫子硬干，但那是对敌斗争。最后报产量要有一说，不要弄虚作假。这样做不是浮亏虚假，不这样怎么动员呢？计

划指标之下，还有包产指标，还要低一些，不然包不下去，但不能差得太远、包得太低，包得太低也不起积极作用。小麦提千斤专、县、社、队，没有提省。就不是全省都千斤。运动是一批动了，一批达到了，一批超过了，还有一些没动。先进落后总是有的，只是标准逐年提高，今年麦子三类苗比去年一类苗好，还叫三类苗，这是运动正常发展规律。因此，运动结果不是完全按计划实现，将来实现了也好嘛！把这些东西搞清楚时，对右倾保守主义也就搞清了，客观上能办到的事，不去办叫右倾保守，根本办不到的事勉强去办叫主观主义。口号没边，叫主观主义，有可能达到不去搞，叫右倾保守。今年就是发挥最大的主观能动性，把客观上可能的东西变为现实的东西。主观和客观的关系就是这样，科学分析、冲天干劲，有冷有热就是这样，不能讲冲天干劲，不可能也冲，讲科学分析，就干最保险的事情。

六、机械化，高产、少种、多收，根本改变五亿人搞饭吃的问题

机械化，高产、少种、多收是要搞的，五亿人搞吃饭的局面要改变，主席讲中国贫弱，六亿人，五亿人搞吃饭还行。改变，无非是机械化、少种、高产、多收，两件事非搞不可。要搞必须有计划，有步骤，有分别，有了高产，才能少种，尽管少种了，比多种还要收得多；不能少种、高产、多收，更不能说少收了。总要粮食平均两、三千斤，棉花二、三十斤，油料二、三十斤，少种、高产、多收才行。高产和少种乘起来比过去收得多叫多收，不能无计划，无步骤，无分别。人少人多，地少地多、地好地坏，复种指数高低的地方都有所不同，人多地少也大量丢地那怎么办！江苏亩把地，广东潮汕只几分地，还能丢啊！地好可以不丢嘛！复种指数高是丢复种还是丢地可以考虑，一面丢一块地，一面三季变四季，那叫干什么！武汉会议搞了决议之后，就有个东西发到各省去了。

机械化又远又近，对吗！该远就远，该近就近，1956 年订第二个五年计划草案时，到 1962 年钢搞到 1 200 万吨，那怎么能快。要搞要有钢铁、煤油、机械制造，以钢为纲，没钢什么都没有，那时讲第三个

五年计划也对吗？可是现在变了，去年搞了1 100万吨，主席提出来，从1960年开始，搞个比较大的规模的机械化。中国不是几千台的问题，在朝鲜可以解决了，两年出口50万吨稻米就行了，他只有100多公顷地，我们一亿公顷以上，我们能走一条路？因为我们钢铁产多了，很可能把1962年的事拿到现在来做。再一条是人民公社能够投资。过去，国家要拿300亿投资搞拖拉机站，但10年才搞百把亿，这次人民公社一搞，郑州会议讲搞18%，一年就是200多亿，拿1/4，也有50亿。五年到七年可以实现机械化。两条，一条是钢铁上来了，可以造出来，一条是公社有钱可以投资。搞了机械化就可以提高劳动生产率，减少农业方面使用的劳力搞工业，才能富强。美国农业上用不了多少人，高度机械化，我们还是五亿人搞吃饭，国家富不起来。什么都是劳动创造的，这是大家都承认的，我们这样一个劳动生产率，能富什么？

七、经济工作要越做越细

农业生产的物质是生产资料、农业机器等。从农业部讲，我们也有很多东西搞不清，结果计委计划列不上也不知道，到用的时候没有，有些商业部门供应的也不知道，这样不行，要改变。“在家靠父母，出外靠朋友”，我们是要靠你们的，你们不提，我们有什么办法（刘瑞龙副部长插话：今年计划在6月份把农药、化肥、机械需要量向计委提出来，各省也要早提），早提，提出来不一定给，但是可以争，最后全国一盘棋来算账。这件事要拜托拜托，你们不提我们提不出来。安徽700万亩河网化搞掉了，这是我们不对，小麦没种那么多，复种种不上，播种面积提高了，这些怪谁？怪我们。这些要做自我检查了。种什么的季节，强调什么多搞，几个多搞顶住了，没那么多地，也是我们不对。我们那么多局，那么多人，不是一盘棋，你们农业厅，也不是一盘棋。越做越细就是搞这些问题，只要具体、清楚、明确，把问题提出来，中央可以解决，化肥就是个例子。提，不是空空洞洞，账要搞得清清楚楚，要做到这一点就要越做越细。光讲要，一句话，解决不了，你说要多少，他说不能按需要完全满足，一句话就顶回来，要讲为什么要，怎样解决。你们要细一点，我们才能细，不然没办法。

最后，主席在郑州的讲话传达了，不再讲。这个讲话一传达，群众起来了，更大更好更全面的跃进要完全肯定。有困难，工作要我们做，这也是将了一军，有了郑州会议，再搞不出东西来，就是我们的工作问题了。总之，更大更好更全面的跃进还是要肯定的。

在全国农业厅（局）长会议上的报告*

（1959年3月7日）

原定3月初在杭州召开的各省委农业书记会议，根据郑州会议的新情况和谭震林同志的指示停开了，各省委农业书记都已回省，留下了农业厅（局）长开了四天会，检查了春播备耕工作，3月3日开始，7日结束。现在简报如下：

（一）1959年的农业计划指标，有些省区有些项目同计委下达的数字稍有出入。粮食面积各省汇总数比计委下达数少3 753万亩（不到16亿亩），产量少526亿斤（不到13 000亿斤）；棉花面积少303万亩，产量多81万担；油料作物问题最大，差得最多；其他工业原料作物的产量计划，省的数字一般都高于计委下达的指标。现在，春耕在即，不必再在计划指标上去纠缠，只是要求各省、市、自治区千方百计地努力提高单位产量，力争完成和超额完成计委下达的指标。各省厅（局）长听了谭震林同志传达主席在郑州会议的指示，认为广大农民的积极性和人民公社的优越性一定会有更大的发扬，实现1959年更大更好更全面的跃进也更有信心。

（二）看来最大的问题是油料作物。冬油菜由于去年播种时秋收、秋耕、秋种的三秋工作和大办钢铁挤在一起，劳力比较紧张，播种和田间管理也都不如小麦用的力量大，目前的生长情况一般都不合理想。各省计划的总产量比国家计委下达数少1 500万担，也就是说将少出油500万担，合25万吨；大豆也未可乐观，关内各地是麦茬豆多，东北是主产

---

* 中央在批转报告时说，上海局，各省、市、自治区党委，中央各部委，国家机关和人民团体各党组，总政：现在把廖鲁言同志关于全国农业厅（局）长会议的报告转发给你们。报告中所提到的一些问题，都很重要，请各地党委和中央各有关部门注意加以解决。目前油料作物的生产情况很值得注意，搞得不好，今年的计划有落空的危险。各地必须认真地来抓一下，特别要抓油菜籽、花生、大豆这三项作物的生产，努力保证完成今年全国产油600万吨的油料的计划。油料作物生产中存在的各项问题，各有关部门都应该积极帮助加以解决。

区，量多质高。但是，东北三省自去秋以来一直干旱，冬季少雪甚至无雪，气候很反常，现在土层已干透五寸，五寸以下的土壤湿度也不过10%左右，种子放下去也不能发芽，如果在五月上半月以前不见透雨，东北三省的大豆播种很成问题（当然其他作物的播种也成问题）。花生、芝麻的面积、安排不下去，各少200多万亩；产量计划，芝麻少500多万担，花生比计委下达数多200多万担。不过，已经安排下去的花生面积能否完成还有问题，例如山东还缺500万亩的花生种（农民手里有，国家和公社手里没有）；又如，安徽的花生面积今年扩大到700万亩，需种2亿8 000万斤，已有的只是2 000多万斤，缺90%；再如江苏扩种花生主要靠徐淮地区，而这两个地委都反映缺花生种，收花生用的钢筛吵了几年未得解决，收时太费工，种下去也收不回来，花生的收购价格也有问题，不如种棉花有利。这种种情况如不立即设法改变，1959年提供产油600万吨的油料的计划将会落空。为此，（甲）3月10日在上海郊区召开油菜现场会议，掀起一个加强油菜田间管理、保持面积（不要翻掉和当菜吃掉）、提高产量的运动。（乙）群众手里的花生，建议按市价收购出来（也要做好政治工作），谁卖的钱归谁得，好的可以做种的，价格应该实行优质优价。买种的这笔钱，公社有积累的可以自己解决，有困难的建议由银行农贷帮助。（丙）收花生所用的钢筛子，要求计委经委安排材料生产，商业部门保证秋收前供应到农村。地方有些同志反映，说一月间在北京签订的产销合同是“片面合同”，对于农业生产所需要的物资供应未予规定。（丁）花生和其他油料的价格问题，会上有反映，但是，不掌握具体材料，没有搞清楚，这是我们农业部门工作中的缺点，提请国务院五办和商业部研究解决。（戊）请东北三省及早着手准备抗旱播种大豆（当然还有其他作物）。据说，辽宁在四月份以前计划生产的排灌机械，由于原材料和电力不足，到二月底完成的不到五分之一，此点也请计委检查。

（三）当前农村工作，应该明确以春耕生产为中心，除了做好冬麦、油菜等作物的田间管理以外，突出的是抓春耕、抓送粪、抓水利、抓农具、抓劳动力。

去秋以来冬耕一般比往年多而且深，但是，也有未冬耕的白茬地，已冬耕的也要结合施基肥再犁一次，深耕了的要结合施基肥来克服由于生土翻上来而可能引起的减产危险。积肥造肥一般比往年数多质高，但是，一般都还没有达到省委提出的要求，还要继续大干。更重要的是，已经积造的肥料，送到地里的一般只占 1/3 左右，必须突击送粪，在播种前施好基肥。

兴修水利上工的人数少于去年，这就要求我们要更合理地使用，扩大实际效益。山西、河南都反映，去年修的一些水利工程，由于没有渠道，或者只有干渠没有支渠、毛渠，或者有渠道而土地未平整，以致有半数以上不能实际收到灌溉的效益。现在应该首先注意修渠整地，把这个应有的效益发挥出来，而不要一味追求新修工程。有的省并且提出今后要评比实际收到灌溉效益的面积。而不单纯评比土石方和按工程计算的扩灌面积。看来这个意见是对的，至少应该两项都比。

小农具坏的、缺零件的很多，一般省都差 40%左右。小农具年年都要修补添置的，今年的情况更严重，由于新增加了一大批妇女劳动力，也由于去年公社一成立，制度有些乱，大协作中损坏丢失了一些，还有的炼了钢铁，卖给了供销社。必须立即检查修补添置小农具。去年支援钢铁和办工业所抽走的农业机械（包括抽水机）应该及时归队。铁木匠也要归队。修添小农具，搞农具改革，修配农业机械，都需要材料，钢铁竹木都缺，提请有关部门及时解决。

劳动力是关键。要求各地按主席在郑州会议指示的精种加以安排。在人民公社内部讲，社办工业也要加以整顿，经营范围大、摊子多，要适当控制；该办的企业单位，用的个人多，脱产人员多，也要紧缩精减。社办工业还必须与农业季节的忙闲相适应，这是社办工业的长处之一，一定要善于利用这个长处。

农业厅（局）长会议认为，主席在郑州会议的指示，从根本上保证了 1959 年农业生产更大的跃进，大家决心努力做好具体工作，最大限度地发挥主观能动性，来实现更大的跃进。

以上意见，如获同意，请中央批转各地和有关部门。

关于召开十四个城市蔬菜会议情况报告

（1959年6月3日）

主席、中央：

5月底召集了北京、上海、天津、沈阳、长春、哈尔滨、包头、太原、西安、兰州、武汉、广州、南京、济南十四个市的蔬菜会议。到会的有各市委管农业或财贸工作的书记或市长，李先念同志也到会作了重要指示。据会议反映，从今年1月间召开蔬菜会议以来，各地都做了很多工作，蔬菜生产确实有很大的发展，蔬菜播种面积比1958年增长70%以上，1月到5月各个月份的蔬菜上市量一般都比去年同期多。但是，由于城市人口增加得快，购买力提高得多，其他副食品供应紧张，口粮中的粗粮比重增加，蔬菜的需要量比往年提高很多，生产仍然不能满足需要，或者数量够了，而某些品种不足，供应仍然紧张。这是当前蔬菜生产供应的基本情况。要完全改变这种紧张情况，还要继续做很大的努力。

（一）近郊区的农业生产方针应该“以菜为纲”，其次是猪鸡鸭鹅和饲料的生产。蔬菜和粮棉争地的时候，粮棉应该让路，菜农的粮食不足，由国家供应。这是指近郊区，也就是原来的小郊区，新划入市委管辖的县份不在内。如果近郊区挤了粮棉蔬菜地仍然安排不过来，可以由市委决定把近郊区扩大一些范围，安排蔬菜。

（二）城市居民的蔬菜供应标准，以卖到消费者手中的蔬菜计算，能够经常保证每人每天一斤，就算很好了。旺季可能多一点，淡季可能少一点。但是，淡季也不宜太少，旺季必须考虑淡季，以旺补淡，预做准备。除了储藏鲜菜以外，并且要尽可能多准备一批腌菜、干菜、粉条、干豆和豆芽、豆腐等等，来补充鲜菜的不足。在可能条件下，搞一些温室，在冬季生产蔬菜。但是，目前温室不可能搞很多。特别是在北方，过多地要求在冬季和初春供应鲜菜，是不现实的。

各个市都应该力求做到蔬菜自给，除了少数特殊品种以外，一般蔬菜应当认真贯彻就地生产，就地供应的方针。像今年春天那样远程调运蔬菜，绝非长久之计。各个市应该按照每人每天一斤菜的标准，加30%的安全系数，再加20%的损耗，按城市供应人口每人每天一斤半菜来布置生产（菜农自给部分除外）。对于农民自食的蔬菜，也要有安排有指导，但是不能与商品菜同样要求，不要安排过死，不必去规定农民自食的标准。

（三）从有些市安排的蔬菜生产计划看来，还要考虑以下几个因素，使计划真正落实。

第一，土地。在近郊区如果种菜土地与种植粮棉的土地发生矛盾，粮棉应当让路。当然，有些市土地多，根本没有这个问题。

第二，劳动力。这是最根本的矛盾。一个劳力管七八亩菜地，显然是管不好的。为了把菜种好，在近郊区农村劳动力的分配上，应当优先安排种菜的劳动力。当然，各地情况不完全一样，有些地方，只种一季菜，而且是粗菜，七、八亩一个劳动力，除忙季外还有富余。在这种情况下，劳动力的配备就不要同种几季细菜的地区同样要求。解决劳动力不足的办法之一是压缩城市人口，挤一批劳动力回农村；郊区人民公社办的工业，除了直接为农业服务的以外，与城镇重复的，可以不办的，办了反而发生争原料问题的工业，要压要停；公社劳动力的使用也要合理化。办法之二是工具改革和机械化电气化。工具改革应该积极进行，机械化、电气化在城市郊区也有可能先一步实现，城市应该挖掘潜力，从这一方面来支援农村。但是，推广工具改革和实现机械化、电气化都要有时间，算眼前的劳动力账，不能把因此而节省劳力的数字打多了，否则计划会落空。

第三，运输条件。这也是个劳动力问题和工具问题。同时，菜地的分布，应该考虑到运输的条件，由近及远。种上了就一定要想办法拿出来。不能到时拿不出来，让它烂掉。距离太远，交通不便，确实无办法拿出来的，就不如不种，否则，农民骂娘，国家赔钱，于国于民都不利。

第四，种子问题。缺种的，必须把种子安排落实。种子无着落，计划就落空。各地所需要的蔬菜种子，除了当地不能留种的以外，都应该做到自给，现在就要为下一季种菜安排好种子地。

第五，水源问题。安排菜地，必须考虑这一点。无水源，或者有水源而无水利设施，只能种粗菜，当旱地种，靠天收。城市应该从人力、财力方面，帮助近郊区及早解决菜地的水利化。

（四）生产资料的供应。为了迅速发展城市郊区的蔬菜生产，所需要的化肥、农药机械、排灌机械、运输车辆、木材、水泥、玻璃以及架杆、筐箩、酸菜缸等等生产资料，有的是重要的基建器材，受客观的限制，不可能全部满足；有的并不是没有东西，而是由于物资交流不畅，手工生产停顿，以致市场缺货，供应部门应该尽力去找货源，组织生产供应。市的商业和农业部门，应该组织有关方面，订立蔬菜产供销的联系合同，共同保证按合同供应生产资料，按合同生产蔬菜，按合同收购蔬菜，从而保证城市的蔬菜供应。

（五）蔬菜的供应网、售货点、买菜车和从业人员不能太少。这些机构以及人员少了，菜多也要排队。凡是在 1958 年下半年以来，撤点过多、抽人过多的地方，应该根据需要恢复起来。买菜车的从业人员实行了工资制的，看来对劳动积极性并不利，可以考虑恢复手续费或者分红利。为了减轻蔬菜集中运输的压力，可以组织大的集体伙食单位与蔬菜公社直接挂钩，规定适当的差价，奖励集体消费单位自运。

（六）除了各市组织自己的蔬菜生产基地以外，有些销行全国的和外销出口的名菜，要专门组织生产基地，可以由商业部、农业部与基地直接挂钩，也可以委托省负责。省外调剂的和支援兄弟国家的菜种，也要由商业部和农业部专门布置生产。菜种价格过低，要适当调整。

（七）猪、鸡、鸭、鹅、鱼、虾的生产必须尽力发展。许多城市和郊区都有不小的水面可以利用，发展鱼虾生产。现在正是鱼虾河鲜生产的旺季，应该积极组织捕捞，以补城市肉食供应之不足。要积极设法发展猪、鸡、鸭、鹅的生产，中央 5 月 7 日关于恢复自留地或者拨给饲料地的指示，必须切实贯彻执行，实行两条腿走路，公养私养同时并进，力求迅速发展，尽早改变副食品供应紧张的局面。

以上各点，如认为可行，请批转各地。

在十四省、市秋种会议上的发言

（1959年6月25日）

开了几天会，提几条意见：

一、1959年夏收产量初步预计，证明一条，农业生产能够实现主席所指示的在1958年大跃进的基础上继续跃进。问题是，什么叫跃进？什么叫多快好省？过去有些概念是不太清楚的。“只有翻一番才叫跃进”，那是不可能的，个别作物可能，应该按照主席的指示，农业增产10%就是跃进，20%就是大跃进，30%就是特大跃进”。按照这个原则今年夏收应该算跃进，如四川夏粮总产105亿斤，比去年的82亿斤增长30%，陕西小麦全省平均亩产241斤，比去年168斤增长了48%；大面积丰产的8个单位2.1亿亩麦田，300斤以上的就达4 300万亩，占20%还多一点。这还不是大跃进吗？全国夏粮面积比去年减少1.25亿亩，达20%以上，而总产量比去年实际产量大体相等或还有增加，这就是说，等于单产比去年增长30%左右（面积减少是人为的），这还不是大跃进？今年小麦（包括春小麦）也是这样的，面积减少20%，总产量略有提高，比1957年增长了50%左右，两年增长50%，平均算账一年增加25%，递增也在20%以上，也是继续跃进的证明。是不是太乐观了，大家可以考虑。

农业形势总的是，大局很好。去年秋季以来，虽然在所有制、按劳分配、家庭副业以及社员生活安排、干部作风等方面，出了些毛病，现在已经解决或正在解决。这些毛病也只不过是所有制、按劳分配搞得早了点，但总不会是万万年的吧？家庭副业再搞起来嘛，当然需要有个时间。小猪长大总是得有个过程，算是开始解决了。社员生活安排，食堂多吃了些，已经提出“以人定量，分配到户，饭票制度，节余归私”十六个字。路子都有了，政策定下来了，只是贯彻执行的问题了。

在推行增产技术措施方面也出了一些毛病，也取得了经验，绝大多数还是搞得好的，所以增了产，不是“根本没增产，都搞坏了”，增产

10%、20%、30%，说“搞坏了”，那是什么逻辑。过密只是极个别的，也仅能是百万分之几，甚至是千万分之几的比例。下种一千斤的最形象化了，全国连一百亩也没有吧？“深耕坏了”，五尺、一丈的有多少？水利本来二三年才能发挥效益，当年有些工程没发挥效用是合理的。失败是成功之母，“八字宪法”的内容更加充实了一些，从这次会议上看各省不都有些道道了吗，越来越精确了，这一条是最大的好事。主席讲：“最大的好事是过去那些失败的东西。”干部作风有了显著改进，群众路线的作风又发扬起来，党和群众的关系更加密切。这一切都将真正调动起群众的积极性，这是继续跃进的基本条件。

夏收证明了，有继续跃进的条件，要抓住当前生产，力争秋季大丰收，实现1959年的继续大跃进。

二、1959年秋种的部署：

对面积和产量计划部里有个建议，你们有个安排，最后一直到公社的基本核算单位——生产队和包产单位才算真正落实。我们的想法是恢复1957年的秋播面积，能不能完成？十四省的安排还少一点，能不能上去，在座诸公，拜托拜托！力争上去。麦子产量今年平均200斤大致差不多，明年250斤到300斤行不行？但是有一条，不能来个自由主义，越定越少怎么办？要落实不能自由主义，上面的计划和下面的落实要统一起来。上面实事求是，下面要有整体，有爱国主义，有点干劲（谭书记插话：“是否落实，可能有点低，对明年的农业生产看得会清楚一些，估计应比较准确，不能随风倒，现在有一种随风倒的风气。从现在看来，比去年减产的有河南、甘肃、江苏、湖北四家，增产的有上海、河北、山西、山东（总产减少了些），陕西、安徽、四川、浙江、江西增产幅度还很大。现在的问题是由于粮食紧张，你说多，他说少，怎么办？只好听他的。但是，如果根据他讲的估产就错了，300斤以上的面积大约占20%～30%，这种现象可以看出一个问题，要避开去年的毛病，后期管理有的放松了些，否则来个30%以上的特大跃进是有可能的。如果回过头到1958年以前，那就糟糕了，得什么时候建成社会主义啊？这是根本性的问题”）。

农业生产，在高级合作社章程中规定了一条是“在国家计划指导下的生产经营的独立性”，不是抽象的。上海会议还是谈要有统一性吗？国家和公社社员有对立面，主席讲密植问题时，叫老年、中年、青年结合起来商量，这就是统一性，不能总是说了算，要统一对立面，包产问题要生产队和生产小队商量，就是统一性。现在还是两家、三家商量统一起来，不能下面说了算。

今年秋种的几点原则要求：

1. 扩大面积和提高单位产量。两条腿走路，也就是主席指示的“广种薄收和少种高产多收的大面积丰产田同时并行”。总之，是要总产量。总产量多了吃的就多了，单产提高，总产量不多不行。

2. 粮与油、冬小麦与夏杂粮，都要因地制宜地综合平衡，统一安排，要扩大面积，也要瞻前顾后。

3. 及早做好准备，在秋种中就注意“消灭三类苗”，打好基础，普遍种好，当然以后还得加强管理，均衡发展。

三、秋播中的几条增产技术措施：

“八字宪法”还必须强调，过去是有些片面性，过分了一点，但不能因为有缺点而放弃它，深还得深、密还得推行，能不能放松一点？我看不行。应该是全面因地制宜地继续推行。具体说：

土——要不要深耕改土？肯定得要。问题是耕多深？根系发展最好也就是八、九寸，一尺左右。六、七寸总还比过去三、四寸深了些。是一次耕深还是分年分批进行？分年进行，劳力可能好一些，土壤熟化也可能更好一些。是一部分深耕而一部分不耕？我看还不如不要求那么深耕过来好，要消灭板田，不能深耕的也要加厚土层。改良土壤。不是不要，而是更具体了。

肥——去年只是统计，还是要多施肥，要合理施肥，讲究方法、时间，多施质量好的肥。在劳力紧张时更要讲究质量，提高肥效。4 000 斤粪 3 000 斤土。1∶2 的比例据说是合理，如果再多加土，肥效质量就低了。并不是堆上几万斤土，都能分解，看来数量增加了，而质量不高。烧肥跑氮，不如沤肥。把植物烧了不能发挥肥效，这个问题应该研究。山东提的钾长石加食盐的办法，也值得研究，可能一年、二年有点肥效，三年以后是否会盐碱化（谭书记插话：“这个问题要注意”）？在肥料问题上要考虑，要多施肥，要讲究肥效。积肥要搞而且一定要搞，要追求事半功倍之事。

水——今冬要搞，秋种前就要考虑。全国号称10亿亩灌溉面积，实际只有5.2亿亩发挥效益，能浇一、二次的3亿多亩，根本不能发挥效益的2亿亩。有的做了些工程，有干渠无支渠。有渠没有平地整畦，水到不了地里去。这样可不可以，首先把未完工程搞完，真正把二、三变成五，一年不行二年，二年不行三年，使其真正发挥效益，这是事半功倍。有余力再搞新工程。没有工程的地方，应该积极兴修，但也要力求早日发挥工程效益，搞完一个算一个，不要摆的摊子太多了，留一些尾巴，不能发挥效益。今年"下马"的工程是否都要"上马"还值得考虑，上部分还是可以。5 000公方的叫小型工程，可不是个小事情，人力、物力，都向上边要没可能。要根据人力、物力的可能决定是否"上马"，如何"上马"？劳力就是那么多，人只是一个，有一条，一年只有365天，一天只有24小时。这是大搞得出来的经验。麦收前要把土地平整好，渠道要准备好，不要想得太远，规格搞得太宽，占地太多，明年用不着今年就不留，如此类的问题（如道路等）都要考虑好。

种——选、留、保管、处理不多，良种化，不能太单一，引进新种一下子不能过多。品种有它的变化性，经过一个时期他会向两极分化，可是危害作物的病虫害也有，锈病胞子也不只是一种，所以表现也不一样（陕西要淘汰一号值得考虑）。外调种子不得了，去年全国调剂100亿斤，大事情，海阔天空的要求不行。总之，要落实自选、自留、自力更生的"四自政策"。要准备后备种子，否则非外调不可，不仅有天灾，同时还有人祸（以防把种子吃掉）。

密——各省都提了一个有相当幅度的种量，大体很好（谭书记插话："有些老农愿意稀，就让他搞上二、三亩，对稀的少量试验不要过多的责备"）。最低的是15～30斤。这就证明一条，比过去用种量加了一倍上下，可见"密"字还得存在，就是承认了"密"，也得要合理。稀也可试，密也可试，可以做科学上的试验。总之，任何正确的东西强调过分就是荒谬绝伦。干不成事，这是马克思的话。但是，目前要防"稀植论"，正确的只有一条，叫合理密植，越密越好或越稀越好都是片面的。

至于保、工、管就不多谈了。推行增产措施和作物面积的安排，农业的综合平衡，归根结底都是个劳动力的问题。劳动力也要平衡，否则计划就得落空。工具改革必须大搞，要按照主席的指示原则办事，农具研究机构要充实加强，要讲究实效，不要一味追求发明，去年发明很多，创造也不少，有些是标新立异，要踏踏实实多做些切合实效的利于推广的工具。

四、从现在开始，要把秋播面积和产量计划落实到公社、队和群众中去的工作进行自上而下、自下而上的反复讨论，最后包产落实（主要是包产量，也要有一定面积的保证）。

这个讨论的过程，也就是动员群众做好准备工作的过程，包产落实要在秋种以前做好。

五、加强领导和走群众路线，要统一起来。要反对强迫命令、不走群众路线的作风，也要防止不敢领导放任自流的偏向。有些基层干部不敢领导的问题值得注意，事实已经存在，有放弃领导，不敢领导的危险。日子总得过，中华人民共和国也不能收摊子，家还得共产党当，从中央一直到生产小队都必须是共产党当家。要当好家，既反对主观主义、强迫命令，也反对放任自流，尾巴主义。“说服教育不行，又不能强迫命令，只好放弃领导、放任自流。”这是领导没有的表现。真正做到完全恰到好处不可能，总是会出点毛病的，但是又必须学会做到恰到好处。

关于一九六零年工业如何支援农业的初步意见的报告*

（1959年6月28日）

遵照指示，又召集了一机、化工、商业和计委等部门负责同志，对于“农业机械部的组织”和“一九六零年工业支援农业的方案”两个问题，再次作了研究。现将研究结果简报如下：

关于农业机械部的组织问题。

（一）农业机械部是组织领导农业机械制造工业的部门。它的任务是：根据中央逐步实现农业机械化、电气化的方针，规划和组织农业机械制造工业的基本建设，组织农业机械的制造和维修（包括零部件的制造），领导和督促检查各级农业机械工业管理部门的工作，领导和组织农业机械化、电气化的科学研究工作（包括农具改革在内）。

农业机械的分配、农村人民公社使用农业机械的经营管理和技术指导工作，仍由农业部门负责。农业机械（包括零部件）的供应工作，仍由商业部门负责。

（二）农业机械包括：农业耕作机械（拖拉机、耕、耙、播、收等各种机引的农具和畜力的新式农具等等）、排灌机械、杀虫机械、畜牧用的机械、农业用的动力机械、运输机械、农副产品加工机械和农村用的小

---

* 本文是报周恩来并转报中央、毛泽东的报告。1959年9月17日，中央同意该报告，并批转中央财经小组并告各省、市、自治区党委。中央在批转时说：中央同意廖鲁言同志关于1960年工业如何支援农业的初步意见的报告。报告提出的化肥、农药、农业机械（其中的200万台电犁，能否生产这样多，计委需再加平衡计算，以多生产一些为原则）、排灌机械、农村运输车辆和钢材、水泥等等指标数字，应该列入1960年的计划，能够搞得更多一些则更好。农业机械和排灌机械还应该尽力设法在今年投一部分料，进行生产，以免在明年第一、二季度为了抢使用季节而突击生产。冬修中小型农田水利也要提前报一部分水泥和钢材。报告提出的关于农业生产资料供应体制的意见是正确的，商业、农业和有关的工业生产部门都应该按照这个意见分工协作，切实做好农业生产资料的供应工作。

型发电机等等，还包括这些机械的零部配件的制造。农业机械部的任务是复杂的、繁重的。除了原属中央和地方的主要制造上述各种机械和配件的工厂、修理工厂，由一机部系统划归农业机械部系统管理以外，还须考虑由一机部增拨几个技术相近的大、中型工厂给农业机械部。这样划分之后，原有的工厂之间的协作关系仍然一律维持不变。

化肥设备的制造，仍由一机部管理，不划归农业机械部。

（三）农业机械部所需的工作人员，主要由一机部抽调配备。农业部所属的农业机械局，除了保留对农村公社使用农业机械的经营管理和技术指导业务以外，其余的业务和工作人员也划归农业机械部。再有不足的而又必须配备的少数人员，请中央组织部协助解决。

（四）省级农业机械管理部门，应该以工业厅和农业厅现有的管理农业机械业务的机构和人员为基础，组成一个农业机械局，可以做为工业厅或者农业厅的厅属局，也可以做为省人委的直属局，由各省（市、自治区）自己决定。县的农机具修配厂和农具研究所，应该尽速建立起来，业务归农业机械管理部门领导。

关于1960年工业支援农业的方案，经再次讨论后，对其中意见有些出入的几个问题，取得了一致。

（一）国产化肥的数量，1960年为250万吨，争取300万吨。其中氮肥120万吨～150万吨。化工部提出，1960年产合成氮50万吨；如果加八千吨钢材，扩建大连和吉林两化肥厂，合成氮的产量可增至58万吨。有了合成氮，能制多少化肥，取决于两个因素：一是工业用多少合成氮，二是有多少硫酸用来制造化肥。据冶金部供应局长和煤炭部办公厅主任向化工部张珍副部长谈，这两个部1959年各需九万吨炸药，共18万吨炸药。一吨合成氮可制两吨硝铵，一吨硝铵可制1.25吨炸药，18万吨炸药共须合成氮7.2万吨。按照这两个部1960年增产的比例，加上其他部门所需的炸药和其他工业用的合成氮，有25万吨合成氮可以安排下来。其余25万吨到33万吨合成氮用来制造化肥，全部按硫铵折算，可产硫铵94万吨到124万吨（一吨合成氮可产硫铵3.75吨），加上冶金部所产硫铵26万吨，共120万吨～150万吨硫铵。

1960年硫酸产量140万吨～150万吨，计委提出，其中50％左右，即70万吨～75万吨，可用来制造化肥。上述120万吨～150万吨硫胺，是按硫胺折合计算的，实际是生产一部分硫胺，一部分硝铵，而生产硝铵并不需要硫酸。生产钙镁磷肥也不要硫酸。70 万吨～75 万吨硫酸用来制造化肥，与化工部提出的制造硫胺和过磷酸钙所需硫酸的数量大体一致。

因此，1960 年生产化肥 250 万吨，争取 300 万吨的安排是能落实的。问题的关键是增拨 8 000 吨钢材，来扩建大连和吉林两化肥厂，拨出这 8 000吨钢材，可产 150 万吨氮肥，不拨只能产 120 万吨。化工部在这次讨论中，并且表示，这 8 000 吨钢材中，型钢还可自己挤出来，其余的四、五千吨钢板钢管，请批准增拨。

（二）1960 年生产拖拉机 10 000 标准台，或是 15 000 标准台。一机部表示，一万二、三千台可靠，努力争取 15 000 台，再增加困难很大。问题有三个：第一是洛阳厂是主力，而洛阳厂并未建成，组织成批生产还要做很多工作；第二是原材料供应也有问题，需要相当数量的优质合金钢；第三是今年第四季度能不能开始投料，如能够开始投料，明年的产量就可以多一点，否则产量就少些。

（三）20 000 台电犁，同意安排生产，供各地公社较广泛地进行试验，但是相应需要的钢丝绳和电气材料还要进一步统一平衡。

方案中的其他各点，到会同志都没有意见。

以上报告，请核。

十年来农业战线的光辉成就*

（1959年9月26日）

一、农业面貌的伟大变化

中华人民共和国建国十年来，农业战线的胜利是极其伟大的，农村的变化是极其深刻的。废除了地主、富农的封建、半封建的土地占有制，改造了劳动农民的个体私有制，实现了土地和耕畜、大农具等主要生产资料的社会主义集体所有制。一家一户一个生产单位的小农经济，在胜利完成土地制度改革的基础上，经过互助组和农业生产合作社的发展阶段，发展成为人民公社这种社会主义性质的大规模的集体经济。在长期的抗日战争和国内革命战争中遭受到严重破坏的农业生产，经过三年的经济恢复时期，恢复到并且超过了抗日战争前的历史最高水平。又经过社会主义建设的第一个五年计划时期和1958年的大跃进，农副业总产值和各种主要农作物的产量都成倍地增长了。1958年的农副业总产值，按照不变价格计算，相当于1949年的2.3倍，粮食产量相当于2.3倍，棉花产量相当于4.7倍。1959年在1958年大跃进的基础上继续跃进，农副业总产值和粮食、棉花的产量都将再增长10%左右。随着农业生产的成倍发展，农民的收入也大大增加了。把增加的人口计算在内，按全部农村人口平均，每一个人的农副业总产值，十年来也增加了一倍。几万万农民，特别是在解放以前占农村人口70%的贫农、雇农，还有一部分下中农，他们的物质生活和文化生活，十年以来获得了显著的改善和不断的提高。农民自己说得好："共产党、毛主席的领导好，几千年来受苦受难的庄稼汉，政治上翻了身，经济上翻了身，又开始了文化上的大翻

* 本文原载《人民日报》1959年9月26日第5版。

身。”这就是我国建国十年来农业战线上的辉煌成就。任何帝国主义反动派的造谣污蔑，在这样铁的事实面前，都是注定要彻底破产的。在长期的革命的武装斗争中用鲜血凝成的、以工人阶级为领导的工农联盟，在新的基础上更加巩固，更加增强了。这个无比巩固的工农联盟，毫无疑问，将是党中央和毛泽东同志的社会主义建设总路线胜利实现的可靠保证。右倾机会主义分子对于社会主义建设总路线的任何怀疑、动摇、抵抗和攻击，一定要碰得头破血流。

二、十年来农业发展的三个时期

十年来新中国农业发展的过程，可以概括地分为三个时期：第一个时期，从1949年建国到1952年。在这三年中，胜利地完成了土地制度的改革，迅速地恢复和发展了农业生产。1949年全国刚刚解放的时候，经过长期战争的严重破坏，农业生产的水平很低，各种主要农产品的产量比抗日战争以前的最高年产量都减少很多。例如，粮食减少了1/5，棉花减少了一半。大豆、花生、油菜籽和黄麻、洋麻减少了1/2到2/3不等，蚕丝和茶叶都不足抗日战争前最高年产量的1/5，大家畜减少了16%，猪、羊减少了30%左右。那时候，除了占国土一小部分的早解放区以外，在占国土大部分的晚解放区，占农村人口不到10%的地主富农还占有70%～80%的土地，无地少地的雇农和贫农占农村人口的70%，封建剥削制度还没有废除，封建主义的生产关系严重地阻碍着农业生产力的发展。因此，在1949年冬季在各个晚解放区普遍发动了剿匪反霸、减租减息的斗争，接着在1950年6月公布了“中华人民共和国土地改革法”，普遍展开了亿万农民的急风暴雨般的土地改革运动。到1952年，土地改革在全国范围内（除了一部分少数民族地区以外）基本完成了，3亿多农民分得了7亿亩左右的土地和大批的耕畜、农具等生产资料，彻底消灭了封建剥削制度，解放了农业生产力，迅速地恢复和发展了农业生产。1952年的农副业总产值按不变价格计算，比1949年增长48.5%，扣除生产费用以后，平均每个农户比1949年增加收入约120元。各种主要农产品的产量都比1949年有很大的增加，例如，粮食增加了926亿斤，棉花增加了1 718万担，大豆、花生、油菜籽、黄麻和洋麻等各种农产品的产量都已经恢复并且超过了抗日战争以前的最高年产量。第二个时期，从1953年到1957年。在这五年中，提前实现了农业合作化，完成和超额完成了发展国民经济的第一个五年计划的农业增产任务。反封建的土地改革任务彻底完成以后，农业将沿着什么道路向前发展呢？小农经济是时时刻刻生长着资本主义的。如果安于小农经济的现状，不实行对农业的社会主义改造，“农村的阵地，社会主义如果不去占领，资本主义就必然会去占领”，这是毛泽东同志在1953年敲起的警钟。同时，生产极不稳定的、不能经常扩大再生产的小农经济，也根本不能适应国家工业化发展的需要，个体分散的、畜力和手工操作的小生产的农业同社会主义的大规模的现代化的工业，是不能长期并存的。如果不实行对农业的社会主义改造，社会主义的工业化就会遇到很大的困难，社会主义建设的任务就不能顺利完成。因此，党中央在1953年2月公布了“关于农业生产互助合作的决议”，同年12月又公布了“关于发展农业生产合作社的决议”，展开了农业合作化运动。1955年下半年，党中央和毛泽东同志又尖锐地批判了当时在农业合作化问题上的右倾思想，掀起了农村社会主义革命的高潮。到1956年，提前完成了农业合作化的任务，基本实现了对农业的社会主义改革。农村社会主义革命的高潮掀起了农业生产的高潮。1956年1月，根据毛泽东同志的提议，党中央向全国人民，首先是向五亿农民提出的1956～1967年全国农业发展纲要（草案），对农业生产高潮又起了巨大的推动作用。1956年是第一个五年计划期间农业生产大发展的一年。1957年的农副业总产值，按1952年的不变价格，比1952年增加了120亿元，增长25％。扣除生产费用以后，全国平均每个农户比1952年再增加收入80元左右。1957年的粮食产量达到3 700亿斤，比1952年增加612亿斤，增长19.8％。棉花产量达到3 280万担，比1952年增加673万担，增长25.8％。其他各种作物都有不同程度的增长。大家畜增加700多万头，羊增加3 680万头，猪增加5 600多万头。胜利完成和超额完成了第一个五年的农业增产计划。第三个时期，是从1958年开始农业生产大跃进的时期，这一时期是人民公社化发展的基础。1958年，在经济战线上以及在思想战线和政治战线取得了社会主义革命基本胜利的基础上，在党的社会主义建设总路线的照耀下，进一步改善了人与人在生产过程中的关系，在农村中实现了农村人民公社化。加入公社的农户占全国农户总数的99%以上，农业生产和社会主义建设的其他方面一样，开始展开了一个大跃进的局面。1958年的农副业总产值比1957年增加了25%，一年的增长速度等于第一个五年计划期间的五年。粮食产量达到5 000亿斤，比1957年增加1 300亿斤，增长35%；棉花产量达到4 200万担，比1957年增加920万担，增长28%，两者都大大超过第一个五年计划期间五年增长的总和。农业生产出现了史无前例的大跃进的局面。1959年正在继续跃进，农副业总产值和粮食、棉花产量，在1958年大跃进的基础上，再增加10%左右的计划指标，可以完成，并且可能超过。而且，我们相信，在人民公社更加巩固、建设得更好、优越性必将更大发挥的条件下，在工业生产继续跃进，工业对农业的技术支援不断增加的条件下，今后的农业生产还会以一种波浪式的发展幅度继续跃进。

三、农业生产关系的大革命，农业生产力的大发展

十年来农业发展的过程，是农业的生产关系大革命的过程，也是农业的生产力大发展的过程。农业的生产关系不断变革，促进了农业的生产力不断发展。首先，这个发展过程，既是马克思列宁主义的革命发展阶段论的体现，又是马克思列宁主义的不断革命论的体现。在全国解放以后，农业战线的任务是继续彻底完成民主革命阶段遗留下来的历史任务，实行土地改革，彻底消灭封建剥削制度；土地改革完成以后，才在农村中实行社会主义革命，展开对农业的社会主义改造。在对农业的社会主义改造运动中，以及在农村实现了人民公社化以后，党中央和毛泽东同志都曾一再指出，在现阶段，我们的任务是建设社会主义。农业合作化运动不用说是社会主义革命运动。人民公社在现阶段的性质也还是社会主义的，是各尽所能，按劳分配。这就是马克思列宁主义的革命发展阶段论在实践中的体现。另一方面，在土地改革一结束，在1953年，党中央和毛泽东同志就提出了过渡时期的总路线和总任务，“逐步实现社会主义的工业化，逐步完成对农业、手工业和资本主义工商业的社会主义改造”以后，并没有停留下来，而是乘旧的富农已在很大程度上被削弱，新的富农和富裕中农还没有成批地生长起来的时机，紧接着土地改

革的胜利完成，就立即开始了在生产资料所有制方面的社会主义革命。生产资料所有制的问题基本解决以后，毛泽东同志又及时地指出，生产关系的三个要素中间，还有人与人在生产过程中的关系和分配问题，这两个方面需要进一步地调整和改善。这两个方面虽然是由生产资料所有制决定的，但是，在生产资料所有制变革以后，人与人的关系和分配问题上的旧制度的残余并没有也不可能立即完全消失。所以，在经济战线上取得了社会主义革命基本胜利以后，接着就展开了党的社会主义整风运动，整顿“三风”，扫除“五气”，展开了全民性的反对资产阶级右派的大斗争。在农村中又广泛进行了社会主义教育运动，从而在思想战线上和政治战线上取得了社会主义革命的基本胜利，进一步改善了人与人在生产过程中的关系，出现了人人心情舒畅的政治局面。同时，尖锐地批判了在社会主义建设速度问题上的右倾保守倾向，解放了人们的思想，发扬了敢想、敢说、敢做的共产主义风格，提出了“鼓足干劲、力争上游、多快好省地建设社会主义”的总路线。于是出现了工农业生产大跃进的局面，社会主义建设大跃进的局面，并且在全国农村中实现了人民公社化。这就是在实践中发扬了马列主义的不断革命论而取得的辉煌成就。我国农村十年来生产关系大革命的过程，就是马克思列宁主义的革命发展阶段论和不断革命论的辩证的结合。第二，党在农村中的阶级政策，从来是首先从占农村人口70％的贫农和下中农（土地改革以前还有雇农）的利益出发，同时照顾占农村人口20％左右的一般中农的利益，坚决依靠前者，团结后者，来实现党在各个时期所提出的斗争任务。土地改革是无地少地的贫农和雇农的迫切要求，土地改革对于中农也有一定的经济利益和政治利益，党的政策就是依靠贫农，团结中农，来彻底消灭封建剥削制度，在土地改革中坚决反对侵犯中农利益。土改以后，贫农雇农的耕畜、农具还是不足，生产中还有一定的困难，迫切要求互助合作。合作化的道路也是中农唯一正确的道路，党在农业合作化运动中的阶级政策，仍然是坚决依靠贫农和下中农（土改后的新中农），来实现对农业的社会主义改造，对于中农还是采取团结的方针，只是对他们的资本主义自发倾向展开斗争。人民公社运动也是如此，拥护和坚决拥护人民公社的大约占农村人口的70％，主要还是贫农和下中农；其余30％的人，动摇的居多数，反对人民公社的，包括过去的地主富农分子在内，不过只占农村人口的百分之几。我们坚决依靠这70%的赞成派，团结一切可以团结的分子，办好人民公社。不要以为土地和其他生产资料已经公有化，农村中的阶级和阶层就已经完全消灭了，其实并没有完全消灭，在思想意识领域中，阶级还远没有消灭。忽略了这一点，就要犯右倾机会主义的错误。第三，农民是现实主义的，农民群众思想觉悟水平是在实践中不断提高的，党也就采取种种过渡步骤和过渡形式，领导群众逐步前进。在土地制度改革的运动中，一般总是先实行清匪反霸，减租减息。经过这一步骤，来提高农民的思想觉悟，加强农民的组织力量，锻炼农民的斗争经验，同时，消灭地主阶级掌握的民团武装和与地主阶级相勾结的土匪武装，打下地主阶级当权派的威风，削弱整个地主阶级。这是土地改革的很重要的一个准备步骤。经过这一步骤，而后再发动分配土地的斗争，消灭整个地主阶级。土地改革把土地分给农民私有，并不立即实行公有，事实证明，在中国的具体条件下，这样做是一个不可省略的过渡步骤。在农业社会主义改造的运动中，也是经过具有社会主义萌芽性质的农业劳动互助组和以“土地入股、统一经营、收益按劳动和土地比例分配”为特征的半社会主义的初级农业生产合作社这种过渡形式，而后进入社会主义的取消土地分红，实行土地公有的高级农业生产合作社，完成对农业的社会主义改造。现在的人民公社仍然是社会主义的集体所有制，并且实行三级所有制，分级管理，分级核算，基本所有权在生产队一级，就是说，生产资料基本属于生产队这个小集体所有。还要经过一定的时期，在经济有了较大发展和平衡发展的条件下，才能做到基本所有权属于公社一级，实现大集体所有，并进而实现全民所有制。第四，正因为党在农村中一贯坚持依靠占农村人口70%的贫农和下中农，把占农村人口90%以上的农民统统团结起来的方针，从而在每一次的运动中都能调动起90%以上的人的积极性。也正因为党采取了种种的过渡步骤和过渡形式，使农民进入一种新的生产关系和新的社会制度的时候，都有一定的思想准备和组织准备，都不感到突然，从而避免了由于突然变化而可能引起的种种损失。因此，十年来，经过像土地改革、农业合作化和人民公社化这样激烈的群众斗争和大革命，我国的农业生产不仅避免了在革命运动中可能发生的损失和减产，反而能够把群众在革命运动中发扬起来的热情和积极性引导到农业生产方面来，促进了农业生产的大发展。农业生产关系的大革命和农业生产力的大发展同时并进。正因如此，十年来我国农业生产获得了史无前例的高速度的发展。以1958年已经达到的水平，同1949年相比较，九年的时间，农副业总产值增加1.3倍，每年平均递增9.8%；粮食总产量增加1.3倍，每年平均递增9.8%，粮食的单位产量，提高93.6%，每年平均递增7.6%；棉花总产量增加3.7倍，每年平均递增18.8%，棉花的单位产量提高1.26倍，每年平均递增9.5%。这样的增长速度，在资本主义世界的农业发展历史上是找不到的。就以美国这个在资本主义世界中农业发展最发达的国家而论，它在1949年到1958年当中，粮食的总产量和单位产量以及棉花的单位产量增加速度都比我国低得多。美国按照它自己的速度，要36年才能把粮食总产量增加1.3倍，美国的棉花总产量在这九年之中下降了28.1%，同我们根本不能相比。在美国，资本主义制度已经成了生产发展的桎梏，在我国，社会主义制度的优越性则炳若日星。

四、在农业生产大发展的基础上，农民生活大改善

由于封建剥削制度的消灭，由于生产资料社会主义公有制的实现，在农业生产大发展的基础上，广大农民的物质生活和文化生活有了显著的不断的改善。虽然目前我国农民的生活水平还是不高的，但是，同解放以前的悲惨境遇相比，不啻是由地狱升到了天堂。1949年的粮食总产量，按全部农村人口平均，每人不到480斤；1958年，把增长的人口计算在内，每人平均达到890多斤，增加了410斤，增长85%。1958年的农副业总产值，按不变价格计算，扣除生产费用以后，比1957年增加93亿元，平均每个农户的收入比1957年约增加77元，比1949年增加约300亿元，平均每个农户增加200元以上（把农村增长的人口计算在内）。1958年农村人口的生活水平，平均每人合85元左右，比1957年提高9.7%，比1949年提高一倍左右。再看看农民的货币收入，1958年农民和农村人民公社出售农副产品的总金额达到220亿元，平均每户180多元，比1957年增加24亿8 000万元，平均每户约增加22元。1959年上半年比上年同期，总金额又增加14亿元，平均每户又增加约12元。两者加在一起，在一年半以来的大跃进中，平均每户农民就增加了34元的货

币收入（当然，要扣除一部分，充做公社的生产费用）。增加的这 34 元，可以买白布 100 尺左右，可以买白糖四、五十斤。这就是说，大大提高了农民的购买力。农村中销售量占的比例较大的几种商品，1959 年上半年比 1958 年同期的增长比例是：棉花增长 35.4%，针织品增长 60.4%，毛线增长 92.6%，胶鞋增长 54.6%，肥皂增长 37.8%，搪瓷杯增长 1.2 倍，暖水瓶增长 21.5%，自行车增长 35.5%，钟增长 53.7%。如果同 1949 年相比，这些工业品的销售量就不是百分之几十的增长，而是几倍甚至几十倍的增长。由此可见，农民物质生活水平的提高和农村购买力的增长。农民在文化生活上也翻了身。多数农村已经基本上普及了小学教育。1958 年全国小学生人数达到 8 600 万人，农村大约占 3/4；高等学校学生 66 万人，其中农民的子弟也占很大的比重；中等学校学生 1 200 万人，其中农民子弟就要占的比重更大。在 1958 年的大跃进中，业余中学、农业中学以及“红专大学”在农村中到处发展起来。业余剧团、图书馆、俱乐部等等，在农村人民公社中，几乎社社都有。社有卫生院、队有门诊所，已经不是少数人民公社所特有。篮球架子，在农村中到处可见，这也是农村业余体育活动大发展的象征。旧社会遗留给劳动农民的文化落后的面貌已经发生了根本的改变。

五、政治挂帅和群众路线

要保证农业生产继续跃进，首先必须坚持政治挂帅，走群众路线。政治挂帅和群众路线，是我们党的优良传统，特别是 1958 年以来领导农业大跃进的一条最根本的成功的经验。所谓政治挂帅，就是加强党的领导，加强思想领导。“思想是灵魂，政治是统帅”。领导农业生产大跃进的思想，必须是鼓足干劲、力争上游的思想，必须有不断革命、前进不息的精神，还必须有思想解放、敢想敢说敢做的共产主义风格。甘居下游，自甘落后，沉浮于中游，自以为得计的保守思想；暮气沉沉，安于现状，抱残守缺，不事进取的颓废精神，足将进而趑趄、口将言而嗫嚅的奴才风格，都必须反对。因为，按照这样的思想状态和精神状态，人民的革命事业是没有希望的，还谈得上什么大跃进。鼓足干劲、力争上游就是主观和客观的统一。“上游”是客观存在，是客观可能性。“干劲”

是主观能动性。“鼓足干劲、力争上游”，就是最大限度地发挥主观能动性，把客观可能性变成现实。反对党的社会主义建设总路线的右倾机会主义分子，他们不赞成“鼓足干劲、力争上游”，他们反对在客观可能性的基础上最大限度地发挥主观能动性，他们片面强调客观可能性。用农民的话说就是，“他们反对爬上树，搭上梯子，把成熟的果子摘下来吃，他们是坐在树底下，等那些熟得烂了的果子自己掉到他们的嘴里去”。按照他们的主张，当然不可能出现生产大跃进。右倾机会主义分子反对政治挂帅，其实并不是一般地反对政治挂帅，而是反对党的社会主义建设总路线挂帅，要用他们的右倾机会主义思想和右倾机会主义路线去挂帅。这是几亿劳动人民所绝不允许的。实行政治挂帅，还必须反对“技术挂帅”和“人民币挂帅”。技术是增产的重要条件，但是，技术是要劳动者掌握的，是要人掌握的，技术本身也是人们劳动创造的，所以，人的精神状态对于技术效能的发挥又起着决定的作用。在农业生产战线上，曾经有过偏重技术而忽视政治的倾向，这种单纯技术观点、“技术挂帅”，必须反对。劳动者的物质利益必须受到最大的重视，人民公社在现阶段必须根据按劳分配的原则建立起正确的劳动报酬制度，但是，单纯强调物质刺激，忽视政治思想工作，“人民币挂帅”，那就是错误的。在人民公社中，单纯依靠提高劳动日的分值，热衷于“小私有”“小自由”“行小惠”，绝不能引起农业生产的大跃进。我们历来是采取群众路线来领导群众运动的，在农村的社会改革中是如此，在农业的生产运动中也是如此。几年以来，特别是从 1958 年以来，我们逐步摸索出一套用群众路线的方法组织农业生产运动的经验。首先是，把农村社会主义教育运动中的大鸣、大放、大辩论、大字报的方法，运用到农业生产方面来，按照不同的生产要求，做什么，鸣放什么，辩论什么，充分发扬社会主义民主，把群众的意见集中起来，变成群众的集体意志，变成群众自觉要办的事，坚持下去，并且依靠群众大家动脑筋，找窍门，大家动手来办成这件事。第二，开现场会议，检查评比，选择适当的典型，以一乡、一社、一块田、一个水利工程……作为开会的现场，系统地总结这个典型的经验，然后由各地来参加现场会议的人带回去，加以推广，这就是“集中起来、坚持下去”的领导方法和“抓住典型、带动一般”的领导方法的结合和具体化。“抓两头，带中间”、“抓先进，带落后”、“抓落后，逼先进”的方法，也就是“抓住典型，带动一般”的领导方法的几种不同的具体运用。农民是最务实的，抓住具体典型，用具体事例来教育农民，对于领导农业生产运动，才有卓著成效。第三，干部、群众和技术人员三结合，种试验田。这种方法，使干部参加生产，领导生产，学会了生产的真本领，密切了干部与群众的关系；并且以试验田的先进经验摆在群众面前，教育群众，领导群众向先进看齐。干部种试验田是一条极其宝贵的创造，推广这种领导方法，是改变干部的领导作风的主要关键。第四，定期地和不定期地召开省、县的五级干部会议、六级干部会议以及公社的党代表大会和社员大会。在这些会议上，都要树立对立面，都要吸收抱有不同意见的代表人物参加；在这些会议上，都要充分展开意见的争论，不乱扣帽子，并且允许持不同意见的人保留意见，用这种制度来保证群众路线的贯彻执行。这是在今年整社工作中创造出来的一种新方法，必须推广到农业生产运动方面去。保证在生产运动中进一步发扬群众路线的作风。这一切行之有效的领导群众大搞生产运动的方法，是我们党的群众路线传统作风的新发展。右倾机会主义分子，对于这一系列的宝贵经验熟视无睹，漠然置之，而一味地大肆攻击生产运动中的某些强迫命令作风。他们的本意实际是反对在生产中搞群众运动，他们认为农业生产，农民自己会搞，根本用不着领导。或者认为生产就是生产，劳动者按时上工，按时下工，做工拿钱，照章办事，根本不需要搞什么群众运动。他们根本忽视劳动者在生产中的作用，他们还是把劳动者看做生产工具的奴隶这种资产阶级观点，他们根本不了解劳动者是生产力的最基本的要素。政治挂帅和群众路线，两者是密切不可分割的，是领导与群众的结合。没有政治挂帅就会迷失方向，就不能鼓足干劲、力争上游。不走群众路线，也不能使广大劳动群众真正自觉地行动起来，也不会鼓起真正的干劲，把上游争到手。我们既要坚持政治挂帅，又要坚持走群众路线，采取群众路线的工作方法，来领导广大农民的生产运动，争取农业生产的继续跃进。

六、农业生产的“八字宪法”

土、肥、水、种、密、保、管、工，是农业生产的八项技术措施，名之曰“八字宪法”。“八字宪法”是我国劳动农民长期生产经验的积累，是新中国成立以来推行农业生产技术改革的经验总结。1956 年党中央提出的十二年全国农业发展纲要就着重指出推行这些增产技术措施的重要性，1958 年更把这八项措施系统化，形成了农业生产的“八字宪法”。几年以来，特别是 1958 年大跃进以来，这些增产技术措施的推行，已经取得了巨大的成绩。如水利灌溉设施的面积，由 1949 年的 2 亿多亩增加到 10 亿亩左右，其中 1958 年一年就增加了 4 亿多亩。1958 年冬季各地兴修的蓄水一亿立方米以上的大型水利工程 60 多处，蓄水 1 000 万到 1 亿立方米的中型工程 1 200 处，小型工程数以万计。这些工程在今年抗御特大的旱灾和防涝斗争中已经发挥了显著作用。全国 6 亿多亩盐碱沙荒、红黄土壤、山岭薄地和低洼易涝的土地，已经加工改良和改成梯田的有 3 亿多亩。进行了深耕的面积约占全部耕地面积的一半左右。施肥面积年年扩大，施肥数量不断增加，施肥方法也有改进。十年来培育出的新的优良品种 2 000 多个，良种的推广面积已经达到 17 亿亩，占总播种面积的 76%，其中稻、麦、棉花、大豆等作物，良种已经基本普及。合理密植已在各地普遍推行。防治病虫害的工作也有了显著的成效。例如，稻螟造成的损失率已由解放前的 30%下降到 2%左右；麦类黑穗病的发病率已由 10%～15%下降到 1%以下。1958 年大跃进中，在化肥、农药的制造方面，还采取了土洋结合的方针，各地各人民公社制造出大批有成效的、成本低的土化肥和土农药，很受群众欢迎。田间管理工作普遍加强。各地创造和改进了许许多多的新农具和水利建设工具、运输工具，大大提高了劳动效率，并且为农业机械化做了准备。“八字宪法”的八项内容是有机联系的，深耕和改良土壤、合理施肥、水利、良种是基础，合理密植是中心，防治病虫、田间管理和工具改革是保证，“八字宪法”必须全面地贯彻执行。农业生产的地域性比较大，各个地方的气候条件不同，土壤的性质不同，推行“八字宪法”的时候，必须根据各地的具体条件，采取不同的具体办法，必须因地制宜，绝不能千篇一律。推行“八字宪法”，还必须走群众路线，同农民群众商量，根据当地的具体条件，使“八字宪法”具体化，从而在实践中，使“八字宪法”的内容更加丰富和更加准确。但是，另一方面，又必须看到，改进农业耕作技术，推行农业生产的“八字宪法”，不可避免地要遇到先进与落后的斗争，革新与守旧的斗争。几年来的事实正是如此。所谓“睡犁”、“看井”之类的怪话，在推广良种中的“青森五号事件”，以及反对密植的种种怪论，都是这种斗争的反映。而且，在农业技术革新问题上的守旧思想，总是同在社会主义建设速度问题上的保守思想联系在一起的，总是同对于社会主义革命缺乏思想准备联系在一起的。最近右倾机会主义分子就抓住个别的种植过密的例子，来攻击“八字宪法”，攻击农业大跃进、人民公社和总路线。我们必须把关心人民事业、关心农业生产大跃进的人们对于工作中的缺点的批评，同右倾保守思想对于技术革新的抵抗区别开，同右倾机会主义分子的借端攻击区别开。对于前者应该接受批评，改进工作。对于右倾保守思想的抵抗，应该摆事实，讲道理，克服他们的右倾保守思想。对于右倾机会主义分子的借端攻击，则必须给以坚决的回击。

七、促进农业发展的经济政策

十年来，党和国家还采取了一系列的经济措施，促进农业生产关系的变革和农业生产的发展。首先，国家财政对于农业和水利等等的基建投资和事业费用，直接用于农业的财政支出是年年增长的。1959 年预算 44 亿 8 000 万元，用于化肥、农药、农业机械等等方面的投资。间接用于农业的支出，也是年年增长的，今后还将更高速度地增长。此外，在实现人民公社化以后 1958 年国家向人民公社投资十亿元，扶助公社的发展，特别是扶助那一部分经济条件比较差、收入比较少的生产队，使它们能够比较快地赶上富队。这对于人民公社从基本所有权属于生产队一级将来过渡到基本所有权属于公社一级，是有重大的促进作用的。同时，这笔投资，不仅 1959 年有，以后还将继续下去。这样巨额的国家投资，毫无疑问地，将大大增加人民公社集体所有制中的全民所有制的成分，有利于将来由集体所有制逐步过渡到全民所有制。在税收方面，对于农业采取了轻税政策。尽管农业生产的增长幅度很大，而几年来国家征收的公粮税收基本没有增加，所以农业税在农业收入中所占的比例是逐年下降的，现在已经下降到 7%左右。这对于农业生产的发展是非常有利的。在农村商业和价格政策方面，也采取了扶助农业发展的方针。农村供销合作事业的发展，促进了农业合作化的实现，也减少流通过程的中间费用，增加了农民的收入，促进了农业生产的发展。我国的物价是稳定的，农产品的收购价格，除了1955年以外，是逐年上涨的，以1952年的基数为100%，1959年提高到129%，增加了29%；从1952年算起，到1959年上半年，农民在出售农牧产品中由于价格提高而增加的收入，共达171.7亿元。同时，工农业商品的比价指数又是逐年缩小的（除了1955年以外），以1952年的比价指数为100%，1959年为78%，缩小了22%。农牧产品采购价格的提高，工农业商品比价指数的缩小，都大大地刺激了农业生产的发展。在农村信用和农贷政策方面，也是以扶助农业的发展为目的的。早在土地改革和减租减息的过程中，农村信用合作社就发展起来了，这是同地主富农的高利贷剥削作斗争的有力武器。信用合作社在帮助农民解决临时性的生活困难方面，在帮助农业生产资金的周转方面，都起了积极的作用。国家还发放了巨额的农贷，来帮助农业合作化的发展，1956年就曾经发出7亿多元的贫农合作基金。到1958年为止，农贷总额达到38.3亿元，1959年计划为48亿元，这样巨额的资金投放，对于农业生产的发展起了很大的支持作用。以上这几项主要的经济措施，对几年来的农业发展，已经表现出了积极的促进作用，今后还要使之进一步发挥作用，促进农业更大地发展。

八、为建成社会主义的现代化的农业而奋斗

社会主义的农业，不仅在所有制方面是公有的，先进的，还应该有先进的技术，有现代化的技术装备。在农业还没有实现合作化的时候，强调农业机械化，认为没有拖拉机就不能实行农业合作化，这种观点当然是错误的。现在，农业在生产资料的所有制方面已经取得了社会主义革命的基本胜利，摆在农业面前的中心任务就是逐步实现农业机械化，建设社会主义的现代化的农业。农业的根本出路就在于此。为什么呢？因为，我国农业的劳动生产率几年以来虽然不断有所提高，但是，目前已经达到的平均水平还是很低的，实现农业机械化，劳动生产率才能有很大的提高。以1958年黑龙江省的调查为例，使用旧式农具的人民公社，一个劳动力全年只生产粮食8 000斤，一个劳动力只能提供3 200

斤商品粮，商品率只有40%；使用新式畜力农具的人民公社，一个劳动力全年生产粮食14 000斤，一个劳动力提供7 000斤商品粮，商品率是50%；而使用机器生产的国营农场，一个劳动力全年生产粮食22 000斤，提供商品粮16 000多斤，商品率75%。这就是农业机械化提高农业劳动生产率的有力说明。农业劳动生产率和粮食商品率如果不能迅速提高，就不能适应国家工业化大发展对于商品粮食急剧增长的需要。再看看工业原料作物的情况，例如棉花，一年增加几百万担，建国以来，十年平均，每年增加300多万担，数字是不算小的，这样的增长速度在资本主义国家是找不到的。但是，由于我国的人口多，原来的消费水平又很低，如果不迅速提高农业劳动生产率，工业原料作物的增长的速度，也就不能完全满足轻工业和食品工业大发展的需要和人民生活水平提高的要求。如果农业劳动生产率不迅速提高，尽管我国人口众多，也难以为国家工业化的大发展提供充足的劳动后备。同时，农业劳动生产率不高，农业扩大再生产的资金积累也就不快、不多，就不能为国家重工业的发展提供一个巨大的国内市场；农业劳动生产率不高，农产品的商品率不高，农民的购买力也就不可能高，也就不能为我国轻工业的发展提供一个巨大的国内市场。总之一句话，农业劳动生产率如果没有根本的提高，“五亿人口搞饭吃”的局面就不能改变，我们的国家就不能建设成为一个富强的社会主义国家。怎样提高农业劳动生产率呢？提高劳动者的积极性当然是很重要的一个方面，农业社会主义改造和思想政治战线上的社会主义革命，都为这一方面做了很多工作，今后还要继续做工作。另一方面，要提高农业劳动生产率，还必须积极实行生产工具的改革，实行技术革命，以先进的现代化的技术装备来装备农业，实行农业机械化、电气化、化学化（使用化学肥料、农药等等），以及原子能在农业方面的和平利用。社会主义的生产关系加现代化的技术设备，农业的劳动生产率就会发生根本性的变化。毛泽东同志在1955年“关于农业合作化问题”的报告中就指出：“如果我们不能在大约三个五年计划的时期内基本上解决农业合作化的问题，即农业由使用畜力农具的小规模的经营跃进到使用机器的大规模的经营，……我们就不能解决年年增长的商品粮食和工业原料的需要同现时主要农作物一般产量很低之间的矛盾，我们的社会主义工业化事业就会遇到巨大的困难，我们就不可能完成社会主义工业化。”如果说，由于我国本是一个工业不发达的国家，工业的底子很差，在第一个五年计划期间还不可能以更多的力量来发展农业机械。现在，情况就不同了，经过第一个五年计划，我国已经建立起社会主义工业化的初步基础，又经过1958年的大跃进，钢产量已经达到1 100万吨，其中洋钢800万吨，今年单是洋钢就计划生产1 200万吨，并且可能超过；拖拉机、农业耕作机械、排灌机械、汽车以及化学肥料的生产设备等等，我国都能够自己制造，这就应该而且可能扩大工业对农业的支援。支援农业机械化（包括扩大化学肥料等等的生产和供应），应该成为社会主义工业的一项重要任务。工业支援农业，促进农业的大发展，也就是为工业本身更大的发展创造必要的条件。几年以来，全国各地都试办了一批机械化的国营农场和拖拉机站，到1959年底，使用在农业方面的拖拉机有55 000个标准台（按15马力计算），排灌机械280万马力，农村小型发电设备25万千瓦等等。这个数字固然很小，但是，它已经在广大农民中起了一定的示范作用，为农业机械化准备了初步经验，培养了一批干部，这就是今后继续前进的出发点，农业机械化事业今后可以有准备有阵地地较快地发展。农村人民公社的优越性将越来越显著地发挥出来。政治挂帅和群众路线作风的发扬，将使农业生产运动的高潮越来越高涨。八字宪法的内容将越来越充实，越显著地发挥增产的效果。随着国家工业化的迅速发展，工业对农业的技术支援毫无疑问将不断地扩大。人民公社加现代化的技术装备，并且不断地采用新技术，我国农业的劳动生产率和农产品的商品率将获得不断地提高。从而完全改变“五亿农民搞饭吃”的落后面貌，使粮、棉、油、麻、丝、烟、糖、茶、菜、果、药和其他各种农作物都得到全面的发展，在农林牧副渔五业来一个全线大革命，并且彻底实现人民公社的“工业生产和农业生产并举”、“商品性的生产和自给性的生产并举”的方针，实现“少种高产多收”和“大地园林化”的伟大理想。几亿农民的物质生活水平和文化生活水平，也将在生产高度发展的基础上，达到世界最先进的水平。这就是我国社会主义新农村的光明前景。

在庆祝伟大的建国十周年的时候，我们为十年来的光辉成就而欢欣鼓舞，同时，要更加发扬我们的斗争意志，反对右倾，鼓足干劲，为完成1959年的农业增产计划而奋斗！为在1959年内提前完成第二个五年计划的粮棉增产指标而奋斗！为提前实现十二年全国农业发展纲要而奋斗！为建设社会主义的现代化的农业而奋斗！为把我们的祖国建设成为一个具有现代化的工业、现代化的农业和现代化的科学文化的社会主义国家而奋斗！为完成现阶段的建设社会主义的伟大历史任务而奋斗！

社会主义建设新阶段农业战线的任务

——在农业厅局长会议上的报告

（1960年2月8日）

社会主义建设的新阶段——国民经济比第一个五年计划期间以更高的速度持续跃进的阶段。

农业是国民经济发展的基础。这个基础怎样赶上整个国民经济发展的需要，“拉不拉后腿”，依靠全党全民的努力，农业部门的担子更重了。

一、1960年要更好更全面地继续跃进。

1960年农业各项增产指标，要按省定计划保证全面完成并且力争超过。

检查越冬作物（小麦、油菜、夏杂粮等）的田间管理——面积扩大，抓得早，生长态势好，夏季大丰收已打下基础。但是，并未到手，还要抓几“关”。

检查春播、夏播各种作物的计划（面积产量）的落实情况。提高早稻等早秋作物的比重，早抓到手。讲各种作物，就不止粮棉，还有其他十个字，这次着重检查其他十个字，特别是油料、蔬菜、烟、麻、糖。

检查增产措施，特别是水和土等农田基本建设的进展情况，不仅查工程，还要着重查效益。水利工程的人马要陆续下来，投入春耕。暂时没有下来的人力，也要缩短战线，集中使用。

检查备耕工作——养猪积肥、种子准备、农具检修和改革等等。

以猪为纲的畜牧业——猪，饲养头数、母猪、种公猪、防疫标准等等；大家畜，膘情、怀胎、春季配种等等；羊，越冬情况，接羔准备等等。

林、副、渔业和社办工业的统一安排，劳动力的统一安排。

二、三年，八年和十三年的规划的总任务、总要求。

着重是三年规划，八年和十三年也要有个设想。

三年（到 1962 年）提前实现全国农业发展纲要；八年（到 1967 年）或者更长点时间基本解决粮食、棉、油问题，相应地发展多种经营。

农业机械化，三年小解决，八年或者更长一点时间实现农业现代化（水利化、机械化、电气化）。可否把园田化也作为农业现代化的一项内容。

从基本队有制到基本社有制的过渡——三年准备条件，小部分试点，五年大部分，八年完成这个过渡。

三、农业布局问题——这是长远规划所必须考虑的问题。

根据以下三个方面来逐步调整农业经济的布局：（1）同每一个大协作区基本建成一个“具有不同水平、不同特点而又分工协作的经济体系”的要求相配合；（2）开发新的工业区，农业必须先行；（3）每一个人民公社都应该种植多种作物，发展多种经营。

当然要根据当地的自然条件，因地制宜。

例如西北、西南发展新的棉花基地，能不能在三年或者稍长一点的时间内，由现在的七、八百万亩发展到 2 000 万亩？

又如食用植物油，集中产区的发展规划，缺油地区争取自给，并进而按国家的需要外调，木本也好，草本也好，因地种植，何时实现？

四、以粮为纲，全面发展多种经营，实行“商品性生产和自给性生产并举”。这是社会主义建设新阶段的农业新面貌的一种表现。

粮食——按全国总人口平均，第一步 1 200 斤，三年（至多四年）实现。第二步 1 500 斤，看需要或者更多一点，八年或者稍多一点时间实现。

储备粮——三年做到，国家储备 1 000 亿斤（包括周转粮）；公社和社员储备，平均每人 100 斤到 200 斤。

在优先增产粮食的前提下，发展多种经营，逐年降低粮食在农业总产值中所占的比重。1962 年达到每人平均占有粮食 1 200 斤，而粮食只占农业总产值的 35％左右。

分批分期建立各种农产品（包括粮食）的商品基地——首先是烟、麻、糖基地。

野生纤维、淀粉、油料、饲料和药材等等的采集利用。

五、种植业与饲养业并重的道路。这是社会主义建设新阶段的农业新面貌的又一种表现。

农、林、牧要相互依存，相互发展。

“以猪为纲，六畜兴旺”（实际不止六畜，而是“十养”、“十二养”，也包括养鱼）。

要加大猪的存栏量、饲养量、屠宰量、出肉率、肉食供应。

六、人民公社实行“农业生产和工业生产并举”。这也是社会主义建设新阶段的农业新面貌的一种表现。

关于社办工业的问题（方针已讲过多次。小洋化肥厂、炼油厂等等）。

农产品加工由社办，达到系列化、半机械化、机械化。

社办工业就地取材，多种多样，设备土洋并举，由土到洋。

七、扩大耕地与增加复种与提高单位面积产量并重，两条腿走路。

既要扩大耕地，又要节约用地。

能种两季种两季，能种三季种三季，复种、间种、套种。

丰产田与一般大田，不能顾此失彼。

多种多收与高产多收，两条腿走路。

加强国营农牧场的经营管理。

八、搞好农田基本建设，实现园田化。这也是社会主义建设新阶段的农业新面貌的一种表现。

水利排灌设施和水土保持、防护林。

在土壤普查基础上，改良土壤，改造低产田和土地利用规划。

肥料基本建设。

种子基地和仓储保管设备。

植物保护设施和气象网。

消灭农田基本建设的“死角”。

总之，实现园田化。

九、技术革新与技术革命——八字宪法与农业机械化。这也是社会主义建设新阶段的农业新面貌的一种体现。

坚决继续贯彻执行八字宪法，而且经验越来越多，规律越摸越准，八字宪法的内容越来越具体充实，执行也应该越来越全面越来越好。推行八字宪法的运动，就是农业的一种技术革新运动。

农业的根本出路在于机械化——提高劳动生产率。

改良农具，由半机械化到机械化。

机械化是多方面的，农林牧副渔都要逐步实现机械化。农业机械化也是多方面的，耕作、排灌、田间运输、防治病虫、收打加工等等。农业耕作方面的动力有拖拉机、耕机、电犁等等，还有尚待发明的适合小块山地的耕作机器。必须因地制宜，各有不同特点，各有不同的进度。

机械化还必须是大中小结合，也有个土洋并举问题，还要靠中央、地方并举，农业用的钢材的分配必须适应这种原则。

机械化要在可能的条件下，力争提前实现，同时，机械化的程度也是逐步提高的。

各省要定出机械化的规划，包括农业机械化所需要的技术干部和司机的培训规划。

夏收夏种和秋收秋种，是劳力最紧张的两个季节，必须从抓紧工具改革来找出路——改良到半机械化、机械化的插秧、收割、打场等等工具。对1960年的使用面积要在夏收夏种和秋收秋种面积中所占的比重，各省要提出达到要求的百分比。

十、加强农业科学研究和技术干部培养工作。

现代化的社会主义的农业，应该是由现代科学技术武装起来的。

科学技术为生产服务，从现实出发、逐步提高，面向机械化、现代化的农业生产。

科学研究也要走群众路线。

政治领导技术，而不是技术领导政治；同时，又必须深刻了解技术的重要性，大力迅速培养技术干部。

办农业中学的方针，发挥农业中学在为农业培养初级技术干部方面的作用。

十一、经济工作越做越细，加强公社的财务管理和农业统计工作。

公社财务管理混乱不是个别的，必须加强对公社财务管理的指导，取得财政部门和银行的协助，恢复原有的会计辅导网，并直接派到公社去。

公社化，24 000多个单位，条件已变。农业统计工作完全有可能搞好，一定要在两三年内分项目、分批、分期地建立起一套完整的农业统计制度（当然是指列入计划的主要项目）。

十二、政治挂帅、群众路线、大种试验田（包括种“油菜”之类）与搞好分配，安排好生活。

搞好分配工作和安排好生活的重要意义。

1959年人民公社的分配情况（抓得比往年早，政策执行一般是好的，有少数的一平二调，也有部分的瞒产私分，这里有国家、集体、个人之间的矛盾，大集体与小集体之间的矛盾，也有两条道路的斗争）。

当前必须把生活，特别是口粮切实安排好，安排接上夏收，无论如何不要发生“闹粮”。

继续依靠群众，反对右倾，解放思想，准备顶“风”，毫不动摇地坚持总路线。

在全国农业厅（局）长会议上的总结讲话

（1960年2月20日）

（一）尽最大的努力，保证实现更好更全面的继续跃进，充分发挥农业这个基础对国民经济发展的促进作用。

1960年的农业生产计划——国家公布的指标数字（会后报计委和中央核定）应该是留有余地的，6个省（市、自治区）一致同意，建议计委，除了国家公布的指标以外，不另下达计划指标，各省保证完成本省在这次会议上提出的指标数字，并且争取超过。

各省发言一致认为，1960年实现继续跃进的条件好、信心足。归纳起来是：

政治条件——有八中全会、反右倾、整风整社、总路线的光辉、干劲十足的大好声势；1959年的大跃进和人民公社分配的结果，又是一大鼓舞力量；生活安排抓得早、抓得紧，这也是一大因素；八中全会确定了农业是国民经济的基础，各级党委对农业的领导大大加强。

物质条件——扩大耕地（由15.9亿亩增加到16.3亿亩）、增加复种（由137％增加到147％），总播种面积由21.8亿亩增加到24亿亩，其中粮食增加1.25亿亩（由16.36亿亩增加到17.61亿亩）；冬修水利、养猪积肥和深耕改土三大运动；工业支援和财政支援大大超过往年，还有城市支援农业的运动（辽宁省就是很好的一例）也正在开展中。

经验积累——执行“八字宪法”的经验越来越多，规律越摸越准，做得越来越好，毛病越来越少；组织农业生产群众运动的成套经已经为相当一批县、社、基层干部所掌握。

条件好、信心也足，这是一个方面。另一方面，还存在着某些困难和问题。（1）干部的精神状态，大多数是鼓足干劲，朝气勃勃。还有个“两头小”，即落后保守这一头大大缩小了。可是，同时又出现了自满情绪的另一头；（2）劳动力紧张；（3）农药、化肥、机械等生产资料都有显著增加。但是，距各省要求还很远；（4）部分地区旱情比较严重。

当前的任务是：把整风整社贯彻到底，改造落后保守、克服自满情绪，把全体干部和群众的干劲鼓得更足。在此基础上，抓紧抓好当前的两大中心工作。

第一，抓春耕。从检查各项备耕工作抓起。一定要在春耕开始前把“三包”落实到每一个包产单位。不能按上述计划指标，生产指标应该比实产低一些。江苏提得好：“三包落实是备耕工作的关键”。通过三包落实，来达到指标落实，完善水利和改土等增产措施，抓好种子、农具、肥料、药械等生产资料的准备和劳动力安排的落实。农机具的检修和补充，农、工、商等有关单位必须通力合作，立即突击。抗旱器材也要及早准备。这样一检查一落实，就推动成套的（系列化的）工具改革运动，来缓和劳动力的紧张，也势必推动小土群和小洋群的社办工业的发展，来增加农药和农机具等生产资料的供应。

第二，抓越冬作物（麦子、油菜、杂粮、绿肥）的田间管理，特别注意保证油菜籽的实收面积，力争夏季更大的丰收。今夏的粮、油，由于播种面积的扩大和单位产量的提高，至少应该增产30%～50%。

抓夏收、抓早稻，早抓到手，是农业生产的一条极其重要的经验。(不能一年种两季的地区，不违背因时因地的原则，抓得早也是很重要的)。

（二）安排1960年农业生产中比较突出的几个问题。

第一，粮食和工业原料作物争地的矛盾。粮食面积上小下大（总数还没有恢复到1958年），工业原料作物面积上大下小（总数比往年已增加很多），这是比较普遍的现象。看来，这个矛盾不是短期所能解决的。“以粮为纲”，是完全合乎客观实际和群众要求的，必须坚持，不能动摇。同时，各种工业原料作物又必须有相应的发展，以适应不断提高的需要。

总的出路是，(1) 扩大面积（包括开垦荒地、利用十边、增加复种、节约用地。各地很注意开荒，已开4 400万亩，这很好，节约用地要各方面下手，河南反映的材料很值得注意）！耕地多些就多安排些。(2) 提高单产。粮食产量高了，工业原料作物也好安排些，工业原料作物单产高了，对面积的要求也相对地降低（这方面潜力很大，但是不能看得太容易，必须积极努力，大抓丰产方，还有千斤稻、百斤棉、万斤薯等类的运动)。(3) 利用一切可以利用的原料资源（例如野生的纤维、油料、淀粉和棉秆皮、多穗高粱秆等等，还有开辟新的棉花基地、油料基地和发展人造纤维工业)。(4) 提高工业原料作物的加工率和出品率（糖和油在这一方面也是很有潜力的)。这两条都可以相对地减轻扩大工业原料作物种植面积的压力。

第二，工业原料作物分布面广和加工设备过分集中的矛盾。轻工业的布局总的说是合理的，但是，也确实存在着这种矛盾。由于土壤的自然条件、土地的合理利用、作物的轮作要求、季节性的衔接、劳动力的安排、运输的条件以及农民口粮的安排等等因素，工业原料的种植不宜过分集中（有一定的比例)。在此情况下，加工设备过分集中，就会加大原料的损耗，浪费了原料，加大运输量，浪费了劳动力，增加了成本，降低了副产品的利用率，并且造成原料收购价格和饼、渣出售价格之间的不合理现象，等等。此外还有收购点的设置、运送费的高低和收购手续等等问题。这也是生产力与生产关系的矛盾。结果，大厂附近不能再扩大原料的种植，而广大地区可以种植原料，因无加工设备不能发展。这就在中产区更加重了工业原料作物与粮食争地的矛盾。

解决的办法，除了前面所说的尽力提高工业原料作物的单位产量等等以外，(1) 油、粮等加工设备应该就原料产地，并以中、小为主，已有的大厂要根据不同的情况，采取不同的办法（包括搬)，分别处理。这是各有关方面已经一致同意的原则。(2) 某些农产品加工，例如榨油、轧花、制糖等等，可以下放给县或者公社经营，或者委托公社加工，收购成品。由于人民公社的一大二公和政社合一的特点，不能把下放给公社一级经营。简单了解为由全民所有降成集体所有（公社经营这种加工要系列化，例如从轧花、剥秆一直到榨棉子油，也要土洋并举、土洋结合，由土到洋)。(3) 现今建设这些加工厂，要由工业和农业部门商量一致，从工厂的位置规模到原料种植，统一安排。

第三，大家畜是最薄弱的一环，必须在 1960 年来个大转变。

1959 年大家畜的情况，除了少数发展得好的地区和公社外，多数地区和公社只能说是开始好转，还不能说已经大转变、大跃进，另有少数地区和公社甚至还没有好转。

从这次各省汇报的孕畜的头数看（1 610 万头），减去正常淘汰和非正常死亡的以后，净增 700 多万头，实现大转变应该说是有保证的。要求从各方面尽最大努力，做到净增 1 000 万左右。这对于保证完成第二个五年计划的指标是有决定作用的。

关键是：（1）克服繁殖与役使的矛盾；（2）克服饲养成本与使值的矛盾；（3）加强饲养管理；（4）加强饲料安排和牧区的草原建设。

当前的几项主要工作是：（1）配备好的饲养员（单纯强调有经验的老农，往往被富裕中农钻了空子）；（2）恢复和增设配种站包括兽医站，像山西讲的有责、有权。保证全配；（3）建立繁殖场，畜力少也要建立“接产院”。切实保护孕畜；（4）认真推广饲养管理，役使制度和奖励繁殖的好经验（许多省都有）；（5）发展家畜的综合利用（役、乳、肉）；（6）切实把牲畜头数的底摸清楚（山西的做法可供参照）。

猪——还必须继续大抓下去。特别注意及时总结和推广社、集体养猪的经验（包括猪棚的建立、饲料的供应和防疫等等，湖南讲得很好）。

第四，种子基地的建设。

种子的方针是自繁、自选、自留、自用。辅之以必要的远途调运大量种子。但这绝非上策。调给灾区是不得已，新进的良种只能是小量的，本地种不能用的作物，在当地就不多发展。

必须像搞水、肥一样来搞种子基地建设。开展群众性选育良种工作。

黑龙江关于人民公社建立种子基地的经验很好，可供各地参照仿行。社有社营和社有队营，两种方式可以并用，还可能有队有队营，发展趋向是社有社营。

种子基地建设，是“八字宪法”，园田化的重要内容之一，也是发展社有经济、由基本队有制过渡到基本社有制的重要条件之一。

第五，抓落后区，抓丰产方。促进农业生产的平衡发展。

有落后区、有低产区，高产地区也有低产田。还有所谓“低作物”。

落后区——有土改遗留下来的，有社会主义改造中两条道路斗争没有解决的，也有是干部的右倾保守，总之，必须彻底改造。

低产田，也不完全是由于自然条件，更重要的因素是人的干劲。

抓先进，抓丰产方，河北介绍的经验很好。

既要抓先进，又要抓落后；一手抓先进，一手抓落后。抓先进是大家都注意的，抓落后则注意较少。要突出地强调抓落后，开现场会、参观评比等等，都要到落后区、落后社、落后队和穷区、穷社、穷队。帮助改进。

（三）关于改进工作作风和工作方法的几点意见。

第一，心中有数。搞好统计工作，是做到有数的途径之一，须搞好。更重要的是，各级分工负责人民公社的领导应该像班长了解和熟悉本班的每一个士兵一样，了解和熟悉每一个人民公社（一个县不过十几、二十个左右人民公社）。省对于县、农业部（包括各业务局）对于每一个省的农业面貌，应该有这样的了解。而且，省和农业部还应该了解和熟悉某些典型的人民公社（这项工作的、那项工作的、好的和差的典型）。

第二，一般号召与具体指导相结合，抓住典型，推动一般。对于典型，要有要求、有进度、有布置、有帮助、有检查、有总结，一竿子抓到底。

第三，分批分期实现和全面铺开。这也是重点和一般的关系的全面铺开，大运动，造成声势。集中力量，突击一批，解决一批；再突击一批，解决一批，最后全部完成。两者必须结合。各项工作都得这样做，这是事物发展规律。

第四，现场会，专业会怎样开？

现场会、专业会、不开不行，开多了也不行。农业生产部门方面广，一行一会，不算多，加在一起，会就不少。解决的办法是：（1）开分区性的综合会，例如1958年开的农业协作会议；（2）综合性的现场检查会（山东、山西的做法），几项相近的工作联合开的专业会。……开会必须有一定的责任性，要有目的、有准备、有结果。

第五，农业生产是经济工作，多种经营、商品生产同各方关系更多，这是一。农业由个体到集体，由小集体到大集体，个体到全民，越来越集中，这是二。农业工作人员越需要了解全经济工作，特别是加工、运输、市场等等。不能只搞田间生产，而对这些经济关系心中无数。

第六，在相互关系中，要提倡同志式的互助协作，发扬共产主义风格，把困难留给自己，把方便让给别人。

当然，工作作风和工作方法最关键还是党的领导和群众路线。正像谭书记指示的：“雄心要大，步骤要稳”。就是说，脚踏实地，鼓足干劲，奋勇前进，不断革命，加速建设。

在农村工作部长会议上的总结发言（提纲）

（1960 年 4 月 28 日）

完全同意谭书记对于当前大好形势的分析，指示得很详尽。目的在于鼓足更大的干劲。人家反华轻华，我们就憋着一肚子气，“人而无气不知其可也”。人家越反，我们的气要越足，更加鼓足干劲，力争上游，多快好省地干。

谈六个问题：生产、分配、生活安排、劳力安排、经营管理和农业、财贸系统的分工合作问题。还有两个问题是会议没有展开讨论的，社办钢铁、反五多也准备谈一谈。

（一）生产。1960 年农业更好更全面地继续大跃进，形势很好，条件很好，增产要求，谭书记已有详细的分析指示，对当前生产还有一个文件稿子，不多谈了。只有几点提一提：（1）保证面积，未结束播种的，努力播，已结束播种的，检查落实，不足的，下季补。（2）查苗、补苗、间苗、保苗。种上了，就要抓管理，一步不松，一定要管理好，贯彻“八字宪法”，提高单产。（3）抓紧夏收作物的后期管理，保证大丰收，不要“为山九仞，功亏一篑”。切实做好夏收夏种准备。（4）集体养猪的经验（猪场大小要两照顾，即：既适应集中饲养，节约劳工，便于机械化、半机械化，从这一方面讲，要大；又要考虑到饲料的运入和粪肥的运出，从这方面讲，则不宜过大。猪场的设置也要两照顾，即：设置在田间便于积肥送肥；又要尽量少占和不占耕地、好地。），抓大家畜。（5）努力实现粮、棉公布的增产计划，即：粮食近 6 000 亿斤，棉花5 300 万担左右。进而为实现谭书记号召的增产 1 300 亿斤粮而努力。

着重谈一谈三年规划（联系今年，也联系第三个五年），农业三年规划草案已发给同志们了。其中提出：（1）三项任务；（2）粮棉猪指标。

三年——粮食达到7 200亿斤，棉花达到6 000万担，猪达到5 500万头，这三个指标如何？每人2 000斤粮食，一头猪，几年实现？（3）农业布局；（4）土地的矛盾——扩大耕地和节约用地，扩大面积；“八字宪法”，园田化，提高单产；（5）劳力的矛盾——技术革新，技术革命，农业机械化；机械化加园田化是我国农业现代化的标志；（6）过渡问题。三年规划现正在议，还要修改。请带回去议一议，将意见告诉我们。

（二）分配。分配的基础是生产，生产决定分配，这是马克思主义。

人民公社的收入分配，首先在生产过程中消耗了的物化劳动的补偿，即生产费用，应该扣除，科学地讲，这不属于分配问题的范畴。

分配问题的实质，就是正确处理消费和积累的关系。积累是为了扩大再生产，消费也是为了劳动力的再生产；消费是劳动人民的目前利益，积累是劳动人民的长远利益，二者的关系必须正确处理。片面强调少扣多分，应该反对。但是少扣多分这个原则，现在一般还不宜放弃，当前主要是防止积累过多（也有过少的）。必须注意到，现在人民公社集体收入分配给社员及其家属的，平均每人不过70元，有少数高的，150元以上的不过占2.17%；还有不少低的，20元以下的占26.58%，在这样的一般水平下，少扣多分还是应注意的。

扣与分的比例一般四六开，这是按目前的一般公社的生产和收入水平（按总产值每人平均160元，按可分配部分每人平均130元）即生产费用大体占20%～25%，税收平均占7%左右讲的，可以也应该随着这些条件的变化而上下机动。生产收入水平高的，生产费用比例较大的，税收比例较大的，扣留比例也势必要大些；反之，扣留比例则可以小些。

扣留部分中，税收是国家规定的，公社只能照规定交纳。生产费用是扣回已经花掉了的钱和实物，花多花少决定于全年是否贯彻勤俭办社的原则。到分配时也难于自由伸缩；剩下的可以伸缩的是积累多少、消费多少这两者的比例。

现行的扣与分的比例，实际并不是积累与消费的比例。严格地讲，扣除生产费用以后，余下部分作为一百，公积金加税收是积累，分给社员消费的部分加公益金是消费，两者的比例才是积累与消费的比例。可以考虑，什么时候，也许是制定人民公社章程的时候，把现行的习惯的算法改过来。

公积金的用途应该包括：基建投资（生产性的和非生产性的）、生产流动基金（例如工资基金、增加生产周转金等等）和储备。工资基金和储备应该逐步建立，视积累之可能去办。这类基金和储备，其性质是公共积累，能办则办。不要因凑积累与消费的比例，而把这类基金和储备算做社员的消费。社用公积金来帮助穷队也是补充穷队的这些用途。公积金提成，队应该按规定上交，社不能借此搞一平二调。

分配给社员消费的部分中，工资与供给的比例，三七、四六的规定，是根据目前一般的水平（分给社员消费的平均每人 70 元）规定的。在这种水平下，这样的比例，两头（劳力多，劳力强，赡养的人口少的，是一头；劳力少，劳力弱，赡养的人口多的，是另一头）都可以照顾。供给部分已经超过四十的，群众赞成，我看可以不必去改；完全未实行部分供给制的，应该实行。片面强调按劳分配，否定部分供给制，一定要反对。但是，当前主要是防止供给比例过大。

工资，改变临时预支的办法，实行按期预支，即按月或者按季发一部分，年终结算找补一部分，大体两者各占一半或者四六。随着生产条件的变化，生产和收入趋于稳定，按月按季发的，比例可以逐步扩大，年终找补的，比例可以逐步缩小。按期预支的工资是大致固定的，年终找补的工资，则视生产收入的高低而有伸缩。

一是供给部分，二是月工资或季工资，三是年终找补的工资，三者加在一起，就是分配给社员消费的部分，即所谓“两个铁板碗，一个橡皮饭碗”，这是好办法。实行了这种制度，夏收分配秋收分配就比较简单了，就是分配口粮，全年结算的工作也可以简化。

工资形式——可以上包下活，也可以固定工资加奖励。

个人消费部分达到较高水平的，应该限制其增长比例，而增加公共积累。但是，就全国说，这种情况为数很少（150 元以上的不过占 2.17％），不必做全国性的规定，而且各地情况不同，统一的标准难定。某些地方，例如大城市郊区，这种情况比较多的，可以自定。

政治第一，物质第二。各尽所能，按劳分配。我们不是“按劳分配万岁”。到共产主义阶段还是要各尽所能。现在其所以按劳分配，除了其他因素以外，各尽所能还不是人人自觉的，这也是一个原因。劳动是人生第一要素，就是共产主义的道德品质。

（三）生活安排。主要是粮食安排，也就是粮食的社会分配。粮食和其他农产品的社会分配，已另有文件，不多谈了。

只讲一点：从夏收起一定要安排好用粮，防止麦收下来就大吃，丰收了还是要计划用粮，节约用粮。麦收受灾的地区，尤其是容易被忽视的插花灾区，更要注意安排。水利补助粮、运输辅助粮、社办工业用粮都要另有着落，不能打在平均口粮标准之内。保证按标准吃到口粮（天天如此），吃得省、节约了粮食，储下备荒（遇灾减产是特殊情况，例外）。

（四）劳力安排。要兼顾基本建设和当前生产。投于基本建设的劳动力，按照公社的现行的分配办法，实际是一种积累。这种积累和分配的关系，也必须正确处理。主席指示：冬季一百天中，实行三三制，田间管理和积肥，副业生产，基本建设三个方面使用的劳力各占劳力总数的1/3左右。各地一致同意照此实行。

农村整半劳动力大约占农村人口的40%～45%，折全劳动力约占农村人口总数的1/3左右。按折全劳动力的人数，每人一年300个工，以此总工数作为100，全年算账用于各方面的劳力，大体是：生活服务5%～8%，生产管理2%左右，社办工业5%左右，林、牧、副和短途运输10%左右，基本建设10%～15%，下余的60%～65%投入农业和牧业生产。这是估算数。

还要兼顾粮食和多种经营，以粮为纲，吃饭第一。当然，也要发展商品生产，发展社办工业（社办工业首先是为农业，其次是为市场、为大工业、为社员生活，要特别注意农产品和农作物副产品的综合利用）。

（五）经营管理。（出个题目，讲点意见，便于下次开会讨论。）

实现了公社化和公共食堂化，与高级社时代大不相同。农林牧副渔，工农商学兵，生产、生活，公社都要管。公社是个大托拉斯，又不只是个大托拉斯。托拉斯并不管职工生活。办好公社确非易事。

经营管理不同于高级社的新问题。三级所有：多种经营、多种业务、经济布局、作物布局（土地规划利用）；机械化、技术革新与技术革命、专业化与大协作；丰产方法、园田化、“八字宪法”；等等。

经营管理从工作内容说，是生产安排、劳力安排、资金安排（包括钱和实物的安排，财务工作）和分配（包括生活安排）四个方面。四者的关系：生产是中心；劳力是保证；资金安排财务工作要服从生产，为生产服务；分配是生产成果的分配。

处理的对象有：人与自然的关系，人与人的关系，大集体与小集体的关系（社与基本核算单位、基本核算单位与包产单位之间的关系），集体与个人的关系。

管理的方法是：计划化、制度化、民主化。

经营管理的总要求是：勤俭办社，经济核算。经济核算，费省效宏，一个钱办两个钱的事。从生产布局起，就有经济核算问题。从具体的某一项生产讲，要求做到产量多、质量高、成本低，这就是经济核算的要求。多快好省就是最合乎经济核算的。经济核算，成本会计要算账。但是，算账，也有个算大账、算小账的问题，不能只算小账，不算大账。

社队规模。并小队小影响所有制，需要并，可以并。基本核算单位和社，一般不要并，合并要特别慎重。

（六）农业、财贸两系统的分工合作问题。实现了公社化和公共食堂化，各级都既要抓生产，又要抓生活；既要搞好公社收入分配，又要搞好农产品的社会分配。哪一个部门也单独包不下，必须分工，彼此又密切联系，又必须合作。

生产（包括经营管理）的各种收入分配，农村工作部（农业口这个系统）主管；财贸要参与生产，为生产服务。财政银行部门搞好公社财务工作，就是为生产服务。

生产资料的供应和社员生活安排（当前主要粮食安排和办好公共食堂），由财贸系统主管。农业系统（农村工作部）要根据党的方针政策，进行检查、督促和协助（农村工作部系统对于食堂和粮食安排要多做工作，特别是初期）。

社办工业，可以各级成立公社工业管理局（以手工业管理为基础，改组而成），由财贸、农业两口共同领导，工业部门协助支援。生产计划和劳力安排，农业口为主共同决定；设备和部分原材料（主要原料是农产品公社统一安排）的供应、产品销售、技术辅导，由财贸口负责，工业部门支援。

彼此互通情报。比较大的事情，要事前协商，共同协定，一个语言。是不是成立某种形式的联合机构来管理全部农村经济生活，由各省考虑决定。

公社是集体所有制，公社财务是一级财政，因为公社是基层政权机构；又不是一级财政，因为它是集体所有制。财务工作、生活安排等等，都不同于国营企业与国家的关系，要采取群众工作的方式。财贸基层机构的业务人员，对这种工作方式是比较生疏的，财贸系统要加强这方面的教育，农村工作部系统要负起协助、指导之责。

公社领导干部和公社财、粮等业务的负责干部，要分期逐步配齐。

（七）社办钢铁。社办钢铁，可办、必办。这也是为支援农业，生产出的钢铁用于农村，用于公社。

农业部与冶金部在麻城召开现场会，积极推广麻城经验。

有煤又有铁的可办，有煤无铁的和有铁无煤的，可以利用回空运输各办一个。例如，山东具有这样条件的县共54个。假定全国有1/5到1/3的公社具有这样的条件，三年内做到各办一个厂，日产钢一吨，一年以300天计，一个厂年产钢300吨，全国公社即可年产钢150～250万吨，这是可以办到的。当然不是一拥而上，而是根据条件和设备分批分年实现。

（八）反五多。吉林同志说："蹲在上面，浮在表面，蒙在里面，乱在下面"。这深刻表明官僚主义、五多之危害。还有很离奇的调查，例如，鸭子腿上长不长毛的各有多少？打了多少虱子……

浙江同志反映：公社党委书记1/3的时间到上面开会（不包括电话会议）。中央各部门、省各部门和省农业厅一个月要下面填的表，共有四、五万个"指标"（省农业厅统计的），一个基本核算单位要花五十个劳动日干这件事。

这种五多的严重情况必须立即改变，农业部就不少，应该自我批评。在座有各部，都要注意。上面要精简，省有权关闸。

以上发言，不一定都对，请谭书记和同志们指正。

在全国农村统计工作经验交流大会上的报告

（1960年5月19日）

谈两个问题，第一是农村的形势和争取农业继续大跃进；第二是对农村统计工作提几点意见。

一、当前农村的形势好得很，正在力争1960年农业生产更好、更全面地继续大跃进。这表现在以下几个方面。

1. 多种多收和高产多收两条腿走路的方针在今年得到了更好的贯彻。1959年有些地区对“高产多收”的方针了解得不全面，曾抛荒了一些耕地，复种指数也有所降低，粮食播种面积比1958年少了两亿亩。在1959年4月底，毛主席就明确地提出“多种多收和高产多收同时并举”的两条腿走路的方针。从1959年秋种起，情况就不同了。今年的夏收粮食面积比去年多5 000万亩，全年计划播种18亿亩粮食作物，恢复到1958年的面积。今年各地开荒都很积极，从去年秋收后到今年四月底已垦荒8 000多万亩，其中已种当年收的作物5 000万亩，如青海省今年计划播种面积比去年增加一倍，从去年的700多万亩增加到今年的1 400万亩。复种指数也提高了。各地还见缝插针，利用“十边”（宅边、田边、路边等）尽量多种，充分利用土地，据几个省的统计，也已经搞了几千万亩。播种面积多了，就会多打粮食。今年播种面积比去年可能多两亿亩，按去年平均亩产300斤计算，即可增加600亿斤粮食；即使新开垦的荒地，亩产达不到这么高，按平均亩产200斤估算，也可增产400亿斤粮食。

2. 以粮为纲、多种经营，以猪为首、六畜兴旺，农牧并重的方针更加明确。毛主席指出农业和畜牧业互为母子关系。农业是母亲，畜牧业是儿子；反过来畜牧业是母亲，农业是儿子。这就是说：猪多了，肥料就多；肥料多了，粮食就多；粮食多了，饲料就多，牲口就多，这是相互依存的关系。目前我国人民还是以吃粮食为主，肉食很少。这种情况是要变的，将来要变成人吃肉，猪吃粮食，粮食吃粪（人粪、猪粪）。但要实现这一点是需要一段时间的，达到一人一头猪也还只有 7 亿头猪，还不够，还需要达到一亩地一头猪，肉食就富裕了。农牧业并重的道理大家愈来愈清楚了。我们的畜牧业原来水平较低，一下子大发展，难免出些问题。去年十月以后，为了大力发展养猪，见母就留，前几个月小母猪生的仔猪不多，有些新下仔的小母猪下了仔又不会带，仔猪死亡率高了一些，这是大发展中难免的现象。我们要努力工作，积累经验，尽快克服死猪过多的现象。

在农业方面，主席讲了十二个字：粮、棉、油、麻、丝、茶、糖、菜、烟、果、药、杂。这话主席讲得很早，但我们领会不全面，贯彻不快。今年这十二个字提得更响亮了。这十二个字中要以粮为纲，吃饭第一。粮食问题直到现在还没有过关，而且也不是三年两年就能过关的。去年全国算总账每人平均有 800 斤粮食，若按生产队有账的粮食计算（如自留地、国营农场等的产量以及瞒产私分的产量都不在生产队的账上），每人平均只有 700 斤，其中包括了种籽、饲料等，而且这是按原粮计算的，还包括薯类折粮，所以粮食是不充裕的。每人平均有 1 500 斤粮禽、以至 2 000～3 000 斤粮食，才能算过关，这就需要很大的努力，不是两三年内能做到的。按农业发展纲要四十条的规定，全国粮食产量要达至 7 200～7 500 亿斤。四十条纲要原定在 1967 年实现，谭震林副总理在人大的报告中提出争取提前两三年在 1964～1965 年实现。达到纲要水平，每人平均才有 1 000 斤粮食左右，要达到每人 1 500 斤还须做进一步的努力。粮食不解决，经济作物和畜牧业的发展总有限制。所以要以粮为纲。现在这个方针更明确了，整个农业的发展必然会更快。

3. 去冬今春农田基本建设搞了不少，有 7 000 万人大搞水利。今年水利建设的特点是：新增灌溉面积虽然不很多，但是真正发挥效益的灌溉面积增加得较多。过去只统计工程面积，即按工程计算应有的灌溉面积，实际上工程面积和真正浇灌的面积之间还有距离，如单有水库没有渠道不能浇灌，光有干渠没有支渠和毛渠也不行；水库和水渠都有了，如果土地不平整还是不能灌溉；什么都有了，水库没有蓄上水还是不能灌溉。一个大水库从修好到真正发挥全部工程效益大体要三年。今年水利方面新扩大的灌溉面积虽然不多，但实际增加的灌溉面积却比过去哪一年都多，这是好事。

土壤改良也要有一个过程，一般要经过两三年方能搞好。过去已搞了深翻，初步改良，今年又继续整理加工，效益增加更大。

实际灌溉面积增加，土壤改良面积增加，就会增产。

4. “八字宪法”贯彻执行得更好。1958 年毛主席根据群众的经验总结了农业生产的“八字宪法”。要很好地贯彻执行“八字宪法”，必须摸清具体规律，这是不容易的。在理论上说，播种太密和太稀都不行，但究竟应该播多少，很难说。因为条件太多，如土壤、气候、水利、种籽都不一样，即使同一块地，气候、雨量也是每年不一样，要摸清规律是不容易的，有些条件目前还不是人所能支配的。如去年有些地方没有经验，小麦种得太密，今年就好一些了，经过两三年的摸索，基本就可以掌握一些规律，是否摸得很准还不见得。要摸得很准，还得花几年功夫。今年对“八字宪法”比去年摸得准一些，这就会增产。

现在有些地区大搞园田化和丰产方，这就是“八字宪法”的集中表现。园田化就是把大田种得像菜园一样精细。现在有些地区的丰产方已经达到全部播种面积的 20％～30％。丰产方搞多了，搞好了，就会增产。

5. 人民公社更巩固地向前了。公社成立快两年了。去年郑州会议反掉了一平二调，庐山会议后在农村中进行了社会主义教育，整风整社，反右倾鼓干劲；今年春天各地又开了六级干部会议，反掉了小的一平二调，现在各公社又开始进一步搞三反。这些运动的结果，必然使人民公社更进一步巩固发展，广大社员心情舒畅，干劲更大了。人是生产力中的决定性因素，目前农业上基本是靠人力和畜力，人力占很大比重。人的心越舒畅，干劲愈大，生产就愈发展。

以上都是农业本身的有利条件。此外，还有其他许多有利条件。

6. 工业对农业的支援比过去多了。今年全国拿出 110 万吨钢材支援农业，这是空前的。不仅有物资的支援，还有人力的支援。今年各地开展厂社挂钩，工厂派技术工人帮助公社修理机械，训练技术人员，还把废旧的机器修好后支援公社，并帮助公社进行工具改革和技术革新。主席在去年四月的一封党内通信中指出，农业的根本出路在于机械化。要求从1959年起，四年小解决、七年中解决、十年大解决，为此成立了农业机械工业部。工业支援农业这件事主席讲了好久了，过去我们执行得不好。今年支援很多，面貌大大改变了。工业将要用几百万马力的排灌机械、动力机械等支援农业，一个马力能代替几个人，这就等于增加上千万个劳动力。增加了上千万的劳动力，就能创造出很多物质财富。这是发展农业生产的有利条件。

7. 国家财政上的支援。1959～1960年国家对人民公社的投资共达25亿元，平均每个公社10万元，这是一个不小的数字。今年国家对水利基本建设投资已增加到33亿元，比过去哪一年都多（各省、各县的投资尚不在内），这笔数字，和国家全年的公粮收入差不多。这些支援在生产上自然要发挥威力。

国家的支援不仅有钱的支援，而且有生活方面的支援。现在财贸部门对公社不仅用钱支援，还要把公社的生活都管起来，帮助公社管理财务。现在的人民公社与高级社不同，不但要管生产，还要管生活，生老病死、吃饭睡觉都要管，这是大好的事情。共产主义就是要把这些事都管起来，而且要管得更好。财贸部门管公社的生活主要是管粮食，过去粮食部只管一亿斤粮食的征购和销售，今后要把5 000亿斤粮食都管起来，粮食部成为公共食堂部。成为6亿人口的粮食部。财贸部门把公社的生活管起来，这就是很大的支援。

人民公社的财务工作任务比以前更繁重，它在生产上要管农、林、牧、副、渔、工业、交通、商业等各方面。任务重了，经验不够。财贸部门要帮助公社把财务工作搞起来，这也是对农业的支援。

8. 整个大好形势对农业的推动。1956年农业合作化高潮推动了手工业和资本主义工商业改造的高潮。1957年冬天农村中掀起的水利化高潮带动了1958年的大跃进。现在人民公社化高潮和从工业开始的技术革新、技术革命运动的高潮也带动了农业。如超声波的利用首先从工业开始，现在农业上也开始利用了，运用超声波可促使种籽发芽，使小鸡生长得快。还有毛泽东思想的学习运动。所有这些，都将推动农业生产更大的发展。

有了这些有利条件，1960年更大、更好、更全面的大跃进就有可能实现。当然，不是万事大吉了，困难和问题还是有的。如：

1. 自然灾害比较严重。如北京从去冬到现在没有下过透雨，河北、山西、山东、河南等省旱情都很严重。今年冬小麦比去年多种了5 000多万亩，但受旱减产的也有4000～5 000万亩，对产量的增长有一定的影响。河北省汇报春播作物有1/3的面积出苗不齐，需要补苗。

2. 生活安排还有问题。目前虽然快到麦收，还要注意安排好人民生活。有些地方夏收比较少或没有夏收，要等秋收，青黄不接时间更长一些。另外，目前全国还有10%～15%的落后社队，要做好落后社、队的改造工作。

3. 干部作风问题。经过整风、整社、社会主义教育、反右倾、六级干部会议，现又要搞新三反。经过这次三反，也不会把干部作风的一切问题都永远解决了。因为资产阶级思想的影响不是一下就能解决的。要经过长期的反复的斗争，才能解决。而干部作风有毛病，就会使社员心情不舒畅，从而影响生产。

4. 经营管理的经验不够。农村人民公社规模很大，每社平均有5 000多户，1万多劳动力，6万亩土地。过去我们搞两万亩的国营农场就要派县委书记当厂长，还只管农业。现在人民公社规模这样大，生产项目又多，生产、生活都要管，一般只有区委一级的干部管理。这样大而复杂的工作，古今中外都没有搞过，没有经验，近一年多来的一些经验也还不完整。

这些都是困难，要以极大的努力很好地解决，才能实现1960年的继续大跃进。

二、对农村统计工作提几点意见。

我对统计工作是外行。提几点意见，请同志们看行不行。

首先要肯定农村统计工作有成绩。特别是中央指示加强农村统计工作以后，工作确实有成绩、有效果、有先进单位和先进经验。另一方面，农村统计工作也有些问题。中央提出“反五多”，其中一条就是报表多。农村统计工作的问题，可以总结为：“乱、多、不实、善变”。

首先是“乱”。你发，我也发，各个部门、团体、科学研究机关都向人民公社发报表。上面头很多，到下面就一起集中到公社。“乱”了就“多”，笑话也不少。

再说“不实”。1958年粮食产量原报7 500亿斤，后来就只有5 000

亿斤。1959 年粮食产量 5 400 亿斤，而公社分配账上只有 4 800 亿斤，瞒产私分的到底有多少，不知道。

“善变”。一般是年初多，以后少。去年的年报数字，到今年这个时候就变了，就是“基数不实”。改与不改，有什么关系呢？无非是把去年的数字压低一些，今年增加幅度高一些。

第一，要克服“乱”，就必须“统”。“统”在哪里？“统”在党委，统计部门在党委领导下做“统”的具体工作，决定权在党委。业务部门一律不向人民公社发报表，要公社的统计资料都要经过统计部门，统计部门根据党委的决定向人民公社发报表。这样，“乱”的问题就解决了。行不行？请讨论。

第二，克服“多”，就要一清理，二关闸。基本统计总还是要的，而且统计工作是愈来愈发展的。清理要有分析，哪些是不必要的，哪些是可要可不要的，哪些是非要不可的。原则是非要不可的才要，可要可不要的就不要，不必要的更不能要。这才是中央反五多的精神。还有一些“运动”统计，现在看来不太妥当。据了解现在有些地方有十几个“运动”办公室，都在发统计表。当然，“运动”统计在一定的时候是有作用的。如 1958 年大跃进时，为了造成声势，打开局面，必须要统计一些“运动”数字，修水利工程多少立方米，积肥多少担等等。但是现在不同了，局面已经打开了，应该从大张声势打开局面转入深入细致的经常工作了，现在就不必再统计积肥多少担这一类数字了。而且，这个数字并不能说明问题，首先“担”就不统一，有的 40 斤，有的 70 斤，有的 100 斤。肥效也不得而知。这样的数字，对指导工作是没有用的。要了解肥料情况，主要是了解猪有多少头，绿肥种植面积多少亩及土化肥洋化肥产量各多少。同样，水利工作的土石方的数字，各地统计口径也不一样，相差很大，对此统计也难以说明问题。当然，还是要大力积肥，大修水利。总之，清理的时候要好好分析，只要那些非要不可的。科学研究方面的统计（专业统计也属于此类）根本不必普查，派人做些典型调查就可以了。

“关闸”。谁关闸？授权省委负责“关闸”，统计部门可以向省委提出建议。省委是否授权地、县委关闸，由省委决定。

清理了，关闸了，统一了，以后提供资料的责任就落在统计部门身上。统计部门要根据基本的、定期的报表，建立档案制度，档案中有的就不应一次一次重复地再向下要。实际上，就公社讲，它为搞好生产管理也需要一些统计资料，有了这些资料，上级需要的基本项目差不多都有了。问题是谁去找。当然，公社的统计，有的搞得好些，有的搞得差些，如果事事要普查，差的公社，有些数字它本身没有，你一定要它上报，而且时间又急，只能乱填一个“假想数”。县统计部门，对统计工作比较强的公社，可以将他们自己印的统计资料要一份来，从中寻找需要的资料即可；对统计能力比较弱，基本资料没有搞起来的公社，县统计部门可以派人下去调查，这样取得的资料，比让他们自己填还要正确些，这样可以基本解决基本统计的要求。其他一些特殊的、非基本的统计，要自己派人下去搞调查，谁要资料，谁去调查，反正不能叫公社搞。一定要把这个口堵死。总之，吃公粮的人应该多办些事，让公社的人少办些这类的差事，因为公社的事已经够多了。这样就把“乱”“多”解决了。

第三，“不实”。在农业统计上，要解决“不实”的问题，最好分别统计有账的和无账的。各种农作物，凡是有账的就比较确实。今后粮食归本核算单位管，粮食账也就比较准确了。不入账的一部分，如自留地的产量等等，可以估一下。分开有账和无账的两部分统计，数字比较准确，上级审核也心中有底。安排粮食时只按入账的安排，这样统计和安排都比较落实。棉花等等也可以按此办法。

第四，“善变”问题。以后不要变，统计上来了，结论也做了，也公布过了，就不要变。基数低了或高了，影响增长比例，实际是没有关系的。东西还是那么多，不会多出来也不会少掉。不要徒务虚名，要图实际。

就讲这些了，这次会议一定要对当前农村反五多的问题找出一套切实可行的办法来，向中央报告和提出改进的建议。

三级所有、队为基础是现阶段人民公社的根本制度*

（1960 年 12 月 21 日）

以生产队为基础的三级所有制是现阶段农村人民公社的根本制度。加强生产队的基本所有制，是当前进一步巩固农村人民公社和进一步发展农业生产力的中心环节。

人民公社是我们国家的基层社会组织，它具有较大的组织规模和较广阔的活动范围，这种组织形式可以容纳社会主义社会的不同时期的生产力的发展水平，以至共产主义社会的生产力发展水平和与生产力相适应的生产关系。人民公社制度在它的发展的道路上，因生产力和生产关系的发展水平不同，又必须要划分为几个既相衔接又有差别的阶段。从总的发展过程来说，要分为社会主义和共产主义两个大的阶段。在社会主义阶段，还要分为社会主义的集体所有制和社会主义的全民所有制两个阶段。在集体所有制阶段，还要分为生产队基本所有制的阶段和公社基本所有制的阶段。人民群众常说："共产主义是天堂，人民公社是天梯。""天堂"是我们的最高理想，到达"天堂"的"天梯"是要一段一段攀登上去的。现在，人民公社处于社会主义的集体所有制阶段中的生产队基本所有制的阶段。还须经过相当长时期的努力，创造必要的条件，才能从这个阶段过渡到下一个阶段。

三年来的经验已经越来越清楚地证明：当生产力的发展已经突破了组织规模较小和活动范围较窄的农业生产合作社的界限的时候，必须及时地变革农业合作社这种生产关系，建立组织规模大和活动范围广的人民公社。如果不是及时地建立了新的生产关系——人民公社，把社会主

---

* 本文原载《人民日报》1960 年 12 月 21 日第 1 版。

义革命推进到一个新的阶段，进一步解放和发展生产力，那么，近两年在严重的自然灾害连续袭击下，我们绝不可能在农业生产方面取得这样巨大的成就。在抗灾斗争中，人民公社经历了严重的考验和锻炼，成长得更加坚强。

我们既是不断革命论者，同时又是革命发展阶段论者。在生产关系阻碍着生产力发展的时候，我们变革生产关系，促进生产力的发展。在生产关系经过变革已经同生产力的发展相适应的时候，又必须使这种新的生产关系巩固和稳定起来，这才有利于生产力的进一步发展。经过相当长的时间，当生产力发展到一个新的更高的水平，具备了一定的条件的时候，才有必要和可能再变革生产关系，进入下一个革命发展阶段。从每一个阶段进入下一个阶段，都需要具备必须具备的条件。党的八届六中全会决议中曾经明确地指出："集体所有制向全民所有制过渡的迟早，取决于生产发展的水平和人民觉悟的水平这些客观存在的形势，而不能听凭人们的主观愿望，想迟就迟，想早就早。"条件是要经过相当长的时间才能成熟的。在现阶段加强生产队基本所有制，坚持三级所有、队为基础的制度，正是为了更快更好地创造这些条件。

1958 年 8 月中共中央关于在农村建立人民公社问题的决议中就规定：首先由原来各小社（高级农业社）联合选出大社（公社）的管理委员会，统一规划部署工作，把原来的各小社改为生产队，原来的一套生产组织和管理制度暂时不变。1958 年 12 月党的八届六中全会关于人民公社若干问题的决议中明确规定：人民公社应当实行统一领导、分级管理的制度，并且规定一般可以分为公社管理委员会、生产队（即基本核算单位）、生产小队（即组织劳动的基本单位）三级。随后，1959 年 3 月，党中央进一步明确规定：公社应当实行"三级管理，三级核算，并且以队的核算为基础。"也就是说生产队的所有制目前还是公社的主要基础。为什么要这样规定呢？这是因为这样规定恰恰适合生产力的发展水平和社员群众的觉悟水平，同时又最有利于进一步发展生产力和提高群众的觉悟水平。

当前我国农业生产力发展的速度和达到的高度，比起我国过去的情况则是前所未有的。但是，从总的方面看来，目前我们的农业生产力的发展水平毕竟还是很低的。人民公社已经有了一些社营的现代化的较大型的经济，但是在整个人民公社各级经济中占的比重还很小。生产队的力量也的确比过去是大大加强了，但是各队之间经济条件仍然没有达到相对的平衡，生产发展水平相差很大。在这种情况下，一方面，公社部分所有制的存在，可以容纳和促进生产力的进一步发展；另一方面，确立和加强生产队基本所有制，并坚持生产小队的小部分所有制，又适应目前生产力的基本状况，从而也可以大大促使生产力的进一步发展。坚持实行三级所有、队为基础的制度，对于教育广大农民来说也是非常必要的。当农民看见集体生产有很大的发展，社员收入有很大的增加，农业机械化的水平有很大的提高，他们就会更深刻地体会到更大规模集体经营的优越性。现阶段以相当于原高级社的生产队为基础，一个队平均二百几十户，多的几百户，生产劳动和收益分配基本上在这个范围内进行，既照顾了社员群众原有的习惯，也便于进一步提高他们的集体主义的思想水平。总之，队为基础的三级所有制，既照顾了各个队的生产水平和收入水平的差别，又便于公社的统一领导和组织协作；既有利于目前加快农业生产和整个国民经济的发展，又有利于为将来逐步过渡创造物质条件和精神条件。

所有制是生产关系的决定环节。经营管理权是所有权的一个最重要的方面。劳动力和生产资料是不是真正归谁所有，主要看是不是有权支配和运用这些劳动力和生产资料。在现阶段，维护和加强生产队的生产经营管理权特别重要。目前我国的农业生产主要是依靠手工劳动，各地的自然环境、作物特性和技术条件千差万别，不可能像工业生产那样在很大的范围内由上而下地制定统一的具体生产计划和技术措施，按照一律的要求进行生产。为了充分发挥人们在生产上的主动性和积极性，充分利用天时地利，必须使生产上的经营管理权力主要归生产队。公社的生产计划，必须建立在生产队的生产计划和生产小队的包产计划的基础上。作物安排、产量指标和技术措施，应该经过社员群众讨论，由生产队和生产小队共同商量制定，由社员当家作主。公社当然有权根据国家计划向生产队提出建议，并对各个生产队提出的计划做必要的和合理的平衡、调整，但是决不能不问实际情况，不听生产队、小队和社员群众的意见，主观地、硬性地安排作物面积、任意提高产量指标、硬性规定技术措施，更不允许随便抽调生产队的劳动力和生产资料。在特殊情况下，公社或其他生产队需要使用某个生产队的劳动力和生产资料的时候，也必须在不妨碍那个生产队本身需要的条件下，在自愿互利的原则下实行等价交换的协作，并且要按照规定由上级机关批准。

有什么样的所有制就要有什么样的产品分配制度。现阶段人民公社里的主要生产资料基本上归生产队所有，产品也必须基本上由生产队分配。如果不使分配制度同生产队基本所有制相适应，那么维护和加强生产队基本所有制就会落空。生产小队收获的农产品和其他经营的收入，凡在包产任务以内的，都必须如实上交给生产队统一分配；超产部分也应该按照规定比例上交一部分，由生产队统一分配。生产队的全部收入（包括队一级经营的和各小队上交的收入），除了按照规定交纳国家税收和向公社交纳一定数量的公积金以外，其余的都在各个生产队内部分配，由各个生产队各计盈亏。生产队应当按照公社的规定抽出一定比例（例如5%左右）的公积金、公益金，扣除生产费用、流动资金和其他必要的开支以后，其余的都按照包产包工包成本和超产奖励的办法分给生产小队。在保证完成国家统一的收购计划和按照规定留足自用部分之后，粮食的多余部分，生产队可以多卖或自行储备，留下的自用部分由生产队统一管理。工业原料作物和副食品在完成国家统购计划和按照规定留下自用部分之后还有多余的，应当多卖，用现金在队内进行分配。

维护和加强生产队的所有权、管理权和分配权，绝对不是意味着削弱人民公社的大集体力量，而恰恰是加强了人民公社大集体的物质基础。社营经济是整个人民公社经济的领导成分，代表着人民公社的伟大希望和伟大前途，是应该继续发展的。但是，这一部分经济主要应当依靠它本身的力量并在国家帮助下发展起来，而不能依靠从生产队提取过多的积累，或者从生产队抽调过多的劳动力和生产资料，用削弱队有经济的办法来发展。社营经济的发展，要以是否有利于农业生产为前提，要为农业生产服务。人民公社社营经济的发展，必须建立在各个生产队经济大发展的基础上。生产队是人民公社的基础，基础越强大，社营经济的发展越有前途和希望。

维护和加强生产队基本所有制，也是生产小队的根本利益所在。社员收入的主要部分（目前一般是80%左右）是来自全生产队的集体经济，完成包产任务并且力争超产，是各个生产小队和全体社员的首要任务。生产小队应该有小部分所有制。这就是在完成包产任务的前提下，小队有权经营本队范围内的各项生产，特别是经营食堂的家底生产，有权自行支配超产奖励部分和节约开支部分。土地、耕畜、农具固定在小队，归小队使用，劳动力也固定在小队，生产队、公社都不应该随意变动。在一个生产年度尚未结束之前，决不能从小队抽调劳动力，抽走土地、耕畜、农具。这种小队小部分所有制和对生产资料固定使用的权力，不仅对小队的生产有重大的意义，而且对整个农村经济的发展，特别是对农业经济的发展，也有重大的意义。

社有经济、队有经济、小队有经济是互相联系、互相促进的，必须共同发展。在现阶段，着重保证队有经济的发展是三级经济共同发展的中心环节。公社一级和生产小队一级应该从上下两方面来维护和加强生产队基本所有制，而不可从两头去削弱生产队基本所有制。

既然在现阶段加强生产队基本所有制有这样重大的意义，就必须使我们的领导力量的配备同这个政策方针相适应。因此，在保证生产队应有的基本权利，充分发挥生产队的主动精神的同时，还要加强生产队的领导力量。各级下放干部绝大部分要放到生产队和生产小队；公社一级干部要用绝大部分时间和精力在生产队和生产小队里进行工作，特别是要加强对工作基础比较薄弱的生产队和生产小队的领导。

两年多以来，人民公社在贯彻执行统一领导、分级管理、三级所有、队为基础这个根本制度方面，已经取得了丰富的经验。现在，把这些经验很好地加以总结和发扬，一定能够进一步加强人民公社的基础，进一步发挥人民公社的优越性，进一步调动公社各级干部和全体社员的积极性，进一步掀起大办农业、大办粮食的高潮，进一步加强整个国民经济的基础，从而为我国的社会主义建设事业的迅速发展创造更加有利的条件。

山西长治调查情况报告

（1961年5月13日）

主席、中央：

（一）调查了两个大队。一个大队的粮食单位产量是年年上涨的，超过最大丰收的1956年。另一大队是下降的，还不如1956年。由于粮食面积逐年减少，两个大队的粮食总产都是下降的，不如1956年。因此，征购减少，社员口粮低了。在1959—1960年，口粮均未过“三定”标准（360斤口粮），也就不能实行粮食按劳分配，实行好劳好吃。群众对口粮分配中的平均主义，意见很大。他们说：“不公平，三顿饭，一顿一马勺”，多分一亩地，不如多分一斤粮，钞票毛了，买不到东西，更买不到粮食。粮食分配，国家、集体、个人矛盾比较突出，从上到下都赞包购。社会需求口粮按“三定”360斤，包产低一点，超产全部至少一半奖粮食，照这样办，不能完成上面分配的购粮任务，就顶住了。……晋东南地区都在于此，购粮任务不重的，包死了；任务重的有的是活包，有的是根本没有包下去。

（二）食堂问题。社员对食堂意见不小。一是口粮分配上的平均主义，好劳不能好吃。二是炊事员、管理员、干部好吃。有所谓“过五关”——粮米加工关、伙食管理员关、队干部关、炊事员关、掌勺的还有一关。……许多人想退伙，生产队干部也说，真正实行自愿，粮食分到户，退伙的至少有一半，有的说至少80%。但是他们不敢下决心松口，理由是“害怕第二天又反右倾”。

（三）供给制问题。劳力好人口少和劳力少人口好的户，双方争论很激烈，各不相让。但劳力好人口少的户也认为五保户要包，困难户要帮助，不然又出来超支户，自己分到的纸一本，拿不到钱。劳力少人口好的户也承认，供给比例不能大，三七亦高了，吃饭不要钱，全包下来不行。对于干部、军官和工人的家属、超龄学生，以及那些忙于搞家庭副业，不出工搞集体生产的人，也一样享受供给，一致不满。主张实行供给制的人认为，口粮应与基本劳动日期结合起来。

（四）牲口、农具归大队还是归生产队所有的问题。地、市委的调查，与我们的调查，听到的意见都有不一。有主张归大队，有主张归生产队的，各有理由：（1）牲口多的大队赞成分，牲口过少的大队，小队长也主张分，分了又难以调剂，耕作困难很多。（2）这几年牲口管理得好，繁殖比较好的大队，小队长和社员也不赞成分；反之，搞得不好，大家赞成分了。（3）分了以后牲口不足，大队还有力量给之调剂的，小队和社员同意分了；分了以后，牲口死亡和补充，完全由小队负责的，小队干部和社员都有顾虑，怕影响自己的收入分配，主张牲口还是归大队所有。

（五）农村手工业问题。由于1956年到1958年实行“工农分家”，违反了这一带村庄70%的农户会打铁并且历来是“亦工亦农”的老规律，分家以后，在劳动力的结合利用、运输力量的统一安排和口粮问题上的矛盾很大。他们主张在公社以下，至少是在大队和生产队不单独成立手工业生产合作社的组织，大队、生产队经营的手工业，作为本队的副业，采取“分散经营、自负盈亏”的办法。社员也可以经营铁货手工业，做为家庭副业。……大队和生产队经营的手工业收入可以列入本队的总收入统一分配，应该按习惯另立报酬制度和报酬标准，并且一般更高于农业同等劳力的30%左右，技术特别高的还要更高一点。

手工业的原材料供应应该就地取材，这个原则是对的，应该坚持的。但是，有些不可少的辅助性的原材料，不是本地出产的，势必要由外地供应；有些名牌的手工产品习惯上是由外地供应原材料的，仍然要由外地供应。现在，手工业管理部门不负责供应原材料，商业部门只收购手工业产品，也不负责供应原材料。结果，手工业采取走后门或者从自由市场采购自己缺少的原材料，价格极不正常，因而影响到手工业产品价格的上涨，同商业部门的收购价格悬殊，于是手工业产品又走后门或者到自由市场销售。为了解决手工业生产的原材料供应和产品的推销问题，县以上各级的手工业管理部门可以改为手工业生产联合供销社，帮助手工业解决原料供应和产品推销中的困难。公社一级，可以按荫城公社的办法设立手工业联合供销处，它与各大队和各生产队经营的手工业生产单位之间是供销关系。

（六）生活用工也要同生产用工分开计算，不应该在生产总收入中统一分配。……这些生活福利事业的设备由公益金开支。看来，这种办法是比较合理的。

（七）在偏僻山区应该允许分散的住户设立“独立包产组”，应该允许山区独户作为“独立包产户”。他们对大队和生产队实行大包干，除了交纳一定的包产任务，或者只交一定的公积金以外，生产收入完全归他们自己支配。平顺县李顺达大队，对于山上的散居户，实行了这种办法。

（八）一类和二类社队的整风，这是一个普遍的艰巨任务。我们调查的长治高河公社小宋大队，是一个一类队，支书李存成同志从土改以来，一直主持全村工作，社员认为他办事还公正，也有办法，能够把全村工作领导起来，但是不民主，社员也存不少意见。……如何把农村党的基层干部和农村党员，重新恢复“土改和互助合作运动”时的一套工作作风和工作方法，是恢复群众路线传统作风的根本关键。看来，这样向农村党员和基层干部提出问题，也是他们容易领会的。

在全国计划会议之前拟着重研究的几个问题致李富春

（1961年7月4日）

……农林口和有关部在全国计划会议以前拟着重研究两个问题：

一是，三年农业增产的物质技术条件，工业如何支援农业。

二是，对于集体所有制的农民生产如何进行计划指导，即农业计划的计划体制和计划方法问题。这两个问题，正由有关各部和农林办公会议（也就是中央工业支援农业的小组）研究讨论。

我建议这次计划会议，也把这两个问题讨论一下。其中的第二个问题是学习60条中对于几年经验总结的一个方面，也是贯彻执行60条所必须解决的一个问题。……而不把讨论的重点放在指标数字上。

在全国农业工作会议开幕时的讲话提纲

（1961 年 11 月 25 日）

（一）这次会议的要求和要达到的目的，经请示谭书记并与大家商量，是“肯定成绩，总结经验，鼓足干劲，继续跃进”。农业会议两年没有开了，1958 年中央和主席提出三面红旗，是完全正确的，必须坚持。三年来做了些什么事？看来成绩是伟大的，大家可以议一下，成绩要总结出来，缺点、错误、毛病也很多，也要总结出来。具体工作中的缺点、错误要很好地总结，成功的、失败的经验都要全面总结出来。经验的总结，大概不外三个方面：（1）具体政策的执行方面。人民公社是好的东西，还是要办，但办的具体工作中的毛病不少，从去年 12 月以来，十二条、六十条，最近又贯彻生产队基本核算，几次中央工作会议作了讨论，这次会议还要谈一谈。（2）技术措施方面。如作物安排、落实八字宪法这些方面，这几年经验也不少，更是需要总结，是不是能总结得好，应尽力去做。（3）领导农业生产的方法的经验。瞎指挥不行，不指挥也不行，到底怎么办？对的、错的、成功的、失败的，所有的都要总结出来。这方面问题虽然很广，但大家已经谈了一年多了，脑子里都有个看法，这次可以把看法摆出来。这几年的经验确实丰富，这是客观存在，因为我们做了许多事情，不去总结，不会变成今后工作上的本钱。再看看一年来农村形势的变化，劳动力多了，生产情绪高涨了，农村变了样，农民家里像个样子了，农村的形势肯定比去年好。还要看清楚远景，过去有浮夸，高指标，一反，好像什么都没指望了。现在在实事求是的基础上搞了个远景规划，是不是实事求是，请大家讨论。坚持三面红旗，总结了经验，认清了形势，有了明年展望，七年规划，这样劲儿就出来了，鼓足干劲是在这个基础上。能不能继续跃进，肯定能。1958 年就是个大跃进，棉花不管它产量多少，国家买到手的就有 3 500 多万担，过去最高收购量是 2 700 多万担，差不多多了 1/4。这总是真的，推不倒的，这不是个大跃进?！那一年的粮食多不多？走到什么地方，吃饭不要钱，吃得饱，吃得好。农民也是放开肚皮吃饭，那样做法不好，但五八年的粮食是多的，真是个大丰收、大跃进。三年来连续灾荒，估计损失粮食 1 200 亿斤，再加上耕地减少、工作中的缺点毛病，农业减产了，只要改进了工作，劳动力回去了，耕地也增加了，如果年景正常，还是可以继续跃进的。要看到农业生产的不稳定性，年年增加多少多少，是靠不住的，不实际的，因为还有一半靠天做主，人还不能完全控制自然，多少年平均增加多少还是可能的。

因此要本着肯定成绩、总结经验、鼓足干劲、继续跃进的精神，来开好这次会。

（二）会议议题。归结起来是三大项，另加专题讨论。三大项：（1）总结过去工作。（2）争取六二年丰收，特别是粮食产量要千方百计争取接近或达到 1957 年水平，指标不定那样高。粮食去年是 3 000 亿斤，今年是 3 100 多亿斤，明年计划是 3 300 亿斤（不公布）。（3）七年规划。讨论中不仅要有六五、六七、六九年的产量，还要有收购量和城市消费水平。八字宪法措施中的水、肥、机是主要的，要靠很大的基本建设，怎样排队？小平同志指示：“国家投资首先是水利和化肥，其次是机械。”机械方面怎样安排，也有指示，是“分别地区，各有重点，分批解决，集中力量打歼灭战”。首先搞东北，是否赞成？请大家发表意见。关于增产措施带方针性的安排，如拖拉机站的经营形式，也请大家注意，把不同意见摆出来，定下来，今后就这样办。

还有一些专题，如畜牧业，除棉花外的经济作物（烟、蚕丝、糖等），可组织临时小组，找有关省的同志研究。

（三）会议开法。先不作报告，把大会和小会结合起来，而以小组会为主，这样，大家可以充分发言，不受拘束。时间安排上，小组会开一个星期，按三大项顺序讨论，步调一致，便于研究。而后开三几天的大会，预计共十天，至多十四天结束。会议领导小组，除农业部同志外，还有各中央局农办主任，请各中央局帮助我们领导，把会开好。小组会由农办主任掌握召集，小组会不是所有人都参加，省里来的人，参加不参加，由你们自己安排，人少些，可以谈得比较随便点。每天开会时间是上午九至十二点，下午三至六点。

在全国农业会议上的总结讲话

(1961年12月14日)

会议开得好，是按照总结经验，鼓足干劲的方针进行的。在会议过程中，听了总理和谭副总理的报告。启发很大。在向中央书记汇报的时候，小平同志做了重要的指示，大大提高了我们的思想认识。并且明确了农业部门不仅要搞好农业生产，而且要在搞好生产的基础上，保证国家建设必需的农产品。

现在会议就要结束了，经过会议领导小组的讨论，作如下的总结发言。

大跃进以来，农业战线的成绩是伟大的，缺点错误也是严重的。今年的农村形势已经大有好转，而且会越来越好。大家都决心百倍，在肯定成绩、改正错误的基础上，高举三面红旗，抓住有利条件，克服困难，继续前进。

一、大跃进以来农业战线的伟大成绩

第一，实现了人民公社化。

在党的社会主义建设总路线的光辉照耀下，在1957年冬季开始掀起的、1958年迅猛展开的农业生产的高潮当中，在高级农业生产合作社的基础上，实现了人民公社化。人民公社化是符合生产要求的。人民公社是群众的伟大创造。

三年的丰富经验，特别是通过六十条的贯彻和整风整社，人民公社的各项具体政策和经营管理制度更加完善，更加充实，人民公社更加巩固了。

第二，1958年粮食、棉花和其他农产品，确实是大丰收，大跃进。

在畜牧业方面，几年来，羊的增殖率是一直上升的。据各省汇报，今年年底羊将达到1亿2 000万头，比1957年增加2 000万头，增长20%。这是纯增殖率。从1958年到1960年的三年内，国家收购菜羊3 282万头和羊皮9 320万张，再加上农牧民自用的羊皮，可以看出，羊的总增殖率是三年增加一倍半。这也是跃进的发展。

第三，抗拒了连续三年的严重的自然灾害，减轻了灾害的损失。

从1959年到1961年，三年连续遭灾。灾害的程度是严重的，损失是巨大的。经过公社的极大努力，单是粮食一项，还减产1 000亿斤到1 200亿斤，平均每年约400亿斤。如果不是人民公社千方百计地同自然灾害搏斗，损失还要大得多。人民公社在抗灾斗争中，表现了巨大的力量。人民公社的抗灾能力，比合作社大，更不是个体农民所能比拟的。农民群众根据自己的体验，也公认这一点。

由于自然灾害和“五风”的为害，1959年农业生产下降了（有些省五九年还是丰收增产的）。但是，这并不能否定1958年的大跃进，更不能动摇三面红旗。全国各省都有相当一部分地方、一部分社队，几年来一直是连年增产的。这就证明，三面红旗是完全正确的，哪里真正按照毛主席、党中央的指导思想和方针政策办事，哪里就能够不断地胜利前进。

第四，高速度地发展了农业基本建设，大大加强了今后进一步发展农业生产的物质基础。

水利方面——几年来，修建了大型水库280座，其中已经完成的和基本完成的112座。中型水库一千多处。小型水库数以万计。打机井19万眼，其中，已经装机的7万眼。万亩以上的大中型灌区由1 100处增加到4 200多处。尽管有些工程一时还不配套，有些排涝系统还要调整，但是，有效灌溉面积已经达到6亿7 000万亩，其中保证灌溉面积4亿5 000万亩，比1957年大大增加了。一些大江大河的洪水危害已经有了初步的或者基本的控制。

土壤方面——三年完成了全国的土壤普查，已经有26个省和大部分县编出了土壤图志。这就为因地制宜地合理利用土地，准备了初步的科学基础。改良土壤和改造治理低易涝地2亿5 000万亩左右。平整土地和水土保持也做了很多工作。

农业机械方面——拖拉机新增75 000台。排灌机械新增500多万马力（其中有一批移做他用或者已经损坏了）。农村电站装机达到 25 万千瓦。还有联合收割机、汽车、大车和大量的手推胶轮车，以及许许多多改良农具（有的已经试验成功，正在重点推广。例如薯类切片机、山地犁等等。有的基本成功，还要继续试验和试用。例如水稻插秧机、绳索牵引机、剥麻机等等）。

国营农场的建设——直属的国营农场和地方国营农场几年来都有很大的发展，发展了综合经营的全民所有制的农业企业。

桑、茶、果和木本油料的新基地的建设——几年来，新栽桑树 720 多万亩、茶树 220 多万亩、果树 1 200 多万亩，共计新栽 2 240 多万亩，与原有的桑、茶、果的面积大体相等，即发展一倍。除去破坏的、荒芜的以外，现在保有的新旧面积约 3 000 万亩，比原有面积 2 300 万亩，增长 30%左右。此外，还新栽了大量的核桃、油茶等木本油料。尽管由于原有的破坏、废弃了一些，新栽的一时又接不上，以致这些产品当前的产量下降，但是，并不能抹杀新基地建设的成绩，它为几年以后的产量大增打下了基础。

总之，农业基本建设往往是几年甚至更长的时间才能见效的，既要结合当年生产，量力而为，又要积极进行，否则就不能扩大再生产。不能单纯从眼前利益着眼，否定几年来农业基本建设的伟大成绩。

第五，普遍广泛地推行了农业生产“八字宪法”，推广了先进的增产经验和技术措施。据河北和湖北两省的检查分析，2/3 左右是搞对了的，成功的，或者是基本成功的，在生产上取得了巨大的成果。更有重要意义的是，广大干部和群众从正面和反面取得了比较全面的经验，提高了对于农业生产措施的客观规律的认识，并且使“八字宪法”的内容在实践中更加充实，更加丰富，更加完备。这一巨大成就将长期发挥作用。几年来，议论比较多的密植问题，也正好说明这一点。

在选育良种、植物保护、兽疫防治等等方面也做了许多工作。其中，有些成就已经在当前生产上表现了显著的效益，有些也是属于基本建设性质，长期才能看到效果的。

农业教育、农业科学研究事业和农业科学技术队伍，几年来也有很大的发展。特别是，同农民群众的生产经验相结合，使农业教育和农业科学研究工作的面貌大为改观。

第六，大力支援了工业大跃进。

人力的支援——三年内进城的职工 1 900 多万人（青壮年），小高炉等又用了大量的劳动力。

畜力的支援——为城市、工业运输服务，为小高炉等小土和小洋的工业服务（拜泉县的例子，辽宁、山东的例子）。

农牧产品供应城市，供应工业，供应出口。1958 年、1959 年数量甚大，1960 年数量也不小，今年下降了。

这些伟大成绩的取得，是由于广大农民群众的辛勤劳动，是由于党中央和毛主席的正确领导，所以说三面红旗是完全正确的。

二、我们工作中的缺点错误和经验教训

谭副总理 12 月 5 日的报告，对于几年来农村工作中的缺点错误做了系统的总结。讲到责任，我是共同负责的，同样要向大家作检讨。而且，从反映情况、“当参谋”讲，我们业务部门应该负更多的责任。谭副总理着重讲了“所有制”和“高指标”等问题，这里不再重复。我想着重检查“瞎指挥”的错误和取得的经验教训。

几年来，我们在推行农业生产“八字宪法”，推广先进的增产经验和技术措施上，在组织安排农业生产上，取得了很大的成绩。同时，也有严重的“瞎指挥”的错误，我们必须深刻记取“瞎指挥”的教训，坚决克服“瞎指挥”的错误。但是，又必须了解，组织起来的农民不同于一家一户分散经营的个体农民，社会主义的农业经济不同于资本主义经济体系中的农业，更不同于自给自足的农业，“不指挥”是不行的。不指挥，如何能够使社会主义的农业获得高速度的发展，适应国家工业化的需要？不能“不指挥”，不能对社会主义的农业生产放弃领导。

问题在于，正确地总结经验，分清楚什么是“瞎指挥”，什么是“正指挥”，过去的经验教训是什么？为什么犯了“瞎指挥”的错误？今后怎样进行“正指挥”？

第一，必须深刻认识农业生产的特点。瞎指挥的错误，首先就在于忽视了农业生产的特点，不按农业生产的特点办事。

农业生产的特点是什么？（1）农业种植业和饲养业，对象是植物和

动物，都是有生命的东西，植物和动物的生长、繁殖都有它自己的规律。（2）农业种植，是利用土地来生产农产品，不同的土壤有不同的性能，再加上气温、雨量、水利、肥料、人力、畜力和农民的经验习惯等等复杂的因素，构成了不同地区、不同土地的合理利用的自然规律和经济规律。（3）天时气候对于农业的影响。至少在一个很长的时期内，人们还不能控制自然，这就要求因时种植，并且要注意到，往往因为气温、雨量的变化，而不得不改变原定的种植计划。在一定的饲养条件下，家畜，特别是羊的配种产羔，也有一定的季节要求。（4）我国的农业，目前基本还是人力加畜力，还是手工生产，这就必然具有分散性，规模不能过大，不能强求整齐划一。

所以说，农业生产要“天时、地利、人和”三结合，人的积极性又是最重要的因素。

几年来，凡是抓住了农业生产的特点，正确指挥农业生产的，就取得了显著的成绩。而“瞎指挥”的错误就在于：（1）忽视了甚至违反了动植物生长繁殖的客观规律，例如，过分密植、过分地采秋桑，采秋茶，盲目推广“三割育肥”、“催情”，不适当地提供“见母就留”、“见果就留”等绝对化的口号等等。（2）违反了土地合理利用的规律。例如，提倡高产作物，本是应该的，今后还要继续提倡。但是，不同地区，不同土壤，不同条件，有不同的高产作物，不顾条件，在条件不适合的地区，或者条件还不具备的地区，盲目要求多种水稻、玉米，结果往往不是高产，而是低产；又如，按照具体条件的可能，适当增加复种，充分利用地力，也是对的，今后还要这样办。但是，不因地种植，过分强调复种，打乱了合理轮栽的制度，不注意利用地力和培养地力相结合，不是全年算账，几年算总账，而是一季强调一季，这就不对了，违反了合理利用土地的规律（注意：以耕地轮休和种牧草为中心内容的草田轮作制在一定条件下是合理的，并不能到处提倡推广）。（3）要求不违农时，及时早抓，也是对的；但是，过分强调“早”，所谓“一早百早”，“越早越好”，这就不对了。过早和过迟，同样是违背农时的。（4）在一定条件下，适当规模的连片种植，好处很多。但是，不讲具体条件，过分地强调大规模，强调大面积的连片种植，强调整齐划一，忽视了当前农业生产的分散性和人力、畜力的实际可能，就不对了。

第二，技术改革和先进经验的推广，必须遵守的原则是：(1) 改革要与继承和发扬农民群众原有的丰富经验相结合。改革要积极又要慎重，要一切经过试验，摸透摸准，真正试验成功的成熟的东西，才能推广。(2) 确实试验成功了，推广的步骤，还必须经过多点示范，波浪式地逐步推广。必须了解，要广大农民群众掌握新的东西，总要有一个过程，不能要求太急。(3) 一定要因地制宜，只能在条件相同，至少是条件基本相同的地区推广。(4) 还要注意经济实效，要在经济上划得来，农民群众才乐于接受。必须了解，现阶段我国的农业还是集体所有制的，人民公社的三级所有，以队为基础，生产队是基本核算单位，生产队自负盈亏。农民收入是按照生产队的收入分配的，不是由国家发工资。(5) 一定要根据群众自愿，走群众路线。群众一时还不接受的，即使是好东西，也只能通过宣传教育和典型示范，促其自觉自愿地接受，不能强迫命令。

几年来，技术改革和先进经验的推广，凡是遵守这些条件的，都取得了很好的成效，各地这种事例很多。“瞎指挥”的错误就在于盲目推广了一些不成熟的东西，并且求成太急，这个化，那个化，要求又多又快，不走群众路线，大撤大轰，大呼隆，形式主义，给农民带来了不小的物质损失。

第三，在农业生产的经营管理方面，我们应该：(1) 要适应农业生产季节的需要，综合安排和利用农村劳动力，既要保证农忙时生产第一线的劳动力，又要利用农事间隙，发展多种经营。(2) 应该抓住农事季节，对于当令的关键性的农事活动，及时发出建议和号召，并且检查督促其实行的情况。但是，必须了解，农业是千差万别的，农活的安排权在生产队，由生产队决定，不能强迫命令，强求整齐划一。(3) 帮助社队（主要是生产队），逐步建立生产管理、劳动管理和财务管理等具体的工作制度和办法，帮助生产队搞好耕畜的饲养管理和财务会计工作等等。(4) 在可能范围内，帮助社队解决必要的生产资料。几年来，各个地方在这方面都做了许多工作，取得了成绩，也取得了经验。我们在这一方面的缺点错误是，有些应该抓紧的没有抓紧，应该做的做得不够（主要表现在 (3)、(4) 两方面，同时，也有“瞎指挥”主要表现在 (1)、(2) 两方面）。

第四，农业生产计划指标过细过死，也是“瞎指挥”。

社会主义的农业经济是计划经济，农业生产不能没有计划。国家（从中央到地方各级）要有计划，社队各级也要有计划。农业计划的基础是生产队的生产计划。

问题在于，怎样才能使国家的计划同生产队的计划衔接起来。使国家的计划指导同作物种植安排的决定权在生产队这两者之间结合起来。直接用国家的农业生产计划来指挥生产队的生产，是不应该的（同所有制、生产权基本在生产队有矛盾），是不必要的（粮食生产主要部分是自给的，农民的自给部分的生产不必要由国家计划定死），也是不可能的（同因地制宜，因时制宜有矛盾）。对于集体所有制的农业，应该是间接计划，就是说，主要通过农业产品的收购计划，来实现国家对集体所有制的农业经济的计划指导。

对于这个问题，今年 9 月中央关于计划体制的决定已经做了具体明确的规定。我们要按照中央的决定办事，帮助社队在国家计划的指导下，按照国家收购农产品的计划要求，制定自己的生产计划，实行计划生产。

总之，在农业生产工作中，既不能“瞎指挥”，也不能不指挥。瞎指挥的错误，在于忽视了农业生产的特点，违反了农业生产的客观的自然规律和经济规律，不因地制宜、因时制宜，不走群众路线。这是由于我们思想方法的主观方面、工作作风缺乏调查研究、不深入群众所造成的，应该由农业部的领导负责，首先由我负责。反掉了“瞎指挥”，还必须“正指挥”，必须加强领导，加强调查研究，走群众路线。

三、一年来，农村的形势大有好转，一九六二年肯定会比今年更好

第一，由于十二条、六十条的贯彻执行，现在又进一步实行以生产队为基本核算单位，实行大包干，把生产和分配权统一起来，毫无疑问将更进一步地调动起广大农民群众的生产积极性。

第二，由于中央关于大办农业、大办粮食的指示的贯彻执行，坚决实行了城市减人的政策，大批劳动力下放到农村，农村劳动力的使用也特别着重加强了农业生产第一线。农业生产第一线的劳动力，1961 年达

到1亿5 000多万人，比1960年的1亿2 000多万人，增加3 000万人，增长25%。

第三，农作物的安排，也有比较合理的调整。今年播种适时，田间管理比去年好，草荒比去年大大减少。今年的产量，主要是秋季产量，比去年高。显而易见，这是农民积极性的发扬和农村劳动力的增加必然带来的好处。

黄淮流域，增加了谷子和高粱的播种面积。晋、冀、鲁、豫和苏北、皖北，高粱的播种面积增加了2 300多万亩，达到4 400多万亩，接近恢复到1957年的播种面积（4 600万亩）；谷子的播种面积，增加了近1 000万亩，达到3 800多万亩。这样的调整，符合因地种植的原则，对于饲草、燃料的统一安排，也是有利的（谷子的面积，比1957年的5 800多万亩还差1/3，谷子同牲口饲草的关系很大，还要进一步调整）。

调整了某些不合理的复种。例如，南方缺乏水利设施的冬水田，减少了冬种（还要结合夏季口粮的安排，进一步调整），双季稻的面积也有调整（有的地方今年早稻减少过多，又偏到另一方面，受了些损失）。又如，晋、冀、鲁、豫、陕五个主要产麦省，1961年秋播的冬小麦，正茬面积增加了，晚茬面积下降了，五省合计，晚茬麦田8 500万亩减少到4 500万亩，大约减少一半。这无疑是有利于冬麦单产面积的提高，有利于明年夏收增产（当然，冬麦面积减少过多也不行，也要影响总产量）。

第四，在畜牧业方面，大牲畜数量下降的趋势，多数省从秋季以来已经停止了，有的且稍有回升（牲畜过冬，还是一类，能否稳住，还要靠冬季艰巨的努力）。猪，从5月份起开始逐步上升，据各省汇报，年底存栏数可能达到7 000万头以上，社员私养猪的比例增长很快，据九月底部分省区的统计，私养猪达到养猪总头数的60%左右。几年来，羊是一直发展的。鸡鸭鹅兔，今年也有成倍的增长。

第五，除了某些重灾地区以外，农民的生活一般比去年好。自留地占总耕地面积的7%（有的地方没有这样多）。小开荒的面积，据晋、冀、鲁、豫、辽、陕、甘和广东八个省的统计，为1 200多万亩，占这八个省耕地总面积的2.63%。全国合计，估计不少于3 000万亩。再加上一部分地方给私养猪另拨的饲料地，这三笔加在一起，约占总耕地面积的8%至10%（从各省看有多有少）。这对于农民生活的安排起了决定性的作用。

农民生活安排得好必然会促使农民生产积极性的提高。

今年以来，农村形势大有好转，农业生产大有起色。这又一次证明三面红旗是完全正确的。只要我们坚决按照主席、中央的指导思想办事，坚决贯彻主席、中央的方针政策，同时，加强对农民的社会主义教育，1962年的农村形势，肯定会比今年更好，农业生产也会比今年更有发展。当然，在目前恢复和调整的时期，困难还是不少的，人力、物力和财力都有困难，也要警惕明年可能还有连续的自然灾害，我们必须抓住有利的形势，克服当前的困难，鼓足干劲，继续前进。

四、高举三面红旗，恢复和发展农业生产，首先是千方百计地争取1962年的农业丰收

农业战线的总任务是：高举三面红旗，尽快地恢复和更大地发展农业生产；并且在农产品产量不断增长的基础上，完成国家收购粮食、棉花和其他农产品的计划，保证国家社会主义建设的不断增长的需要。为此目的，必须抓紧做好下列各项工作：

第一，继续贯彻十二条、六十条和党对农村的各项政策，实行以生产队为基本核算单位，这是保证农业增产的根本关键。

几年来的事实证明，哪里按照主席、中央的指导思想，按照党对农村的各项政策办事，哪里就一直是增产的。据江苏、浙江、江西、山东、广东和湖北六个省的汇报，1958年以来保持稳定增产的县有103个，占这六省499个县的20%。华北反映，约有20%至30%的社队是稳定增产的。新疆汇报，有三个专区是稳定增产的。青海汇报，也有7%的队是稳定增产的。这种例子，哪里都有。

最近各地的试验结果证明，以生产队为基本核算单位是深得人心的，并且对于农民的生产积极性也有极大的鼓舞作用。

必须首先抓住农业增产的这一根本的关键的措施，促进农业生产尽快地恢复和更大的发展。

第二，抓农村劳动力。首先要保证农业生产第一线的劳动力。

要求各个方面都坚决执行总理的指示，精减城市人口，把可以从城市节约出来的劳动力下放到农村。

要适应农业生产季节性的特点，综合利用农村劳动力。农忙务农，农闲多搞副业生产、农田基本建设和其他建设，不要事事强调专业化。

还要注意到，在农业没有实现全盘机械化以前，农业劳动力是不能过多转移的。

第三，坚决执行主席的指示，实行多种多收和高产多收并举的方针，两条腿走路。这是我国长时期内农业增产的途径。

我国人多，劳动力多，已耕的土地少，这就使我们能够精耕细作，高产丰收。另一方面，由于我国当前国家工业化的水平，化学肥料和农业的技术改造在一定的时间内还有一定的局限性，所以，又要求开垦荒地，扩大耕地面积，来提高农产品的产量。首先恢复接荒地。耕地的管理必须加强，由国家立法，对占用耕地严格控制。

我国的国土广大，有荒可开。同时我国的气候条件提供了可能，可以适当地增加复种的可能。这就使我们能够多种多收，但是，开荒和复种也都有一定的局限性，所以，又要求在多种多收的同时，尽力精耕细作，高产多收。

多种多收和高产多收，二者必须正确地结合起来，不可偏废。

第四，继续坚持以粮为纲、多种经营的方针，农牧并举，农业十二个字统一安排，农林牧副渔综合发展。

这是主席、中央指示过多次的。问题是在当前粮食紧张的情况下，经济作物的播种面积越挤越少，必须引起注意！当前，事实上不能对经济作物多要求，吃饭还是第一；但是，也不能只顾粮食而过多地压缩经济作物。例如，1962年的棉花播种面积，庐山中央工作会议商定的6 600万亩，要保证完成，不能减少。

第五，继续按照因地制宜、因时制宜的原则，积极地、有步骤地推行农业生产的“八字宪法”。

“八字宪法”必须坚持。执行中央的缺点错误应该改正，但是，农业生产总离不开这八件事。只有做好这八项工作，农业发展纲要四十条所提出的亩产“四、五、八”等项要求，才能实现，农业生产的大发展才有指靠。

第六，根据人力、物力、财力的可能，积极地、有计划地发展农业基本建设。

水利，肥料和土壤的基本建设，良种基地的建设，植物保护、兽疫防治和农药、生物药品制造的基本建设，以及牧区的基本建设等等。

第七，按照各有重点，分批分期，集中力量，打歼灭战的方针。逐步实现农业机械化。

拖拉机的重点是长江、淮河以北的平原地区，首先是东北，南方的重点是排灌机械。一省以内，也要分轻重缓急，先后排队，也要集中力量，打歼灭战，重点以外的省区固然不能不有所照顾，因为那里也有部分地区急需机械化和能够机械化。但是照顾也是有重点的，不能到处“撒胡椒面”。

拖拉机站的经营方式，以国营为主，也可以由公社经营，或者国社合营。在我国当前的工业水平和现行的价格政策下，拖拉机代耕，国家免不了要对一部分地方，补贴一部分费用，但是拖拉机站必须实行企业经营，实行经济核算。

排灌站也要按照规模的大小，分别采取不同的经营方式。国营的拖拉机站和抽水机站应该成为国家掌握商品粮食和棉花的有力工具。

第八，把农业科学研究和农业教育事业切实办好。

农业科学研究要继续坚持与农民群众的生产实践相结合的方针，为农业生产服务，农业教育也要坚持与农业生产相结合的方针。

农业科学研究和农业教育事业，在某种意义上讲，也是一种基本建设，是为今后的发展打基础的。要兼顾当前的、近期的和长远的需要，加强农业科学研究工作和农业教育事业。

第九，加强农业技术推广站、种子站和畜牧兽医站的工作。

几年来，这三站有些保持着，有些散掉了。散掉了三站，对农牧业生产是个损失。首先要抓住还保持着的，不要让它再散掉了，已经散掉了的，要恢复起来。要加强三站的工作，并且随着生产的需要逐步发展。

第十，加强农业生产工具的维修和农业生产资料的供应工作。

农业战线必须抓紧这项工作，切实帮助农民解决这一方面的困难。分工由别的部门管理的，农业战线也要切实负责协助和督促检查（关于农机具的维修、农机具、零配件、燃油和化肥、农药等供应工作的分工和管理体制问题，根据小平同志的指示，报请中央，另行通知）。

第十一，一定要在明年，1962 年，把大牲畜数量下降的局面完全扭转过来（详见在会议中发给同志们讨论的农业部党组给中央的报告，其中有些政策规定，和同志们提的大牲口也实行公养私养并举的方针等意见，都要请示中央决定）。

坚持公私并举、私养为主的方针，发展养猪业。在自留地以外，给私养猪另拨饲料地的问题，有的地方已经办了，有的地方主张这样办，有的地方不想这样办（是否做统一的规定，报请中央考虑）。

羊、兔、鸡、鸭、鹅都要继续大力发展。

第十二，抓紧当前的冬季生产工作和备耕工作，争取 1962 年的丰收。

加强越冬作物的田间管理，特别是水、肥和治虫。

冬闲田的管理。对犁冬晒白、除虫、冬水田保水等等，也不能放松。

水利的冬季岁修工作，近两三年被忽视了，今冬必须抓紧进行。

大力抓紧冬季积肥造肥。除了重灾区以外，凡是有条件的地区，应该因地制宜地掀起一个稳稳当当、扎扎实实的水利、积肥运动。

保护牲畜安全过冬。使牲畜在冬季得到适当的休息和复壮，除了正常的淘汰以外，真正把大牲畜数量稳定下来，不再下降。

选留春播种子，整修添补小农具和农业机器，以及其他各项备耕工作都要抓紧时机，在冬季，在春耕以前切实做好，为争取 1962 年的丰收做好一切准备。

做好上述各项工作。力争农业生产的迅速恢复和发展。首先是努力完成以粮食（包括大豆）总产量 3 300 亿斤和棉花产量 2 000 万担为中心的 1962 年的农业生产计划，并且力争超过（注：计委和农业部原提的控制数字 3 300 亿斤，是不包括大豆的，这次会议中，各地报的数字是包括大豆 140 亿斤在内的）。在粮食（包括大豆）总产量中，自留地、小开荒等等计划外的产量约占 10%。按 300 亿斤计算（这是估计数）；计划内的产量（或者叫做集体分配产量），各省汇报是 3 000 亿斤，比今年的计划内产量需要增加 300 多亿斤。集体分配产量达到了3 000亿斤，国家征购商品粮 820 亿斤，合原粮 920 多亿斤。不到总产量的 1/3，这是能够完成的。同时，从明年增产 300 多亿斤看，国家征购粮增加 100 亿斤，合原粮 120 亿斤不到，只占增产部分的 1/3，也显然是能够完成，应该而且必须努力保证完成的，这次会议中，各省汇报，1962 年棉花产量 2 000 万担，可以完成和超过，收购任务1 700万担左右，比庐山中央工作会议安排的1 600 万担增加 100 万担左右，比商业部新提出的 1 900 万担差 200 万担左右，关键在于按庐山中央工作会议商定的，完成 6 600 万亩的种植计划。

对于农业生产的七年规划，各省的设想也是有幅度的，各省汇报的各种主要农产品的产量规划，同我们提出的低方案不相上下。完成了这个规划，就有基础来完成商品粮 1 100 亿斤左右和棉花 3 500 万担左右的征购任务。加上七年当中人造纤维和合成纤维的发展，就可以初步解决城乡人民的吃穿问题，保证我国社会主义建设更大的发展。

我们一定要深刻领会小平同志的指示。第一要有远大的目标，立大志。第二要有全局观点，顾大局。第三要当老实人，不怕吃亏。总之，要树立共产主义的风格，反对资产阶级思想的侵蚀。

同志们：农村形势越来越好。十二条、六十条的进一步深入贯彻，实行以生产队为基本核算单位，农村的形势肯定会更好。另一方面，在当前调整的过程中，是有一些暂时的困难。我们必须在客观可能的基础上，发挥主观能动性，尽最大的努力，抓住有利的形势，克服暂时的困难，坚持三面红旗，坚决贯彻党对农村的各项政策。坚决按照主席、中央的指示办事，并且正确地系统地总结几年来的经验。教育干部，教育农民，鼓足干劲，千方百计地做好工作，争取 1962 年的丰收，争取农业生产获得尽快的恢复和更大的发展。

一九六二年全国农业会议总结*

（1962 年 11 月 29 日）

这次全国农业会议，是在农业战线上贯彻党的十中全会的决定的一次会议。在会议过程中，听了总理、陈毅、李富春、李先念、谭震林副总理的报告，毛主席、刘副主席在听取了汇报后，给了宝贵的指示，收获极大。会议交流了经验，特别是一些商品粮集中产区的县委书记和县长同志，介绍了他们恢复和发展农业生产的情况、措施和前途，讲得很好，信心很足，劲头很大，令人振奋。看来，这些同志更接近群众，更反映实际。

会议讨论了农业部门在新形势下的新任务。新形势是：农业生产关系大体调整就绪，人民公社已经走上了健康发展的道路；全党全民支援农业，各方面的工作都开始转到以农业为基础的轨道上来，农业生产和农村生活的新气象已经出现，农业生产高涨的新阶段将要到来；农业在集体化的基础上，进入技术改革的新时期。新任务是：在继续搞好人民公社各级，特别是生产队的经营管理，进一步巩固人民公社集体经济，进一步调动农民的集体生产的积极性的同时，把抓农业科学研究、抓技术政策和增产的技术措施、抓物质技术力量，抓生产力，提到更重要的地位，迎接农业技术改革的新阶段，促进农业生产的新高涨，发展农业生产，首先是争取 1963 年的以粮棉为中心的农业丰收和畜牧业的丰收。

现在，会议就要结束了，讲一讲下面几个问题，作为这次会议的总结。这个总结，是经过全体到会同志讨论修改的，是大家共同的总结。

---

* 1962 年 12 月 17 日，中共中央、国务院批转了这个总结报告，要求各中央局，各省、市、区党委和人委根据当地情况进行研究，并督促农业部门执行。

一、形势一年比一年好，农业生产高涨的新阶段将要到来

形势好，表现在以下几个方面：

（一）党的政策，中央和主席的指示，调动了广大农民群众的积极性。从1960年夏季中央北戴河会议以来，“大办农业，大办粮食的指示”、“十二条”、“六十条”、“基本核算单位下放生产队的指示”、“巩固人民公社集体经济、发展农业生产的决定”等等，用农民的话说：“一个比一个解渴”，“一个比一个称心”。经过这两年多的时间，农业生产关系已经大体调整就绪（当然，在贯彻政策方面，还要做许多工作），人民公社集体经济进一步巩固，农民群众的生产积极性大大调动起来，三面红旗更加辉煌照耀。干部的工作作风也有了显著的转变，民主作风和实事求是的作风得到进一步的发扬，干群关系更加密切了。干部领导生产也有了正反两面的经验。许多地方，都可以听到农民的称赞：“政策好，作风好。”在许多农村中，又出现了心情舒畅、生动活泼的局面。在一些重灾区，群众的心情是“怨天不尤人”，一心一意地生产渡荒，争取明年的丰收。

（二）生产力的恢复和发展棗农村劳动力增加，数量已经基本上恢复到1957年的水平；耕地面积也有增加（捡回了一批占而未用的耕地和撂荒地，小开荒），大牲畜略有回升（幅度小，不平衡，不稳定）；中小农具和农业机械的增加；水利逐步配套和土地平整、土壤改良，进一步发挥效益；种子也有改善（海伦县委书记在小组会上的发言，说明比原来预料的要快些）；养猪积肥和绿肥面积增长较大（猪，今年十月底比去年底增加2 000万头，增长27.6%）；国产化肥也有增加。前几年新栽的一批桑、茶、果树，逐渐进入结果期和采叶期，将在增产中发挥作用。我们要巩固这些果实，并且使之发挥更大的经济效果。

（三）各方面对农业生产的积极支援，都逐步转到以农业为基础的轨道上来（尽管怎样转还是摸索，但是都在转）。在农村供销、农产品购留比例、物价政策和等价交换等方面，尽管同志们在讨论中提出不少意见，但已有显著的改进，并且向着有利于促进农业生产的方向前进。十中全

会关于商业问题的决定的进一步贯彻，将给农业带来更大的增产效果。

（四）由粮食带头，一些农牧产品有了较大的增长。今年粮食增产200亿斤（总产量的统计数字偏低）。烟、麻、蔬菜、水果等经济作物的收购量，比去年同期都有增长，棉花的收购量也追上来了，但还存在着地区间的不平衡。猪、禽、蛋的收购量比去年同期增加较多。各级农业部门执行了小平同志在去年冬季对农业会议的指示，不仅抓农业生产，也注意了抓农产品的收购工作。

（五）农村生活的安排，由于一方面粮食增产，另一方面精简职工，压缩城市人口，减少粮食征购任务，农民的实际吃粮水平（包括自留地收的粮食在内），除了一部分重灾区和困难队以外，都有较大的提高，有的已经达到甚至超过了“三定”标准（地区不平衡，在一个社队之内，户与户也不平衡）。留的耕畜饲料也增加了。这对于人的体质和耕畜的体质的增强是有利的。种子的选留，也比往年好，基本保证了数量，进一步提高了质量。

（六）农村集市贸易活跃，物价降低。两种市场、两种价格之间的差距缩小了。这是农牧产品增加的又一个证明，也是表现农村形势好的一个侧面。（另一方面，有些地方，由于放松了管理，农村集市贸易也带来了不小的副作用。）

（七）今年的秋耕秋种和冬耕冬种比往年好，调整茬口已经取得一定的成效。南方的冬水田和塘堰的蓄水保水增加了。冬修水利和冬季积肥运动，已经在许多地方先后展开。这是争取1963年农业丰收的良好的开端，也是农业生产高涨的新阶段将要到来的明显的征候。

一方面，形势好。另一方面，还有不少困难和问题。农牧产品还远不能适应整个国民经济发展的需要。耕畜下降的趋势，在多数农业区，还没有完全停止，或者停止了，还不稳定。耕地面积还少于1957年，一时还难有较大的增加。水利工程还有艰巨的配套工作。农家积肥的数量还不如过去。轮作茬口还没有完全调整过来。种子混杂、带病虫和单一化的毛病，还没有完全克服。铁制小农具的质量差，竹木小农具和中型农具缺的还多。农业机械和化肥，在最近几年之内，可能增加的数量有限，农业机械还不配套，维修能力和零配件的供应，还远跟不上目前农业机械保有量的需要。农业机械的技术力量不足，经营管理工作亟须整顿改进，农民的口粮和耕畜饲料的水平还是比较低的，还有一部分重灾区和困难队，如此等等。但是，困难不是比前两年更大了，而是缩小了。克服困难的有利条件，不是更少了，而是增多了。前途是光明的。事实证明，恢复的速度可以快些，要十年八年才能恢复的估计是不正确的。全国大约有四分之一的县，农业生产已经达到或者超过 1957 年的水平（各地比例不同，按社队为单位，比例还要大些），这些地方，就不是恢复农业生产的问题，而是进一步发展农业生产的问题。

我们一定要加倍努力，继续贯彻党中央关于农村人民公社的各项政策，进一步巩固集体经济，进一步调动农民的集体生产的积极性，争取在 1963 年获得比 1962 年更大的农业丰收，争取在第三个五年计划时期内，不仅全面地恢复农业生产，而且进一步发展农业生产。

二、做好冬季生产工作，争取一九六三年更大的丰收

同意各省安排的 1963 年的粮食生产指标，总产量达到 3 200 百亿斤，这同计委提出的粮食总产量指标是一致的。棉花播种面积 6 000 万亩、总产量 2 000 万到 2 200 万担，收购量 1 600 万到 1 800 万担。粮食、棉花和各项产量指标，请计委根据这次计划会议和农业会议讨论的结果定案。

必须按照十中全会的决定，认真实行粮食和经济作物并举的方针，在优先发展粮食生产的同时，努力发展棉花、油料、蔬菜、烟、麻、糖、丝、茶、果、药材和其他经济作物的生产，发展农业、林业、畜牧业、渔业和副业生产，根据各地的不同条件和传统习惯，组织农业的多种经营。

如果说前两年最突出的是吃饭问题、粮食问题，当前粮食问题依然还是首要的，不能放松的。现在，穿衣问题、棉花问题则更突出出来了。棉花，不仅是个穿衣问题，而且是当前整个国民经济的关键问题，它影响等价交换和农产品的收购，影响社会主义建设的资金积累，影响整个国民经济发展速度，影响农业机械化、电气化的速度，也影响农民的收入。棉花的收购量，在明年、后年两年内，能不能达到和超过 2 000 万担，在第三个五年内，能不能达到和超过 2 700 万担，不仅是个经济问题，而且是个政治问题。一定要保证完成，力争超过，不能讨价还价。

首先在1963年，力争种植面积超过6 000万亩，总产量超过2 200万担，收购量超过1 800万担。这个任务，在全国棉花集中产区的县级干部会议上，还要再加讨论，贯彻实现。

“一年之计在于头年冬季”。为了争取1963年的丰收，必须扎扎实实地抓好当前的冬季生产工作：

（一）冬修水利“小型为主，配套为主，群众为主”，主要是塘堰、水井等小型水利的整修，渠道的岁修。国家增拨了小型农田水利事业费，就是为了贯彻这个方针。“先配套，后新建”，主要是把现有的水利工程设施逐步配套，使之进一步发挥灌溉效益。大中型水利工程的安全措施，也不能不搞，配合水利的整修，进行土地平整。开展改良土壤、改良盐碱地和封山育林（南方冬季植树造林）、水土保持工作。水利专题小组讨论起草的文件，会后将根据大家的意见，加以修改，经过一定的审批手续，而后下达。

（二）冬季积肥规定社员向集体投肥的任务，奖励社员投肥的政策，两者结合。集体积肥和社员家庭积肥结合。经常积肥和突击积肥结合。有的地方，生产队设有专业积肥员，专人积肥也要与群众积肥结合。积肥奖励办法，各地一般都有，问题在于贯彻的如何，要认真检查落实。

（三）加强麦子、油菜等越冬作物和绿肥的田间管理。今年越冬作物的基础好，一定要搞好冬灌（或排水）和追肥，防治病虫害，打响明年夏收这第一炮。还要做好茶园、桑园、果园等的冬季管理和防冻。

（四）选种，留种，专仓、专人保管好种子。摸清生产队的留种情况，帮助生产队调剂种子，串换良种。准备好备荒种子。必须认真检查种子安排的情况，一个队一个队地落实。明年播种前，还要做好种子的精选、发芽试验和消毒处理。技术推广站要认真帮助生产队做好选种、留种和种子处理工作。

（五）保护牲畜安全过冬，并且为开春的配种工作做好准备。繁殖牲畜的奖励政策，一定要落实兑现。农业区耕畜下降的趋势还没有停止的地方，或者虽然停止、还不稳定的地方，更要特别注意，严防今冬明春又死一批。牧区要做好接羔育羔工作，提高仔畜成活率。

（六）协同有关部门，整修添补农具和农业机械的维修工作。抓紧冬耕和植物病虫害的防治工作。做好其他各项备耕工作。

（七）大抓副业生产。冬季要大抓，平时也要抓，农闲大搞，农忙小搞，特忙不搞。要适应农业生产季节性这个特点，综合利用农村劳动力，发展副业生产。劳动力的浪费，是最大的浪费。发展副业生产，是增加社员收入和增加生产队生产资金的重要一着。许多地方反映，今年生产增加，生产队开支加大，社员集体分配的收入减少。要大抓副业生产来弥补，这是巩固集体经济的重要一环。发展副业生产，也有利于增加社会财富，活跃市场。公社和生产大队，要帮助生产队发展副业生产。中央和国务院关于发展副业生产的指示，必须认真贯彻执行。农业部门要把副业生产管起来，可以吸收有关部门参加，组成副业生产委员会，管理农村副业生产。

农业生产资料价格上涨，也是生产队增产减收的一个重要因素，凡是价格由中央部门统一规定的，我们负责与有关部门协商解决；凡是价格由地方掌握的，请省（市、自治区）农业厅（局）负责与有关部门协商解决。农业生产资料的生产和经营，应该采取低利政策，应该降低成本，降低价格。还可以考虑在统购派购的时候，留一点余地，让生产队用来向供销社换购生产资料。

（八）整顿拖拉机站和排灌站，清产核资，改善经营管理，提高出勤率，降低费用。并且进行成本分析，找出赔钱的原因，对症下药，协同有关部门，从各方面努力，力求做到不赔钱。拖拉机站还要做好当前的冬耕、冬修、冬训。现有的拖拉机、作业机械和排灌机械等，必须切实清理。这不能用典型调查加推算的办法，必须一个站一个站地清理，一台机器一台机器地清理。拖拉机站、排灌站都要综合利用，并且发展成为各种农业机械综合经营的农业机械站。中央和国务院已经发出关于整顿和加强拖拉机站工作的决定，为整顿拖拉机站和排灌站，前一个月又分别召开了专门会议，在此不多讲了。

（九）整顿充实技术推广站、种子站、畜牧兽医站、植物检疫站和示范繁殖农场。一定要在今冬明春整顿好。

（十）开展以贯彻十中全会的决定为中心的社会主义教育运动，进一步贯彻六十条，加强生产队的建设，搞好年终分配，改善经营管理，健全财务制度，厉行节约，反对浪费。并且总结今年的生产经验，落实明年的生产计划。训练生产队长和会计等基层干部，进一步改进干部作风，密切干群关系。把困难队作为冬季整社的重点。还要注意安排好灾区和困难队的社员生活，生产自救，力争明年获得一个好收成。

农业的根本出路在于机械化。但是，由于农业机械制造厂和化肥工厂的基本建设，一时赶不上去，在最近几年之内，在1963年，农业机械和化肥可能增加的数量不多，要取得农业丰收，主要还是靠加强领导，贯彻政策，靠群众的积极性，也靠物质技术力量。在物质技术力量方面，靠水利（主要是小型的，管好、用好现有的水利设施）；靠肥料和培养地力（主要是农家肥料，采取轮作倒茬、增加豆科和绿肥作物、秋翻冬翻等措施，培养地力）；靠种子（主要是生产队自己繁殖，自己选留；要引进外来的良种，也要选育适应当地条件的地方良种，繁殖推广），中央和国务院关于种子工作的决定，各地必须坚决贯彻实行；靠同病虫害作斗争（农药和挖稻根等群众性的防治措施）；靠群众性的预防和抵抗水旱等自然灾害；靠捡回撂荒地和占而未用的土地；靠土壤改良（治理盐碱地、改造低产田、坡土改梯土等等）；靠耕畜和中小农具、改良农具、半机械化。至于农业机械，由于数量不多，只能集中力量，打歼灭战。化肥，明年增加的数量也很有限（由中央分配的氮肥只增加二三十万吨），增加的部分主要增加于棉花。不仅明年如此，从国家计划安排的农业机械厂和化肥厂的基本建设的进度看，在整个第三个五年计划时期内，农业机械和化肥增长的数量都不算大。水、肥、土、种等等，主要还是靠群众自己的力量去办。各级农业部门应该看清形势，实事求是地制定增产措施，挖掘增产潜力，发展农业生产。否则，措施不切实际，增产计划也会落空。

三、发展畜牧业，培育和合理利用草原

农业和畜牧业是相互依存、相互促进的，必须农牧结合，把畜牧业放在重要的地位。

猪和家禽，一年来，产量增长不少。羊是一直上升的，兔有较大的发展。大牲畜，全国算总账，虽有回升，但是，不平衡，不稳定，还要极力防止今冬明春再下降。中央、国务院关于发展大牲畜的指示，必须大力保证实现。

当前主要抓牲畜安全过冬，妥善安排饲料、饲草，并且为开春配种做好准备工作。做好耕畜和种畜的调剂工作。

整顿充实畜牧兽医站、诊断室、配种站。配种站和畜牧兽医站，可以合并设立，也可以分开设立。

家畜家禽的疫病，近来有所发展，必须立即加强防治。加强检疫工作，农业部门要把牲畜检疫站抓起来。办好生物药品制造厂。团结好、领导好民间兽医，解决他们的实际困难，发挥他们的力量（在农村中，普遍大量的，还是靠中兽医）。江苏对于中兽医的工作和生活中的实际困难，规定了具体解决办法，国务院已批转各地，希望参照执行。科学研究单位要大力加强对于马传染性贫血症、疑似马脑炎和牛血吸虫病等疫病的研究，及早提出防治办法。

积极发展养猪，要求在今后一两年内，恢复到1亿5 000万头。继续坚持以私养为主的方针。鉴于猪源不足，也要积极支持具备条件的生产队饲养种公猪和母猪，繁殖仔猪，稳定猪源，并且便于扶助困难户养猪。但是，不能因为搞集体养猪，而放松对社员家庭养猪的支持，更不能又搞“平调”。

加强家畜改良工作。绵羊改良工作是有成效的，必须坚持下去，总结经验，继续办好。猪和大牲畜的改良工作，也要加强。办好种畜场。

建立大家畜的繁殖基地，规定基地应该担负的调出任务。全国、省、县、社，各有各的基地，只要有条件的，都应当建立。试验研究牧区畜牧业的机械化和半机械化。

开展草原建设，首先是保护、培育草原，逐步进行草原改良，合理利用草原，提高草原的载畜量。要求水利部门注意加强牧区的水利建设。

上山，发展木本油料、木本粮食。下水，发展水生作物、水生饲料。培育利用草原，发展畜牧，增加肉食皮毛。还有野生纤维等等的利用。这对于解决我国人口多、耕地少的矛盾，是一条广阔的出路。对于这个问题，这次讨论得不集中，不充分，以后再分别召开专门的会议讨论。

四、实行农业技术改革，整顿充实农业科学技术工作网

在农业集体化的基础上，实行农业的机械化、电气化，实行农业的

技术改革，是巩固人民公社集体经济、巩固工农联盟的物质基础，也是促进整个国民经济向前发展的中心环节。

农业技术改革，中心是农业机械化、电气化，用现代的技术装备来装备农业，变人力、畜力的手工操作为外燃、内燃和电气动力的机械操作，以根本提高农业的劳动生产率。

我们要建设的是社会主义大农业，而不是个体经济的小农业，也不是资本主义的大农业。现代化的社会主义的大农业，一定要在集体化的基础上，实现机械化、电气化，还有水利化和化学化（化肥、农药），还要有与这四化相适应的现代科学的耕作技术。我国的农业机械化，一定要同精耕细作的传统相结合，一定要既提高劳动生产率，又提高土地的单位面积产量。一定要把农民长期积累的经验，祖国的农业科学遗产，同现代农业科学技术结合起来。

农业机械化是多方面的，有耕作机械、排灌机械、加工机械、运输机械，还有植保机械、畜牧机械等等。耕作机械又有耕、耙、播、中耕、收割等等。各地条件不同，各有不同的要求。不同的机械，也应该各有不同的重点适应地区。有了农业机械，还必须有相应的维修设备、零配件供应和油料供应；还必须有相应的技术力量，搞好经营管理，农业机械才能充分发挥效益。在这方面，要做的事情很多，我们的工作还远远落后，必须加倍努力赶上去。

实行农业技术改革，必须按照十中全会的决定，是实事求是的，而不是主观主义的；是因地制宜的，而不是千篇一律的；是及时的，而不是拖拖沓沓的；是有重点的，而不是分散力量的；是慎重的，而不是轻率的。绝不能又一轰而起（对这一点，谭副总理已向到会同志做了详细的指示，不多谈了）。各省提出的关于五年的农业技术改革规划草案，以及农业机械化的长期规划问题、全国布局问题，还需要会后由下而上和由上而下地反复研究。

农业部门和农业科学研究单位，在农业技术改革方面的主要任务是：（一）在精耕细作的基础上，根据土壤、地形、作物和农活等等不同的条件，向工业制造部门提出种种性能不同的农业机械的要求，提出牧业机械的要求，提出关于化肥、农药和兽医药械的要求；（二）研究作物品种和耕作技术如何适应机械化的需要；（三）把农业机械使用好，维修好，把化肥、农药使用好，使用得当，用在刀口上，力求发挥最大的经济效果；（四）培养技术力量，办好机械化的试点。实现农业技术改革，实现农业现代化，是长期的任务。但是，试验研究、积累经验和培养技术力量，必须从现在起，就有计划地抓紧进行。农业机械的保有量已经有相当数量的重点地区，更要及早把这些工作抓紧做好。

加强农业科学研究和技术推广工作，整顿充实农业科学技术工作网。过去两年，农业科学研究机构和技术推广站、畜牧兽医站、种子站、植物检疫站等基层技术机构，精简过头了，这是我们没有抓紧之过，我们诚恳地接受批评。现在要求各地，按照中央和国务院 1962 年 10 月 9 日和 11 月 20 日的两个联合通知办事，把它恢复充实起来，已经调走的技术人员，应该让他们归队。当然，配备这些科学技术机构的干部也要注意质量。这次会议对于农业科学家们关于加强科学技术工作的建议，对于技术推广站、畜牧兽医站、种子站、植物检疫站等等基层技术机构的任务、工作方法、工作条件、人员编制和待遇等问题，进行了专题讨论，起草了文件。这些文件，会后将根据同志们的意见，再加修改，经过一定的审批手续，而后下达。

农业科学研究的十年规划草案，要在明年初召集农业科学家开会讨论，请大区农办和各省厅认真抓一抓，组织科学研究机关、农业院校等有关单位的科学家，好好讨论，准备意见。我们这次农业会议，没有邀请更多的科学家参加，是个缺点，省里开会请注意。

关于科学研究、高等农业院校的体制隶属问题。中国农业科学院、北京农业大学和农业机械化学院，都是分工归农业部管理的。国家科委、教育部和农业部，意见是一致的。多数省也是这样办的。一部分省不是这样办的，既然感觉不利于工作，可以报请省委、省人委考虑改变，按中央一级的分工办法，归口管理。各级农业部门要负责组织科学研究单位、农业院校和农业部门本身的科学技术力量，在科学研究和技术推广方面的协作，并加强领导。农业部将成立科学技术委员会，承当这项工作。各省（市、自治区）的农业厅（局），可以根据当地条件，斟酌而行。

专县的示范繁殖农场，一直是分工归农业部门管理的，并不归农垦部。中央批发的，由农垦部起草的，关于国营农场管理体制的规定，也是这样确定的。有的地方，现归农垦部门管理的，应该按这个规定，划归农业部门管理。示范繁殖农场，转为机关生产农场的，要按照中央、国务院关于种子工作的决定，把它收回来。

五、改善生产队的经营管理

严肃地贯彻党关于农村人民公社的各项政策和六十条。

必须实行按劳分配。劳动管理、生产责任制、劳动定额、评工记分，是实行按劳分配的基础，必须做好。实行按劳分配，也要有社会主义的互助互利。

民主办社、民主办队。作风不民主、干部特殊化，尽管是少数的，也必须认真纠正。

勤俭办社，勤俭办队。秋收以来，铺张浪费的歪风又有抬头。对于干部的这些毛病，应该随时教育纠正，不要开始不注意，积累起来又不得不大整。

精简社队干部，严格控制干部的补贴工分。

帮助生产队发展多种经营，增加集体收入，巩固集体经济。

加强生产队的财务会计工作。这是当前加强生产队建设和改善经营管理的重要一环。会计辅导网必须重建起来，并且更要加强充实。农业部门要认真抓紧做好这项工作。这次会议中，经营管理专题小组对于财务会计工作讨论得很好，讨论记要汇总的意见，看来是可行的。

今年冬季，明年春耕以前，必须把改善经营管理，加强生产队的建设，当作冬季工作的重要内容之一。

六、农业经费、物资和事业机构的管理体制问题

前几年，由于体制下放，我们放松了农业经费和物资的管理。看来，这对于发展农业生产是不利的。今后，一定要管起来。有管之权，也就有保证用好之责。一定要把国家有限的财力、物力使用得当，要取得最大的经济效果。凡是社队力能举办的事，还是要靠社队办，调动集体的力量，不能完全依赖国家。完全依赖国家，就不可能调动广大群众的积

极性，就不可能比较广泛地举办可能举办的事业，就不是多快好省，就不是促进。

农业经费（包括农田水利补助费）的财务管理，要建立起一套制度。开支要有项目，按项目审查，有预算，有决算，执行中还要有定期检查。农业部一年至少要查三四回，省也要查。由水利厅管农田水利工作的省（市、自治区），水利厅内管农田水利工作的单位，既要对水利厅负责，也要对农业厅负责。农业部门的财务管理工作必须加强。同志们主张农业基建投资和事业费，由有关部门与农业部会同下达，不然农业厅（局）无法管理和检查其执行情况，这个主张是合理的。会议中讨论起草的关于财务管理制度的文件，将根据讨论中的这些意见再加修改，与有关部门共同下达。

农业的主要生产资料（包括兽医药械），组织专业公司经营，由农业部管理。这样做，有利于发展农业生产。至于如何有步骤地分批分期执行，与商业部门、供销部门、物资部门如何分工合作等具体问题，尚待共同协商，再做决定。这是一项复杂的、细致的工作。“农业部门不会做买卖”，怎么办？不会就学，在工作中学习，经过一个学习过程，把这项工作做好。

农业技术推广站等基层技术机构和县的示范繁殖农场等事业机构，由县农业部门领导，编制、人员、经费、物资都由农业部门管理，过去下放给公社的应该收回。机构的设立和撤销，还应该经省批准，或者经专区批准，报省备案。这些机构的人员，特别是技术人员，不能够随便抽调。这些问题，以及这些单位的人员待遇问题，也将根据同志们的意见，在相应的文件中规定下来。

各级农业部门的业务大大增加了，机构编制确实不相适应。以农业部为例，过去精简过多，我们承认错误，并已向国务院提出要求，增加编制。关于农业部内部的机构设置，已经把我们拟订的方案，发给你们了，供参考。省专县农牧业部门的机构编制问题，在贯彻十中全会的决定以后，又有了中央国务院的联合通知，相信是会得到合理解决的。但是，也必须了解，精简职工和压缩城市人口在国民经济调整中所起的极大作用，绝不能动摇这个方针，随便扩大编制。

各级农业部门，必须在党委的统一领导之下，建立和抓紧做好本部门的业务工作。瞎指挥不对，不指挥、放弃职守，也是不对的。

七、关于改进作风的几点意见

（一）既要抓生产关系，又要抓生产力，不要把两者对立起来。调整生产关系，调动劳动者的积极性，也是抓生产力，因为劳动力是生产力最活跃的因素。在农业生产关系已经大体调整就绪的情况下，应该把抓农业科学，抓技术政策和技术措施，抓农业生产资料，抓生产力，放在更重要的地位。

（二）领导、技术干部、群众，三结合。这就是政治挂帅、群众路线的具体化。

（三）经济工作越做越细。要死抓，抓住不放，一抓到底。要具体抓，一个一个落实，要采取笨办法，不能满足于典型推算。要加强业务部门的统计工作，中央已有通知，农业部门也必须照办。农产品收购、物价和农村金融等工作，与农业生产的关系极为密切，农业部门对这些事不能不过问。

（四）农业生产计划指导与六十条规定的种植权和措施决定权由生产队“自己决定”，两者是相互结合的。

脱离国家计划指导是不行的。但是，农业计划是间接计划，程序应该按1961年9月中央的决定办。对于集体所有制的农业，实现计划指导，首先要计划指标合乎实际，要有适当的经济措施，还要有政治思想教育。

由生产队和社员讨论，按地块和茬口安排作物，按地块和作物制定措施，按作物和措施规定产量，然后按措施和产量进行检查。这是制定和检查农业计划的因地制宜、群众路线的工作方法。

（五）抓重点，集中力量，打歼灭战。不能十个指头捉跳蚤。没有重点，就没有政策。

轻重缓急，先后排队。搞成一个是一个，能够较快地发挥效益，这是多快好省的方法。

抓两头，带中间，抓集中的高产区，抓困难队。

（六）鼓足干劲，力争上游，尽力做好工作，不能讨价还价；有困难，大家想法克服。实事求是，讲老实话，不浮夸，也不打埋伏。

形势好，有利条件多。农业战线的各级干部，必须提高认识，赶上形势，积极行动起来，抓住有利条件，克服困难，改进作风，更高举起三面红旗，鼓足干劲，扎扎实实地做好工作，迎接农业生产的新高涨，力争1963年获得比1962年更大的丰收，力争农业生产迅速全面的恢复和进一步的发展，并且有计划、有步骤地推进农业的技术改革，使我国集体化的农业在技术上逐步实现现代化。

根据中共中央文件刊印

在农业组扩大会议上的报告*

（1963年2月13日）

同志们：

谭、聂二位副总理给会议作了明确的、详细的指示。同志们要农业部来讲讲，农业生产情况如何？长期打算如何？这也不能推脱，只好来讲一次，谈谈我个人的意见。谈三件事：

第一，当前农业生产情况和争取一九六三年的丰收

这是向诸位汇报情况。去年11月23日至12月11日开了三个星期的农业会议，后来又开了一个棉花会议（有196个棉花集中产区的县委书记、县长和一部分棉花专家参加）。从这些会议来看农业生产形势，都证明确实如党的八届十中全会提出的，形势一年比一年好，1962年比1961年好。形势好的表现：

1. 农产品的产量，1962年比1961年，粮食增产200亿斤以上，其中，中南增产100亿斤，华东增产60亿斤，西南增产40亿斤，华北、东北、西北不增不减，或者稍有增加。从农村的实际看，这个数字还是偏低的。猪、羊、鸡、鸭都多了，大牲口1962年全国算总账也略有增加。有的地方还是减少的。

2. 从收购看，今年棉花收购量和去年差不多，粮食实行了多留少购的政策，收购量比去年减少。猪、羊、鸡、鸭、蛋的收购量增加较多。

3. 农村集市价格降低了。粮食、猪肉、鸡蛋的价格都降下来了。为什么价格会降下来呢？无非是东西多了一些，同时，拿工资的人减少了一些，城市人口也少了一些，拿票子买东西的人少了一些，两头一凑，

---

* 1963年的全国计划工作会议和全国农业工作会议合并召开。

市场情况有了显著的好转。

4. 农民的口粮增加了。粮食产量增加200亿斤以上，收购量又比去年减少，一转一折，实际上农民手头至少增加了200多亿斤粮食。这是一件大事。农村人口五亿四五千万，二百几十亿斤粮食，每个人合四五十斤。农民的口粮每人多四五十斤，是一件大事情。

不管粮食产量也好，经济作物产量也好，鸡蛋、肉的收购量也好，现在都还没有达到最高年产量的水平，因此就有一个恢复农业生产的任务。但是，并不是到处都是恢复，现在有1/4到1/3的地方，已经不是恢复的问题，有的原来就没有下降，或者有的一度下降，现已恢复了。这些地方，就是进一步发展的问题。所以，不能笼统地都讲恢复。

5. 农业生产力的恢复和发展。上面讲的是生产结果的表现，至于生产力方面，在1957、1958、1959和1960年上半年这一段时间，农村人口成批流进城市，职工加了一倍，城市人口增加了3 000多万，其中有很大一部分是农村来的，那一个时期农村劳力减少数字相当大。从1960年下半年开始，这三年来精简机构，职工减少一千几百万，城市人口减少2 000多万，这是一件大事情。没有这一条，形势也不会好转得这么快。现在形势刚好一点，可不能再一下子又增加多少职工，增添多少机构。这个教训，应该记住。由于有很多人回到农村，加上农村中自然生长的劳动力，现在农村劳动力已经基本上恢复到1957年的数量。体质怎么样呢？粮食多一些，吃得好一些，体质就上升了。

耕地从统计数字来看，比1957年少得多。1957年统计耕地才17亿亩，现在不过16亿亩，实际种的地比这个数字多一些。大牲口已经停止下降。

工具：小型农具近两年补充不少，数量已基本恢复到1957年，品种、规格、质量还有些问题，中型、大型农具数量少，像南方的水车、北方的大车等数量少，特别是木造的、竹造的，更困难一些。铁造的还好办些。过去农民用的是铁匠一个个打的，现在是大工厂用钢板压的，农民用起来，货不对路。木制农具，过去农民在树还小时就注意把它弯成需用的样子，让它生长成材，当然很结实，现在用大木料一车一锯，就不够结实，质量差。总之，小型农具基本差不多了，中、小型农具也有恢复。

讲工具自然联系到机械。拖拉机在1957年只有2万多台，现在有十几万台了，除去报废的之外，至少还有10万台，增加4倍。排灌机械也增加了很多，现有600多万马力，除去坏的、移作他用的之外，总还有500万马力，比1957年增加更多。虽然大牲口少了，但是，机械加上了几百万或千万匹马力。

牲口多了，粪肥也多了。羊一直是上升。猪一度下降了一些，现在又恢复了。化学肥料增加更多。1957年国内生产的化肥很少，去年生产了一百三四十万吨氮肥，今年生产160万吨，磷肥不在内。这些都是农业生产力恢复与发展的表现。

形势确实一年比一年好。困难有没有？现在还是有困难的。产量增加了，但还没有达到1958年的水平，经济作物差的更多；耕地、牲口还少一些；化肥虽有增加，离需要还远得很，谭副总理说至少要几千万吨（现在才一百多万吨），差二三十倍。现在的化肥产量一亩地才合一公斤。过去我们总想把化肥生产搞快一些，中央领导同志也很关心这件事，力争每年增加十套年产25 000吨合成氨的生产能力。即每年增加100万吨氮肥产量。直到现在还不能实现。再说拖拉机虽然数量增加了，但现在只有洛阳拖拉机厂出的东方红—54一个型号，按需要应该大、中、小结合，但别的型号的拖拉机连制造厂还没有建成，如天津、沈阳、长春、南昌等拖拉机厂都在搞，有的已开始试制，年产二三百台，有的正在建厂，有的还在设计，这些厂要大量生产，中、小型拖拉机，大约要到1967年。拖拉机拖带农具种类还少。种子，前两三年，放松了种子工作，高征购的结果从粮食仓库里取出粮食当种子，造成种子混杂，从1961年开始抓，大约再有两三年可以搞纯。诸如此类问题还很多。所以要争取1963年丰收，还要做很多、很难巨的工作。农业会议上提出："争取一九六三年以粮食、棉花为中心的农业丰收和畜牧业丰收。"要实现这个任务，还得做很多难巨的工作。天不下雨也是一种威胁。据最近召开华北、东北抗旱会议了解，北京、河北北部、山西北部、内蒙、东北西部去年8月份以来，降水量（包括降雪）没有常年的一半。就自然条件和物质条件来说，都还需要我们做许多艰巨的工作，才能实现1963年的丰收。

总地讲，要继续贯彻政策，进一步调整好生产关系，调动群众的积极性。主要是要依靠群众，5亿多农民，1亿多劳动力。与此同时，还要抓生产力，抓农业科学技术工作，抓技术措施、技术政策，抓物质技术力量。劳动力是生产力的最积极的因素，调动群众的积极性也是为了提高生产力。生产关系方面，生产力方面，都要抓好，都要积极努力做好工作，为争取1963年丰收而努力。

第二，农业技术改革和发展农业生产的长期远景规划

规划的总要求，谭副总理讲得很详细，我不重复了。概括地说，农业改革的总要求是基本实现农业的现代化，从而在此基础上实现农业发展纲要四十条。农业现代化，就是农业的机械化、电气化、水利化、化学化，“四化”再加上现代的农业科学技术。现代化的农业科学技术，就是要把中国的、外国的、现代的农业科学技术和中国古代农业科学遗产，以及成亿农民群众一年到头、祖祖辈辈劳动积累的经验，把这三方面结合起来。这也叫“三结合”。把这三方面结合起来，才算是中国现代的农业科学技术。只有外国的现代的东西，不总结祖国农业科学遗产和农民群众的经验，还不能算做中国现代化的农业科学技术；只讲农民的经验也不行，农民经验不经过科学分析，不能上升为理论；只讲古代的也不行，那不成为复古了？在中国搞现代农业科学技术，这三方面缺一不可。

农业技术改革的中心是什么？中心是机械化、电气化。就是说变人力、畜力的手工劳动为机械的劳动。从而从根本上提高农业劳动生产率。现在一个劳动力只生产三四千斤粮食，变为机械化生产，就可以大大提高。去年六月在黑龙江的国营农场，看到一个生产队，连续五年，平均每个劳动力每年生产四万斤粮食。根本的出路是提高劳动生产率，不是只提高百分之几、百分之几十，而是成倍地，成十倍地提高，这才有希望。每个劳动力总是生产3 000斤粮食的水平是不行的，因为提供商品粮太少。从事各种工作的人（不论从事工业、商业、文教、艺术、体育等）都要吃饭，必须由生产粮食的人供给粮食。这就是以农业为基础的基本含义。马克思在资本论中讲到，一个社会从事除农业以外的，其他各种职业的人能够有多少，决定于农业能够提供多少商品粮和工业原料（我们叫做经济作物），这就是以农业为基础。毛主席也屡次给我们指出这一点。

机械化、电气化，是农业技术改革的中心。水利很重要。例如，苏南早就水利化了，但是，人力、畜力抽水，还不能算是现代化。化肥是现代的产品，但是，单只使用化肥，人力、畜力的手工劳动不变，还不能算是现代化的农业；精耕细作和良种，如我国几千年以来就实行精耕细作，也采用良种，但是人力、畜力的手工劳动，还不是现代化的农业。农业现代化的中心是机械化、电气化，变人力、畜力的手工劳动为机械劳动。当然，并不是不要牲口，那时也要牲口，还要畜力作为辅助。总的要求，像十中全会指出的在 20 到 25 年内，实现农业机械化，电气化，主席批评我们推迟了 5 年。就是指在机械化、电气化方面推迟了。我们没有做好，本来可以早些的，过去工厂搞了很多，就是这方面的工厂搞的不够。

发展农业生产的总要求，谭副总理指示是实现农业发展纲要四十条。过去话说早了，说 12 年实现，完成不了。20 年怎么样呢？能不能提早实现？农业发展纲要，粮食亩产 400 斤、500 斤、800 斤。棉花亩产 40 斤、60 斤、80 斤、100 斤；措施也有十几条，实现四十条，就是基本要求。在上次起草农业科学十年规划的会议上也提出这一任务。究竟水利搞多少亩，化肥搞多少吨，氮、磷、钾比例如何，植物病虫害和兽疫究竟能消灭哪些，控制哪些，怎样消灭，怎样控制等等，这些问题，都请大家讨论，不同意见都可以提出。又如，复种指数究竟多少合适？从十几年的经验看，全国平均 140%左右为宜，低于 138%，就反映没有充分利用土地，高于 142%，又出现茬口安排不当的问题，但是，这只是些经验之谈，科学根据还不足，究竟多少，请同志们讨论。当然各地区是不同的，以后这类事情都应该有个科学结论。过去没有充分吸收科学家的意见，是我们工作中的缺点错误。现在希望科学家讨论作出科学结论。当然，有许多事情还与劳动力、化肥、水利等条件有关，还涉及其他很多社会因素，这就要行政干部与科学家结合起来解决。

规划有了就要考虑分期实现，20 年到 25 年的，只能是一个轮廓。头十年的要比较详细些，头五年的更要详细些。例如粮食生产（这是农业计划的中心），要求达到，全国人口平均每人 800 斤，每人吃 500 斤，种子 1/10，为 80 斤，剩下 220 斤，做饲料，还可搞点储备粮；每人平均 800 斤以上，储备粮还可更多些。什么时候可以达到呢？一步搞 800 斤，不行，可以分两步走，第一步达到 600 斤。人口不总是要增加的，提倡节育，少生娃娃，晚结婚，可以少增加一些。另外，规划还要把计划生育考虑进去。达到每人平均 600 斤和 800 斤，要多少时间，要什么措施，需要很好地讨论。粮食的亩产量问题，按耕地面积计算，种粮食的耕地，在目前 16 亿亩总耕地中不到 13 亿亩，每亩平均产粮二百四五十斤；按播种面积计算，粮食播种面积 17 亿亩，现在亩产还不到 200 斤。按“四、五、八”的要求，每亩种粮食的耕地平均亩产要达到 500 斤以上，比现在的亩产量要提高一倍以上，怎样实现？请同志们讨论，提出办法。每人平均粮食达到 800 斤以后，要不要再增加，以后还可以讨论。

规划的实行，当然要有重点，分期分批实现。比如，前五年这些地方是重点，后五年那些地方是重点；头十年这些地方是重点，后十年那些地方是重点，分批分期实现，最后全部实现。有了重点，才能在一定时期内，集中力量打歼灭战。

重点如何决定，不同角度，有不同的提法。从全民所有制和集体所有制来比较，重点是全民所有制的国营农场，因为国营农场的产品是由国家支配的。比如，今年拖拉机的分配，虽然国营农场的耕地不到总耕地面积的 10%，今年分配的拖拉机却占农用拖拉机的 1/3，这就表明是以国营农场作为重点。又如，各地条件不同，对于“四化”的要求也各有不同的重点，东北的重点要求是拖拉机，南方水稻地区的重点要求则是机电排灌、化肥、农药和加工机械等等。按地区来说，根据实现“四化”的条件，城市郊区比一般农村的条件好，需要急，实现现代化有可能比农村快。我们设想北京郊区在第三个五年计划期间可以基本实现现代化，这是指平原地区，像延庆、密云等山地情况又不同了。在农村中，商品粮集中产区和棉花、花生、烟草等经济作物集中产区，全国有 300 多个粮食集中产区的县，还有 196 个棉花集中产区的县，首先武装它们，是应该的，它们就可能先一步实现现代化。

长期规划中还有一个重要问题，就是农业布局问题。这次会上有同志提出这个问题，提交这次会议讨论的科学研究十年规划草案，第一个问题就是农业区划。布局问题涉及的方面很多。解决人民吃穿问题，采取什么方针？总的来说，应该工业、农业并举，工业不搞粮食，可以搞人造橡胶、人造纤维、塑料。但是，在若干年内，至少在 20 年到 25 年的规划时期内，肯定只能以农业为主。不但吃的如此，穿的也如此。中国是一个大国，搞人造纤维，年产1万吨，只合20万担棉花，织布可以多织一些，耐用些，但是，我国要解决穿的问题，不是20万担、200万担的问题，而是几千万担的问题，20年内，穿衣还得靠农业。上山下水，必须积极搞，大力搞，必须当作大事去办，但是重点还要把现有农田搞好。

至于农业本身的布局，打开全国地图一看，东南面密密麻麻，西边稀稀拉拉，北大荒、内蒙、宁夏、甘肃、新疆、青海、西藏，都是要开发的，永远靠东南这一块，从经济观点讲不行，从国防观点讲也不行。西北要开发，工业要去，国防要去。但是，那些地方，人烟稀少，要开发，农业必须先行，有人种上地，然后再去不种地的人，才有饭吃，这也是布局问题。土地，这个自然资源如何合理利用，有些荒地、荒坡、荒山是宜农、宜林，还是宜牧；如何利用，也是农业布局中必须解决的问题。

此外，农作物的地区分布也是布局问题，我国棉花、花生等经济作物主要分布在冀、鲁、豫、湖北和苏北等东部地区，这究竟是否合理，这样的布局究竟对不对，也要好好研究。这不仅是地区利用问题，还涉及经济问题、国防问题。还有，在一个地方作物配置也要研究，比如，粮食面积太多，就会影响经济作物。同时种粮食作物，也有品种搭配问题，也要研究。对于规划问题，谭副总理指示得很详尽，我提这些补充意见。

这次会议是讨论制定科学规划，不是讨论制定生产规划，但是也要根据生产和技术改革的进度大体配合起来。至于20年到25年的农业技术改革方案，农业部还没有定出来，初稿也还没有写出来，大家正在座谈，打算在今年内制定出来。在这一次农业科学会议上，也请大家座谈一番，什么意见都可以，并不要求写出一个成文的东西来。

第三，对制定农业科学研究规划的几点参考意见

1. 农业科学技术要为生产服务。谭副总理已经反复强调了这一条。什么叫以农业为基础？就是看农业能拿出多少商品粮，多少工业原料。当然还有以工业为主导，农业的根本改造还要靠工业，没有这个，农业

也上不去。科学研究归根结底，就是为生产服务，就是要使生产发展。那还搞不搞理论呢？当然要搞。搞理论的目的，归根结底还是为了指导生产。农业科学就是指导农业生产实践的。任务带科学，就是以任务来带动学科的发展。我这个理解对不对，请大家讨论，不对请批评。

2. 农业科学技术，尤其要特别注意联系实际，因地制宜。农业不同于工业，从自然因素和从社会因素两个方面来看都不同于工业。从自然因素来讲，农业是种地，在露天干和工业在房间里干不同。农作物生长的环境，下面是土壤，上面是天气。土壤性能、成分、温度，下不下雨，什么时候下雨，下多少雨，地温、气温等等都有影响。农作物、家畜都是活的东西，要靠它自己长起来，从种子长大到结实；公牛、母牛交配后生下子牛再逐渐长大。要采取各种措施帮助它长，使它长得快。这都和工业不同。

从社会因素来讲，工厂是全民所有制，产品归国家调拨，工人工资由国家发，吃饭由国家供应粮食和副食品。农业 95%以上是集体所有制。什么叫集体所有制呢？就是说锄头、牛是集体所有，生产出来的产品也是归集体所有，不能归国家调拨，只能征购。征购就是承认产品是集体的，国家拿钱去买。这就有农民愿不愿意卖的问题。公社社员的一个劳动日分多少钱、多少粮食财政部不管，粮食部也不管。在公社里搞工作，不因地制宜，强迫他干，搞好了没问题，大家高兴，搞坏了减了产，或者增产不增加收入，农民就很有意见，就不干。

3. 农业科学研究，必须联系群众，走群众路线，要注意总结群众生产实践的经验。中国农民在生产中长期积累了丰富的经验，我国农业的机械化水平，现代化水平比人家低是真事，但精耕细作的技术不见得比人家低。我们必须重视广大农民群众实践的经验，大田生产的经验，试验田的经验，试验室的经验，都是实践产生出来的。没有实践，哪里来的理论？反过来理论又去指导实践。这就是毛主席指示的，从群众中来到群众中去。科学试验一定要做，但科学试验，不管是试验室的，还是试验农场，终究是小型的。农民群众的生产实践时间长、数量大，最丰富的经验在农民那里。他们的缺点就是不理论化，不系统化，这就要科学家同志们去帮助他们提高。像陈永康是有一套，但还要科学家去帮助他才能写成系统的东西。科学研究一定要同农民群众的生产实践很好地结合。

4. 科学研究和技术推广，既要分工，又要合作。研究成果如何鉴定，鉴定后又如何在生产上推广？推广过程中发现问题，又如何再回到研究中去，这要定出一套办法，有一套程序制度。怎样分工，又怎样合作要写在办法里。不合作，不行。混为一谈，没有分工，也搞不好。这个问题如果大家有兴趣，可以多提些意见。农业部成立了科学技术委员会和科学技术事业管理局，就是想把这件事搞好，请同志们多多提出意见，帮助我们搞出一套办法，把这件事情办好。

5. 协作问题。讲合作，就有协作的问题。比方农业行政部门，有农业口和农业部，都是农业。农业口包括农、牧、林、水利、水产、农垦、气象等等；农业部只管农业和牧业。我们也曾经讨论过，是否合并成立一个统管农林水的农业部，酝酿了一阵，并没有实现，还是分设。既然这样分工，就必有协作。

有些科学家在高等院校，有些在研究机关，有人提议合起来，行不行？大家可以讨论。还有行政部门里的科学家、技术人员，这又怎样分工，怎样协作，也请大家发表意见。中国科学院有一些所，是直接和农业有关的，像土壤所、遗传所等等，这又怎样合并？怎样分工？怎样协作？也请大家发表意见。总之，不管如何，分工协作的问题总是存在的，部门和部门之间、学科和学科之间、全国和地区之间、地区和地区之间都有分工，都要协作。协作必须克服本位主义，要互助互利。

6. 抓紧时间，落实十年规划。第一天开会时两位副总理都把这一点当作首要任务提出来。十年科学研究规划草案要大改还是小改，我看都可以，只要把所有的意见都提出来，大家同意改的地方，就改掉，改的结果是大改就是大改，是小改就是小改。现在要抓紧时间，把项目定下来，还要考虑项目定得合理不合理，配套不配套。金院长讲有些项目你推我，我推你，没有人承担，这个问题总要解决，才能真正把规划落实。

在讨论中，同志们已提出一些关于人力、物力、财力、试验场地、仪器设备等等问题，只要是合理的、必要的、可能的，我们一定尽力帮助解决。不十分必要的或者暂时可以缓一缓的，根据我们国家当前的情况可以放一放再说。

以上这些意见，对不对，不对的，请批评指正。

在全国蚕茶生产会议上的总结发言

（1963 年 3 月 2 日）

全国蚕茶会议共开了十天，根据会上反映的情况，现在谈谈我的意见。

（一）形势一年比一年好，抓住有利条件，克服困难，力争 1963 年的丰收。

关于形势问题总理已经作了报告，今天不多谈了。形势确实一年比一年好。1962 年比 1961 年粮食产量增加了 200 亿斤；征购少了几十亿斤，农民留粮多了二百几十亿斤，农村留粮平均每人增加约 50 斤；猪、肉、鸭、蛋、烟、麻等都比去年多；粮食多了，群众发展蚕茶生产的积极性比过去高，江苏反映，桑苗已出现供不应求的情况。国家机关精减职工，工资总额减少，物资增加，农村集市的物价下落，农民也感到搞好蚕茶生产比在桑园茶园间作粮食更为有利。城填人口减少，农村劳力增加。农具等等也在恢复。

1963 年的形势，看来将更好。全国现有两片地区旱象确实严重，小麦生长不好，春播底墒很差。一是以北京为中心，包括锦州、朝阳、阜新、白城子地区、内蒙、雁北和河北的保定、石家庄以北地区；一是云、贵、川的部分地区。其他地区墒情不坏，越冬作物生长良好。十中全会决定、六十条和中央各项政策的进一步贯彻，整社和社会主义教育运动的开展，以及即将展开的五反运动，这将又一次地掀起一个工业农业生产和各项社会主义建设事业的新高潮，1963 年的形势将比 1962 年更好。

我们要认清当前的大好形势，抓住有利条件，克服困难，争取 1963 年的丰收。1963 年要求粮食比 1962 年再增加 200 亿斤，棉花、蚕、茶等经济作物也都要有相应的发展。困难是有的，我们要抓住有利条件依靠群众，克服困难。有些物资方面的困难，是几年积累下来的，难以一下子全部解决，可以分批分期解决。

（二）丝、茶生产在国民经济中的重要地位，在优先发展粮食生产的同时，必须实行粮食和经济作物并举。

栽桑、养蚕、采茶，综合利用土地资源，综合利用劳动力，这种多种经营综合发展的观点必须树立。如何利用农事季节以外的时间，充分发挥劳动潜力，增加社会财富，这是一个十分重要的问题。劳动创造一切，我们要想尽一切办法结合农事季节的忙闲，充分利用农村劳动力，发展多种经营。

发展蚕茶生产，增加集体收入和社员个人收入，解决生产资金，支援农业。

农业和副业历来就是相互支援的。供应人民生活需要，供应出口，支援社会主义建设。这也是发展丝茶生产的重大意义。

农业生产一定要贯彻八届十中全会提出“在优先发展粮食生产的同时，实行粮食和经济作物并举”的方针。既要“优先”，又要“并举”。不“优先”不行，不“并举”也不行。农业是国民经济的基础，粮食是基础的基础。这次会上大家要求保证丝茶集中产区农民的口粮，这就说明，粮食是基础，要优先发展粮食。反过来不并举也不行，光有粮食没有棉、麻、蚕、茶等日子也过不下去，社会主义建设也搞不好。当然，讲优先发展粮食生产，以粮为纲，并不是要求每一个生产队都要以粮为纲，作到粮食自给。我们搞蚕、茶工作的同志，既必须做好本行的业务工作，又必须有全局观点，否则就会犯本位主义、分散主义的错误。

（三）丝茶生产的现状和我们的任务。

丝茶生产的现状是：破坏严重，面积减少，单产下降，总产量下降幅度很大，1962 年开始好转，略有回升。

1. 新老茶园减少约 200 万亩，减少了近 1/3。其中，老茶园减少 170 万亩，占 1/3 以上。新茶园减少 20 万到 30 万亩。茶叶产量由 300 万担降低到 150 万担，收购量由 275 万担降低到 128 万担，产量和收购量都减少一半。面积减少 1/3，产量减少 1/2，说明单位产量也降低了。

2. 新老桑园共减少近 400 万亩，占一半以上。其中，老桑园减少 200

万亩，近 1/2；新桑园减少 174 万亩，近 2/3（有些原来就是栽得不合理的）；产茧量由 140 多万担降到 75 万担，收购量由 124 万担降到 68 万担，差不多减少一半。

3. 柞蚕林的利用面积由 1957 年的 1 100 多万亩下降到 440 万亩，为 1957 年的 40%；产茧量由 1957 年的 88 万担下降到 1961 年的 9 万担，收购量由 65 万担下降到 1961 年的 8 万担，下降 90%。1962 年回升了，产量达到 167 000 担，收购量达到 16 万担，但是，也只有过去高水平的 1/4。

鉴于这种情况，摆在我们丝茶工作同志面前的任务是艰巨的，一定要千方百计，努力恢复和发展桑茶生产。有恢复，也有发展。要恢复，也要发展。有的地方已经恢复了，今天的任务就是进一步发展。

第一，国家规定的 1963 年的计划指标，应该说是不高的，还留有不少余地，一定要努力完成，而且要力争超过。

第二，几年恢复？就全国讲，五年恢复到解放后的最高年水平，即大体上翻一番，行不行？几年发展？发展到多少？要有一个长期规划，远景规划。规划五年的、十年的、二十年到二十五年的。各省回去再好好规划。应该吸取过去的经验，认真考虑，把规划搞踏实，作为整个农业技术改革和发展农业生产的二十年到二十五年规划的一部分。

第三，搞好现有的桑园、茶园和柞林的管理。加强培育，退出不合理的间作，补齐缺株。退出间作，一下子全退，做不到的话，可以分批分期进行。垦复荒芜的桑园、茶园。根据各地具体情况，积极地量力而作，能够多搞的多搞一些，不能多搞的少搞一些，要自力更生，认真实行，不要只是一般号召，等待支援，喊了好久，一步不动，那就不好了。

抚育好幼龄的茶园、桑园，使其早一点投入生产。首先集中力量搞好这些现有的，再进一步开辟新的桑园、茶园。

第四，提高单产。目前单产很低，比过去低，比国际水平更低。是提高单产为主呢？是扩大面积为主呢？我看应该以提高单产为主。当然，在抓紧提高单产的同时，又有条件发展的，也不放松桑园、茶园面积的扩大。过去提出的“亩产千斤叶，百斤茧”，“一张种，一担茧”，“亩产百斤茶（细茶）”，这些口号现在还要提。这是已经达到过的，现在也还有一些这样的单位。要树立这样的标兵，大家积极努力，向标兵看齐。有多少达到的，就是多少，不要又搞浮夸。各地情况不一，可以根据不同情况，定出标准，树立标兵。

（四）增产措施。

1. 搞苗圃、搞良种、培育种苗。目前有些地方已经出现群众发展桑树的积极性，但种苗不足。必须积极培育种苗、改良蚕种、满足需要，过去有些蚕种场和苗圃下放了，不适当的，应该收回。

2. 推广桑茶栽培技术，推广养蚕和制茶技术。经济作物技术进行。不要束手束脚。技术队伍的补充和技术人员的归队问题，按中央和国务院的通知办。

3. 口粮保证。中央规定经济作物区农民的口粮标准不低于邻近粮产区。如何保证？首先要明确什么算集中产区，总得有个标准，但是不能全国规定一个标准，可以由省考虑。规定集中产区的标准，要包括面积占耕地的比例，产量多少，更重要的是每人能提供多少商品量。根据这个原则各地自行确定。有了标准，保证的粮食从何而来？除了规定的奖售粮以外，从当前中央掌握的粮食情况看，还是各地自己统筹解决，比较落实。要求中央另拨保蚕、保茶的专项用粮，确有困难。当然从中央到地方制定粮食购销和调出调入计划时也要把蚕茶生产这个因素考虑在内。

4. 生产资料的供应。竹、木、钢材、制茶工具等等，这是丝茶生产经常需要的，应该逐级纳入计划，属于中央统配的物资，也应该首先在中央分配给省的数量之内，由省统一安排解决。省平衡以后，确实无法解决的，中央有关部门也应该尽力帮助解决。各级农业部门应该把生产资料供应工作抓起来。这次会议中各地提出的物资要求，已汇总报计委，计委主副主任答复，要具体摸清，算账以后，逐项具体答复。

5. 经济扶持。同志们提出的预购定金问题，国务院财贸办公室已经口头表示同意；长期农贷，财政部也同意用途包括蚕茶。蚕茧收购价格，物价委员会的意见是，同意广东、四川加价；浙江、江苏价格还要研究。

总之，要办事，总要有一定的人力、物力、财力。首先要靠群众集体的力量，依靠群众，自力更生为主，国家扶持为辅。地方各级统筹，中央协助。

（五）国营的茶场和蚕种场。

国营茶场和蚕种场都是全民所有制的，首先应该按照十中全会的决定，起示范作用。按照八字方针，继续抓紧整顿。加强经营管理，降低成本扭转亏损，实行经济核算，定员定额，精简非生产性人员，合理利用劳动力，开展多种经营。蚕桑、茶叶是季节性的生产，除了固定必要的长期工人外，季节性的生产应该雇用季节工，季节工可以和附近农村公社生产队，签订长期合同，生产季节来作工，生产结果回去搞农业生产，年年来，年年回去。工资和粮食，在做工期间，按规定发工资和供应粮食。

关于蚕种场售种合同问题：各省间调剂蚕种，应该严格按照合同办事；凡合同内合乎规定质量标准的，定购者应该按合同提货付款；不符合合同规定的规格质量，也可按合同规定退货。

关于蚕种场、茶场管理体制问题：根据中央批准的关于国营农场体制的规定，凡属试验研究性质的归口农业部门管理，凡属生产性的归口农垦部门管理，劳改农场归公安部门管理，也由农垦部归口，蚕种场是生产种子的，应该归农业部门管理。

加成本，必要的补贴是允许的。但是，应该分清情况，哪些是应该补贴的，哪些是不应该补贴的，不能笼统地凡是亏损都由国家补贴。而且首先要大力搞好经营管理，降低成本，扭转亏损的局面。

（六）加强对蚕茶生产的领导。

1. 抓集中产区，抓重点县、社、队。例如到会的 27 个桑蚕重点县占 1963 年蚕茧计划产量的 63%，抓住这 27 个县，就抓住了 2/3 的产量。省、专、县各有自己的重点，都要好好抓起来。

2. 抓生产队对于茶叶、桑蚕、柞蚕的经营管理。六十条的各项规定，主要是对大田生产的，没有针对蚕、茶生产的特点，做出专门的规定，也不能这样来要求六十条。目前，我们对茶叶、桑蚕、柞蚕生产，还没有一套成熟的适合其生产特点的经营管理的经验。几年来茶树、桑树减少这么多，目前少数生产队对桑、茶的破坏还没有完全停止，看来与经营管理方面也有关系。我们搞丝茶生产工作的同志，也要很好地注意研究这个问题，研究如何搞好茶叶、桑蚕、柞蚕生产的经营管理问题，注意总结和推广这方面好的经验，从而调动群众蚕、茶生产的积极性。

3. 抓技术指导和技术干部的培训。

4. 抓生产资料和物资供应，农业部门和收购部门都要负责。帮助社队解决这方面的困难。最后，要求这次到会的重点蚕、茶县，经常把情况告诉我们。

全国牧区会议总结

（1963年5月13日）

在中央批准《关于少数民族牧业区和牧业人民公社若干政策的规定草案》（简称牧区四十条）以后，及时地召开这次全国牧区会议，着重地讨论了牧业区的畜牧业生产问题，是很必要的。会议在呼和浩特召开，乌兰夫同志给会议作了报告，对于少数民族牧业区工作的各个方面，特别是对于牧区形势和基本任务、牧区的阶级斗争、对牧民的社会主义教育以及牧区党的工作等等，作了详细的指示；内蒙古自治区有较多的经验丰富的牧区干部参加，在会上介绍了他们的先进经验，是这次会议开得比较成功的一个重要因素。这次会议，到会的有：四个中央局（华北、西北、东北、西南）、15个省、区（内蒙古、新疆、甘肃、青海、宁夏、陕西、辽宁、吉林、黑龙江、河北、山西、四川、云南、贵州、西藏）、24个盟（自治州、专署）、73个旗（县）、42个科学技术单位（院、校、所、站、场）和中央各有关部门的同志250人；其中，科学技术人员62人，占1/4；除汉族以外，蒙、藏、维等11个兄弟民族101人，占2/5。会议进行了15天（不包括假期），划分了10个地区组和4个科学技术专题组，小组讨论和大会发言，交叉进行，小组讨论比较认真，比较充分，大会发言有50多篇，广泛地交流了经验。大家一致认为，这次会议是开得比较成功的。一致认为，目前国际国内形势大好，整个国民经济的形势是好的，农牧业生产的形势是好的，牧区的形势也是好的。牧区四十条，正确地解决了牧区工作的任务、方针、政策和畜牧业的生产关系；接着又开了这次会议，认真地学习了牧区四十条，系统地讨论了牧业生产的方针政策、发展规划、增产措施以及有关的科学技术等问题，总结交流了各个地区的先进经验，这对于牧区和半农半牧区的畜牧业生产是一个巨大的推动。只要我们坚决贯彻执行党的各项政策、八届十中全会的决定和牧区四十条，听毛主席的话，高举三面红旗，鼓足干劲，把工作做好，全国牧区和半农半牧区的畜牧业生产必将出现一个新的高涨。

现在，根据会议领导小组和各地区组、专题组组长共同讨论的意见，着重在牧业生产方面，讲下面八个问题，作为会议的总结。

一、牧区牲畜的不断发展，再次证明社会主义制度和人民公社集体经济具有无比的优越性

在党和毛主席的领导下，在三面红旗的光辉照耀下，由于正确执行了党的各项政策，在牧区特别是正确执行了党的民族政策和关于畜牧业生产的政策指示；由于胜利地实现了民主改革、社会主义改造，以及政治思想战线上的社会主义革命；也由于广大牧民和农民的辛勤劳动，全体干部和专家技术人员的努力，解放 13 年来，全国的畜牧业有很大的发展。尽管在前两三年中，由于连续的严重自然灾害和我们实际工作中的缺点错误，不少地方畜牧业的发展遭到了挫折；但是，全国算总账，解放后 13 年的整个历史时期算总账，我们的成绩还是可观的。牛马等大家畜和绵山羊合计，由 1949 年的 1 亿零 230 多万头，发展到 1962 年的 2 亿多头，增长 96%，平均每年递增 5.4%。诚然，这还远远赶不上国家建设发展的需要和 6 亿 5 000 万人民日益提高的生活的需要，但是，这个速度在国际水平上还是高的。美国，这个资本主义最发达的国家，从南北战争以来，美国的本土一直没有遭受过战争的破坏，它的畜牧业的发展速度如何呢？牛由 1900 年的 6 770 万头增加到 1960 年的9 620多万头，60 年增长 42%，平均每年递增不到 5‰；羊是下降的，由 1900 年的 4 180 多万只下降到 1960 年的 3 650 多万只，下降 12%。按草原载畜量比较，我国 1962 年有羊 1 亿 3 000 万只，有大牲畜 7 000 万头，折羊 3 亿 5 000 万只（一头折五只），合计 4 亿 8 000 万只，已利用的草原约 30 亿亩，平均每百亩有羊 16 只；美国 1960 年的材料，有羊 3 650 万只，有牛 9 620 万头，折羊 4 亿 8 100 万只，加上其他大牲畜，合计折羊 5 亿 6 700 万只，已利用的草原 52 亿多亩，平均每百亩有羊 10.8 只。我国每百亩草原的载畜量高于美国约 50%。我国 1962 年有猪 1 亿头，比 1949 年的 5 700 多万

头，增加了 4 300 万头，13 年增长 75%，平均每年递增 4.4%；按 16 亿亩耕地平均，每百亩有猪 6 头以上。美国 1900 年有猪 3 700 万头，经过 60 年，增加到 1960 年的 5 900 万头，增长 60%，平均每年递增也不到 1%；有耕地 23 亿 7 000 万亩，平均每百亩耕地有猪两头半，比我国的平均六头低得多。社会主义制度的优越性和人民公社集体经济的优越性在我国畜牧业的发展上得到了又一次的证明。

我国的牧区和半农半牧区，主要分布在内蒙古、新疆、青海、西藏等少数民族聚居的地区，以及辽宁、吉林、黑龙江、河北、山西、陕西、宁夏、甘肃、四川、云南、贵州等省与这些地区毗连的地带。这是我国主要的牧业基地。此外，在许多省份还有大小不同的山区牧业基地。牧区和半农半牧区，牲畜增长的比例，一般比农区还要高一些。据到会的内蒙古、新疆、青海、甘肃、西藏、四川、宁夏、黑龙江、吉林、河北、陕西等 11 个省区的牧区和半农半牧区（不是 11 个省区的全部，按专县计，只包含一个专区、两个自治州和 184 个县）的统计，有大牲畜和绵山羊 6 200 多万头，占全国总数的 30%强。又据内蒙古、新疆、青海三省区的全部和甘肃、四川两省牧业区的统计，1962 年有大小牲畜（不包括猪）7 500 多万头，比 1949 年的 3 100 多万头，增加了 137.4%，平均每年递增 6.9%。

内蒙古自治区是我国牲畜最多、发展最快的第一个大牧业基地，1946 年解放以后的 16 年来，牲畜是一直发展的，到 1962 年，全区有大牲畜和绵山羊 3 200 多万头，16 年来增长 3 倍左右。在实现了人民公社化的第二个五年计划期间，五年全自治区总增殖牲畜 3 000 万头，纯增1 000 万头；平均每年增殖牲畜 600 万头，纯增 200 万头。在这五年内，共提供商品菜畜 940 多万头，役畜 70 多万头，两者合计 1 000 万头以上；提供各种毛绒 1 亿 3 600 万斤，各种皮张 3 500 多万张，以及大量的乳品和肠衣等畜产品；比第一个五年计划期间多提供役畜 50 万头、菜畜 260 多万头、各种绒毛 3 500 万斤和各种皮张近 1 800 万张。这就是说，实现了人民公社化的五年，平均每年多给国家提供 10 万头役畜、50 万头菜畜、700 万斤绒毛和 360 万张皮革。更明白地显示了人民公社集体经济的优越性。

新疆维吾尔自治区，是我国的第二个大牧业基地，牲畜也是连年发展的，到1962年，全自治区有大家畜和绵山羊2 450多万头，比1949年的1 180多万头，增加一倍以上。全自治区有27个牧业县和半农半牧县，在实现了人民公社化的第二个五年计划期间，五年纯增牲畜300万头，增长50%。在这五年内，全自治区共提供商品牲畜800多万头、毛绒1亿6 200万斤、皮张2 200多万张，平均每年提供商品畜166.8万头，相当于前八年每年平均数（40.2万头）的四倍；毛绒3 240万斤，大约相当于前八年每年平均数（1 180万斤）的三倍；皮张440多万张，也大约相当于前八年每年平均数（158.3万张）的三倍。这又是人民公社集体经济优越性的明证。同时，这27个牧业县和半农半牧县，原来的农业基础是薄弱的，到1961年，每人平均产粮食500多斤，一般达到了粮食和饲料的自给。这些地方的农业，主要也是人民公社化以后发展起来的。

四川阿坝藏族自治州若尔盖县，1958年在胜利完成牧区民主改革的基础上，实现了牧业的社会主义改造，建立了牧业生产合作社。经过四年的时间，到1962年，牲畜增加了70%，牧区每人平均有牲畜32头；同时粮食产量增加了一倍半以上，半农半牧区每人平均有粮食986斤。

青海、甘肃的牧区，在1959、1960年间，由于天灾和工作中的错误，以及反革命的叛乱，畜牧业一度遭到破坏，但是，在平息了叛乱，纠正了错误，改进了工作以后，牲畜的恢复也是比较快的。

西藏自治区，在平叛胜利以后，三年的时间增加牲畜250万头（由1959年的1 070多万头，增加到1962年的1 320多万头），平均每年递增7.2%。

此外，例如在大会上发言的内蒙古自治区哲里木盟的科左后旗、吉林省的通榆县、河北省的围场县、宁夏自治区的盐池县等等，都是代表半农半牧区几年来牲畜大发展、农牧双丰收的典型。

随着牧区和半农半牧区畜牧业生产的发展，牧民的收入成倍地增加了，牧民的生活质量大大地提高了，党的政策和毛主席的名字在牧民中深深地扎了根。

这一切都有力地证明了社会主义制度的优越性，人民公社集体经济具有无穷的生命力，我国的社会主义建设的高速度地发展。在党和毛主席的三面红旗的引导下，我国社会主义建设的各个战线，都已经取得了伟大的成就，同样，畜牧业战线也取得了伟大的成就。今后我们的畜牧业战线上，要更高举起三面红旗，把工作做得更好。

二、牧区、半农半牧区的生产方针和畜牧业的发展规划

畜牧业在我国国民经济中具有重要的地位和作用，是社会主义经济不可缺少的部分。畜牧业，同农业一样，是长期存在的。人要吃肉，就要发展畜牧业。那种认为“畜牧业终究要被农业所代替”的想法，是错误的。畜牧业绝不是没有前途的，而且一定要由粗放经营逐步发展为集约经营，越来越好，越来越发展。我国人口多，已耕的土地少，但是有大面积（四五十亿亩）的草原，充分利用这些草原，发展畜牧业，在解决我国人民吃、穿、用的问题上具有战略意义。牧区和半农半牧区是国家发展畜牧业的重要基地，又主要是少数民族聚居的地区，这些兄弟民族传统的主要经济是畜牧业，畜牧业是这些兄弟民族繁荣发展的经济基础。牧区又主要分布在西南、西北和东北的边疆地区，发展这些地区的畜牧业，发展这些地区的国民经济，对于同帝国主义、反动派和现代修正主义的斗争，又具有特殊的重要作用。我们必须稳定、全面地大力发展畜牧业。在牧区，千条万条，发展畜牧业是第一条。

农牧关系。总的讲，农业和牧业，种植业和饲养业，是相互依存，相互支援，相互促进的。农业为牧业提供饲草、饲料，为牧民提供粮食。牧业为农业提供耕畜、肥料，为农民提供肉食。农业和牧业，由于生产季节忙闲的不同，有彼此岔开的时候，也有挤在一起的时候，安排得好，组织得好，就可以综合利用劳动力和自然资源为社会创造更多的财富，为人民公社和社员增加更多的收入。因此，农业和牧业应该密切结合，综合发展。另一方面，由于自然资源地区分布的不同，也由于历史发展条件的不同，在地区间，应该适当地分工，事实上也存在着农业和牧业的分工。这种分工，是合理利用自然资源的反映，是经济分工，也是社会分工，忽视任何一面都是错误的。

“牧区的生产方针是：以牧为主，围绕畜牧业生产，发展多种经济”，一切牧区，都应该按照中央批准的牧区四十条的这个规定，贯彻执行。所谓“围绕畜牧业生产，发展多种经济”，就是说，发展多种经济，要为

畜牧业生产服务，要有利于畜牧业生产的发展，不能妨害畜牧业生产的发展。例如人工种植牧草，种植饲草、饲料，以至种粮食，给牧民提供口粮，能这样做是好事，有条件的地方，可以这样做，也应该争取这样做；但是，绝不容许破坏草原，妨害畜牧业的发展。

半农半牧区的生产方针，也应该贯彻执行中央批准的牧区四十条第二十六条的规定："畜牧业比重较大的半农半牧区，或者畜牧业比重小的半农半牧区，都应该合理规划农田和草场，大力发展畜牧业生产，都应该制定发展畜牧业和发展农、副业生产的全面规划，合理安排。"有矛盾怎么办？四十条也已经指明："对在农牧业生产安排上或者在民族之间存在的问题，应该本着民族团结，发展生产、农牧互助的原则，妥善解决。"解决的方式，应该走群众路线，充分同当地群众协商，特别要注意听取少数民族牧民的意见，通过群众路线，把党的政策原则付诸实施。

半农半牧区，哪一种生产为主？由于半农半牧区，并没有一个统一的标准，半农半牧区的具体条件也很不相同，究竟是"以牧为主"、"以农为主"、"农牧并重"，可以由各地按旗（县），甚至按社队不同情况，具体规定。

在讨论中，有的地方提出以牧为主，要求减少或者不再增加粮食外调，或者要求调入口粮和饲料、调出牲畜和畜产品。处理这个问题的根本原则，应该是按照最合理地利用自然资源的要求来决定；但是，在当前和最近几年之内，又不能不考虑粮食的现实情况。在最近几年之内，很可能是三种情况都有：一是减少粮食调出或者增加调入，发展畜牧业的；二是维持粮食调出调入的现状，或者保持口粮、饲料自给，发展畜牧业的；三是粮食调出要增加，畜牧业又要发展的。当然，随着粮食情况已经开始好转，应该着手分批分期地逐步调整，最后做到自然资源最合理的利用。

这次会议中，各地提出的牧区和半农半牧区的畜牧业发展规模，只是一种初步设想。没有这种初步设想，规划工作很难进行。但是，要使这种初步设想真正成为实际可行的规划，还必须经过由上而下、由下而上的几次反复，才能使我们制定的规划真正落实到社队和农牧场，真正是在社队和农牧场的规划的基础上，加以综合平衡而制定出来的。要求各省区回去以后再加研究，以农业规划统一考虑，作为农业规划的一个重要组成部分，而又把牧区和半农半牧区与一般农业区分项单列出来；并且按照国务院农林办公室的规定的时间汇报给国务院农办，抄报农业部。

畜牧业的生产单位是社队和农牧场，畜牧业经济的绝大部分是集体所有制，这是我们制定畜牧业发展规划和用国家计划来指导畜牧业生产的时候，必须切实注意的。研究和制定畜牧业发展规划，固然不能不考虑现存的某些实际困难，和牧区半农半牧区的基本建设一时跟不上去的实际情况，但是，更重要的是，必须看到我国有广阔草原，发展畜牧业的潜在能力很大，以及其他的有利条件，在客观实际可能的基础上，充分发挥人的主观能动性，制定一个积极可靠的发展规划。在制定畜牧业发展规划的时候，还要注意增加大家畜的比重，质量数量并举，在要求增加牲畜数量的同时，也要求提高牲畜质量，改良牲畜品种，提高牲畜的产奶量、出肉率和产毛量等等。毛也是要数量质量并举。这些要求，都是制定规划所必须注意的。

三、积极开展草原建设和牧区水利建设

据这次会上反映，随着牲畜较大的发展，草原不足和劳力不足的问题，在一部分牧区比较突出地表现出来了。首先，我们必须认识，这是牲畜大发展带来的新问题，是前进中的困难。我们绝不能惧怕困难，在困难面前低头。我们必须敢于胜利，勇于克服困难，继续胜利前进。

我们要具体分析，所谓草原不足，只是部分地方在目前草原利用的方式下出现的问题。总的讲，我国有广阔的草原，牲畜数量还不多，不是草原不足，而是潜力很大。现在已经利用的约30亿亩草原，根据现阶段的技术物质条件，经过一个时期的培育和改良，载畜量至少可以增加一倍，有的可以增加几倍。至于在将来，更新的技术物质条件下，把四五十亿亩草原全部开发利用起来，并且把大部或一部改良为人工培植的高产草原，提高载畜量的潜力还大得很。世界上有的国家，百亩草原载畜几十头的，甚至一百头，一亩一头的。所以，问题的主要方面是草原还远没有充分利用，而不是草原不足。解决问题的关键在于加强草原建设。有人主张，降低牲畜的纯增率，屠宰当年生的幼畜（指羔羊），控制

牲畜的发展。依我看来，这只能说是一时一地不得已的办法，不能当作正常的出路。

对于屠宰当年生的幼畜究竟是否经济合算的问题，在会上有两种不同的主张。屠宰当年生的幼畜的办法，同牧民的屠宰三岁以上羯羊的传统办法两相比较，在同样的饲养总头数的前提下，产肉量和产毛量是增加了，还是减少了？需要的劳动力是更多了，还是可以缓和劳动力不足的困难？草原不足的问题是缓和了，还是更紧张了？羊群里没有大羯羊，是否减少羊群的抗灾能力？对于成本的计算，也要考虑到牧业社队和牧民计算成本同国营牧场有差别，同资本家雇用牧工经营更有差别。还有屠宰当年羔、不育成大羯羊，同牧民衣食住的需要也有矛盾。这种问题，都要深入现场，进行对比调查，仔细研究。屠宰当年生的幼畜，是一个重大的生产政策和技术政策问题，不能轻率地决定和推行。

草原建设，一般说来，中心是水利建设。水利建设，一般以打井为主，有条件的地方，可以修建工程，利用地表水。在山区，还可以掏泉、引溪流。打井必须首先做好草原的水文地质勘探工作，这个意见是完全正确的，要求地质部门把它列为支援牧区的首要任务。打井以打筒井为主，结合打一部分机井。有力量的地方，能够打“对井”，相互补充，人畜饮水更有保证，当然更好。必须大力维修和增补现有的提水工具，积极发展畜力的半机械化的提水工具。机械化的提水工具要重点配备，逐步发展，而且还要根据牧区井深、扬程高、一口井所要求的供水量并不大等特点，研究设计制造出适合这种特点的提水机械。牧区水利建设，首先是供应人畜饮水，有余力的供水点，可以在供水点附近适当开辟饲料基地，种植饲草饲料。牧区供水点的分布，应该按照畜群活动的范围设立，井距不宜过大，可以先疏后密，也可以在一个井的周围，采取畜力或机械动力运水的办法，建立几个供水站。棚圈建设，也是草原建设的一项重要内容，应该尽一切可能，因陋就简地积极进行，可以先求有，后求好。有些地方，例如新疆，牧道和桥梁建设的需要很迫切，建议交通部门积极支援。牧区辽阔，邮电通信设备十分缺乏，对于畜牧业生产，对于抗灾保畜十分不利，特别是边境地区，更应该结合国防的需要，予以补充和加强，建议邮电部门研究解决。

在有条件的地方，还应该建立人工草地和饲料基地。利用放牧员，在雨后，一面放牧，一面撒草籽，补种牧草。有从外地引进的、适宜本地生长的优良草种，当然更好，更大量的是用当地的适宜生长的草籽，进行人工补种。这是改良草原的一种花钱少、收效大、简便易行的办法，应该对放牧员很好地进行宣传组织工作，把他们组织起来，积极推行这种办法。内蒙古自治区巴盟种植沙枣等木本饲料，既有利于解决牲畜的饲草饲料，又可以防风治沙，保护草原，这一成功的经验，可以在条件相同的地方积极推广。在半农半牧区，一般是地多人少的，可以按照合理利用土地的要求，做好土地利用规划，实行草田轮作；还可以在有利于恢复地力的前提下，因地制宜地利用休闲地，或者采取填闲栽培的办法，种植豆科的饲料饲草。

在推行草原建设和改良草原的各种新技术措施的时候，也像其他的技术推广工作一样，必须遵守因地制宜、因时制宜的原则，还要因畜制宜，要一切经过试验，试验成功以后，再逐步推广。不仅草原建设工作要这样办，后面谈到的畜牧业的机械化和半机械化、牲畜品种改良等等，以及其他各项工作，凡是一种新措施的推广，都应该这样办。

固定草原的使用权，保护和合理利用草原。造林、防风、固沙，保持水土，保护草原。实行轮牧，防止草原退化。养狗防狼，打狼、灭鼠、防治草原的虫害和兽害。植保单位应该把防治草原蝗虫和其他病虫兽害的工作，同农田的防治病虫害的工作一样，当作自己的业务。还有建立草原管理机构和草原工作站等等问题，在农业部草拟的草原管理办法中已经写进去了，会后根据同志们提的意见，再加修改，然后定稿。这里就不多讲了。

严禁开荒破坏草原。东北的同志提出，在水草较好的草原上，大面积地连片开垦草原造林（不是造带状的防护林），也是破坏草原的，要求同样加以禁止。这种要求是对的，提请林业部门注意。过去不适当开垦、现已弃耕的草原，凡是不能自然恢复的，应该有计划地分期分批地加以平整，种植牧草。

牧草良种繁殖场，应该先在牧区选点试办，逐步发展。牧草种子工作和草原的科学研究工作，都应该加强，积极开展。

草原的资源调查，有关的科学单位和各地畜牧等有关部门，做了不少很好的工作，应该在已有的基础上，进行更深入的调查研究，加以充实提高，为草原建设提供准确的资料和具体的方案。

草原建设和牧区水利建设是有成绩的，特别是1958年实现了人民公社化以来，有了更大的发展。例如，内蒙古全区有筒井4万多眼、机井80多眼，主要是这几年发展起来的。工作中也有缺点，例如，打井打了一些黑窟窿，机井和提水工具不配套等等。但是，我们完全有可能在已有的成就和经验的基础上，把草原建设和牧区水利建设做得更多更好。

四、补充和改革现有的生产工具，逐步实现畜牧业的半机械化、机械化和现代化

劳动力不足，在牧区是一个比较突出的问题。但是，另一方面，也必须看到，劳动力还是有潜力可挖的。例如，在这次会上，有的地方计算可以利用的劳动力，达到全人口的60%到70%，把半劳力和辅助劳力都计算到了，这是合乎实际的，因为牧业的许多劳动是可以由半劳力和辅助劳力来承担的；而另一些地方，计算可以利用的劳动力只占全人口的30%左右，按照这种计算来对待牧业生产所需要的劳动力，显然是不合实际的。集体化，组织起来，正如毛主席早就指出的，一个人可以顶两个人，两个人可以顶三个人，大大提高了劳动生产率和劳动力的利用率，十多年来的实践证明是这样；现在，在合理组织使用劳动力方面还是有潜力的。驯犬守夜、放牧，是牧民原有的习惯，应该积极恢复。从劳动力比较多的农区和半农半牧区，有计划地组织一批搭棚盖圈的、打井的、剪毛擀毡的专业队伍，到牧区去，缓和牧区劳力不足的矛盾。这种专业队伍，一般是季节性的，少数是常年的。一般讲来，没有理由认为，按劳动力看，牧区的牧畜头数已经达到了饱和状态，今后只能维持，不能发展了。半农半牧区，一般是人口较多，劳动力较多，牲畜较少，虽然兼营农业，很好地组织使用劳动力，畜牧业发展的潜力还不小。至于农业区，畜牧业的发展更是大有可为。当然，人口和劳动力的增长速度总是低于畜牧业生产的发展速度的，也应该如此。从长远看，劳动力不足的问题，会越来越突出。解决劳动力不足的根本出路在于机械化和半机械化。

当前最迫切、最普遍的问题是现有的旧式工具的补充和维修问题，例如，牛奶桶供应不足，剪羊毛的剪子供应不上等等。收购牲畜和畜产品时，除了奖售生活用品以外，还要保证这些生产工具的供应。工具改革也是当务之急，吊杆打水改成畜力的解决式水车，就可以大大节约劳动力。

畜牧业机械化和半机械化的主要内容是：打草（包括打、搂、捆、运、藏）、剪毛、挤奶、奶品加工；凿井、修水利工程和提水；运输；还有棚圈建设等等。放牧是畜牧业最主要的劳动，结合我国牧区的具体情况，放牧如何机械化、现代化，是一个尚待研究的问题。牧区种植饲草饲料的机械化、半机械化，和半农半牧区经营农业的机械化、半机械化，都可以腾出人力来经营畜牧业。

实行畜牧业的半机械化、机械化和现代化，必须从我国牧区畜牧业的实际情况出发，深入具体地研究我国畜牧业的特点。当然，不仅实行畜牧业的机械化和半机械化，要这样做，牧区的各项的工作，都应该如此。我国牧区畜牧业的特点是什么呢？除了大部分地处边陲，是少数民族聚居区，主要是集体所有制经济，这些社会政治经济的特点以外，我国牧区的畜牧业是利用天然草原实行游牧的，目前如此，在一个相当长的时期内，主要还是如此。我国的天然草原，一方面确实有不少水草丰美的草原，但是，大部分是干旱草原、还有一部分是高山草原，或者是沼泽。我国牲畜的品种又有其原有的特点，牛主要是肉、役兼用的黄牛，乳头小、产奶量不高；羊是粗毛羊，并且由于常年在干旱的荒漠草原中放牧，毛间夹沙量大。这一切特点是可以研究改良的，也正在进行改良，但是改良是要时间的，这些特点还会在一个长的时期内存在。因此要求科学研究和设计制造部门，创造出适应这些特点的打草、剪毛、挤奶等机械化的和半机械化的工具，并且是小型轻便、能够到放牧场流动作业的。提水工具也要求能够适应井深、扬程高而出水量不大的特点。农业机械制造部门要把畜牧业机械的制造工作统一管起来，农业机械的管理部门也要把畜牧业机械的使用和经营管理工作统一管起来。

在牧业区和半农半牧区推广机械化和半机械化的工具，更要注意做好成套供应，零件供应、维修网和流动的修理设备也必须相应地跟上去。已经推广的机具的维修配备和零配件的供应工作，要立即着手研究解决。

应该设立综合服务的农业机械站，而不必多头分别设立种种专业性的机械站。

畜牧业的技术改革，还必须结合充分利用畜力问题统一考虑，凡是可以利用畜力的，都可以先一步实行畜力的半机械化。半机械化也可以节约大量的劳动力。

畜牧业的技术改革，同样必须切实按照八届十中全会决定指出的“五要五不要”的原则办事，即要实事求是的，而不是主观主义的；因地制宜的，而不是千篇一律的；及时的，而不是拖拖沓沓的；有重点的，而不是分散力量的；慎重的，而不是轻率的。

畜牧业的技术改革，虽然已经办了若干试点，初步摸索到一些经验，发现了一些问题，还是很不够的。应该承认，畜牧业技术改革比农业的技术改革经验更少，当前应该加强科学研究和选型设计工作，并且在牧区选择若干代表性比较大的点进行试验，取得经验，逐步开展。

五、改良牲畜品种，提高牲畜质量

绵羊改良工作，解放后的十多年来，取得了很大的成绩，全国现在已经有各代杂种羊 900 多万只，其中有一部分的羊毛已经达到精纺的要求，并且积累了宝贵的经验，培养了干部和群众性的技术队伍。我国绵羊原来是粗毛羊，从国外引进良种，与土种羊进行杂交，培育出我国自己的细毛羊和半细毛羊，这是一项艰巨的、需要时间长的工作。这一工作，是在近十来年中，主要是 1958 年的大跃进和实现了人民公社化以后的几年中，大发展起来的，短短几年，取得这样的成绩，是可喜的，值得称赞的。

绵羊改良的方针是正确的，好处很多，确实是国民经济发展的迫切需要，这项工作必须坚持下去。为什么近两三年有些放松，有少数地方、少数干部对绵羊改良工作发生动摇呢？原因主要是：（1）由于连续三年严重的自然灾害和我们工作中的失误，引起了农业减产，粮食紧张，不得不上上下下集中力量抓粮食，对绵羊改良工作确实有些放松。（2）绵羊改良工作本身，在前几年的大发展中也有不顾条件、瞎指挥的毛病，带来一些不利的影响。（3）杂种羊要求的饲养管理条件确实比土种羊高一些，有的地方技术指导工作和饲养管理工作没有相应地跟上去，有的地方一时还不具备这样的条件。（4）人工授精站过早地、普遍地下放给社队，结果，除了少数掌握了人工授精技术的先进社队，绵羊改良事业发展得更快以外，多数社队由于还没有掌握人工授精技术，受胎率低，群众有意见。（5）第一代、第二代杂种羊还不可能全面地达到改良的要求，例如同质毛的比例很小，纺织单位就有意见，这也影响到人们对绵羊改良的重视和支持。

绵羊改良工作，今后要集中力量，改良一批，巩固一批，再改良一批，波浪式地推进。凡是决定实行杂交改良的，一定要下决心把饲养管理工作搞好，尽一切可能改善饲养管理条件。杂种羊的代数越高，饲养管理的要求越高，越要搞好。杂种羊的毛长不能满足纺织部门的要求的问题，请专家和有关的科学研究单位积极研究解决。这次会议上绵羊改良专题小组讨论的结果认为，要解决毛长这个问题，时间大约要十年，甚至更长一点，这应该向纺织部门说清楚。提高同质毛的比例，主要靠高代杂种羊在羊群中的比例增加，这也要时间，也要向纺织部门说清楚。以免纺织部门制订的计划和设想脱离实际，不能兑现。同质毛与非同质毛分等论价，调整收购价格的问题；细毛羊集中的场社，生产的合乎精纺要求的细毛由工厂直接收购的问题；以及会上提出的有关牲畜和畜产品的收购价格问题，会后由农业部与有关部门协商研究，合理解决。

种羊场，连同其他种畜场，必须切实进行整顿。各级农牧部门要分级负责，把自己直接管理的种畜场限期整顿好。种畜场应该是一种事业性质，任务是提供质量好的种畜，不应该追求利润；但是，应该实行企业化经营，成本必须努力降低。种畜场要办在半农半牧区和靠近牧区的粮产区，繁殖种畜送到牧区去，缺粮的牧业区应该少办或不办。因为种畜场是需要商品粮的。种畜场的规模也不宜过大。至于划某几个种畜场归农业部直接经营的问题，会后与有关的省区协商解决。

绵羊改良的区域规划，应该及早制定。我们说绵羊改良要坚持下去，并不是对一切绵羊都要进行改良，有些品种，例如宁夏的滩羊，提供纺织长毛绒和优质地毯原料的青海省大部分地方的藏系羊，等等，就应该保留，并且要努力进行本品种的选育。杂交改良和土种选育，两条腿走路。

大牲畜和山羊的改良工作，也要像抓绵羊改良工作一样抓紧，忽视大牲畜和山羊的改良工作，是不对的。大牲畜和山羊的改良规划也要积极制定。并且应该切实具体地、分地区、分品种地研究大小牲畜改良的方向，例如役乳肉，役里面又有乘挽耕，方向到底应该怎样确定，都是需要很好研究的复杂问题。

畜牧业生产用具和专用的兽医药械的供应体制问题，是整个农业生产资料供应体制问题的一部分，从去年冬季以来，我们即与有关部门多次协商，还须进一步研究，才能决定。

六、加强兽疫防治，降低牲畜死亡率

解放以来，兽疫防治工作是很有成绩的。在全国范围内（除西藏外），消灭了牛瘟。控制了口蹄疫、炭疽等疫病。发明创造的某些兽药，具有相当高的国际水平。简化了某些兽药的制造和使用，从而为开展兽疫防治的群众运动，创造了有利条件。生物药品制造厂，特别是从1958年大跃进以来，有了很大的发展。兽疫防治成绩最集中的表现，就是减少了牲畜的因病死亡；例如，据内蒙古的统计，大小牲畜的因病死亡率，由1957年的4.9%，下降到1962年的1.2%，减少3.7%，即一年少死100多万头牲畜。应该说，这是一个很大的跃进。

防重于治。改善牲畜的牧放和饲养管理，加强牲畜卫生，结合药物防治。这个方针，实践证明是正确的，应该继续贯彻执行。内蒙古自治区昭乌达盟翁牛特旗，不断地深入开展以五净（草料净、棚圈净、饲槽净、饮水净、畜体净）为中心的家畜卫生防疫运动，这一经验，要在各地广泛推行。

但是，牧区牲畜的传染病还有二三十种，内外寄生虫病还有成百种，布氏杆菌病、马鼻疽、马传染性贫血病，近一两年还有发展。原因固然是复杂的，应该说，近一两年对于防疫工作有些放松是主要的原因。

在这次会议上，不少地方，按照农业发展纲要四十条的要求，提出了防治、控制和消灭牲畜疫病的积极规划，这是很好的。凡是还没有提出的，回去后要积极研究提出方案。这次会议，对于提出的这些规划，也不做决定。各地回去以后，可以上下反复地再加研究，然后定案，列入畜牧业发展规划之内。

关于牲畜检疫办法（草案），已经提交会议讨论，会后将根据同志们提出的意见，再做修改，然后报请国务院审查批准下达。有关这方面的问题，在这里就不谈了。种畜场调出的种畜，必须立即实行严格的检疫制度，不必等待这个办法颁布。

畜牧兽医的工作队伍，必须按照中共中央和国务院的联合通知，恢复和充实起来。已经调走的技术人员，应该归队。应该认真建立疫情报告、登记和档案制度。应该充分调动民间兽医的积极性，还是要把他们组织起来，积极地团结他们，使用他们，在工作中教育、提高、改造他们。草药和偏方也应该广泛地加以利用。蒙医和藏医也是一种医学遗产，也应该加以整理，把其中的精华继承下来。有的同志提出，兽医和人医待遇不平等的问题，重人医轻兽医，这是不合理的，应该改变，应该同等待遇。关于制定民间兽医管理办法的建议，可以由农业部选择两三个有代表性的地方，协同当地有关单位，共同草拟，先作为地方性的法规，经当地党委人委批准试行，然后再总结经验，制定全国性的法规。有的地方提出，要求中央规定一个统一的兽医人员生活用品和劳保用品的供应标准。必需的劳保用品是应该保证供应的，但是，规定统一标准是有困难的，因为目前各地城乡人民的供应标准就不是完全一致的，对这部分人单独规定一个统一的供应标准，难于全国通行。

组织民间兽医，可以采取有组织的民营的方式，给牲畜治病按照一定的标准收费，也可以收一部分粮食（例如在半农半牧区），或者与社队订立合同，由社队统一安排解决他们的口粮问题。这样，不要国家供应商品粮，不拿国家工资，事情就可以多办。不仅兽医方面如此，国家举办的其他某些事业单位，也应该采取这种办法。凡是社队集体和社员负担得起的，应该由他们负担。这样，国家才能把有限的投资，用到非由国家投资不可的方面去，这才能做到多快好省，使事业更快地发展起来。

开展牧区的兽医工作，要调入外来干部给以支援，而更重要的是积极培养本民族的兽医干部。培养本民族的兽医干部，即要适应当前的迫切需要，又要从本民族知识分子的多少、文化程度的高低这种现实情况出发，一般地应该是：大量培养经过较短时期训练的初级人员，少部分中级人员，更少数的高级人员。这才能赶上当前的迫切需要。初级和中级的人员，在工作中将积累起实践的经验，不断提高；并且再给以进修的机会，加以深造。不仅在兽医方面有这个问题，在牧业机械化、草原改良、牲畜品种改良以及牧区建设的其他种种方面，都有培养本民族的技术干部问题，都应该也只能按照上述的原则办事。

上述的三、四、五、六共四个问题，在这次会议上，都组成了科学技术人员的专题小组，进行了专门的讨论，并且将讨论的结果向大会作了汇报。我们大家都从中学到了许多知识。这四个汇报都已经印发给到会的全体同志了。这些汇报中提出的意见，都已经申明是建议性质，并不是决定，其中有些是需要通盘考虑，制定规划，统一布置实行的，以后由农业部、民委与有关方面协商研究后决定，有些是属于地方权力范围以内的，可以由各地决定采择与否。

七、正确处理牲畜的总增、消费、征购和纯增之间的比例关系

牲畜的总增、消费、征购和纯增之间的比例关系，是牲畜的自然规律在一定条件下的反映，这是客观存在的。我们应该去摸清它，并利用它对畜牧业生产进行计划指导。但是，由于各个地方的自然和社会条件不同，这种比例关系也各有不同，不能按一个统一的比例去要求。这次讨论中，对这个问题意见并不一致，一方面是认识不同的反映，一方面也是各地条件不同的反映。

牧畜是有生命的东西，有它自己的出生、成长和衰弱、死亡的自然规律。马牛羊等大小牲畜的规律是各不相同的。探讨牲畜的总增、消费、征购和纯增之间的比例关系，首先要摸清各种牲畜的这种自然规律。

牧区和半农半牧区的牲畜是在天然草场放牧的，它受水、草、寒、热、风、雪等自然和气候的影响很大。人对于自然的改良和改造，对于牲畜的饲养管理，兽疫防治，以及社会对于牲畜消费的需要，等等，又都影响牲畜的总增与纯增。天和人的这两个方面的种种因素，都是探讨牲畜的总增、消费、征购和纯增之间的比例时不可忽略的重要因素。

总增率应该力争提高。采取不合理地扩大母畜比例的办法，来提高总增率，从一时看也许是有效的，从长期看是不利的。种公畜、适龄母

畜、后备母畜、仔畜、幼畜和成年牲畜（例如羯羊、犍牛等等），各在畜群构成中应该占有多大的比例，既有它本身的自然规律，又受自然和人为的种种因素的影响。不合理地扩大和缩小适龄母畜在畜群构成中的比例，对于畜牧业的发展都是不利的。至于某些破坏严重、亟待恢复或者牲畜很少的地方，在一定的时间内，有意识地留一些还有繁殖能力的较老的母畜，将来再调整，以便在短时期内，加快牲畜的恢复和发展的速度，是可以的。反之，在某些确实由于自然和人的因素的限制，不得不把牲畜头数增长的速度适当降低一些的地方，也可以把一部分有繁殖能力的母畜出售给需要母畜、加速繁殖的地方，这对全局是更为有利的。经营牲畜的商业单位，应该配合这种需要，有计划地组织调剂。

牧民消费多少和国家征购多少，应该兼顾需要与可能。对于某些牲畜多、需要适当控制牲畜纯增的地方，或者由于遭灾，需要多处理一些牲畜的地方，就可以消费多一些，征购多一些；反之，在牲畜少、需要加快发展的地方，就要少消费一些，少征购一些。

纯增的比例不能过大，也不能过小。应该按照牧区四十条规定的原则执行，即“必须努力提高牲畜的繁殖成活率，减少牲畜的非正常死亡，达到较高的总增率，掌握适当的消耗量和征购量，保证一定的和适当的纯增率，使牲畜得到稳定的发展”。

八、改进人民公社的经营管理，巩固集体经济，加强党的领导

坚决贯彻牧区四十条和农村人民公社六十条（许多部分是同样适用于牧区、半农半牧区的），切实改进牧区、半农半牧区的人民公社的经营管理工作，进一步巩固集体经济。

牧区人民公社的体制，按照牧区四十条的规定，主要应该实行以生产队为基本核算单位的公社、生产队两级制。各地有少数以大队为基本核算单位的，更少数以公社为基本核算单位的，是否需要调整，请省、自治区党委根据当地具体情况决定。

自留畜，同农业区的自留地和家庭副业一样，是辅助性质的，是集体经济的补充。自留畜过多，不利于集体经济的巩固。现在自留畜一般

并没有超过牧区四十条规定的标准。少数地方超过了的，按照四十条规定的原则，可以对超过部分实行征购，来加以限制。至于是不是立即实行征购，还是看一看再说，由省、自治区党委决定。至于农业区的社员家庭饲养猪牛羊等家畜的问题，按照农村人民公社六十条的规定办理，不实行牧区四十条的规定。在每人平均占有牲畜较少的半农半牧区，如果按照牧区四十条的规定，把社员自留畜限制在牲畜总头数的7%到10%以内，确有实际困难的，甚至要把社员自留畜的限制，压低到农村人民公社六十条允许社员家庭饲养牲畜的限额以下，半农半牧区反而低于农业区，也是不合理的。对于这个问题，应该参照牧区四十条和农村六十条两个条例的精神，慎重处理，不能简单地采取作价入社的办法，把自留畜收归集体所有。

按畜群生产组，定产定工（不要叫“包工包产”，实质上也不是“包工包产”），超产奖励，建立生产责任制，是有利于畜牧业生产发展的。在推行这种办法已经有经验、有成效的地方，应该按照牧区四十条的规定，继续积极推行，并不断地总结经验，研究改进；在还没有推行的地方，要积极试点，取得经验，再加推广。所谓“畜群生产组”，有的是几户社员几群牲畜（居住不很分散、牲畜多、水草丰美可以集中放牧的地方），有的是几户社员一群牲畜（居住不很分散而牲畜不多的地方），也有的是一户社员一群牲畜（居住很分散、草场不好、不能集中放牧的地方），应该根据当地的具体情况决定。所谓“定工定产，超产奖励”，就是定畜群的产量（例如，仔畜的繁殖成活率、牲畜的膘情和产毛量等等）和完成生产任务的用工量；按产量定额完成任务的，照工分定额记工分；超产的，由作为核算单位的生产队按规定的比例提出一部分，折算成工分，奖给负责这个畜群生产的社员，其余归生产队统一分配；由于人为的原因，完不成任务的，由生产队按规定责令赔偿一部分，也是扣工分；一般是奖励的比例大，赔偿的比例小，多奖少罚。不是超产什么奖什么，也不是超产多少奖多少。超产奖励所得的工分，同其他的劳动工分统一分配，分给应得的现金和实物。这种办法，是对畜群放牧的一种定额管理的生产责任制，并不是包产到组，因此，提请中央批准，将《关于少数民族牧业区工作和牧业区人民公社若干政策的规定》第十三条“生产队对畜群生产组实行包产、包工，超产奖励的生产管理制度”一句中，

“包产包工”四字，改为“定产定工”。按照这种办法，由一户负责管理一群牲畜的，也不是包产到户，与某些地方农村中一度实行的包产到户也有原则的区别。因为，畜群生产的全部内容并不完全归这一户负责，更重要的是，超产的牲畜和畜产品并不归这一户社员所有和支配，仍然由生产队统一分配，这一户社员的超产所得只是奖励工分。但是，在实行由一户负责一群牲畜放牧的地方，既要奖励超产的社员，又必须坚持超产的牲畜和畜产品由生产队统一分配，还要随时总结经验，切实注意防止形成变相的包产到户。

牧业人民公社的经营管理工作，应该认真地改进和加强。在总结以往经验的基础上，积极地、因地制宜地推行水（人畜用水、发展水利）、草（饲草、饲料、草原改良）、繁（牲畜的繁殖、成活和育成）、改（改良品种）、管（畜群放牧和饲养管理）、防（防治病害、兽害、自然灾害）、舍（搭棚盖圈、建立厩舍）、工（工具改革）这八项畜牧业增产措施。认真实行民主办社、勤俭办社。帮助社队培训会计。切实加强落后社队的改造工作。社队干部都应该参加生产劳动，每人全年必须完成一定的劳动日。随着畜牧业生产的发展，集体加入的增加，在适当提高社员生活的同时，要注意增加公共积累，为牧业生产的基本建设积累资金。

加强牧区和半农半牧区人民公社的党的工作，加强对干部和社员群众的社会主义教育、阶级教育和政治思想工作，从思想上、政治上、组织上进一步巩固人民公社集体经济。

最后，要求各地各级党委和政府，加强对畜牧业工作的领导，经常讨论和督促检查畜牧业工作，整顿、恢复和充实畜牧业的机构，特别是科学技术机构，培养技术人才，以适应畜牧业生产发展的需要。

要求农牧业战线的全体同志，在党的领导下，克服官僚主义和主观主义，改进工作作风，深入调查研究，认识和照顾牧区和少数民族居区的特点，发扬我们党的实事求是和群众路线的传统，贯彻执行阶级路线，在工作中要特别注意依靠贫苦牧民和其他积极分子，认真实行领导、群众和技术干部三结合，做好牧区、半农半牧区的畜牧业生产工作。我们一定要坚决贯彻执行党的政策指示，正确执行党的民族政策和牧区四十条，高举毛泽东思想的红旗，高举三面红旗，鼓足干劲，发愤图强，自力更生，把我们的工作做得更好，迎接牧区、半农半牧区畜牧业生产的新高涨，全国农牧业生产的新高涨和整个国民经济新高涨的早日到来，把牧区、半农半牧区建设成为祖国的强大的畜牧业基地，把我国建设成为现代化的社会主义强国。

在全国集中产棉县棉花生产会议上的讲话

（1963年8月9日）

谭副总理谈了国内、外形势，现在我谈一下关于棉花生产的问题。

（一）

1964年的棉花生产任务，国务院发出的通知中已提出了两个方案：第一个方案，播种面积7 000万亩，总产量2 800万担，购量2 400万担；第二个方案，播种面积7 500万亩，总产3 000万担，收购量2 600万担。我们要求各地能达到第二个方案，行不行，请大家讨论。

提出这样一个任务的意思，就是要求1964年的棉花生产在今年增产的基础上，再有一个较大幅度的增长。今年计划面积6万亩，实播6 480多万亩，实收多少，现在还很难说。按播面积，比1962年5 400多万亩增加了1 000万亩。明年要在今年实播面积基础上，再增加1 000多万亩。总产量1962年是1 500万担（统计数是1 300万担，靠不住，因为已统1 165万担，加上换购的，国家已收1 284万担），今年计划总产量2 000到2 200万担，这次水灾以前，估计有可能超过。按计划说，今年总产量比去年增加了五六百万担。明年要求比今年再增加600万到800万担。收购量，今年统购计划是1 700万到1 815万担，比去年增加600万担左右，明年要求比今年再增加600万担到800万担。

实现1964年的计划，大体相当于1957年总产量水平的90%左右，单位产量略高于1957年。与产量最高的1958年比（收购了3 500多万担，总产量在3 800万担以上），1964年总产量任务仅相当于1958年的百分之七八十，单位产量大体相平。因此，看起来任务增加很多，但和

1957 年、1958 年比较起来，要求并不高。

为什么提出这样一个任务，面积、产量要求增加这么快？首先，改善穿衣条件是全国人民当前最迫切的要求。不仅是城市人民的要求，也是农民的迫切要求。除了棉农有自留棉，还有些奖售布票，可能好一些外，一般农民穿衣很有问题。谭副总理报告中已讲过，现在市场商品供应情况，肉、蛋等都增加很多，就是布、油还很紧，布票每人定量平均三尺，加上各种奖售、换购也不过九尺，这种情况难以长期维持下去。1962 年收购 1 280 万担。维持每人三尺布票还挖了库存三百几十万担。今年计划多收 600 万担，打算补上一部分库存，增加一些工业用布，每人再多给一尺布票，现在河北一带遭了大水灾，能不能每人增加一尺布，又有了困难。每年生产的棉花，大体上有一半要用于民用絮棉、工业用棉等方面，只有一半用于穿的方面。实现明年的增产计划后，预计每人也只能增加两三尺布票，还说不上解决穿衣问题，只能说是稍加改善。因此，我们必须努力把棉花生产很快搞上去，否则日子不好过。这是全国人民的要求，不这样做，也不能答复群众的要求。

其次，从农民经济收益方面来看，棉区农民为了增加收入，也要求多种棉花。另外，增产棉花，对于发展工业生产，增加国家财政收入，也都有很大的关系。

农业生产上，粮食、棉花和其他经济作物，在种植比例上、土地利用上也需要有比例地发展。去年党的十中全会提出的方针是，在发展粮食的同时，要发展经济作物，实行粮食、经济作物并举。我们现在来比较一下：1963 年粮食产量水平大体已和 1955 年、1956 年差不多，而棉花 1955 年总产量 3 000 万担，1956 年受了大水灾，产 2 890 多万担，今年比 1955 年、1956 年还低很多。棉花等经济作物在整个农业中所占的比例是下降的。实现 1964 年棉花增产计划后，才能达到 1955 年、1956 年的水平。所以谭副总理报告中也说了，解决穿衣问题是当前最突出的问题。我们必须用大力量，千方百计地来完成明年的棉花增产任务。

完成明年的任务有没有可能？条件如何？

我认为有可能，有利条件很多。首先，目前国内、外形势很好。农村贯彻了六十条，核算单位下放，开展了社会主义教育，进行四清，干部参加劳动，改善了干部群众关系等，政治条件很好。如果说，明年棉花产量要求达到 1955 年、1956 年的水平，而政治形势则比 1955 年、1956 年好得多。

第二个有利条件是粮食好转。粮食不比 1955 年、1956 年少。算总账，人口增加了一些，但进口粮食多，出口少，因而总量并不少。从城市供应，农村消费来看，粮食都大有好转。去年全国增产粮食 200 亿斤，收购减少 50 亿斤，农村多留粮食 250 亿斤，平均每人多 40 多斤粮，因此，去年农村消费水平已接近 400 斤。粮食情况显著好转，棉花是可以上去的。当然，目前所有的经济作物都上去是有困难的，只能分期、分批来进行。

第三，从物质、技术条件方面来看，也比 1956 年好得多。拿肥料来讲，1955 年各种作物共用氮素化肥 80 万吨；1956 年共用 103 万吨。1958 年给棉花拨了专用化肥，也只有二三十万吨。现在呢？今年分配棉花的专用化肥有 75 万吨，明年准备增加到 100 万吨。供应方法仍采用奖售办法，初步打算南北区一律按出售一担皮棉奖售 85 斤执行，取消粮食奖售（粮食算账），如果有的省愿意少要点化肥，要点粮食，也可以。再以水来说，水利条件比过去好了，就是有一部分工程不配套，也比 1955 年、1956 年为好。农药，现在是充分供应的，明年也基本够用。

第四，国家的大力支援。去年召开棉花会议以后，各行各业都大力支援棉花生产。最近和粮食部门商量，准备明年棉种由生产队按平均每亩播种 15 斤、备用种 5 斤留足，另外，国家再准备一批后备种，供调剂备补之用。生产队留种必须按扩大棉田计划留足种子，粮食部门在统购油料时给以保证。粮食方面，保证棉区棉农口粮不低于邻近产粮区水平，而且要尽量照顾品种，这一条明年继续贯彻执行。今年有的地区没有保证这一条，群众批评的很厉害。这一条一定要做好，因为这是国家政策，有困难应该先由县平衡解决，县解决不了反映到专区，专区解决不了反映到省平衡解决，省解决不了，再反映到北京解决。另外，恢复了预购和预购定金，并发放贷款，在解决资金困难方面给予很大支援。

以上这些方面的条件都比 1955 年、1956 年好得多，棉花生产为什么不能上去呢？因此，除特大灾害外，应该说，明年的规划是完全可以实现的。

所以，总起来说，提出这一任务是：有此需要，有此可能，有此条件，不仅应该完成，还要力求超过。

（二）

怎样把明年棉花生产搞上去，除了贯彻好政策措施外，要大抓生产技术措施。现在提几点意见，请大家讨论。

首先，要把地留好、留足。这次会议原订 8 月 25 号开，为什么提早开，主要目的就是为了能在种麦前把明年棉田计划定下来，以便及早把明年种棉花的地留够、留好。

今年统计，晋、冀、陕、辽、北京五省、市水地棉田共有 600 来万亩，只占这一地区棉田面积的 30%。因此，明年要尽可能多增加一些水浇地棉田。

今年还有个问题，这次遭受洪水灾害的地区，水退以后，群众很可能要扩大麦田。这次受灾的地区，都是集中产棉区，单产也高，如果不能保住棉田，明年问题就大了。这个矛盾怎么解决，请河北、河南、山东等省都研究一下，提出个办法，把明年的棉田留够、留好。

第二，做好棉田留种、备耕工作。

去年棉花留种工作，上海市由生产队自选自留棉种的达到 95%，这很好；有的地区则不大好，还不到一半。今年秋季，除受灾无收的地区以外，无论如何要做好生产队普遍选种留种的工作，把种留够、留好。但种子留的太多也不行，吃油问题很大。粗算了一下，今年估计全国共可产 35 亿斤棉子，种子要用去一半 7 500 万亩棉田，每亩 20 斤，就是 15 亿斤，加上各级政府掌握的调剂、备补用种，以 10%计，1 亿 5 000 万斤，种子共要十六七亿斤。要求各个省根据具体条件，具体安排，切实把棉留种工作搞好。这次会请了几十位技术推广站的同志，希望好好讨一下这个问题，技术推广站要认真帮助生产队做好选种、留种工作。

据说今年 90%的棉田都进行了冬耕，这很好。冬耕、整地是备耕工作中一项重要措施，今冬要继续做好冬耕、整地工作。

棉田要施用基肥。化肥主要是供追肥用，数量也不多。明年全国化肥总量比今年计划数增加 50 万吨，比实际完成数只增加 20 多万吨。棉花化肥增加一些，预计 100 万吨，平均每亩棉田也只有二三十斤。因此，还必须要靠施用农家肥料做基肥。从现在起就要大抓积肥，为粮食、棉花准备肥料。今年的棉田上底肥的面积占70%至90%，明年要求棉田全部施上基肥，消灭白茬下种，能不能做到？请大家讨论。

第三，提高棉花播种和管理技术。关于这方面的问题，特别要请到会的劳模、专家和技术推广站的同志们来讨论、研究，提出意见。

第四，大力开展防治病虫害工作。治虫工作，明年要用更大力量、大规模地搞。这是保证明年棉花增产的主要措施，一定要抓农药怎么准备，施药器械怎么准备，请大家讨论。

农药方面有个问题需要研究一下。据反映，今年有些地区用“1059”、“1605”治虫药效不高了，有三种不同的说法：一种是这种药使用久了，虫子产生了抗药性；一种是国产的“1605”制造技术未过关，质量不高；第三种说法是有些药因为积存时间久了，失效了。究竟是什么原因，需要弄清楚，以便针对问题进行解决。

施药器械方面存在的问题也不少统计起来数量不少，用起来时又不够了，损坏的很多，又缺这个，又缺那个，是不是请大家清理一下。这件事可以由技术推广站负担起来，一个生产队一个生产队地清查一下，究竟有多少，能用的多少，需要修理的多少，都要些什么零件。今年冬天就把检修工作搞好，该修的修好，实在不能用的报废，需要补充的有计划地加以供应。

治虫工作搞的好，多生产二三百万担棉花是很有可能的。请大家好好地研究一下这个问题。

总之，从留地开始，要求各地一个环节一个环节抓下去，一直抓到收完、卖完棉花，用最大努力来实现明年的任务。

另外，谭副总理还提出一个问题请大家研究一下，目前水涝地区，棉花受灾后能不能进行挽救，有些什么挽救的办法，请有关省和劳模、专家们交流一下经验，退水后抓紧抢救。

在棉花生产会议组长汇报会上的讲话

（1963年8月13日）

据各地汇报的计划面积，距第一方案（7 000万亩）还差300万亩，距第二个方案（7 500万亩）还差800万亩，对不上口。当然水灾有影响，是否会减少这样多？很值得考虑。有人说，棉花种多了，影响农业生产的合理布局。什么叫合理布局？要按十中全会决定精神考虑合理布局，十中全会关于农业决定写的是粮食作物、经济作物并举，没有提“以粮为纲”这四个字，就把棉花、油料突出来了。目的在于强调把棉花搞上去。中央这样写是有根据的，不这样不行。当前最大的问题是穿衣问题。当然我们的粮食还不足，现在我们的粮食比1957年还差得不少吗?! 1957年达到3 700～3 900亿斤。但是，我们不能等到粮食恢复到1957年，农民口粮也达到1957年水平以后再上经济作物，那就不行，国家的日子不好过。国家的日子不好过，还不是6亿5 000万人的日子不好过？这一条要向群众作解释，讲清楚。棉农口粮不能按过去“三定”标准计算（有的省在汇报时提出这个问题），不能那样做，中央没有那样提过，只是在生产队分配上提到对劳动力多的户分的粮食最多不能超过“三定”标准的15%，这是对劳动力多的户在占有粮食上的一种控制。只能是逐步地分年分批地达到“三定”标准。过去“三定”包括自留地，现在计算时自留地也应计算在内。把1957年水平作为条件，不行，也做不到。棉区不种棉花种粮食，国家也得统购，反正吃粮不能按1957年水平。国家进口粮食每年100亿斤。增产了粮食，中央、地方、社员应三一三剩一，不能光是你们增产自己吃，缺粮由国家进口，那还能行？种棉花好处很多：第一，增加收入；第二，口粮不比其他种粮食的队低。如果不种棉花，种粮食，我收购你的，反正你不能多吃。目前还有困难吗？大家都应了解这点，不能要求过高。

第三个五年计划现在不搞了，再搞三年调整，从 1966 年开始搞第三个五年计划。这三年，工农业都要进行调整。工业过去的调整，主要是关工厂，今后三年主要是突击短线，如搞稀有金属，搞尖端等。农业，过去两年主要是搞粮食，现在要突击棉花，今年、明年、后年三年把粮、棉、油经济作物统一安排上去，把比例关系摆正，要调整合理，调整到 1957—1958 年的正常比例。目前，经济作物不仅在面积上，而且在各种作物占耕地的比例上要调到 1957 年的水平，近年来经济作物面积都降下来了，这种情况不改变不行，三年要调整好。过去棉花种到 8 000～9 000 万亩。现在只有 6 000 万亩。调整以后，才能使国家和人民的需要相适应。明年穿布，总理的决心下了，计划平均每人增加三尺，闹灾以后，要砍掉 200 万担以上。每人增加一尺，全国就要 80 万担棉花，三尺，要 240 万担，看来三尺布吹了。我们管农业的几年来三尺布票也搞不上去，对人民怎么讲啊？我说该撤职，不撤职也应该辞职。这种状况，对我们的前景是有影响的。国民经济不能前进，因为棉花关系到整个国民经济，要把道理向群众和干部讲清楚，做好工作，不能靠外国人吃饭。北京、上海、天津等大城市还不是靠进口粮食，靠外国人吃饭是不行的。对农民更要控制，一叫计划控制，二叫征购控制。问题是要向群众、干部讲道理。干部的思想状况就不一样了。账要算，但算不那么清，地也没有个数，粮食说是吃七两、八两，实际不是那么回事。这里有个良心账，有良心账就是要做政治思想工作，进行社会主义教育。

明年无论如何要搞到第一个方案 7 000 万亩，要保证。亩产可按省的意见，中央不要提的太高，给下边留有余地。首先要保面积，棉田面积今后两三年大体稳定在 8 000～8 500 万亩左右，再提 9 000 万亩（过去最高年达到）不可能了，农业上的三年调整根本的是这一条，主要是上棉花，其次上油料。

棉花生产会议各地区领导同志座谈会上的讲话

（1963年8月15日）

1963年，经过大家的努力，在恢复棉花生产上，取得了不小的成绩；如果不是华北平原的水灾，取得的成就还要大些。按照去年开会规定的棉花生产任务，今年播种面积超过了，产量原来也可以超过，由于这次水灾，计划指标完不成了，但比去年还是肯定增产的。

去年召开的棉花会议总理亲自抓，作了报告，起了很大作用。政治形势好，粮食情况好转，各级领导对棉花抓得紧，都是今年在棉花生产上取得成就的主要因素。目前除了河北、河南两省因灾重减产较多外，大部棉区棉花生长都比前两年好。初步预计，湖北、江西、湖南棉花总产量可以超额完成计划任务；江苏、浙江、上海、四川、山西、云南、北京等省、市也都可以完成并争取超过总产量计划；山东省虽然最近遭了灾，预计仍能完成计划产量任务。河北、河南这次大水灾，究竟灾害损失多大，现在还说不清楚。据晋县报告，全县25万亩棉田，淹了24万亩，原来认为全都不行了，现初步估计，除1万亩没有受灾以外，还有14万亩水淹的棉田可以有不同程度的收成。北方棉区遭了灾，南方棉区可望丰收，两者相抵，全国产量也不会太差，究竟是1 800万担、1 900万担还是2 000万担，过些日子才能澄清。

在今年棉花生产中，大家做了很多工作，有许多好的经验，如去冬今春备耕工作就做得很好。棉花选种留种工作，会上印发了两个典型材料（上海和河北定兴县）都搞得很好，事实上也不止这两个好例子。希望对明年棉花生产继续这样做，把工作搞得更好，好的典型愈来愈多。

我有一个看法，棉花生产上选种、治虫等工作，今年搞得不错，但恐怕还赶不上1957年、1958年。这就是说，我们的工作还可以做得更好一些。棉花不同于粮食，绝大部分是商品生产，通过收购，产量统计数字是大体差不多的。1957 年棉花平均单产 38 斤多。1958 年收购了 3 500多万担，总产量总在 3 800 万担以上，单产超过 40 斤。今年棉花单产原来预计大概可到三十五六斤。今年棉花化肥比那时候多，会上鄂城县代表反映，群众说种棉花的好处有“九多”：粮多、钱多、油多、布多、肥多、柴多、对国家贡献多、集体积累多、奖励物资多，说明群众植棉积极性也很高，而今年棉花单产还是赶不上 1957 年。从这里可以看出，现在的工作还赶不上 1957 年、1958 年，今后需要把工作做得更好。

譬如，这次会上江苏、山东、浙江有些地区反映，棉区口粮标准低于粮区，国家规定的保证棉农口粮的政策没有兑现，表明我们对这一政策执行得不好。这当然不能完全怪下面干部，上面安排不好也有责任但不管责任在谁，总是工作上有缺点。

棉田面积要恢复到过去的九千万亩不容易（要开辟新棉区才行），但单产恢复到 40 斤及 40 斤以上，先赶上 1957 年、1958 年，再超过 1957 年、1958 年，这是完全可能的。事实上现在就有许多生产队平均单产达到七八十斤以至 100 斤皮棉以上。今年我们做了很多工作，尽了很大努力，但单产还低，今后需要在这方面进一步下力量，做好工作。

二

这次会议上，讨论 1964 年的棉花生产计划，结果很不妙，各地提出的明年棉田计划，与中央建设的 7 000 万亩的低指标，还差 360 多万亩，差的很多，与 7 500 万亩的高指标，就相差更远了。怎么办呢？昨天向谭副总理汇报，他说，如果这次会上定不下来，那就等省委第一书记来了再定。我看，还是我们在这次会上尽量努力吧。面积计划差得最多的，一个是河南、一个是江苏，这两省明年的计划，还得找省委第一书记商量；差数不大的省，是否大家在这里再好好研究一下，努一把力，至少按低指标把计划定下来。

明年棉田面积是不是就真的无法增加呢？大家算了账，开了一个单子，如果棉田增加到 7 000 万亩，需要解决 20 多亿斤粮食。这说明明年达到7 000万亩的低指标还是可能的，关键是粮食问题。多种棉花，国家确实应该给些粮食，但究竟给多少，需要算总账。今年许多地区粮食增了产，多产了粮食，必须个人、集体、国家三方面兼顾，个人多吃一些，地方多留一些，向国家也要多缴一些。华北平原这次受了大水灾，增产的各省不能不管。因此，究竟拿出多少粮食，只有等算了总账才能解决。

这几年棉花少了，日子很不好过。1957年收购2 700多万担，去年一半也不到。如与1958年比，去年收购量只有1/3多一些。今年维持每人三尺布票，还挖了300多万担库存。棉花再上不去，以后怎么办呢?

明年增加棉田，算粮食账，有一条想法一定要改，就是不能以粮食吃到“三定”标准为前提。因为现在粮食情况还不可能全国按“三定”标准来安排，尤其是再除去自留地粮，单按集体分配粮来计算，那就更不行了。个人生活只能稳步提高，不能要求一下子提上去。实际上，现在全国平均吃粮水平已相当于“三定”标准的93%，再提高一点，就可到95%以上。这样的吃粮水平，能不能和群众说通呢，是可以说得通的。对棉区，只要做到保证棉农口粮不低于附近产粮区的水平，再加上社会主义教育，讲明增产棉花对支援国家经济建设、解决全国人民穿衣问题的重大意义，结合种棉花本身的经济利益，群众也是愿意多种一些棉花的。再说，棉区即使完全不种棉花，都种上粮食，在社会主义经济条件下，也不能让你吃那么多的粮食，相反，不但不能多吃，经济收入还会减少。说清楚这些道理，明年多增加一些棉田，是可以做到的。

另外，能不能增加棉田，需要算耕地面积账，算土地合理利用的账。不考虑这些，是主观主义。但是，如何算这一方面账，这里面也有问题。耕地面积究竟有多少，统计数字并不怎么可靠。全国原来统计有耕地16亿8 000万亩，这几年说兴修水利、搞基本建设占了地，现在统计只有15亿4 000万亩了。真的减少了这么多耕地吗?不一定。这里面恐怕还有一本“良心账”。因此，我们算这方面的账，也不能单凭统计数字在纸面上算。

为什么这两年国务院要召开这么大的棉花会议，总理亲自来讲话，就是因为棉花太少了，必须很快搞上去。看来，明年7 000万亩是一定要上去的。这是必须保证的低指标任务。希望还达不到低指标要求的各地，继续进行讨论和安排，把计划提上去。这次会上实在解决不了的，可把任务要求带回去，或等第一书记来时再定。

三

对会议上提出的一些具体问题，谈谈我的意见。

（一）粮食问题。

十四个省市提出，明年按达到 7 000 万亩的方案算账，需要给 21 亿斤粮食。

关于这个问题，前面已经谈过了。明年棉田面积增加 1 000 万亩，是需要给点粮食，各省提的数也都有根据。但究竟给多少，这要等算粮食总账后才能决定。因此，这次会议不可能把这一问题定下来。

另外，湖北省提出，今年省里规定，超售一斤皮棉奖粮二斤，现在估计可能超过 50 万担，需要 1 亿斤粮食，要求中央解决。这件事主要由粮食部管，据我看，要中央解决可能性不大。因为国家粮食是很紧张的，特别是最近华北平原遭了灾，要解决灾区的口粮、麦种等，负担很大。不过，可以向粮食部反映，到第一书记会议上讨论解决。

（二）化肥问题。

明年准备南、北棉区一律按每担皮棉奖售 85 斤化肥，共给棉花化肥 100 万吨。如果棉花产量超过任务，多要化肥，一定多给。

有的地区提出明年对化肥的分配办法，一部分按棉田面积，一部分按奖售，这可以由省安排，反正中央对省按每收购一担给 85 斤化肥算账。有的地区要求对新扩大棉区再多分配一些化肥，这也可以由省自己考虑安排。今年受灾地区要求核销予付的棉花化肥、受灾绝产的地区，已经给的就算了，扣也没法扣回来了。

有的省提出来，棉花化肥要下达专用指标。关于这个问题，同一个省，来参加专业会议的厅长，强调要列专业指标，参加农业工作会议的厅长，又提出了作物之间用肥要能适当调剂。中央对这个问题的规定是两种意见都照顾到了，即分配时分列专用指标，同时提出，在不影响奖售的原则下，各省有一定的机动权。明年大体上还是这么办。

许多地区要求棉花化肥在 7 月以前给 70%，其余在 9 月以前给，这一要求完全有道理。但是化肥工厂的化肥，不能全在前三季度生产出来。假如说9月份以后出厂的化肥算到第二年去，我也赞成，但当年的化肥分配计划就要减少了（一般第四季度供应的化肥要占全年供应计划的1/4）。同时，不仅棉花要求在这一时期内给化肥，粮食也同样需要在这一时期内给化肥。因此，只能根据货源，尽可能按作物的要求适当安排供应。

另外，关于硝酸铵和硫酸铵折算比例问题，一斤硝酸铵折合1.65斤硫酸铵，这是按含氮量来计算的。大家反映一斤硝酸铵抵不上1.65斤硫铵的肥效，这有可能。不过，我认为改不改都可以，因为就是那么多化肥，假如改为一比一，大家都少分配点数量，还是一样。有人说，我们喜欢硫酸铵，为什么还要给硝酸铵，因为生产上就是硝酸铵多于硫酸铵，硫酸铵的制造比硝酸铵要困难一些，因为没有那么多的硫酸，所以洒硝酸铵，就要减少化肥的数量。

（三）农药和施药器械的问题。

据十四省、市初步统计，明年共需添置喷雾器、喷粉器63万架，防治棉花病虫害农药31 000多吨。喷雾器、喷粉器今年生产55万架，如果需要，明年可以再多生产十几万架，农药今年共生产3万吨，从生产能力来看，供应明年农药和施药器械，没有什么问题。问题是，是否真正需要这么多。过去计划时要得很多，实际用时就大大打了折扣。现在农村里施药器械究竟有多少，需要查清。今冬无论如何要做好这一件事。可以责成技术推广站逐队去进行清查。技术推广站干部共有十多万人，据说现在全国共有施药器械600万架，一个人平均只要查60架，这一工作完全可以负担下来。需要查清楚，究竟实际有多少架，能用的有多少，需要修理的有多少，都缺什么零件，查清后即组织修配。于今冬把这件工作搞好。

喷雾器大家都欢迎上海厂制造的，但不可能都由一个工厂包下来，因此其他工厂也要生产。当然生产质量太差的，不要让他再生产了，一般厂还是要生产一部分，但应要求他们努力提高质量。

关于农药、施药器械价格太高的问题，可以提请物价委员会研究适当解决。

有些地区提出，飞机防治棉虫，要由国家负担飞行费的问题。飞机治蝗的费用是由国家负担，因为主要是在荒地或人少的地区进行的。一般农田，飞机治虫如果也由国家出钱，就成了农民种地，国家出钱，这样做是不行的。这和现在有的地区拖拉机站、排灌站实行国家补贴的办法一样，都是违背建设社会主义总路线的。因为如采取这种做法，办得愈多，要国家补贴的钱也愈多，这些事业就发展不了，不符合多、快、好、省的原则。因之要发展这些事业，就不能走这条路。

（四）种子调剂问题。

河北、河南、安徽三省提出要求外省支援棉种1亿6 300万斤。现在灾情尚未澄清，究竟要调多少种，还要精细计算一下。但是，要请没有受灾的省如湖北、江苏、浙江、陕西、江西、山西等省，做好支援的准备。究竟由哪省调多少以后由省与省具体联系。但必须在收花轧种时，就有计划地安排这一工作。错过这个季节，种子留不下，再调种就没有办法了。

调棉种的返油返饼问题，调入省应好好算算账，自己能拿出多少。河北、河南缺少麦种，也要请山东、陕西、山西、湖北等省做好支援的准备（明天准备请有关省共同开个会，商量一下这个问题）。

（五）关于奖售政策方面的一些问题。

除了中央规定的奖售政策以外，各省还补充规定了一些奖售办法。各省提出的办法，要考虑会不会影响正常的收购任务，会不会影响毗邻地区的收购工作。如果没有影响，就没有问题。农民究竟是农民，实行超产多奖，或换购办法，很可能为了争取多奖而影响正常的收购任务，需要注意防止这方面的副作用。

许多地区要求将预购定金增加一些，从15%至20%提高到25%左右，这个意见可以考虑。但这个问题涉及农村资金如何安排的问题，需要提请主管部门研究以后再定。

最后，要求各主要产棉的省、市、县继续实行今年的各级成立棉花领导小组的办法，从今秋留地起，一环接一环地抓好明年的棉花生产工作。同时要求各集中产棉县、市、省仍和今年一样，定期向农业部通信报告，从回去到明年底，共报告七次。即：种麦前一次，说明今年棉花的产量和明年棉田的安排情况；今年年底一次，说明准备工作情况，如政策兑现，种子准备，秋冬耕情况，药械准备，技术训练等；明年播种前一次，说明棉田计划落实、播种前各项准备工作的情况；出苗后一次，说明播种、出苗和补苗情况；结桃后一次，说明田间管理和结桃的情况；开始收摘前一次，说明产量预计、选种留种和收购工作准备情况；最后一次，明年11月，总结全年工作和增产实绩。

在全国农业林业水利水产财务和经营管理工作会议农业系统会议上的讲话

（1963年9月25日）

这次大会已作了总结，谭震林、李先念两位副总理也先后有了明确指示。我现在着重谈两件事：一是农业企业事业的整顿工作，一是管好用好农业资金。

一、农业企业、事业的整顿工作

从1958年以来，各地农业企业、事业开始是大发展，搞得多，接着是“下放”，从农业部起，各级都没有管起来，结果是有的事业办得多了，有的事业完了，有的事业搞乱了。这次会上大家进行了研究、讨论，这是一件好事。在明后两年调整中，一定要把农业企业、事业整顿好。

整顿要找出病源，弄清问题何在？根据大家座谈讨论，目前农业企业、事业中存在的问题是：“摊子多，人员多，生产差，开支大，亏损不少，效果不显。”据统计，目前属于农业系统的企业单位有5 254个，事业单位有24 372个，合计起来有29 626个，平均每县有14个。职工有91.7万人，比曹操的人马还多10%以上。人员多，不等于事办得多。例如，良种示范繁殖场有1 600多个，职工14.4万人，平均每人一年生产良种不到2 000斤；种畜场有7万多人，大小种畜61.7万头，平均每人生产管理不到9头。人员多，劳动效率不高，生产就差，开支就大，有的场子百来亩土地，职工工资一年七八千元，就是每亩地生产1 000斤粮食也会把本钱吃光，如果生产不到1 000斤，就把本钱吃光了也还不够。

如果亏损多，效果不显著。这样的典型例子，谁都能说一点。但是在一个地区究竟有多少，也不大明了。

如果我们以上讲的病源是对的，应该对症下药，来开个药方子：

1. 摊子多，要并。目前农业企业、事业摊子多，规模小，又分散。可不可以合并呢？我看可以把良种示范繁殖场、种蓄场、种子站、配种站、果桑苗圃等合在一起。一个县里办一个综合性的农事试验场。至于少数规模较大的种马场、种羊场、果树园艺场等，也可以搞专业场，但这只能是少数的。一些规模小，虽然有发展前途的场、站，也不是一下子都能发展起来的。现在把这些单位合并起来，起码的一条好处是，不要那么多的场长、站长、书记、会计和总务管理人员等一大摊子行政管理干部了，再过三年、五年、十年、八年，发展了，再分开。天下的事总是“分久必合，合久必分”。如果过分强调专业化，结果机构林立，到处都是机关，一个小县城一过两条街，到处都挂的是木牌子，也不怎么好看。机构多，必然造成行政人员多，专业力量分散，对事业也没有什么好处。单位多了，谁也管，谁也不管，彼此扯皮的事也多了。合并起来办综合性的农事试验场，可以加强事业，可以少花钱，多办事。

2. 人员多，要减。减什么人？减行政人员。技术力量要保留。农业大专院校和中等专业学校的毕业生还应该要，我们不要又给谁呢！有些站长、场长、书记，是可以不脱产的。中央规定干部要参加劳动农村人民公社的生产队，一般有 20 多户，百多口人，平均每人两亩半地，农林牧副渔样样都有，规模不算小，也不简单，生产队的干部都参加劳动，生产也搞得很好嘛！北京市门头沟有一个拖拉机站，站长不脱产，生产任务完成得也很好，每亩成本只 1 元多一点，像这样的站应该提倡。为什么我们的场、站，无论大小都一定要设几个脱产的场长、站长、书记呢？当然有党员就要有支部，有支部就要有书记，但不一定要有脱产的书记。党章上有规定，多少党员以上才能设置脱产书记，不够条件的就不要设脱产书记。

企业、事业单位都要搞定员定额，不要把场、站当作休养所，老弱病残的人要另行安置。对于那些年老因病的干部，作为编外人员安置在我们场、站里，由政府另行拨钱解决工资，我们欢迎。有的可以做点事，有的也可以帮助加强领导。但是，不能算场、站的开支，不能让企业负担。

3. 清产核资，设备配套。首先要把家底弄清，然后配套。企业、事业单位都要搞，要限期完成。把桌椅板櫈，甚至玻璃瓶子，等等，都要登记起来，哪些有用，哪些没有用，都要分清楚，该报废的报废，缺的东西设法配套。全国人民和国家把这样大的财产交给我们，我们就要负责管理好。清产核资不能用典型调查来推算，要一个一个地搞，搞完一个算一个。全国近 3 万个单位，也不能依靠农业部、农业厅来搞，要督促县农业局去搞，一个县只有十几个单位，一个月搞一个，一年也就完成了。

清理以后，自然会出现些不配套的情况，把它弄清楚，缺什么？缺多少？然后设法配套。不去清理，总是在叫不配套，也不知什么时候才能配上套。配套就要牵连到规划，不能搞大规划，一个 200 亩地的良种示范繁殖场，要想搞成 2 万亩是不行的。我们要根据物力、财力、人力的可能，一个一个的规划，分期分批地配套。我们的单位要有一个建成的时期，建成一个定型一个，需要再搞就另建一个，不要年年投资，年年扩建，总是没有建成的时候。人家批评我们是无底洞，同志们不承认，只承认是赔钱货。我看，说是无底洞，也有道理，我们的底，到底在哪里呢？谁也说不清楚。

我说清产必须要限期完成，配套只能分批分期地去搞。看来是一个矛盾，实际上正是解决需要与可能之间已经存在的矛盾。因为财力有限，不可能马上都配上套。

4. 增加生产，降低成本，节约开支，改善经营管理，实行财政、银行监督。要求农业企业单位两年后不赔本，你们具体规划一下，哪些企业现在就不赔，哪些企业明年可以不赔，哪些企业后年可以不赔。我们可以不可以像工业企业一样，提出降低成本要求，部内各业务局，各地农业厅都找两三个好的坏的典型，一块开个会，总结一下经验，好的好在什么地方？坏的坏在什么地方？找找原因，交流经验，把好的经验加以推广。但不要把所有的企业都搞在一起来开会，来个一般化总结，这样的总结我们已有不少，但起不了实际作用。

要求企业实行经济核算，限期扭转亏损，有的同志说做不到。我以为，不要事情还未办，就先打退堂鼓。我们要努力做到，到最后可能总有那么几个做不到，但是做不到，要查原因，如果确实是自然灾害等客观原因，那谁也抗不住，不要检讨。但是如果是由于经营管理不善等主观原因，就是我们做工作的问题，不能说办不到。

生产商品的事业单位，如良种示范繁殖场、种畜场等，应当实行企业经营，按照提供良种数量和种畜头数，由国家给予合理补贴，除这些以外，就应像企业一样做到不再有亏损。

不生产商品的事业单位，如技术推广站等，应当像行政机关一样管起来，定员定额，精简人员，节约开支，加强财务管理。

5. 讲求效果。我们办事总得有个目的，如推广良种是为了增产，是不是增产了？增了多少？结果如何？去调查一下，增产的是什么原因，没有增产的是什么原因。是种子的问题，还是经营管理的问题？如果不问效果，我们又何必办这些事业呢？

我们要搞一个效果报告，各单位都要有报告，当然不能3万个单位都向农业部报，要一级一级地报，一季报一次，开始你们不能全部报，选送几份效果报告给我们也好筛，证明你们是有效果的。报效果是不是“五多”？“五多”是对农民、对农村讲的，这不是向农民要，我们企业、事业单位里有得是知识分子，专门干这一行的，为什么不能填报表呢？

把我们的企业、事业调整、整顿好，我看是可以做到的。有人说今后两年是调整而不是发展，这是消极的方针。我看调整本身就是个积极的方针，为了把事业办得更好。就不能不先整顿，经过调整、整顿把不配套的逐步配上套，就能保证企业、事业有更好的发展；另一方面，整顿了，经营管理改善，就可以减少亏损、减少补贴，腾出一些事业费来发展其他事业。这不叫发展叫什么？还能说是消极的吗？你们说猴子拿苞米是积极方针还是消极方针？拿一个扔一个，结果一个也没有成效，我看那才是消极的！说调整，整顿是消极方针，是错误的。

二、管好用好农业资金

管好用好农业资金问题，这次会议上谈了不少，我再简单地讲一讲。

1. 认真管好农业资金。农业投资有两种，我姑且把它叫做直接投资和间接投资。国家给公社、生产队直接使用的，如小型农田水利事业费和支援穷队投资等，是直接投资；国家办施拉机站、事业机构、科学研究以及办化肥厂、拖拉机工厂等，是间接投资。直接投资究竟谁管，过去谁也没有管，这些钱过去农业部分给省，不知省里如何分到县，到了县，农业局也没有管，大都是县委研究研究就分配了。钱是上面分配的，使用又归生产队，生产队究竟怎么用的，谁也不管，至少是我们农业部没有管。农业事业费和基本建设投资虽然是我们农业部管，实际上也未管起来。今后，我们要管就得把分配、使用、管理都管起来，银行、财政监督检查。过去没有管是不对的，现在要我们管，就要管起来，当然在分配上还要经计委平衡，大家商量。

分配给下面的资金，各级可不可以调？我说是可以的，省委、县委都可以调，不过下面调整了，需要上报，业务部门报也可以，财政部门上报抄送业务部门也可以。调进来了固然好，调出去了有意见也可以提，省委同意我们的意见，就请省委下文件纠正，省委不同意我们的意见，那就是我们的看法片面，就认账，这也等于我们管了。财政监督有好处，应该欢迎，他们对我们的分配、使用提出意见更好嘛！可以改正我们的缺点。正如古语所云："兼听则明，偏听则暗"，两方面结合，就能管好用好农业资金。

2. 用钱一定要本着勤俭办企业、事业的方针，这方面大会上谈得很多，大家也都明了，我这里就不再讲了。

3. 集中力量打歼灭战。我们现在应办的事，想办的事确实多，目前农业还没过关，粮食还要进口，都希望把农业搞上去。但是不能不看到国家财力、物力、人力的可能，需要与可能是有矛盾的，想办的事多，力量又有限，问题是摆着，看我们怎么办？这就是辩证法。一种办法是把要办的事都排上队平均使用力量。这个办法不好，比如只有能盖五间房的资金，你要盖十间，那么都只能盖成半截，一间也不能使用。另一种办法，集中力量打歼灭战。分清轻重缓急，分期分批来办，这是最好的办法。用钱要照顾当前短期的利益，也要照顾到长远利益，重点放在哪里呢？还是要把重点放在当前和短期见效的方面，适当兼顾长远利益。不然就越搞越多，洞口总填不起来。

4. 用钱要把国家投资和集体力量结合起来，集体能办的事，不要靠国家，应该先用集体资金，后用国家资金，有一些事业非办不可，集体确实没有力量办的，国家给点钱，带动社队办起来。国家投资要起中药里红枣引子的作用，没有它不行，多了也不行，用它来带动群众自己起来办，这才能办好多事。农业资金在今后几年内能增的不多，就只能这样安排。

5. 用钱要报账，要报效果。钱怎么花的，结果如何？用得正当的多少？浪费掉的多少？都得报上账，企业、事业单位要报，要一级一级地报。农业系统（包括农机、水利）基建投资和事业费一年近 13 亿，花了不报，不像话。今年财政部找我们要效果，我们也报不上来，目前农业资金 95％以上都分配给地方使用，你们不向我们报，我们哪里能够报出来。今后一定要建立报账制度，要报投资效果。

6. 这次会上同志们说钱安排少了，我说也不多，我也是想多要一点。但是，中央开会，我在会上一听各部门的意见和资金安排的可能，就不好意思再提了，再强调就要犯本位主义了。根据现在情况，不再减少也是够好的了。同志们！明年的财政盘子是在今年六七月份安排的，7 月 31 日和 8 月 2 日，中间只隔 48 小时，人们的心情就不一样了，7 月 31 日估计是大丰收，两天暴雨后情况就变了，不但不丰收，还要救灾。这次河北、山东、河南等地遭受了严重水灾，就以棉花一项估计少收 200 万担，100 万担就影响财政收入 4 亿元。这就少收 8 亿元，烟叶等其他产品也少收了，都要影响财政收入。另一方面，灾区人要救济，生产要支援，算起来救灾款要十几亿元。因此，现在不是要求增加指标的问题，而是减不减指标的问题。

这次分配的农业事业费，对过去事业发展快些，摊子多些的地区，指标没有增加，我看是应该的，你有底子，经验多，又有老母鸡，少亏失一点或赚一点，就可以多办一点事业，怎么说不增加钱就是不发展事业呢？有的地区，如四川省一向事业费较少，现在增加一点，也是应该的，要求再多增加也不行了，过去事业办得少点，一下子就要都办起来，也没有那么多钱，只能是一年增加一点。你们说自己的指标少了，我看谁也没有说指标多了的，不然请你们向多的地方去说，如果他们同意减少一点，我们就给你们加上点，否则大家就不要再吵了。从全局看，我们农业事业费多少还增加了点，钱只有这样多，只能这样安排，我看就只能这样办。

黄河中游水土流失重点区第二次会议总结（提纲）*

（1963年11月5日）

一、一九六三年的基本总结

随着家村形势和整个国民经济形势的好转，在1963年1月召开了黄河中游水土流失重点区的第一次会议，会后国务院发出了关于黄河中游地区水土保持工作的决定，从全局讲，结束了前两年水土保持运动的停顿状态，推动运动走向新的高涨。

一年来的水土保持工作，贯彻执行了国务院的决定，取得了不小的成绩。据42个重点县（旗）的统计，新治理的面积868平方公里，整修的面积1 052平方公里，超额完成年初定的计划；其中，主要措施是：新修梯田69 295亩，整修梯田220 652亩；新修地埂474 437亩，整修地埂811 319亩；新修淤地坝12 907座，整修淤地坝18 016座（缺内蒙的数字）；造林268 838亩，种草232 444亩。这对于提高粮食产量和保持水土，都有一定的效果。

按照国务院的决定，来检查我们一年来的工作。

第一，认识了面的治理的重要作用。水土保持，不单纯是沟口筑坝拦泥，而是要治山，治坡，治沟壑，治风沙，耕地、林地、牧地都要治理，保持广大面积上的水土，不使流失，真正做到土不下山。面的治理和点线的治理并举，面的治理为主。

第二，贯彻了以坡耕地为主的综合治理方针，密切同当地群众的生产生活相结合。造林、种草与解决“三料”（饲料、肥料、燃料，还有木

---

* 1963年12月15日，中共中央、国务院批转了这个会议总结（提纲），并批示：凡是有水土流失的地区，都应根据当地特点，参考总结提纲提出的措施，因地制宜地进行治理。水土流失治理规划，必须列入农业长期规划内。

料）相结合。打坝淤地，主要是修了见效快的小型坝和中型坝。有些地方，从打旱井、解决人畜饮水着手，就是从群众当前生产生活最迫切的要求着手。

第三，依靠群众，走群众路线。群众对今年的水土保持工作给了很好的评价。他们说："治一亩顶一亩，修一坝用一坝，是个正来头。"又在群众中广泛进行了自力更生、奋发图强、建设社会主义新山区的前途教育。因而，在许多地方，水土保持真正成为群众自觉的行动，真正做到依靠群众，走群众路线，开展水土保持工作。

第四，以生产队为主，在统一规划下，按生产队为单位分片治理。坚持了"谁治理、谁受益、谁养护"的原则。水土保持用工，扣除基建义务工以后，参加当年的收入分配。没有平调。

第五，数量质量并重，讲究实效。许多地方实行了验收制度，验收以后才发奖励费（或者补助费）。验收，核实了数量，提高了质量。验收，又与技术推广相结合。验收对下一步工作，还起了推动作用。今年水土保持上人虽不及 1958、1959 年多，但是，许多地方，劲头并不小，实效也不小，扎扎实实，克服了形式主义。

第六，干部和群众越来越认识到依靠集体搞水土保持，搞好水土保持又进一步巩固集体经济的辩证关系。

以上是今年水土保持运动比较突出的几个特点，也是几点主要的经验。另一方面，今年的工作中还存在着如下的缺点：（1）有些地方和社队，对生物措施抓得不够；（2）沟壑陡坡的治理抓得不够；（3）工作开展得不平衡，有些地方和社队，对国务院的决定贯彻执行得不好，还没有真正动起来；（4）对先进的典型经验，总结推广得不够。在偏僻地区建点示范，也注意得不够；（5）经过验收核实，发现有的地方和社队还有浮夸虚报，水土保持经费还有挪支乱用的现象。在今年工作中，要坚持和发扬成功的经验，克服缺点，把工作做得更好。

二、一九六四年任务和十八年规划

（一）一九六四年任务。各县（旗）、专（盟）、省（自治区）提出的计划是：新治理面积 1 520 平方公里、整修面积 1 063 平方公里；新修梯田 304 435 亩，地埂 150 万亩，打淤地坝 23 666 座；整修梯田 289 188 亩，地埂 626 468 亩，淤地坝 8 555 座（整修的数字，内蒙缺）；造林 723 234 亩，种草 742 937 亩。就按这个计划定下来。计划还没有落实到社队的，一定要落实到社队。在落实过程中，发现有不合实际的，可以改变，可增可减。

（二）从 1963 年到 1980 年的十八年规划（一月会议讲的是从 1963 年到 1982 年的二十年规划，现在改为十八年），可以分为三段——前三年，中间五年，后十年。

前三年（1963～1965 年），整个国民经济是继续调整时期，水土保持方面也有调整的任务。水土保持，是广大面上的工作，也是主要靠群众在当地分头进行的工作，县县、社社、队队都应该普遍搞。搞多搞少，量力而行。但是，现在就是动手搞，不是等几年以后再搞。这是一方面。另一方面，也要有重点。在前三年内，重点是：

1. 已修的工程（梯田、地埂、淤地坝、拦泥坝、沟头防护工程等等）、造的林、种的草，一定要管理养护好，巩固提高它的效益；毁坏失修的，要整修补种；没有完工的、质量效益不高的要继续修，继续造，提高质量，提高效益；个别已经冲坏、不应该恢复的，也要经过鉴定，采取措施，加以处理，免除遗患。过去大协作搞的，现在一个社队搞不下来，无力续修，巩固也感力量不足的，可以分别情况，划归哪一级负责，组建专业队经营，或者组织联营。

2. 巩固提高现有的水土流失治理的试点（大大小小的点有大约 4 000 个，其中比较好的有 150 多个），同时，从便于向周围推广、向同类地区推广的要求着眼，合理布置新点。这 42 个县，每个县都要抓两三个（或者一两个）公社，或者抓一个小流域，认真搞好，作为重点，作为示范的样板；同样，每个社都要抓一两个大队，作为自己的重点；大队也可以建立自己的重点；一个生产队也是从一架山、一面坡或者一道沟作为重点，开始治理，并不是一上来就全面铺。当然，各级重点要求的标准是高低不一的。

3. 加强苗圃的建设和树种、草种采集基地的建设。主要靠就地繁殖，就地推广，辅之以地区间的调剂。

4. 培训技术干部。高等和中等农林院校应该增加水土保持课程，增设水土保持专业。培养使用和提高农民技术员。建立科学试验研究机构。

5. 这 42 个县，要县县成立水土保持工作站和专业工作队，从已经批准的专项安置费开支。县（旗）、专（盟）、省（自治区）的水土保持委员会都要有自己的工作机构和人员，编制在省的总编制人数中解决。

水土保持经费要用得得当，奖励是应该的，必要的补助也是可以的，但是，不要普遍给钱，形成群众给国家搞水保，要让群众把水保当作自己的事。

要在前三年做好这些工作，为以后更大的发展打下基础。所以，调整是积极的，不是消极的。

中间五年（1966～1970 年）——全面铺开。要求达到：以生产队为单位计算，消灭偏僻地区的空白点；治理面积连同已经治理的达到这块地区水土流失面积 86 370 平方公里的 35%左右。

后十年（1971～1980 年）——大发展。要求到 1980 年，治理面积累计达到 86 370 平方公里的 65%左右。

这次会议，根据 42 个县（旗）的规划，编制了这块地区 18 年的治理规划（草案）。但是，在这次会上不定稿，请大家带回去，层层落实，一直落实到社、到队，经过社员群众充分讨论，使之成为群众自己的规划；要求各县根据社队落实的结果，修改县的规划，于 1964 年 6 月底以前报来；然后再根据各县（旗）修改后的规划和专（盟）、省（自治区）、中央局的意见，来修改这块地区全区的规划草案，在下次会议上讨论定案。

规划要有重点、又要全面。坡耕地治理、荒山荒坡治理、沟壑治理、风沙治理、工程措施、生物措施、沟头防护、沟口拦泥以及合理利用土地、合理安排农林牧副业生产和生活等等，都要有统一的规划。规划要先易后难，先搞容易搞的，见效快的，更有利于动员群众。这块地区的水土保持十八年规划，还要与农业规划衔接起来，分别纳入县（旗）、专（盟）、省（自治区）和全国的农业规划。

三、几个问题

（一）建设基本农田。

梯田、坝地、水地、洪漫地等就是山区和风沙地区的基本农田。基本农田的要求是：旱涝保收，稳定高产。一下子做不到高标准，可以分等级分步骤实现。

采取修水平梯田、打坝淤地、修水浇地、引洪漫地、造护田林等办法建设基本农田。梯田可以一次修成，也可以通过打地埂到坡式梯田，再到水平梯田，看条件办事。打淤地坝，也要看地形等条件，因地制宜；大中小型都可以，中小为主。小型和中型淤地坝，投工少，见效快，群众欢迎，因而也比较容易巩固。

经过水土保持的综合治理，建设起基本农田，改变广种薄收的旧习惯，实行精耕细作，种好基本农田，一部分耕地实行草田轮作，保证了粮食，才有可能退耕一部分宜林宜牧的薄地，主要先退近几年乱开垦的耕地，还林还牧，发展农林牧副的多种经营。

但是，弃耕薄地，还林还牧，必须有计划有步骤地，随着基本农田建设的进度，分批进行，不能过多过猛。否则，农民的口粮没有保证，多种经营也发展不起来，群众也不接受（有的地方，过去就有过这种教训）。并且还要考虑到人口增长的因素，现在人少地多的地方，若干年后每人平均占有的土地并不一定很多，耕地也不能退耕过多。这次各县提出的规划表明经过十八年治理以后，耕地亩数减少的不到4%。山区生产发展的方针是农林牧副多种经营，实现的途径主要是经过综合治理，合理利用现在的荒山、荒坡、荒地，发展林牧业生产，主要不是靠退耕现有的耕地还林还牧。

（二）大抓生物措施。

要大抓生物措施。重工程措施、轻生物措施的想法和做法，是违反山区建设的客观规律的。

生物措施，造林种草和封山封沟、育林育草。首先必须切实贯彻同群众的生产生活密切结合的方针，从群众当前的迫切要求着手。

封山封沟，育林育草，是面广量大、费省效宏的措施，应该积极推行。但是，在推行的时候，必须对群众的放牧、砍柴和副业生产等需要有适当的安排，分片合理实行轮封轮牧。这里面，有当前利益和长远利益的矛盾，也有个体与集体的矛盾，也有两条道路的斗争，在处理这些问题的过程中，必须贯彻阶级路线，依靠贫农、下中农，巩固集体经济。

群众为保口粮，不愿意占耕地造林种草，这是可以理解的，我们就在荒地荒坡上造林种草。

群众喜欢种灌木林，因为灌木林收效快，利于较快地解决“三料”；我们就不要单纯强调造乔木林，轻视灌木林。同时，在荒坡上搞灌木林，保持水土的效益也快。灌木与乔木结合更有利于风沙地区的护田、防风、防沙和固沙。乔木灌木，因地制宜。国营林场造用材林、乔木林、群众可以多造灌木林。群众造林，还可以多造木本粮油林，例如核桃、花椒、栗、柿、枣等经济林木。种草要提倡多种寿命长的宿根草和易于落籽繁殖的草。隔两三年种一回，工作量太大，难以推广。

社队无力独自经营的大片荒山、荒地，可以由国家和社队合作造林，国家出树苗，派技术指导，社队出劳力（必要时，国家可以给以适当的补助，不要一律补助），包栽包活，包抚育管理，并且与社队签订合同，规定收益的分配办法。

造林种草和封山封沟、育林育草，还必须按照人民公社六十条和林业十八条很好地解决山权、林权问题。

为了开展造林种草，还要着重抓一抓种子苗木，要建立苗圃和树种草籽的基地。

（三）沟壑陡坡的治理和拦泥问题。

水土保持的根本要求是在面上保持水土。耕地、林地、牧地等生产用地要治理，荒山荒坡也要治理。沟头防护工程要做，沟壑陡坡也必须治理。陡坡能长草，能长灌木，也就能够治理。各县提出的规划，对这一点安排得不够，应该加以补充。这次会议汇总各县规划编制的全区规划，对这一点安排得也不够，也应该加以补充。沟壑陡坡最易冲刷，水土流失极为严重，在十八年期间一定要把沟壑陡坡的治理，作为重点之一。陡坡治理主要靠生物措施，封沟封坡、育林育草是主要的途径。

开荒，必须坚决按照六十条的规定严格管起来。陡坡开荒，必须坚决禁止。

由于面上的治理一时不易取得成效，沟口打坝拦泥，对于控制三门峡的入库泥沙，是一项积极有效的措施。重点应该放在沿沟谷分段分级打坝淤地，这可以群众性地开展起来，数量多，集腋成裘，拦泥效益并不小。在较大的支流河口打高坝、搞拦泥库的办法，经验证明三几年就淤满了，坝加得过高也不行，对下游是个威胁，怎么办？尚待研究。

引洪漫地，既拦了泥沙，又增加了地力，有利于农业生产。在有引洪漫地习惯的地区，打坝修库（拦泥库、水库）的时候，要把拦泥拦洪和用洪漫地两件事统一考虑，全面安排。

淤地坝、拦泥坝、引洪漫地，都起控制三门峡入库泥沙的作用，要分别主从、很好地结合运用。

（四）加强经常的管理养护。

修的工程、造的林、种的草、都必须好好管理养护。“修管并重”，修了就要管好用好。坚决肃清只修不管、不讲实效的浮夸风的残余。

管理养护是经常工作。要订立管理养护的公约。组织牧人，成为一支护林的力量。社队要建立自己的管理养护的专业队。专业队的人数不拘，也可以利用半劳力和辅助劳力，农忙时也参加田间劳动。成片林区的管林人，除了经营林木以外，还可以利用林间隙地搞点农业，兼营山林副业生产。

把常年的管理养护和季节性的突击建设（一年两次、三次，也有四次的）结合起来。

这次会议讨论的管理养护办法，会后再根据讨论中的意见加以修改后发下去。

（五）以点带面，点面结合，开展“一带二”运动。

这也就是主席在合作化运动初期指示的“一个社变三个社，三个社变九个社”，以点带面的方法，在水土保持运动中的应用。山西的这一经验在这次会议上做了介绍，已经印发给大家了，各地可以推行。要求凡是做得比较好的点，都选定带的对象，定出怎样带、怎样帮的办法，被带的也要定出怎样学、怎样赶的办法，认真开展“一带二”运动和“带、帮、学、赶”运动，争取水土保持工作较快地在面上铺开。

（六）加强领导，加强思想发动，依靠群众，提高技术，数质并重，讲求实效。真正做到“治有规划，修有领导，养有专人，用得合理”。治山治水，要农林水综合治理，农林水和其他各有关部门必须通力协作。要求这次到会的地方，特别是这 42 个县，把领导水土保持工作的人固定下来，并且一年给国务院水土保持委员会写两次报告。

（七）甘肃泾、渭河上游和其他水土流失严重地区的水土保持工作，也要积极开展起来。

这次到会的还有甘肃泾、渭河上游地区的同志，江西、湖南和北京市的同志。这些省、市有一部分地区水土流失也是严重的。要求凡是水土流失严重的地方，都参照国务院关于黄河中游地区水土保持工作的决定，结合当地的具体条件，把水土保持工作狠狠地抓起来。国务院水土保持委员会现在重点抓黄河中游这 42 个县，把这块地区抓上去以后，将按“一块一块啃”的办法，转过来重点抓泾、渭河和其他水土流失严重的地区。

最后，当前形势很好，农业形势好，工业形势好，整个国民经济已经开始全面好转，明年将进一步好转，以后会一年比一年好。这是中央和主席的指示和政策贯彻执行所取得的辉煌成果，是总路线，大跃进、人民公社三面红旗的伟大胜利。我们要抓住有利形势，抓住有利条件（农村社会主义运动，广大群众有改变贫穷面貌的强烈愿望，有丰富的治山治水的经验，正面的和反面的经验，也有了一批先进的典型），在党的领导下，教育干部，教育群众，坚决依靠贫农、下中农，带动全体社员，树雄心，立壮志，自力更生，奋发图强，用愚公移山的精神，坚持不懈地、扎扎实实地，苦战十年、二十年、三十年，把地民贫、“三料”俱缺的、水土流失严重的山区，建设成为多种经营、综合发展的社会主义新山区，造福后代。

一九六四年全国农业会议总结提纲

（1964年2月9日）

会议开得好，开得比较紧凑。会议遵照主席、中央关于加强互相学习，克服骄傲自满、故步自封的指示的精神，学解放军，学大庆，学大寨，比差距，摆问题，总结了1963年的工作，也摆明了1964年和今后努力的方向。讨论了旱涝保收、稳产高产农田的建设和加强农业部门的思想政治工作等问题。也交流了广东、北京大灾增产的经验和其他各地的增产经验以及山西“一带二”运动的经验、苏州专、县、社各级层层搞样板田、推广陈永康水稻栽培法的经验等等。现在我代表会议领导小组做总结。

一、用一分为二的辩证方法，总结一九六三年的农业生产工作

1963年是我国人民继续高举党的社会主义建设总路线的红旗，继续贯彻以农业为基础、以工业为主导的发展国民经济的总方针取得新的伟大胜利的一年。我国1963年的国民经济计划已经全面完成和超额完成，我国国民经济已经开始全面好转。

1963年农业生产是全面增长的，粮食和经济作物的产量都增加了，棉、麻、烟、糖等主要经济作物增长的幅度更大，家畜和家禽的数量也有很大的增长。

1963年农业生产的增长，是在同严重的自然灾害进行顽强斗争中取得的。1963年南方局部地区的大旱和北方局部地区的大水，都是历史少见的。经过这一场严重的考验，出现了不少旱涝保收、稳产高产的地方，这给我们以很大的鼓舞，同时也向我们提出了建设更多的旱涝保收、稳产高产农田的新任务。

1963年农业生产战线上的胜利，是三面红旗的胜利，是以阶级教育为纲的社会主义教育运动的胜利，是贯彻执行党对农村各项政策的成果，是正确实施农业生产八字宪法的成果，是亿万农民辛勤劳动和广大干部艰苦努力的成果，也是与各方面、各部门对农业的大力支援分不开的。

但是，我们绝不能陶醉于1963年的胜利，绝不能骄傲自满。必须看到：（1）全国粮食（包括大豆）的总产量还没有达到解放以来的最高水平，某些已经达到和超过这个水平的地区，也还有一部分县社落后于这个水平。经济作物的产量，距离解放以来的最高水平，比粮食的差距更大。粮棉等作物的单位面积产量，达到全国农业发展纲要要求的地方、社队和耕地面积都不多。各种农作物的单位面积产量，同世界各国的先进水平相比较，还差得远。（2）畜牧业方面，除羊以外，都还没有达到解放以来的最高水平，大牧畜比1958年的8 755万头，差1 819万头，减少21%。（3）由于多种经营和集体副业生产开展得不好，许多生产队增产（指粮食生产）不增收（指现金收入和集体分配给社员的收入）。（4）各个地方都有一批先进的高产典型，但是推广得不快，长期停留在点上，没有把面带起来。尽管有很高的高产单位，但是平均产量水平则很低。

第二个五年计划以来，水利工程修得多，农业机械和化学肥料增加不少，农村劳动力的人数也比过去多，为什么各种农作物的产量至今还达不到解放以来的最高水平呢？原因何在呢？根据这次会议上同志们的分析，有客观因素，也有主观因素，主要是由于我们主观努力不够和具体工作中的一些缺点错误。

客观因素主要是：（1）1963年部分地区遭受到比较严重的自然灾害；（2）耕地面积有所减少（但是，减少的数字并没有下面报的那样多），增加了一部分次生盐碱地（主要在冀鲁豫）；（3）耕畜和大中型农具（例如农船和大车、犁、耧等等）减少得多，耕畜质量也有下降，影响精耕细作；（4）新修的水利工程和农业机械，由于不配套，还不能完全发挥效益（也有经营管理不善这个主观因素）；（5）过去瞎指挥的错误引起的后果（例如茬口打乱、种子混杂、病虫害增加、地质变瘦和水土流失等等），要完全消除这些后果的影响，需要一个过程；（6）一些多年生的经济作物的恢复，需要一定的时间。

主观因素主要是：（1）有的对社会主义建设总路线的理解不够全面，对大跃进的正反两面的经验教训接受得不全面或者不完全正确，鼓足干劲、力争上游、搞革命的精神不够充沛。有的在生产搞得比较好、工作有成绩的时候，产生了骄傲自满的情绪，看不见自己工作中的缺点和问题，不虚心学习别人的经验，故步自封，产生了增到顶的思想。过去“五风”错误比较严重的地方，有的同志又畏首畏尾，放任自流。还有些常年遭灾、生产生活比较困难的地方，有的干部消极畏难，斗志不足，生产依赖心理。（2）忽视政治思想工作，使人革命化的工作。农业行政部门过去一般总认为政治思想工作有党委抓，自己就是抓好业务，不仅不注意农村的思想政治工作，农业企事业单位的思想政治工作也抓得不够，十分落后。在运动中有思想工作，平时缺乏经常的思想工作。这是单纯业务观点的表现。上一次全国农业会议，强调抓农业生产力，这是对的，但是，只强调了整顿充实物质技术力量（这是需要整顿充实的，也见了效），而没有强调做好人的工作，做好思想政治工作，这是不对的。人是生产力的决定因素。（3）有些地方对于农业生产方面的一些具体的方针政策（例如粮食经济作物并举、发展多种经营的方针和养猪积肥的政策、奖励繁殖耕畜的政策等等），执行得不够认真，不够有力，农业部的检查督促也不够及时。（4）对于群众创造的高产典型和先进经验，发现得不及时，总结得不好，特别是缺乏掌握自然规律的科学的总结，组织推广工作做得不好。科学研究成果的推广工作也做得不好。比学赶帮运动开展得比工业战线差。结果，点是点，面是面，从产量水平看，点很高，面很低，极不平衡。（5）深入基层，蹲点，参加劳动，在同群众一道劳动中调查研究，了解情况，做得很不够，因而情况不明，对增产措施抓得不准，也不狠，财力物力的使用比较分散，不能真正集中力量打歼灭战。（6）机关化的工作作风，为生产前线服务做得不够，要生产单位为机关服务的毛病还不少。

农业生产未能迅速增长上去的原因，主观努力不够和我们工作中的缺点错误是主要的。事实证明，主观努力赶上去，一些客观因素也会起变化的。例如，同样遭受自然灾害，由于主观努力不同，就有不同的结果。

二、一九六四年主要抓什么？怎样集中力量，打歼灭战？

1964年的农业生产计划，国家计委已经下达了。从1963年的实际产量看，下达的指标是不高的，有些指标，在有些地方，还低于1963年的实际。我们同意，不修改计划指标，但是，要尽最大的努力超额完成计划，要求1964年的实际产量比1963年的实际产量有更大幅度的增长。

为保证1964年农业生产计划的胜利完成和超额完成，主要抓好以下几项工作：

第一，抓政治思想（下面专题另讲）。

第二，抓方针政策。

特别要注意：粮食与经济作物并举和发展多种经营的方针，以及奖励繁殖耕畜政策、养猪积肥政策等等的认真贯彻执行。多种经营、经济作物、养猪积肥、繁殖耕畜，这是1964年农牧业生产在继续贯彻以粮为纲的同时，要特别注意抓好的几项主要任务。

要加强对经济政策（包括价格政策、奖售政策等等）的调查研究，并且及时向党委和有关部门提出意见和建议。农业是集体所有制的（除了国营农场以外），它与全民所有制不同，受经济政策的影响是很敏感的。经济作物主要是商品性生产，经济政策的影响尤其显著。经济政策对于多种经营的关系也很大。这是一方面。另一方面，用经济政策调动农民的积极性，要区别集体经济的积极性和个体经济的积极性，要巩固集体经济。要强调政治教育、计划指导和物质鼓励相结合，不能搞物质刺激。还要摆正国家、集体、个人三者之间的关系。

第三，抓技术措施。

因地制宜地实行八字宪法，重点各有不同，一般说，水和肥总是居于首位的（有的地方是土字领先）。

抓好农家肥料和合理施肥，抓好土壤改良、平整土地和低产田的改造，抓好种子纯化、退化了的良种的复壮更新和良种推广。抓好病虫防治，抓好精耕细作和认真遵守试验、示范和推广这三个步骤，有把握地进行耕作制度和耕作技术的改革（还有抓农机管理）。这是各级农业部门必须认真切实抓紧做好的工作，并且要逐步订出各种必要的制度、条例

（这里讲一讲绿肥，草田轮作，种子复壮更新，以及对病虫害的生物防治和结合耕作制度、栽培技术来防治病虫害等问题）。

不能只是随农事季节抓生产运动（不是说不要抓了，而是说不能只抓这个），还必须抓农业增产措施（例如粪肥、种子等等）的基本建设工作。后者是基本的，要练“基本功”，做“笨”事情，抓紧，抓狠，一抓到底，要见实效。

抓农业技术措施，还要注意与5亿亩旱涝保收、稳产高产农田的建设这个大歼灭战相配合。

第四，抓科学实验。

科学实验是三大革命之一，要像抓阶级斗争和生产斗争一样地抓科学实验。

农业行政干部种试验田，参加劳动，参加科学实验。

农业行政部门要组织科学技术人员，并且由负责同志亲自出马，和他们一道总结农民群众的先进经验和高产典型，组织推广，总结群众创造的高产样板，还是科学研究机关在自己的试验田里搞高产样板？何者为主？集体综合项目研究，还是个人单项研究？何者为主？农业科学研究为生产服务，如何服务？这是农业科学研究工作方向的问题，现在存在着不同的看法和做法，应该与科学技术干部共同讨论，统一认识。

科学研究要和技术推广相结合。农业科学研究的成果，经过中间试验和鉴定以后，要积极组织推广。关键的一环是中间试验，发明创造人和推广工作者，都要参加中间试验。而且在推广中还会出现新问题，发明创造人应该注意推广中出现的新问题，积极帮助解决。

科学技术机关和农民群众的科学技术活动相结合（北京小麦样板田的经验、绍兴东湖农场的经验、新疆麦盖提县技术推广站三个三结合的经验、广东社办技术站的经验、陕西社办配种站的经验等等。还有河北省提出的“一站抓五队，一场带三村，一校帮两社，一所包一县”的口号）。农村中有一大批知识青年，并且将越来越多，他们迫切要求农业科学技术知识，要创办适合他们这种需要的报刊、广播。群众性的农业科学技术运动大有可为。

第五，抓整顿充实队伍和训练干部。

1963年在整顿农业企业和事业方面做了不少工作，取得一定的成绩。

但是，在改善经营管理、提高服务质量、降低成本、扭转亏损等方面，还有很多工作要做。改善经营管理，扭转亏损，对于农业企事业的发展，具有决定意义。“农民种田，国家出钱”总不是办法。学大庆，学大寨，就要学他们少花钱、多办事、自力更生、克服困难的精神。亏损的局面，一定要限期扭转过来。否则，农业企事业就不能发展。农业企事业单位，要开展比学赶帮运动，促进经营管理工作能较快地得到改善。

农业企事业单位，小、多、散，业务相近的可以而且应该适当合并。

要着手研究，把农业企业的行政管理体制改变为企业管理体制，就是说，用企业机构和企业管理办法来管理农业企业。各种企业、事业单位，都要分别建立自己的一套工作制度，制定出必要的工作条例。要求省（市、区）农业厅（局），分别承担一两个项目，与农业部合作起草。

农业系统在职干部的训练和专县行政人员的农业技术训练问题（农业干校）。农业院校、中等农校、农业中学的统一安排问题。农村青年知识分子的农业技术教育问题。

还有援外的农业技术干部问题，要求各地协助我们，共同完成这一光荣任务。

第六，抓比学赶帮运动，使先进的点真正把面带起来。

高产的先进典型到处都有，点很多。如何推广，怎样以点带面，真正把面带起来，使现在这些典型的先进水平变成为一般面上的生产水平？由产量水平的不平衡走向平衡，同时又出现新的更高产的典型，出现新的不平衡，如此不断前进。

农业与工业不同，受自然条件的影响很大，地区的差异性很大，山西采取由先进单位带动距离不远的、条件相差不大的后进单位，带它们，帮它们，变后进为先进，这种“一带二”的形式，看来是农业战线上开展比学赶帮运动的一种较好的形式。建议各地参照推广。苏州推广陈永康水稻栽培法所采取的分极搞样板田的办法，也是一种比较好的以点带面的办法，建议各地参照推广。（山西和苏州的这两种做法都在会议上作了详细的介绍。）

一定要开展比学赶帮运动，真正把面带起来，真正发挥先进单位和劳动模范的带头作用。先进点的可贵之处，就在于此。

第七，抓多种经营和集体副业。抓山区生产。

一定要发展多种经营，发展集体副业。发展山区生产。这就要正确处理粮食与经济作物的关系，正确处理农林牧三者的关系。

要解决人民吃穿用，一定要发展多种经营，要上山、下水（还有化学纤维和人造纤维，以及塑料制品等等）。

发展多种经营，发展集体副业，发展山区生产，上山下水，既符合合理利用土地和综合利用农村劳动力的原则，又可以支援农业，增加集体和社员的收入，增加集体积累，巩固集体经济。“吃饭靠集体，花钱靠自己”，是瓦解削弱集体经济的，这种现象不改变是不行的（这里有一个帮助社队，特别是帮助生产队，搞好经营管理的问题）。

多种经营发展了，还可以增加社会财富，增加国家积累；反过来，国家才有更多的力量支援农业。

“四坊”应该按照人民公社工作条例六十条和中央关于副业生产的指示，坚决下放。不便由一个生产队单独经营的和一个生产队无力经营的副业，可以按照六十条的规定，采取生产队联营的形式，也可以由大队、公社经营。

发展集体副业，首先要发展那些直接为农业生产服务的副业，例如，集体养猪、繁殖耕畜和农具修理等等。发展集体副业生产，还要有几条杠杠，不准经商，不准平调，注意防止社队干部在集体副业中搞“四不清”，多吃多占。

各级农业部门，要会同有关部门，把管理副业生产的工作机构建立起来（有的地方已经建立了）。

第八，集中力量，打歼灭战。

建设5亿亩旱涝保收，稳产高产的农田，是从1964年到1970年这七年之内，整个农业战线，上上下下，集中力量打的一个大歼灭战（下面专题另讲）。

除此之外，浙江农业厅在会上介绍的集中力量抓紧做好几项具体工作，打几个小歼灭战的经验，是很好的。农业部学习浙江的这一经验，安排在1964年内，集中组织几批人马，打几个小歼灭战：①在种子工作方面，打棉花种子（首先是岱字棉十五号）的复壮更新这一战；②在植物保护方面，在水稻主要产区，打降低螟害率到1%以下这一战；③在畜牧业方面，打基本消灭猪瘟这一战，还要在牧区以外有产牛习惯的地区，打建立耕牛繁殖基地这一战。（晋、陕两省建立耕畜繁殖基地和固定繁殖母畜的经验。）由部长和主管局长带头，选择一两个基点，亲临前线，亲自动手，取得实战经验，指导全面。建议各省也仿照浙江的办法去做。

目前正在进行的口蹄疫这一战，一定要集中力量打好。

小歼灭战是围绕大歼灭战、配合大歼灭战的。打好这些小歼灭战，更有利于5亿亩旱涝保收田的稳产高产。

三、以建设旱涝保收、稳产高产农田为中心的农业长期规划

农业长期规划将在一个什么样的基础上开始？也就是说，1965年的农业形势将是个什么样子？

会议认为：（1）农村社会主义教育运动，“四清”，建立贫下中农阶级队伍，学解放军，学大庆，加强思想政治工作，广大干部和农民群众的革命化，这一切必将引起农业生产的新高潮，开始一个新的更好的大跃进。（2）再经过今明两年的调整和发展，农业生产的物质技术条件（包括耕地、水利、种子、肥料、农业机械等等）将比以往任何时期都好。干部和群众的经验将更丰富。（3）预计到1965年，除了某些多年生的作物和大牲畜以外，农牧产品的产量，多数将基本达到解放以来的最高水平（有的超过，有的接近）。

这就是1965年将要出现的农业生产形势和产量水平，也就是农业第三个五年计划的出发点。

农业规划应该是以粮为纲的农业十二个字和农林牧副渔五业统一安排的全面规划。各地汇报的1970年农业产量指标的初步设想，在会上没有讨论，可以作为省（市、自治区）的初步控制数字，经过由省到专、县、社、队上下反复讨论平衡以后，再讨论定案。

这次会议，主要讨论了旱涝保收、稳产高产农田的建设问题。

首先，会议一致认为，逐步扩大旱涝保收、稳产高产的耕地面积，使我国人民对粮棉的基本需要，在一个比较短的时期内得到更加可靠的保证，确实是我国人民当前最重要的建设任务。

第二，旱涝保收、稳产高产农田的标准。

稳产标准——旱涝保收，应该是有灌有排，能灌能排，要灌就灌，要排就排。但是，也不是绝对的，太高了，办不到；太低了，保收率太小，两者都不好。可以考虑分步骤实现，开始要求的标准低些，以后再逐步提高。

具体要求是：抗旱，在作物生长需水季节，能抗 50 天到 70 天（某些双季稻地区要求 90 天），或者提五年一遇（也有的主张十年一遇）；除涝是五年一遇（也有的地方主张十年一遇）；防洪标准很难统一规定，一般河流应该达到 20 年一遇，关键的、险要的堤段还要高些，具体请各省考虑。沿海地区防海潮的标准也请各省自行规定。这是在 1970 年以前要求达到的标准，以后再逐步提高。

高产标准——应该达到全国农业发展纲要的要求，以粮食为例，就是按照不同的地区，分别达到 400 斤、500 斤、800 斤。可以分两步走：第一步，1967 年分别达到 300 斤、400 斤、700 斤。第二步，1970 年达到 400 斤、500 斤、800 斤。达到“四五八”以后，再提新的标准。某些低产、稳产、商品粮多的地区，例如 400 斤地区的黑龙江，可以把标准适当放低一点，1970 年亩产达到 300 斤以上的保收田，也可以算做稳产高产农田。

第三，搞旱涝保收、稳产高产的农田，着眼应该是全部农田，凡是可能的，最终都应该建设成为旱涝保收、稳产高产的农田。但是，要分期分批搞，一块一块地吃，计划在从现在到 1970 年这段时间内建立五亿亩，其余的以后再分期分批建设。现在实有约 16 亿亩耕地，其中：条件比较好、基本上可以旱涝保收的（有的不完全配套），大约有 2 亿 5 000 万亩，在今后七年中，搞到 5 亿亩（包括现有的 2 亿 5 000 万亩在内）。如果从这 5 亿亩农田中，拿出 4 亿亩种粮食，南北平均，亩产达到 600 斤，就是 2 400 亿斤；加上其他 11 亿亩耕地中约有近 10 亿亩种粮食，能收2 400亿斤，合计就有 4 800 亿斤。从 5 亿亩中拿出 1 亿亩种经济作物，其中有五六千万亩种棉花，亩产分别达到 60 斤、80 斤和 100 斤以上，加上一般的棉花田，棉花产量就可以达到 4 000 万担。这样我国人民的吃穿问题就有了比较可靠的保证。这是全国人民的迫切要求，我们应该尽最大地努力去实现它。

第四，如何建设五亿亩旱涝保收、稳产高产的农田？一方面，水利是解决旱涝的基础条件；另一方面，有了水利这个基础条件，达到了保收稳产，还要土、肥、种、保、机和精耕细作等等农业措施相应地跟上去，才能达到高产。

从稳产、高产的角度看，我国现有的农田可以分为四种类型：一是既稳又高的，二是稳而不高的，三是高而不稳的，四是不稳不高的，后两种不稳的原因，不外是旱涝洪碱（山区、丘陵区，还有水土流失），这都需要修水利（包括水土保持）来解决。第二种类型中，有一部分是由于水源不足，限制产量提高的，也需要解决水利问题。

需要解决水利这个基础条件，才能达到旱涝保收、稳产高产的农田，从水利投资的角度看，又可以分为三类：①发扬陈永贵的精神，用集体的力量可以办到的，这一类不需要国家的水利投资；②需要国家投资搞水利，是搞续建配套工程和小型工程的；③需要国家投资，兴修大中型水利工程，才能稳产保收的。凡是需要国家投资的，都应该从经济效益加以比较，先搞那些投资少、见效快、效果大的。新修大型工程更要仔细比较。

有了水利这个基础条件，还必须有相应的农业增产措施。否则，还是稳而不高。农业增产措施，也要按照不同的地区、不同的产量要求，分别定出不同的标准。浙江农业厅提出亩产 800 斤的农业措施标准是：①肥料，每亩施农家肥 60 担，二亩田一亩缘肥，二亩田一头猪、牛、羊，亩施化肥 40 斤；②普及高产良种（例如水稻，要选用单季亩产五六百斤以上的种子），种子纯度达到 95％以上；③水稻螟害率降低到 1％以下，各种病虫害的损失率控制在 2％以上；④改造低产田，使土垠的有机质含量达到 2％；⑤还有提高复种指数，提高劳动效率，精耕细作等等。山西省也提出了旱涝保收、稳产高产农田的十条标准，西北小组也提出了六条标准。请各地都提出自己的稳产高产农田的农业措施的标准。农业部准备以各地提出的标准为基础，组织一批专家，来分地区，分作物，分别提出旱涝保收、稳产高产农田的技术措施方案。在考虑旱涝保收、稳产高产田的农业措施的时候，一定要本着依靠群众、依靠集体、自力更生的原则，主要抓集体能够办到的措施，不能主要靠国家支援。否则，提出一个庞大的化肥、农业机械和国家投资的数字，结果措施不落实，高产又落空了。（福建省福清县音西大队采取扩大复种水旱轮栽、以田养田等耕作栽培措施，达到高产的经验。）

第五，五亿亩旱涝保收、稳产高产农田是国家投资的重点。但是，这五亿亩农田的建设，主要还是依靠群众、依靠集体力量，自力更生。为了更好地动员社队，自力更生，进行这项建设，在计算旱涝保收、稳产高产农田的时候，不仅大块成片的应该算，小面积的也应该算。除了太零星的不必计算以外，请各省研究，可以规定一个比例，例如一个队够旱涝保收、稳产高产标准的农田，占到全队耕地面积的一半或者 1/3 以上，这一部分够标准的农田就按亩计算在 5 亿亩之内。

国家投资的重点应该是商品粮产区和经济作物集中产区，投资的效果是增加商品粮食和工业原料，重点是高产稳产的，也包括产量稳而不高、商品多的。对于那些增产潜力大，经过国家支援，确实能减少粮食供应，甚至可以反过来提供商品粮的地区，国家投资也要适当予以照顾。向目前产量不稳不高，而增产潜力大的农田的投资，也是为第二个 5 亿亩旱涝保收、稳产高产农田的建设做准备。

第六，5 亿亩旱涝保收、稳产高产田的建设，要定出分年的进度，每年按进度、按规定的标准，检查验收。要集中力量把这 5 亿亩农田的建设工作做好，从中取得经验，下一步的建设就有可能搞得更好一些。同时，对这 5 亿亩农田要严格要求，要做出个样子来，准备要它们在下一步帮、带第二个 5 亿亩稳产高产农田的建设。

第七，建设 5 亿亩旱涝保收、稳产高产农田，是整个农业战线要集中力量打好的一场大歼灭战。但是，一定要在搞好 16 亿亩农田的基础上，打好这一战。抓住重点，推动一般。绝不能孤立地搞 5 亿亩，放松其余的 11 亿亩。否则，收之桑榆，失之东隅，甚至可能招致减产的危险。因此，在集中力量，打 5 亿亩这个大歼灭战的同时，必须把当前生产抓紧做好。这 5 亿亩只分布在全国一部分地区和社队，其余的地区和社队也要尽自己的力量搞农田基本建设，这既有利于增加当前生产，又是为 1970 年以后，建设第二个 5 亿亩旱涝保收、稳产高产农田做准备，打基础。

第八，5 亿亩旱涝保收、稳产高产田的基本建设，是今后七年内最大的基本建设。搞长期规划，搞第三个五年计划，首先要把这 5 亿亩规划好，计划好，首先以各级计委为主，集中一批力量，把以5亿亩为中心的农业规划搞好。5亿亩旱涝保收、稳产高产农田、200亿斤上调粮（上调归中央支配的）和4 000万担棉花，这是第三个五年农业计划的几条大杠子，围绕着这几条大杠子搞全面的农业计划。

为了第三个五年计划搞得更准确些，要求在今明两年内，把农业的一些基本数字弄清楚，例如耕地面积、粮食产量和人口数字等等。结合农村社会主义教育运动，在干部和群众社会主义觉悟提高，把国家、集体和个人的关系摆正的基础上，在运动的后期揭生产盖子和规划生产的时候，把农村的这些基本数字弄清楚，应该说是可能的，也是完全必要的，要求各地在布置农村社会主义教育运动的时候，把这项工作统一安排进去，并且认真做好。

四、加强政治思想工作，使广大干部和农民群众进一步革命化

我们农业部门的政治思想工作是薄弱的。“五反”运动中，我们作了检查和自我批评。今年初，毛主席发出学习解放军，加强政治思想工作的号召，又给我们以极大的启示。现在，全国各地区、各部门正掀起学习的热潮，学解放军，学大庆、学石油部。我们一定要下决心学会做政治工作。

大庆油田、石油部，学习解放军政治工作，结合自己的特点，活学活用，在石油生产战线上获得了辉煌的胜利，树立了学解放军的典范。我们学解放军，学石油部，也一定要下决心学会活学活用，结合农业生产的特点，把解放军和石油部的思想政治工作经验，应用到农业生产战线上来。

这次会议，遵循毛主席的教导，用两分法来总结工作，用石油部这面镜子来照我们自己，照出我们各方面的差距。我们对中央的方针政策悟得不深不透，对于各地贯彻执行的情况检查不够，帮助不力。我们在领导中，对于人与物的关系、政治思想工作与其他工作的关系，没有真正摆对，对思想政治工作重视不够，有单纯业务观点的毛病。看不见自己的缺点，不虚心学习别人的经验骄傲自满，故步自封。在我们自己身

上，也还存在着革命化的问题。我们大家都要深刻体会从党的十中全会以来以阶级、阶级斗争为纲的城乡社会主义教育运动，以及最近中央关于加强互相学习，克服骄傲自满、故步自封的指示和主席关于学习解放军的号召，对于保证我们不断革命，永远前进，保证我们走共产主义道路的伟大意义。

我们要下决心学，首先学习毛主席的思想，学习毛主席的著作，带着问题学，活学活用。从我们农业部各位部长同志起，各级农业部门的领导同志都要带头学。

要彻底丢掉自满情绪，学习别人经验，学解放军，学石油部。最主要的是：①学习他们鼓足干劲、力争上游、搞革命的精神。②学习他们政治思想、革命干劲和严密的科学管理相结合的马列主义的工作作风。③学习他们自力更生、克服困难、不把困难推给国家、推给别的部门的共产主义风格。④学会做人的工作，使广大干部和农民群众不断地革命化，使我们自己不断地革命化。

各级农业部门和农业部门所属的企业、事业单位的政治工作，必须积极认真地抓起来。各级农业部门，还要在党委的统一安排下，在生产活动中，配合做好人民公社各级的政治工作。并且要结合农业企事业单位的特点（小、多、散）和农村农民的特点（农村社队是个生产单位，农民是男女老少，各阶层，复杂多样），把解放军的一整套政治工作经验学到手。

农业系统的干部，除了按照党委的统一安排，参加党委组织的工作队，到农村搞社会主义教育运动以外，全体人员都要认真学习中央关于农村社会主义教育运动的两个十条，学深学透。一切设立在农村中的农业企事业单位，例如，拖拉机站排灌站、技术推广站、畜牧兽医站等等，都要参加所在地的公社生产队的社会主义教育运动。农业企事业单位的“五反”运动，没有搞的，一定要搞；搞得不深不透的，一定要搞深搞透。

农业企事业单位，也要像解放军搞“四好连队”“五好战士”一样，搞“几好职工”（包括场站的干部）和“几好场站”。场站是农业的基层技术队伍，一定要把这个基础办好。搞“几好场站”“几好职工”，大抓先进，大树标兵，开展学比赶帮运动，是发扬群众革命精神的一个重要方法，一定要切实搞好。

农业系统的政治工作机构要有计划有步骤地建立起来，有的地方提出试点，我们同意，并且建议抓住一两个县来试点。同志们在讨论中提出的关于政治工作机构的制度、条例、分工以及上下左右的关系等问题，现在还没有经验，可以边做，边发现问题，边解决。不要老是纠缠这些问题，而要行动起来，在实践中去解决。

同志们！目前政治形势和经济形势都很好。在政治形势方面，反对帝国主义和反对修正主义的斗争，取得很大的胜利。帝国主义阵营四分五裂，美帝国主义同英、法、西德、日本之间的控制与反控制的斗争越来越尖锐。亚洲、非洲和拉丁美洲存在着革命形势。国际共产主义运动中，马列主义同现代修正主义进行着尖锐的斗争，现代修正主义的丑恶面目越来越暴露，马列主义革命派的力量越来越壮大。世界正处在大风暴的前夜。我国并不孤立，我国的政治影响迅速扩大，在国际上的威望迅速提高。反帝、反修、推进世界革命，首先要搞好国内工作。

我国国内，在过去一年中，已经出现了良好的政治局面，城乡劳动人民的面貌焕然一新。我国国民经济已经开始全面好转。国内政治和经济都是大好形势。学解放军、学大庆的热潮，农村社会主义教育运动的进一步深入，全民性的思想政治工作的全面展开，必将促使广大干部和城乡人民进一步革命化，必将把已经在许多地方形成着和发展着的农业生产高潮更向前推进一步，必将促进我国国民经济进一步地全面好转，不久会出现一个新的全面的更好的大跃进的局面。

面临如此令人振奋的大好形势，我们在农业生产战线上，一定要思想领先，政治挂帅，既要有冲天的革命干劲，又要有严密的科学态度，把二者密切结合起来，扎扎实实地做好工作，争取 1964 年农业生产获得全面的更大的丰收，并且为建设五亿亩旱涝保收、稳产高产农田和实现农业现代化做好基础工作，走好第一步。朝着我们的伟大理想，矢志不移，奋勇前进，建设社会主义，走向共产主义。

关于报送《大寨大队调查报告》的信

（1964 年 5 月 25 日）

主席、中央：

遵照总理的指示，到山西昔阳县大寨大队做了调查，蹲了 21 天（4 月 21 日到村，5 月 12 日离开的），着重调查了大寨自力更生建设稳产高产农田的具体办法、措施和物质技术条件等方面的具体材料。

这次在大寨，严格遵守了不耽误陈永贵同志和其他干部、社员的劳动时间的原则。白天随他们一起下地劳动，或者与专县驻社干部座谈，研究材料，或者到附近社队去访问。晚饭以后跟干部或社员们座谈，也保证不超过两个半小时。大队干部们对这种做法是满意的。

这次去调查的有，农办农牧组长郑重同志、公社组工作人员张丽云同志和中国农业科学院作物所副所长许运天同志，连我共四人。山西省农业厅副厅长李鹏飞同志和昔阳县委书记张润槐同志也参加了我们调查组。我们快离开大寨时，山西省刘开基副省长和晋中张副专员也去了。我们搜集到的材料和一些看法，都同他们一起核对和讨论过。

现将《大寨大队调查报告》送上，请阅示。

廖鲁言

附：大寨大队调查报告*

（1964 年 5 月）

山西省昔阳县大寨公社大寨大队，位于昔阳县城东南，是海拔 1 000 米的土石山区。全大队是一个自然村，两个生产队，83 户，359 人，802 亩耕地。

党的政策在大寨开了花，人民公社棒打不散

大寨于 1946 年解放，经过土地改革、合作化和人民公社化，农业生产步步高。尤其是人民公社化以来，增产的幅度最大。

解放后，实行减租减息和土地改革，到 1952 年，粮食亩产量，由解放前的 130 多斤，增加到 237 斤；粮食总产量，由解放前的 12 万多斤，增加到 19.3 万斤。解放后、合作化前的 6 年时间，亩产增加 100 斤，总产增加 7 万斤。

1952 年底，开始办合作社，同时，开始了土地的加工改造，修梯田，闸山沟，改良土壤，等等。到 1957 年，粮食亩产量达到 349 斤，总产量达到 27.3 万斤。1953～1957 年，合作化的 5 年时间，粮食亩产量增加 112 斤，总产量增加 8 万斤。

1958 年实现人民公社化。1958 年的粮食亩产量达到 543 斤，总产量达到 41.7 万斤；分别比 1957 年增加 196 斤和 14.4 万斤。到 1962 年，亩产达到 774 斤，总产达到 55.1 万斤。人民公社化的 5 年时间，亩产量增加 425 斤，总产量增加 27.8 万斤，都超过 1 倍。人民公社名声好得很，棒打不散。

* 本文选自《当代中国农业合作化》编辑室编的《建国以来农业合作化史料汇编》。

旱涝保收、稳产高产的大寨田

大寨大队的800亩耕地，经过加工改造，产量直线上升。一般的旱涝是年年有的，大寨的产量是年年上涨的。1957年连续40天的伏旱，1959年连续一个多月的秋雨，是10年中比较严重的旱涝，都抗住了，都比上一年增产。粮食的亩产量，从1958年起，就达到和超过了全国农业发展纲要（四十条）规定的400斤的要求，1958年543斤，1959年616斤，1960年661斤，1961年672斤，1962年774斤。1963年，遭到特大暴雨，山洪暴发，地基冲毁的、颗粒无收的耕地180亩（占耕地的五分之一以上），粮食总产量仍有42万斤，按有收成的面积平均，亩产仍在700斤以上。1963年还交了公购粮24万斤，占总产量的57%；平均每人出售660多斤，每人还留口粮387斤（经再次核实，每人留口粮400斤——中共山西省委办公厅提供资料）。

按照全国农业规划会议提出的标准，应该说，大寨大队的耕地，已经基本上建成旱涝保收、稳产高产的农田。当然还要继续提高。

加工改造耕地，蓄水保墒，抗旱防涝

大寨是怎样实现旱涝保收、稳产高产的？

加工改造耕地，做到“三保”，保水、保土、保肥，提高耕地蓄水保墒能力，抗旱防涝。这是大寨实现旱涝保收、稳产高产的第一个关键措施。

大寨是土石山区，山头是石山，山梁和山坡有较厚的土层，大沟7条，小沟很多，沟不宽，也不很长（最长的一条狼窝掌沟也不过四五里长）。这里的年降雨量，并不太少，据昔阳县气象部门的材料，一般是500～700毫米，主要降雨量集中在七八月。在没有治理以前，梁地和坡地，下雨存不住，不保水，不保土，也不保肥。大沟小沟，都没有常流水，平时是干河沟，一片沙石，下大雨则山洪冲刷，沟边地也不保收。

在这种自然条件下，怎样做到旱涝保收呢？修水利工程吗？不行。上流无水源，沟里没有常流水。修水库，蓄洪水灌溉，既没有符合条件的库址，沟又窄又猛，拦蓄不住（1959 年修了一个小水库，失败了）。搞引水工程，近处既没有可靠的水源，梁地坡地扬程很高，也不现实。出路在于：提高耕地蓄水保墒的能力，抗旱、抗涝。大寨的干部群众，在实践中摸索到这一条，并且抓住了这一条，狠干了 10 年。具体办法是：

第一，改坡地、梁地为梯田。梁地一般垒土唇，坡地和沟地垒石唇（当地的名词，意思是给耕地垒起一条下嘴唇，就是打一道比较高的地埂，远看好像一堵一堵的半人高的、一人高的土墙或石墙），里切外垫，起高垫低，年年耕，年年平，经过几年，改成了水平梯田（实际是外侧还略高一点）。

第二，闸山沟，节节打坝，拦洪淤地，把沙石沟变成了一层层的梯田。

第三，实行深耕，加厚活土层（耕作层）。土层较薄的坡地，则担活土，加厚。大寨耕地的活土层，普遍达到 1 尺以上。

第四，改良土壤。大寨的耕地，一般是粘土，也有一部分沙土。他们采取土掺沙，沙掺土的办法，相互调剂，改良土壤。此外，每年有 40 万斤左右的玉米秆沤肥还田，平均每亩约 500 斤。这不仅增施了肥料，而且大大增加了土壤中的腐殖质，使土壤变得很松软，团粒结构非常之好。1 尺多厚的活土层，好比是 1 尺多厚的海绵，其中有无数的小水库，蓄水保墒能力非常之高。

第五，深耕、深刨。秋收以后，深耕，利用 1 尺多厚的活土层，储蓄冬季的雨雪，抗御春旱。玉米第一遍除草时，实行“深刨法”，即在每株玉米根的旁边四五寸的地方，用镢头深刨 6 寸到 8 寸，在玉米行间和株间挖成一个一个的小鱼鳞坑。这样做，降雨前有利于蹲苗，降雨时则把雨水储蓄到土壤里面，既抗旱，又防涝。

大寨的耕地，经过这一套办法加工改造，保住了水，也就保住了土和肥，不致随水流失。并且大大提高了耕地的蓄水保墒的能力，充分发挥土壤对于水分供应的调节作用，做到旱涝保收。1963 年那样大的暴雨，除了被山洪冲毁、颗粒无收的 20％以上的耕地以外，其余近 80％的耕地，涝害很轻，亩产量仍然稳定在 700 斤以上。

大寨大队的土地加工改造，是硬功夫。从 1953 到 1963 年，11 年改土用工 10 万个（记入历年分配账的是 8 万多个工，还有 20％的工按劳动力平摊了，未纳入分配）。平均每亩地用工 120 多个。男女整半劳动力平均，每年每人为土地的加工改造出工 80 多个，主要是在冬季冒着风雪严寒苦干的。

加工改造耕地，提高耕地蓄水保墒的能力、抗旱防涝。这是一大革命。它打破了那种“没有水利灌溉就不能稳产高产”的保守思想，特别是对那些发展水利灌溉的条件十分困难，而常年降雨量并不太少的地方，很有现实意义。

在土地加工改造的基础上，综合实施“八字宪法”

土地加工改造了，保住了水肥土。大寨大队的干部和群众，又因地制宜地综合运用了农业生产“八字宪法”，采取了一系列的技术措施，实现了高产，既稳又高。

第一，增施肥料。主要抓农家肥。人畜粪尿利用得好，利用得净。社员家庭积肥，也是先集体地，后自留地，主要用于集体。化肥也不少，平均每亩地 25 斤氮肥和 40 多斤磷肥。更突出的是在沤肥方法上很有创造。例如，玉米秆的“速成沤肥法”：把玉米秆铡碎，拌水，而后再拌圈粪和土，堆起来，让它发酵，15 天到 20 天就沤黑了，腐熟了。这种肥，现沤现施，肥效高，比头一年沤、第二年春季施的堆肥的肥效高，也更有利于改良土壤。这种“速成沤肥法”的巧妙之处在于，水要拌匀，粪土要拌匀，让每一小片玉米秆都沾上水，沾上粪土，才能保证 15 天到 20 天沤黑沤熟；不然，沤不黑，也沤不熟。拌匀就是一种硬功夫。我们也看到大寨附近的武家坪大队，学这一条，没有学到家，拌水、拌粪用的功夫不够，施到地里还是一段段黄色的玉米秆，没有腐熟，肥效就差。又如，磷肥与圈粪、人粪尿加土，混合堆沤以后，做种肥用，克服磷肥直接施到地里、不易发挥肥效的缺点。这种办法，也是经过 3 年的连续试验才找到的。

第二，扩大玉米的种植面积。在春玉米的生长期，大寨这一带的气温、土壤温度、湿度和雨量的分布，一般是适合于种玉米的。同时，由于大寨经过加工改造，提高了蓄水保墒的能力，有利于抗御春旱秋涝。大寨的肥料也大量增加了。这一切为扩大玉米的种植面积，提供了有利条件。玉米面积，过去占全大队耕地面积的30%，现已发展到65%左右。玉米的亩产量，全大队平均900斤。

第三，合理密植。大寨的耕地，山梁地多，地块很小，802亩有2 900多块，平均每块只有2.8分。这也带来了一个好处，地块小，地边多，通风透光比较好，有利于合理密植。肥料增加，土壤肥力提高，也为密植提供了条件。大寨玉米的种植密度，由过去的800到1 200株1亩，增加到1 600到2 200株1亩，按不同的地块，采用不同的密度。同一块地内，地边的通风透光条件更好，比中间就种得密一些。例如，中间各行的株距1.8尺，靠边两行的株距就缩短为1.5尺。比较灵活，不强求一律。

第四，充分利用土地，“四不专种”、“三不空”，大寨过去种植比例是“三三制”，玉米占1/3，谷子占1/3，豆子、高粱、麻籽、瓜菜、小麦和马铃薯等合占1/3。扩种玉米首先就遇到了同社员生活多种需要的矛盾（这也是许多地方扩种玉米遇到抵触的原因之一），大寨经过试验，实行豆子、高粱、麻籽、瓜菜“四不专种”，在玉米地和谷子地里“带种”（与“间种”有所不同，即并不因而加大玉米和谷子的株行距）。玉米地带豆子，玉米地带高粱（主要在沟底阴湿地用这种办法，带有保险性质，即玉米如果受涝失收，可收高粱），谷子地里“三层楼”（高粱、谷子和小豆或绿豆），“高唇种瓜”（地埂较高的，在埂边种瓜，让它拖下来长，不占地），“矮唇种麻”，“墙根种高粱”（在地埂脚下种高粱，因为在这种地方种谷子、种玉米，由于通风透光差，长不好）。这四种作物，虽然没有专种的土地，但是产量并不比以前有专种地时减少，而是增多了。用这种“带种”的办法，解决了社员生活的多种需要，因此，可以放手扩种玉米。

“三不空”，就是地边、地头、地墙根都不空，种满种足。陈永贵同志说：“山地地块小，地边地头多，懒人种，1亩种成8分；勤快人种，1亩能顶1.2亩。”我们也算了一笔账，大寨大队的800亩耕地，由于种满种足，做到“三不空”，加上靠地边的两行增加了密度，大约相当于多种了100到120亩土地。

第五，玉米的“三深种植法”。大寨种玉米，实行“三深”，深耕、深种、深刨。耕作层1尺多深，玉米锄草时深刨，前面已经说过了。深种，种 3 寸到 4 寸，比习惯种 2 寸多到 3 寸，加深半寸到一寸。由于种得较深，幼苗出土时间晚两三天；幼苗出土前，种子胚芽所含的养分大体消耗得差不多了，所以出土后开始一段，长相不好；但是，由于根扎得深，所以拔节、抽穗以后，长得越来越壮，一直到玉米成熟，基部的叶片也不干黄枯死，后劲大，产量高。这是很有科学价值的一种科学创造。

大寨的玉米深种也不是千篇一律的。阳坡地，土壤温度较高，湿度较低，种 3 寸到 4 寸。阴坡地，土壤温度较低，湿度较高，种 2.5 到 3 寸。土壤较厚的种深些，土层较薄的种浅些。“山东黄”、“晋杂一号”等品种，幼芽的出土力强，可以种深些。“金皇后”芽软，出土力弱，要种浅些。我们和陈永贵同志一道去播种，他还教给我们，在一块地内，甚至一行之内，有的就种得深些，遇到土湿或土层稍薄一点的地方，要用脚拨一点土壤在垄沟里，然后再撒种，让它种得浅一些。撒种后，用脚覆土，也有“死踩”、“活踩”之分。他们真把因地制宜的原则运用到家了。

第六，谷子、玉米育苗移栽法。为了弥补石鸡、獾子等鸟兽害和其他原因所造成的缺苗断垄，大寨大队利用间苗时拔出的苗，移栽补缺，保证全苗。后来又进一步发展到，在冬麦收割的同时，在谷子地间苗，随时将间出的谷子苗移栽到麦茬地里（最好利用阴雨天，否则就要担水点栽）。于是，在这种历来是一年种一年季的华北高山地区，也可以冬麦和谷子两熟，1 亩地可收麦子 300 斤、谷子 500 斤，两季合计 800 斤。这种移栽办法，也是一种很有价值的创造。

此外，大寨大队的玉米、谷子已经实现了良种化，每年还有一批良种供应兄弟社队。在防治谷子白发病和玉米螟虫等方面，也很有成效。

大寨大队的经验，总结起来，一句话，就是：以加工改造耕地为中心，综合运用农业生产“八字宪法”达到了旱涝保收、稳产高产。

自力更生，苦干实干

大寨是自力更生建设旱涝保收、稳产高产农田的典型。

在 1954 年初级社时期，大寨曾经用了 7 000 元贷款买耕畜，1955 年就全部还清了。除此之外，大寨没有向国家要过一分贷款和投资。大寨的稳产高产田完全是自力更生建设起来的。1963年遭到那样大的水灾，耕地冲毁了180亩，窑洞和房屋倒塌80%，他们也没有要国家的救济粮、款和物资，自力更生，苦干一冬春，恢复了耕地130多亩，重建了家园（修石窑20眼，砖瓦房40间）。

大寨建设稳产高产农田需要的石头、土，当地有，用的劳动力也是自己本大队的。打石头的石匠，打铁锹的铁匠，都是本大队的。需要向外采购的，只是打铁锹用的锋钢和炸石头用的炸药，一年不过花百十块钱，是大队自己出的。除此之外，再不需要现金投资了。自力更生，进行建设，这是基本的方面。

另一方面，大寨大队也还是得到国家和兄弟社队不少物资支援的。大寨附近有小煤窑，拉煤近，价钱便宜，解决了燃料，这是每年能有40万斤玉米秆沤肥还田的前提条件。一年20多万斤公购粮，一户合3000斤，主要是县粮食部门用汽车运走的，这就给大寨腾出了劳动力，从事农田基本建设。国家一年供应给大寨10吨氮肥和近20吨磷肥。大寨有脱粒机、铡草机、磨粉机和锅驼机、电动机等14台，大部分是自己购买的，一部分是国家奖励的。今年2月，输电线路又架通到大寨，又可从粮米加工、脱粒等方面，节约出一批劳动力，用于农田基本建设。粮食部门一年拨出2万斤粮食，委托大寨加工制粉条，这也有利于大寨发展养猪，增加肥料。大寨大队，还通过等价交换、互相支援，从兄弟社队得到了牲畜（这是几年前的事）、树种、树苗、盖房子的木料和圈窑洞的石工等等援助。

这些支援，对于大寨大队实现旱涝保收、稳产高产，都是很重要的。但是，最重要的、最根本的，还是大寨大队的自力更生。我们同大队和生产队干部讨论以后，共同总结了四句话："听党的话，听毛主席的话，自力更生，苦干实干。"

大寨干部、大寨人、大寨田

"有了陈永贵式的大寨干部，有了大寨人，才有大寨田"。这是许多社队在学赶大寨中的体会。

这次在大寨同省、专、县、社、大队和生产队各级干部共同讨论的结果，把大寨的革命精神，大寨干部和群众的革命化，概括为以下 6 条：

第一，树雄心，立壮志，不断革命。大寨干部的思想政治工作做得很出色。大寨的干部和群众是革命化的干部、革命化的群众。他们在阶级斗争、生产斗争和科学实验三大革命上，多少年来，一直是不断前进的。

第二，始终坚持着依靠贫农、下中农的阶级路线。大队和生产队的干部（他们叫做“长干部”），都是老贫农和雇农。还有一批“短干部”（临时作业组长等），绝大多数也是贫农、下中农，个别是老中农。长短干部合计约 40 人。这实际上就是一支贫农、下中农的阶级队伍。通过他们，团结群众。坚持执行了阶级路线，也就是坚持执行了群众路线。

第三，大寨不仅有陈永贵这样的好“当家人”，更重要的是有一个比较好的领导班子。这个领导班子，就是大队和生产队两级的主要干部，共有 13 人，其中，支书陈永贵参加大队管委会，大队长贾承让兼支委，女副大队长宋立英兼支委和妇联主任，两个生产队长都兼大队管委会委员，一个又兼副支书，一个又兼支委，这是大寨的领导核心。这一批干部团结在陈永贵同志的周围，思想一致，合作得好，又能联系群众。

第四，干部参加劳动，大公无私，以身作则。大寨的干部一直坚持参加集体生产劳动。支书、大队长、生产队长等主要干部，一年出工都在 300 天左右。出工最多的一个生产队长，1963 年出工 330 多天，得劳动日 360 多个。陈永贵，1963 年误工较多（外出开会，作报告，接待参观来访的人等等），还出勤 240 多天。陈永贵既和社员一样参加集体生产，又在生产中做思想政治工作和科学实验，在生产中摸清人的脾气，改造人，摸清天地的脾气，改造自然。陈永贵为了动员中学、小学毕业的青年留在村里参加农业生产，首先让自己的独生子初中毕业以后，不考高中，回村搞农业。大寨大队还没有搞“四清”，但是，我们住了 21 天，接触了八九十个人，他们都信任陈永贵等同志大公无私，没有听到反面的反映。

第五，冲天的革命干劲同严格的科学态度相结合。大寨农田基本建设和耕作技术方面的许多措施，都是经过反复试验，成功后才在全大队普遍采用的。陈永贵同志很善于抓住问题，进行试验，寻求解决办法。例如，玉米的“三深法”，深耕、深种、深刨，最早在 1952 年，陈永贵发现贾承让偶然一次种玉米，种深了些，结果后劲很大，增产不少，他就抓住了，进行多次试验，并且把从平定县学来的“深刨”和“深耕”、“深种”结合起来，总结为“三深法”。陈永贵从1953年建立干部试验田，10多年来进行了14项主要的科学试验，对增产起了重要作用。据说大大小小的试验有30多项，有些已经记不清了（历次试验都没有留下原始记录，很可惜）。

第六，自力更生，艰苦奋斗。共产主义的风格。爱国家，爱集体，爱社会主义。助人为乐。

关于大寨的革命精神，已有好几篇通讯介绍过，在此不多谈了。

总之，学赶大寨，必须是思想领先，政治挂帅，使干部和群众革命化。有了大寨式的干部、大寨式的人，才能够自力更生建设起大寨式的稳产高产农田。

大寨大队在经营管理方面的新经验

我们这次调查，重点放在稳产高产农田建设方面，不过，在经营管理方面，也接触到一些新东西。

第一，“长干部，短干部，天天培养新干部”。从去年秋天遭大水以后，扶苗抢秋，恢复耕地，秋耕秋种，修房修窑，任务一项赶一项，紧张得很。为了保证全面完成这些任务，劳动力由大队统一调配（注：大寨一直是大队核算，没有下放），按小段农活，临时编成作业组，指定对这项农活有技术专长、政治思想好的人担任作业组组长。现在全大队有20多人，政治和技术都好，可以随时出任作业组长，其中有的担任生产队长也是胜任的。他们把这些人叫“短干部”，把支书、队长等叫“长干部”。他们说：“长干部，短干部，天天培养新干部。”大寨大队的这种做法，是一种新的经验，同一般的经验是不一致的。但是，他们收到了实际效果，任务完成得及时，完成得好。

第二，各尽所能，按劳分配，承认差别，悬殊不大。大寨大队首先强调各尽所能，出勤率高，劳动强度也大。大寨大队的劳动计酬办法，也经过三个时期：合作化初期是死分活评。高级社和人民公社初期是按劳动定额，计分付酬。这种办法实行了三四年，制定了一百几十种农活的劳动定额。陈永贵同志说，按劳动定额、计分付酬的办法执行起来，困难不少。劳动定额太烦琐，而且因为自然的原因，常常不能不临时变动劳动定额；加之，地块多，分散得很，质量是否合乎规定，无法真正检查，容易产生抢工分、不顾农活质量的毛病。近两年来，他们改行了一种新办法：首先是，按小段农活，组织作业组；其次，由于人们多年在一起劳动，各人的劳力强弱、技术高低，彼此心中有数，根据这种了解，在作业组内，指定对这种农活做得最多最好的社员，作为“标兵”，参照劳动定额，确定“标兵”一天应得的工分；然后其余的人比照“标兵”，自报本人应得的工分，一般就按各人自报的记分，个别不合适，由大家评议修正。此外，对于某些“明活”，即数量质量容易计算和检查的农活，例如担粪、铡草、背庄稼等等，仍然按照劳动定额，按件计酬。近两年来实行这种办法的结果，省事多了，而且，社员所得的劳动报酬，彼此之间既有差别，悬殊又不大，大家满意。大寨大队的劳动计酬的办法，反映了由简到繁、再由繁到简的辩证发展过程，可能是具有普遍意义的。

第三，正确处理积累和消费的关系。大寨大队的现金积累、劳动积累和粮食储备，加在一起，占可分配总收入的比例是不小的。1962 年，大丰收，当年提取的公积金、公益金共占可分配总收入的 7.45%；储备粮留了 8 万斤，占可分配总收入的 7.55%；用于土地加工的劳动日，是按当年生产用工分配的，这些劳动日所得的分值，占可分配总收入的 14%，实际上其中有很大一部分是劳动积累。没有列入分配的，按劳动力摊销的基本建设用工，还没有计算在内。这几笔加在一起，积累确实不少。但是，1962 年每个劳动日仍然是 1.55 元，男女老少每口人平均分 121 元（包括 440 斤口粮在内），都比 1961 年增加很多。到 1962 年底累计，全大队公共积累的现金有 2 万多元，储备粮有 9 万多斤。正因为如此，大寨大队才能自力更生地渡过 1963 年的大水灾，恢复了耕地，重建了家园，大寨大队这样处理积累与消费的关系，同人民公社六十条的规定并无抵触。某些生产好、收入多的社队，是可以仿行的。

第四，大寨干部参加劳动好，全大队的干部补贴工分逐年下降。1963 年的干部补贴工分已经下降到 5%。他们认为：（1）坚持干部同社员一样参加集体生产劳动；（2）上级去掉“苛捐杂税”，使每一个干部的误工全年不超过20天，最多不超过30天；（3）生产进一步发展，每口人能分到100元以上，150元左右，一家能分到四五百元（包括口粮等实物在内），并且能够基本稳定在这个水平上；具备这三个条件，干部补贴工分就可以取消。

保证大寨这面红旗越举越高

我们同省、专、县、社、大队和生产队各级干部，共同讨论了怎样保证大寨这面红旗越举越高的问题，一致认为：

第一，首先要进一步发展生产，尤其要注意农林牧副的全面发展。陈永贵同志说：大寨这座虎头山，发展农业生产的潜力还很大，耕地既可扩大，亩产还能提高。他们1970年的奋斗目标是：亩产千斤粮，户产万斤粮。大寨的林业落后了，近几年刚刚开始抓，要加把劲赶上去，不把虎头山造林绿化，大寨的耕地就受着山洪的严重威胁。已经种了三四年的核桃等果木树，要组织专人管理。牧业，现有羊200多只，牛马驴骡65头，增长的速度是快的，还要继续发展；猪的数量不少，一户一头以上，但是，猪种不好，喂得也不好，今年就要扭转过来。

第二，一定要坚持大寨的革命精神，坚持大寨干部和大寨人的革命本色。对于已经在不知不觉之间出现的某些铺张、讲排场的苗头，要注意防止，坚决反对。

第三，要特别注意教育青年的一代。陈永贵同志说，青年的一代是“吃蜜糖长大的”。生产斗争没有经验，阶级斗争懂得更差。大寨现有30多名高小毕业生和3名初中毕业生，还有一批在高小和初中读书的。他们有文化，这是好的一面。另一方面，他们也感染了一些知识分子的不好的习气和不安心于农村生产的思想。教育青年一代，培养接班人，确实是一项艰巨的任务。

第四，学习主席的著作，加强已经组织起来的毛选学习小组。大寨有3个毛选学习小组，参加的30多人。他们学习了《怎样分析农村阶级》、《纪念白求恩》、《愚公移山》等篇。我们同他们举行了座谈，他们在活学活用，学了就用方面表现很突出，同知识分子的学习态度显然不同。他们已经体会到，主席的著作是钥匙，在生产斗争和阶级斗争中，遇到困难，就向主席的著作请教。现在，青年和老一辈人是分开学习的，老一辈的人读书有困难，常常遇到“拦路虎”；青年人能读下去，但缺乏阶级斗争和生产斗争的实践，理解有困难。我们建议，他们结合在一起学习，就可以学得更好。

第五，切实注意保护红旗单位，不要把红旗单位压垮。到大寨参观访问的人太多，还有劳动锻炼的、体验生活的、摄影的、画画的，等等，人来人往，实在不少。这必须由中央和省、县分级负责加以控制。民兵部门要求射击比赛第一，文化部门也要求培养歌手，如此等等，也非控制不可。要一个先进单位什么都第一，这是不可能的。不控制，就会把它压垮。

大寨是全国农业战线的一面旗帜。要大寨大队和各级领导机关、有关部门，上下共同努力，使这面旗帜越来越红，越举越高。

在全国农业十大综合试验研究中心座谈会上的讲话*

（1964年6月8日）

一、张耕野同志给几位副总理写了意见书，我看过后，感到提的意见都很好。黄河中游的水土保持工作要搞。治黄河非搞水土保持不可，这个意见很对，搞拦泥库是个办法，但是个治标的办法，不是治本的办法。淤泥库只是淤泥搬搬家的问题，总有满的一天，真正解决问题，还得水土保持，去年1月国务院发了一个决定，提到面的治理，山头、山坡、山沟都搞，不是一条线而是面，这是一条方针。水土保持工作，在有人的地方必须和群众当前当地的生产、生活相结合。还有一条是坡耕地的治理，提出以坡耕地为主。现在看来，国务院决定的那几条还差不多，张耕野同志的来信也赞成这样做。当然，这需要有几年的时间，因此要考虑搞些治标的，如拦泥库之类的东西。

现在各省的同志都在这里，谭书记找他们谈了，打算在西安或陕北成立一个黄河中游水土保持委员会，作为国务院水土保持委员会的分支机构，由黄委会拨出40个人，在有人的地方搞大寨精神，在没有人烟的地方，搞国营林场的造林队。种草也好，种树也好，只要有了就好，而后再提高。和几个省商量后，大体上采用这个办法。

二、关于十大中心问题，第一要搞，要搞得很有效，这种事很有用处，它可能是科学研究联系生产、联系实际，为生产服务的一个具体道路。因为科学研究联系生产、联系农民、联系群众，就把科学技术和群众几千年来的丰富经验结合起来了，就可能成为中国农业科学发展的光

* 全国农业十大综合试验研究中心座谈会由农业部召开，到会的有参加国务院全国农业科学技术工作协调委员会召开的全国农业十大综合试验研究中心工作会议的各省的同志，中国农业科学院和农业部有关领导三十余人。

辉道路。现在的问题是怎样搞法。

昨天在国务院汇报时，谈了一大堆十大中心的性质、任务和体制问题，我听了半天后，对这个问题有些不同的想法。可能有人想单搞一套，另搞一套编制、一套人马、一套基本建设，单独成立一个机构，上面单独一个口，层层设立机构，自成一个系统。

科委党组、农办党组内的意见是一样的，都不赞成按这种想法办，要按另外一种想法办，就是按人民日报社论所讲的“少花钱，多办事”的办法办。在农业上就是大寨精神，所谓大寨精神就是不另外给钱了，为什么？要把钱用到更需要用钱的地方上。

按这种想法办就是三句话：依托现有研究机构，采取协作方式，组织有关力量，搞出高产样板。

要尽量利用现有的研究机构。属于农业部的有北京现代化农业、太湖流域高产再高产、商品粮集中产区、黄土高原的水土保持、草原的利用和改良、山地利用和红壤改良等六个综合试验研究中心。这六个中心大体上都有现成的科学研究机构可以用。草原中心没有，我们打算成立一个草原所。

这样搞，编制、基建、调人等问题基本上没有了。不把现有力量通过协调组织起来，就是有了编制也是空的。这样做才符合现在的精神。

采用这种办法，上下怎么样？

上面有科委、农办、农业部等各个部，还有全国农业科学技术协调委员会，十大中心由有关部门分别管理，再搞一个统一的领导不必要。

下面就是样板了，没有组织上的隶属关系，不发生体制和性质的问题。

一些具体问题怎么解决？

按昨天讨论的结果，应该说已经有的解决办法，十大中心已分给农业部六个，农垦部、林业部、水利电力部、水产部各一个，按各家的体制用钱办事。农业经费和工业不同，是以块块为主，还有各部门间的调剂。实际上近几年调给农业部门的，每年的决算就比预算要大，这是一件好事，从道理上不能反对，从实际上讲也不必反对。搞样板很重要，省里决定要干地方上不会不给钱。

可能有这种事，做的事情一时看不到效果，一个中心跨几个省。中心跨省，但具体的研究项目不会跨省，在哪个省就由哪个省负责就解决了。至于中间试验等要多花一点钱，这个问题好解决。

只有这样办，我们的事业才能大发展。钱就那么多，下决心不发展事业就靠国家，下决心发展事业就少花钱多办事。十个钱办八件事是你的本事，办五件事也是你的本事，办十二件事还是你的本事。

发展事业，一不能平调，二不能净是伸手向上要。要发展就得想办法，不然不仅不能发展，反会减少。当然，这不是说以后就没钱了，钱还要有，1964、1965 年都没减，第三个五年计划也不比现在少，只是没有增加，我们的事情不仅不能少，还要多，原有的项目还要搞，但不是先搞建设，先搞机构，不要作新建机构的打算。

内蒙的草原中心问题要具体研究一下。

附　录

附录1 廖鲁言简历*

廖鲁言，1913年生，江苏省南京市人。原名廖广謩。出身小店员家庭。1929年高中毕业前，因为参加学生运动被校方开除。1930年考入北平陆军军医大学。在校期间参加进步组织中国左翼作家联盟（简称“左联”），并担任所在学校和北平市“左联”负责人之一。1931年九一八事变后，参加并组织支援北平学生南下请愿团活动。1932年春加入中国共产党。5月底任中共北平市委成立的抗日团体“北平市民众义勇军”执行委员长兼党团书记。7月参加中共北平市委军委的工作，以民众义勇军代表的身份参加北平市抗日团体联合会，担任常务委员，并参加该会党团工作。参与领导北平学生运动。8月因叛徒出卖被国民党反动派逮捕入狱，在狱中坚持斗争。1936年11月经党组织营救出狱，被派到山西从事抗日民族统一战线工作。12月任太原抗日军政训练委员会编辑室编辑。1937年初至1940年初任中共山西公开工作委员会委员。1937年5月任山西太原抗日军政训练委员会军政训练班第十二连指导员。8月后任山西青年抗敌决死队第一大队政治工作员。12月调任决死队第二纵队第六总队政治部主任，并兼管第六总队党的秘密工作。1938年1月至5月任山西省牺牲救国同盟会上党中心区秘书，晋城中心区——长治中心区秘书。1939年5月至12月任山西新军政卫第二〇九旅政治部主任。1939年10月在《牺牲救国》杂志上发表文章，反击国民党顽固派取消新军的叫嚣，同阎锡山的反共倒退行为进行针锋相对的斗争。同年底被调到延安。1940年1月起任中共中央统战部友军科副科长、科长。1941年8月任中央统战部部长王明的政治秘书。1942年8月起任中共中央友军工作委员会委员。1944年春起调任中共中央党务研究室党务组组长、主任、研究

* 全文引自中共中央党史研究室第一编辑部编：《中国共产党第七次全国代表大会代表名录》，中共党史出版社、上海人民出版社2005年版。

员，从事党的政策研究工作。1945 年 4 月至 6 月作为中直、军直代表团成员参加中共七大，当选为中共七大候补代表并担任大会记录组组长。10 月起任中共中央书记处办公厅党务研究组组长。1946 年 4 月后任中共中央研究局党务研究室主任。同年 6 月至 1947 年 3 月任中共中央法律问题研究委员会委员。1947 年 6 月参加中央机关封城土改整党工作团，参加晋察冀解放区的土改工作，并参与指导晋西北土改试点工作。同年底调任中共中央政治局委员、书记处书记刘少奇的秘书。1948 年至 1949 年任中共中央政策研究室秘书长、政治组组长、副主任。1949 年 6 月任中共中央政策研究室政策讨论委员会秘书。中华人民共和国成立后，仍任中共中央政策研究室副主任。1949 年 12 月起任政务院参事室副主任、主任。1950 年至 1953 年任中央人民政府政务院直属党组小组副书记。1952 年 8 月至 1954 年 9 月任政务院副秘书长。1952 年 11 月至 1962 年 11 月任中共中央农村工作部副部长。1953 年至 1955 年 1 月任中央人民政府政务院（国务院）机关党组副书记。1954 年 9 月至“文化大革命”初期任农业部部长、党组书记。1955 年 11 月至 1959 年 6 月兼任国务院第七办公室副主任，协助国务院总理掌管农业部、林业部、水利部和中央气象局的工作。1959 年 6 月至“文化大革命”初期兼任国务院农林办公室副主任。长期从事农村工作，参与制定党的农村工作的一系列路线、方针、政策。1960 年 1 月起任国务院业余教育委员会副主任。1964 年 9 月带职下放到河北省石家庄地区，兼任中共石家庄地委书记。第一、第二届全国人大代表。第四届全国政协委员。中共第八届中央候补委员。“文化大革命”中受迫害，被关押。1972 年 11 月 19 日逝世。1979 年 1 月中共中央举行追悼会，给予平反昭雪。

附录 2　廖鲁言追悼会悼词*

我们怀着十分沉痛的心情，在这里悼念廖鲁言同志。中国共产党八届中央委员会候补委员，原国务院农林办公室副主任、农业部部长、党组书记廖鲁言同志，被林彪、“四人帮”捏造罪名，非法关押，身心受到严重摧残，于一九七二年十一月十九日迫害致死，终年五十九岁。

在“文化大革命”中，林彪、“四人帮”及其同伙，从他们反革命需要出发，制造了一起轰动国内外的“六十一人”的大错案，对大批老干部罗织罪名、横加诬陷、无情打击。党中央本着实事求是、有错必纠的原则，推倒横加在廖鲁言同志身上的一切诬蔑不实之词，为他恢复了名誉，多年沉冤，得到昭雪。

廖鲁言同志是中国共产党的优秀党员，无产阶级久经考验的忠诚战士，是我国农业工作的优秀领导干部。他的不幸逝世，使我们失去了一位老战友、老同志，是我们党和农业战线的重大损失。

廖鲁言同志是江苏省南京市人，他在青年时代，就献身于中国人民的解放事业，积极从事革命活动，是北平学生运动的著名领导人之一。一九三二年参加中国共产党。同年因叛徒出卖，被捕入狱。他在监狱中，表现坚贞不屈，同国民党反动派进行了英勇顽强的斗争，始终保持了共产党员的崇高革命气节。

一九三六年十一月经党营救出狱后，被派到山西工作，历任太原抗日军政训练委员会编辑和军政训练班指导员，山西抗日决死队（营）指导员，总队（团）政治部主任，旅政治部主任，他同阎锡山的反共倒退的阴谋活动进行了针锋相对的斗争。为坚持党的统一战线工作、改造旧军队、发展壮大人民武装，作出了积极的贡献。

---

* 1979 年 1 月 26 日，廖鲁言、徐子荣、胡锡奎、刘锡五、王其梅同志平反昭雪追悼会在北京政协礼堂举行。李先念同志主持追悼会，胡耀邦同志致悼词。

一九三九年廖鲁言同志回到延安后，任中共中央统战部科长，中共中央党务研究室研究员。解放战争时期历任中共中央政策研究室秘书长、副主任。新中国成立后，他历任中共中央政策研究室副主任，政务院参事室主任，政务院副秘书长，中共中央农村工作部副部长，国务院农林办公室副主任，中华人民共和国农业部部长、党组书记。在党的第八次代表大会上，当选为中央候补委员，他还当选为第一、第二届全国人大代表，第四届全国政协委员。

廖鲁言同志是我党久经考验的老干部、老党员。对毛主席、周总理、朱德委员长怀有深厚的无产阶级感情。数十年如一日，坚决执行捍卫毛主席的无产阶级革命路线。廖鲁言同志长期从事农村工作，在毛主席、周总理的领导下，直接参与制定我党农村工作一系列路线、方针、政策并坚决贯彻执行。在土地改革、农业合作化、人民公社化运动中，为我国农业的社会主义改造和农村经济的发展，为开辟我国农业部门的业务工作，为培养又红又专的农业干部队伍，竭尽全力，忘我工作，作出了突出的贡献。他坚持依靠党，依靠群众，坚持实事求是，亲自动手，深入实际，调查研究。他长于思考，不断研究新的历史条件下出现的新问题，不断接受新事物。他严肃认真，一丝不苟，讲求效率，勇于负责，处事果断。他立场坚定，爱憎分明，襟怀坦白，光明正大，顾全大局。

“文化大革命”中，面对林彪、“四人帮”的迫害，他立场坚定，实事求是，坚持真理，顽强斗争。他坚信真理必能战胜邪恶，渴望继续为党工作。

廖鲁言同志的一生，是革命的一生，战斗的一生，全心全意为人民服务的一生。

我们沉痛地悼念廖鲁言同志，要学习他对党、对人民、对革命无限忠诚；学习他刻苦学习马列主义、毛泽东思想，坚持理论联系实际、实事求是的科学态度；学习他努力学习钻研农业科学技术知识的精神；学习他任劳任怨，严格要求自己，坚持党的原则，服从党的决定的高贵品质。

我们悼念廖鲁言同志，要化悲痛为力量，更加紧密地团结在党中央周围，高举毛泽东思想的伟大旗帜，坚决贯彻执行党的十一大路线，巩固和发展安定团结的大好形势，为加速实现四个现代化而努力奋斗。

廖鲁言同志永垂不朽！

附录3　廖鲁言生平大事年表

【一九一三年】

11月，出生于南京市一个店员家庭。

【一九一八年至一九二四年】

读私塾，读《大学》、《中庸》、《论语》、《诗经》、《左传》、《史记》等经史子集著作。

【一九二四年至一九二八年】

读县立中学（现南京江宁第一中学）。

1927年北伐军占领南京，学校未能如期开学，在南京电报局做练习生。

【一九二八年至一九三〇年】

读江苏省立南京中学高中部。

结识了进步分子，阅读进步书籍，因参加反对国民党校长的护校运动，1930年被学校开除。

【一九三〇年】（17岁）

考取北平军医专门学校。

【一九三一年】（18岁）

加入左联，担任北方左联组织部长。

【一九三二年】（19岁）

年初入党，担任中共北平军医专门学校党支部书记。

5月，调出左联，任北平民众义勇军执行委员长兼党团书记，并以民众义勇军代表名义参加北平市抗日团体联合会，担任常务委员，并参加抗联党团工作。

7月，出席北平市党代表大会以后，又在中共北平市委军委工作，八一示威任总指挥，因叛徒告密被捕。

【一九三二年八月至一九三六年十月】(19～23 岁)

被当局判处六年徒刑。在北平军人反省院坐牢，在监狱党委（反省院特别支部委员会）领导下，对狱方进行了反“反省”斗争，争取人权反对虐待的绝食斗争，对“取消派”、“反省派”政治上坚决反对，生活上老死不相往来。防止并打击他们的出卖。党委还领导党员自我教育，学习马列主义，廖鲁言担任北监分党委书记，翻译了列宁的《布尔什维克能否维持政权》，并与其他同志合译了列宁的《马克思学说》。1936 年 10 月出狱。

11 月中至 12 月中，党安排担任《民声报》社评专门撰稿人，每周两三篇，当时所用名字是戴孟德。

【一九三七年】(24 岁)

1937 年初至 1940 年初，任中共山西公开工作委员会委员（见《中国共产党第七次全国代表大会代表名录》中廖鲁言词条）。

1 月，到太原，在太原军政委员会编辑室任编辑委员。

5 月，任军政训练班十二连指导员。廖鲁言和陶桓馥（十一连工作员）结婚。

7 月，北方局负责人彭真、杨尚昆先后到太原，住廖鲁言陶桓馥家。

8 月 1 日，山西青年抗敌决死总队（相当于团）成立，调决死总队一大队任教导员，并领导决死队中秘密党组织（注：决死总队即现在中国人民解放军第十四集团军前身）。

【一九三八年】(25 岁)

1 月，由沁县到长治，调决死六总队任政治主任（注：决死六总队隶属决死二纵队，后归入太岳军区陈赓部）。

2 月，创办民大随营第六分校，兼任校长。民大六分校随六总队行动。

3 月初，部队在府城、良马之间与日寇战斗一天。

5 月，长治收复，兼任牺盟长治中心区负责人（秘书）。

11 月，任六总队党委书记。

【一九三九年】(26 岁)

5 月，调政卫队，负责将“政卫队”改编为二〇九旅，任旅政治主任（注：1940 年二〇九旅归入一一五师的晋西陈士榘支队）。

8 月到 10 月，配合击退国民党的第一次反共高潮，写文章三篇：

《牺盟在二战区的既往与将来——为牺盟三周年纪念而作》;

《部队中之团的建设问题》，8 月 30 日发表；

《争取正规化——为决死队二周年而作》，10 月发表（注：原载《牺牲救国》杂志 1939 年第 28 期）。

12 月底，到延安。

【一九四〇年至一九四三年】(27～30 岁)

在中央统战部工作，先后任友军科副科长、科长。

9 月 12 日，廖鲁言撰写的文章《悼念董天知》，在《新中华报》发表。

1941 年 8 月 29 日，中共中央书记处工作会议决定，廖鲁言任王明（统战部长、政治局委员）的秘书。

注：王明分管西北局，廖的主要工作是参加西北局的会议，与西北局、边区政府联系，了解情况向王明汇报。1942 年整风后，由任弼时分管西北局，廖仍联系西北局，向任弼时汇报。

1942 年，随西北局调查团到绥德、米脂调查，到过绥德东乡义合镇，任联络员，参与写成《绥米土地问题初步研究》一文。

整风时，廖鲁言是中组部、统战部、党务研究室（含中办秘书处的小图书室）分学委的成员。

【一九四四年至一九四六年】(31～33 岁)

1944 年春，调中央党务研究室工作，日本投降后，党务研究室缩编为党务组，廖任组长，从事党的政策研究工作。

1945 年 4 月至 6 月，中国共产党召开第七次全国代表大会，廖鲁言为后补代表（属中直、军直代表团），担任大会记录组长。

1945 年 10 月，任中央书记处办公厅党务研究组组长。

1946 年 4 月，任中共中央研究局党务研究室主任。

1946 年 6 月至 1947 年 3 月，任中共中央法律问题研究委员会委员。

【一九四七年】(34 岁)

2 月，作为重要工作人员，参加了在延安枣园召开的中央政治局扩大会议。

注：会议主要议题是讨论通过了毛泽东为中共中央起草的《迎接中国革命的新高潮》(见《中国共产党重要会议纪事》)。

1946 年冬到 1947 年春，在晋西北保德县华树塔村搞土改试点。

1947 年 6 月，参加中央机关封城土改整党工作团，参加晋察冀解放区的土改工作，并参与指导晋西北土改试点工作（见《中国共产党第七次全国代表大会名录》廖鲁言词条）。

1947 年 8 月，全家从晋绥兴县到西柏坡。

7 月到 9 月，参加中国共产党全国土地会议。

注：大会秘书处下设编辑委员会，由陈伯达、廖鲁言负责，7 月 17 日会议开幕，9 月 13 日大会通过《中国土地法大纲（草案）》，10 月 19 日中央批准后公布了《中国土地法大纲》。

7 月，廖鲁言写出《关于农代会问题的草稿》。

1947 年冬至 1948 年 7 月，任刘少奇秘书。

【一九四八年】（35 岁）

8 月，中央决定成立中央政策研究室，派廖负责筹备工作，中央政策研究室成立后廖任秘书长、政治组组长。8 月 24 日中央决定彭真任政策研究室主任，廖鲁言任副主任，并规定，解放区城市政策归彭真及政策研究室管。

10 月，廖鲁言向毛泽东、书记处报告政策研究室三个月工作。

12 月 18 日，彭真致电廖鲁言“请把中央对几个条例的审查结果，速电告”。

注：几个条例指政研室协调中央有关部门起草的《城市军管会组织条例》、《入城守则》、《对伪警察人员处理办法》、《国民党三青团员登记办法》、《对国民党特务处理办法》、《对外侨管理暂行条例》。

【一九四九年】（36 岁）

2 月 21 日，向中央写报告《目前解放区农业生产中存在着的几个问题》（手稿）。

3 月 5 日到 13 日，以有关方面负责人的名义，参加了七届二中全会，担任大会记录。

3 月，中央政策研究室随中央从西柏坡搬到北京，住香山。

10 月，在上海、南京、苏南、浙江调研，并回南京探亲。

11 月 15 日，向中央写报告《就上海南京苏南浙江城乡的一些问题向毛主席中央书记处的报告》（廖手稿）。

12 月，起任中央人民政府政务院参事室副主任。

【一九五〇年】（37 岁）

1950 年至 1953 年，兼任中央人民政府政务院直属党组小组副书记（见《中国共产党第七次全国代表大会名录》廖鲁言词条）。

1 月 1 日，刘少奇让廖鲁言翻印 1933 年的土改文件及 1948 年任弼时“土改中几个问题”的报告，并回复华南局。

1 月 10 日，刘少奇让廖鲁言与刘澜涛再斟酌一下后，将《中央人民政府政务院关于处理老解放区市郊农业土地问题的指示》交董必武，用指示发华北六省。

4 月，刘少奇让政策研究室答复华东局《关于小土地所有者标准问题》，廖鲁言批注，已当面答复刘瑞龙，不必再复。

4、5 月，去上海，参加华东局召集的各省市区农委会议，了解土改情况，准备起草《中华人民共和国土地改革法》。

注：中央让中南局、华东局各自起草一份，供中央参考。5 月 13 日中南局拟定的《中华人民共和国土地改革法》报送中央。5 月 15 日华东局拟定的《土地改革条例草案》由廖鲁言带回上报中央。5 月底、6 月初，中央召开土地工作会议，讨论中央政策研究室提出的《中华人民共和国土地改革法》，1950 年 6 月 28 日中央人民政府发布《中华人民共和国土地改革法》。

5 月 30 日，刘少奇致信周恩来，“鲁言交来两件（《农民协会组织通则》《人民法庭组织通则》），我看可用……”

注：该两件分别于 1950 年 7 月 15 日和 7 月 20 日公布。

6 月 30 日，廖鲁言写出《一年来的土地改革运动》，《人民周报》1951 年（29）发表。

8 月 21 日，公布《中央人民政府政务院关于划分农村阶级成分的决定》。

注：此件刘少奇主持起草，前四部分刘起草，7 月 31 日致信鲁言转恩来，就资料选择，希向有关人员解释。

9 月 18 日，刘少奇就《关于华侨土地财产问题广东福建的草案》致信廖鲁言，“从速协商、修改后送我”。

注：廖鲁言与廖承志商拟《土地改革中对华侨土地财产的处理办法

（草案）》，10月13日送刘少奇，11月6日政务院公布。

9月24日，刘少奇就刘阅改的《新区农村债务纠纷处理办法草案》致信廖鲁言，“政协委员、政务院委员座谈一二次，然后交政务院通过”。

9月24日，刘少奇就中南局《有关土改若干问题的请示》批“毛朱周任阅后，交廖鲁言答复”。

10月12日，刘少奇就《城市郊区土地改革条例》致信毛泽东，“我看可以，审后交鲁言办”（注：该条例于11月21日公布）。

10月25日，廖鲁言将《中央关于划分中农与富农成分问题》的电报稿报刘少奇。

10月28日，刘少奇就《蒙区土改问题》致信廖鲁言“蒙区土改办法请内蒙提，你们加以研究，此前暂不处理，并电复西北局”。

8到10月，参加中国工会代表团去苏联访问。

11月29日，刘少奇就他起草的《中央关于小土地出租者等问题的解释和指示》批示廖鲁言，“请加斟酌，并提出你的意见，从速抄正一份送我交中央传阅”。

注：11月30日，刘少奇批示“请周考虑此件是否同时提政务院”。11月30日，周恩来批“鲁言：请照此修改一份，考虑作为补充解释提政务院”。

12月5日，刘少奇致信廖鲁言，“请为政务院准备一个关于人民代表会议工作的指示”。

【一九五一年】（38岁）

1月7日，刘少奇就华东局关于执行《划分农村阶级成分决定》中遇到的问题，批示“请鲁言综合各地意见加以研究起草一个文件送阅”。

注：2月5日，廖鲁言将《中央人民政府政务院关于划分农村阶级成分补充规定（草案）》送刘少奇。2月8日，刘少奇改后批示：“鲁言同志，此件大体可用，印若干和党外人士讨论。”廖鲁言将刘改后稿送华东、西南、中南、西北局。2月16日，廖鲁言汇总意见报刘少奇、周恩来。3月7日，刘少奇起草《关于政务院补充草案下发问题的指示》并下发。

1月，刘少奇同意山东关于地主船只分别处理的批语，“鲁言，你已答复？可以同意。”

3 月 29 日，刘少奇批改《中央政策研究室答复中南局政研室关于渔民阶级成分划分》。

春，廖鲁言到沈阳参加东北局召开的城市工作会议。

4 月 17 日，中共山西省委报《把老区互助组织提高一步》。

注：5 月 4 日、7 月 3 日华北局、刘少奇分别批复，8 月毛泽东找刘少奇、薄一波、刘澜涛谈话，表示支持山西。

6 月，《人民周报》1951 年（29）刊载廖鲁言文章《一年来的土地改革运动》。

9 月 20 日至 30 日，毛泽东倡议召开第一次互助合作会议。

注：会议由陈伯达主持，会后廖鲁言参与起草了《关于农业互助合作的决议（草案）》。1951 年 12 月 15 日，毛泽东起草了印发《关于农业生产互助合作的决议（草案）》的通知。

【一九五二年】（39 岁）

3 月，报《政研室 1951 年总结和 1952 年计划》；3 月 26 日，刘少奇批复同意。

5 月 6 日，廖鲁言在北京应邀向参加五一观礼的各国工会代表团作《中国土地改革情况的报告》。

7 月，任劳动就业委员会委员兼秘书长，周恩来让廖鲁言筹备解决劳动就业。

注：1952 年 7 月 25 日发布《中央人民政府关于劳动就业问题的决定》。

8 月至 1954 年 9 月，廖鲁言任中央人民政府政务院副秘书长、政务院党组干事会干事、党组第二副秘书长。

1952 年 9 月，中央委托政策研究室召开第二次农业互助合作会议，政策研究室副主任廖鲁言讲话。

9 月 28 日，《人民日报》发表廖鲁言文章《三年来土地改革运动的伟大胜利》。

10 月 21 日，廖鲁言向中央汇报《关于乡村财政、农民负担、乡村小学教育及乡镇工作的情况及意见》。

10 月 28 日，中央同意廖鲁言《关于结束五反的报告》。

注：10 月 22 日，邓小平致信毛泽东、周恩来，“关于结束三反五反

并有个交代，已与子文、鲁言作了研究，由他们分别写两个报告，我已代拟了批发这两个报告的两个电文”。

11 月 12 日，中央决定建立农村工作部，廖鲁言任中央农村工作部副部长。

12 月 6 日，廖鲁言对广播文艺戏剧工作者讲话。

注：文协严文井组织第二批作家深入生活，请廖鲁言讲话。

【一九五三年】(40 岁)

1953 年至 1955 年 1 月，廖鲁言任政务院机关党组副书记。

廖鲁言撰写文章《贯彻婚姻法运动的性质、目的和方针、政策问题》。

注：1950 年 5 月 1 日公布《中华人民共和国婚姻法》，1951 年 9 月 21 日政务院 103 次会议讨论婚姻法执行情况，1953 年 1 月 9 日政务院 166 次会议决定成立贯彻婚姻法运动委员会，1953 年 4 月中央发出《中央关于结束贯彻婚姻法运动的指示》，1953 年全国妇联约廖鲁言写此文。

1 月、3 月，廖鲁言作《关于中央政策研究室 1952 年工作的报告》、《中央政策研究室 1951 年工作总结 1952 年工作计划》。

2 月，中共中央农村工作部成立，廖鲁言任副部长。

2 月 24 日，朱德到农村工作部视察工作。

4 月 1 日毛泽东发布《当前农村工作指南》（包括《中共中央关于农业生产互助合作的决议》、《中共中央关于春耕生产给各级党委的指示》、《领导农业生产的关键所在》、《人民日报》社论）。

注：3 月 24 日毛泽东致信邓子恢“指示和社论看了，请走送……如都同意，叫廖鲁言将修改处抄正，再送报社发表”。社论是邓子恢起草的，指示和社论见 3 月 26 日《人民日报》。

4 月 13 至 23 日，召开第一次全国农村工作会议。

4 月 20 日，廖鲁言修改《人民日报》社论《盲目流入城市的农民应该回到农村去》。

注：3 月 14 日劳动部提出问题，4 月 5 日刘少奇批示广播报纸发，4 月 17 日邓小平主持第 175 次政务会议通过《关于劝止农民盲目流入城市的指示》，4 月 18 日由《人民日报》发表，并配有社论、读者来信等。

4 月 29 日，廖鲁言撰写《关于农村工作的讲话提纲》。

5 月 23 日，廖鲁言向北京郊区农村工作干部讲话。

6 月 17 日，中央农村工作部上报廖鲁言起草的《关于中央农村工作部干部配备及农业生产互助合作运动情况的报告》。

9 月 2 日，《关于发放农业贷款的指示》由《人民日报》发表。

注：1953 年 7 月 9 日，政务院 185 次会议听取副秘书长廖鲁言说明后通过。

7 月 9 日，廖鲁言撰写《中国农村生产的现状和农村工作的基本任务》。

夏，毛泽东在政治局扩大会议上提出党在过渡时期总路线。

毛泽东约见邓子恢、廖鲁言、杜润生，并提出“人民民主专政就是无产阶级专政”、“有改造农民的任务”。

9 月，廖鲁言在第二次文代会上发表讲话《关于农村工作》。

10 月 2 日，政治局扩大会议决定实行粮食统购统销，毛泽东指示：“农民的基本出路是社会主义，由互助组进到大合作社。”

10 月 26 日至 11 月 5 日，毛泽东指示召开第三次互助合作会议，由廖鲁言主持（邓子恢在南方调查）。

注：10 月 15 日和 11 月 4 日，毛泽东两次约见陈伯达、廖鲁言，提出“可不通过互助组直接试办合作社，农副产品供应矛盾必须解决所有制与生产力的矛盾”、“不靠社会主义，想从小农经济做文章，解决粮食问题，那真是难矣哉”，10 月 16 日，毛泽东致信陈云、邓小平“关于重要土产和副食品，已告陈伯达、廖鲁言在本月底的互助合作会议上讨论”。廖鲁言向会议传达了毛泽东这两次谈话。

11 月，廖鲁言写《对农业的社会主义改造》，载于《中国青年》1953(23)。

11 月，发布《政务院关于国家建设征用土地办法》。

注：1953 年 10 月 6 日，毛泽东主持政治局扩大会议通过。11 月 5 日，邓小平主持政务院 192 次会议，听取副秘书长廖鲁言作说明后通过该《办法》。

11 月 20 日，廖鲁言在第三次手工业互助合作会议上讲话。

11 月 25 日，中央农村工作部上报《关于大城市蔬菜生产和供应情况及意见的报告》。

11 月 29 日，《人民日报》刊登廖鲁言文章《组织起来，发展农业的互助合作，逐步过渡到社会主义——纪念毛主席〈组织起来〉发表十周年》。

12 月 16 日，中央正式发布《关于发展农业生产合作社的决议》。

注：同时见报的有邓子恢起草的社论。

12 月 21 日，刘少奇批示同意出版《互助合作通讯》。

12 月，政治局讨论《清理农贷中积压物资及其他遗留问题的指示》（廖鲁言起草）。

注：31 日，第 200 次政务会议通过周恩来签署的《清理农业贷款的指示》。

【一九五四年】（41 岁）

2 月，中国青年出版社出版廖鲁言《为逐步实现对农业的社会主义改造而奋斗》。

3 月 12 日，《农村工作部关于目前各地建立农业生产合作社情况向中央的报告》由中央转发。

3 月 16 日，邓小平嘱廖鲁言起草《中央关于认真作好农村中粮食计划供应的指示》，3 月 26 日发各地。

5 月 1 日，农村工作部上报《关于第二次全国农村工作会议上所讨论提出的几个问题的摘要报告》（廖鲁言起草）。

7 月 5 日，农村工作部上报《关于重新规定全国供销总社领导关系问题向中央的报告》（廖鲁言起草）。

8 月 2 日，廖鲁言在扫盲委业余教育会上讲话。

夏，青岛休养。

廖鲁言的文章《中国的农业合作化运动》发表于《人民中国》第 7 期。

8 月 23 日，政协欢迎英国工党代表团，邓子恢、廖鲁言、傅作义等与艾德礼会谈。

9 月，第一次全国人民代表大会召开，由总理周恩来提名，毛泽东主席任命廖鲁言任农业部长、党组书记。

10 月 2 日，廖鲁言向印（度）中友协访华团介绍中国土地改革情况。

10 月 10 日，出席国务院第一次全体会议，成员集体合影。

10 月 14 日，签订《中国阿尔巴尼亚技术和技术科学合作协定》，廖鲁言和什图拉签字。

10 月 10 日至 30 日，邓子恢主持召开第四次互助合作会议。

注：会后，邓子恢、廖鲁言、杜润生共同以农村工作部名义向中央写出《关于全国第四次全国互助合作会议的报告》。

11 月至 12 月，去蒙古人民共和国参加蒙古党代表大会。

注：1954 年 11 月，刘少奇批示：可派乌兰夫、廖鲁言、大使何英组成代表团去蒙古参加他们党代会。

12 月，刘少奇批示：子恢、伯达、鲁言，这（指："关于对待农村私商问题"）是一个应该研究的重要问题。

【一九五五年】（42 岁）

2 月，廖鲁言组织农业部 90 多名机关干部，由 7 名局长带领，分赴华东、中南、西南、华北、东北的 14 个省，了解实际情况，协调商业供销，帮助解决生产资料困难，积极准备春耕生产。

3 月 3 日，在国务院全体会议第六次会议上农业部部长廖鲁言作《1954 年农业生产基本情况和当前农业增产措施）》的报告（见《中国农报》1955〈6〉）。

3 月中旬，毛泽东听取邓子恢、陈伯达、廖鲁言、陈正人、杜润生汇报农村工作，毛泽东提出"停、缩、发"三字方针。

3 月 22 日，中央农村工作部发出《关于整顿和巩固农业生产合作社的通知》（廖改）。

3 月 25 日，中央农村工作部发出《对浙江目前合作化工作的意见》。

注：《意见》由邓子恢、谭震林、江华商定，陈伯达、廖鲁言、陈正人、杜润生过目。谭震林派杜润生、袁成隆去浙江解释"意见"精神。4 月 20 日，中央书记处开会，少奇、小平、子恢、震林、鲁言、润生，都同意对浙江收缩，刘少奇强调中农自愿。结果共压缩约 15 000 个合作社。4 月 21 日—5 月 6 日，召开第三次农村工作会议。7 月 11 日，毛泽东约见邓子恢、廖鲁言、刘建勋、杜润生、谭震林、陈伯达，严厉批评邓子恢。7 月 18 日，毛泽东写信给杜润生，调阅第三次农村工作会议各项材料。7 月 28 日，林乎加电话报上海局，说收缩草率，有强迫收缩。7 月 31 日，毛泽东批评"砍社"。8 月 26 日，毛泽东行文取消了农村工作部

答复各省区关于农业合作化问题的任务。10月11日，七届六中全会，毛泽东作《关于农业合作化问题》的报告，批评“小脚女人”，中央其他人同意毛的报告，陈云也认为“增加农业产量的主要办法，无疑是实现农业生产合作化”。

4月4日，刘少奇复电《和平民主报》，包括《关于中国农业社会主义改造的几个问题》等专文五篇。注：《和平民主报》是社会主义阵营的刊物。

廖鲁言给《和平民主报》写《关于中国农业社会主义改造的几个问题》。

3月27日，廖鲁言发表广播讲话《做好春耕生产，为完成1955年的增产任务而奋斗》(见《中国农报》1955〈7〉)。

4月1日，廖鲁言发出《中华人民共和国农业部关于农业技术推广站工作的指示》(见《中国农报》1955〈8〉)。

4月4日，廖鲁言在友谊农场土地整理会议上讲话。

4月13日，批发《关于曹县合作化运动情况的通报》。

5月9日，毛泽东约见李先念、邓子恢、廖鲁言、陈国栋，谈下年度粮食收购任务。

注：毛泽东说：“粮食征购从900亿斤降到870亿斤，1957年合作化40%可否?”

5月17日，毛泽东在杭州召开15省市委书记会议。

6月14日，刘少奇主持中央政治局会议，批准《第三次农村工作会议报告》，到1956年春合作社发展到100万个。

6月，陪同胡志明主席参观南郊农场。

6月28日，廖鲁言、刘瑞龙和越南农业部长严春庵谈话。

6月下旬，毛泽东视察回京，找邓子恢，提出1956年合作社发展到130万个，与邓子恢争论。

夏，在北戴河。

7月，廖鲁言在全国人大一届二次会议上作发言《为发展农业的生产和实行农业的社会主义改造而努力》。见《中国农报》1955（总119）22。7月22日，毛泽东同意廖鲁言该发言。

8月3日，廖鲁言向全国农民和全体农业工作者发表广播讲话《努力完成第一个五年计划的农业任务》（见《机械化农业》1955〈11〉）。

8月8至19日，农村工作部机关干部会传达毛泽东《关于农业合作化问题》，检讨工作。

8月13日，在省市委书记会议上廖鲁言就合作化方针问题发言。

8月20日，在15年规划汇报会议上廖鲁言讲话。

9月6日，毛泽东将廖鲁言修改过的《合作社示范章程》印发中央委员等，请胡乔木研究和主持修改。

9月12日，毛泽东印发《合作化决议草案》，批“我看可用”。

9月，毛泽东主编《中国农村的社会主义高潮》，有几篇文章让廖鲁言注明文章出处。

10月4日，七届六中全会（扩大）开幕，248篇发言及书面发言一致拥护《关于农业合作化问题的报告》，一致批评右倾机会主义。通过《关于农业合作化问题的决议》。

10月10日，国务院发布《农业生产合作社示范章程（草案）》（经陈伯达、廖鲁言、杜润生修改）。

10月13日至18日，廖鲁言奉命修改《中国的农业合作化运动》。10月13日，刘少奇审阅王谦准备出席在保加利亚召开的社会主义国家农业合作会议的讲话稿，批“重写”，邓小平批鲁言修改。

10月20日，农村工作部机关传达七届六中全会精神。

10月，去通州（当时隶属河北省）作农村调查。

11月至1959年6月，廖鲁言兼国务院第七办公室副主任。

12月3日，修改人民日报社论《合理评估入社土地产量》。

12月7日，修改人民日报社论《处理社员生产资料必须协商》。

12月9日，刘少奇听取廖鲁言、刘瑞龙、魏震五汇报。

12月16日，农、林、水利、中科院联合上报《关于全国水土保持工作会议情况的报告》。

12月，中央召开全国农业科学研究工作会议，廖鲁言在会议上讲话。

12月12日至26日，召开农业工作会议。

12月12日，廖鲁言作报告。

12月23日，廖鲁言作总结报告。

12月26日，廖鲁言传达毛泽东《反对保守主义思想的问题》。

【一九五六年】（43 岁）

1 月 1 日，廖鲁言作《祝贺新年的讲话》（见《中国农报》1956（总 129））。

1 月 19 日，廖鲁言向毛泽东、刘少奇转报《王任重“关于合作社发展速度的电话请示”》。

注：王任重意见“今春合作社只发展到 20～30%”。廖鲁言同意，毛、刘都同意。

1 月，去杭州参加毛泽东主持的《全国农业发展纲要四十条》的起草工作。

1 月 25 日，廖鲁言在中南海怀仁堂毛泽东主持的最高国务会议第六次会议上作《关于 1956 年到 1967 年全国农业发展纲要》的说明。1956 年 1 月 26 日《人民日报》发表《纲要》及廖鲁言的说明。

2 月 4 日，邓小平阅《中国青年为农业发展纲要奋斗的纲领》后，批示陈伯达、廖鲁言“此件我看可用，请你们审阅一下，第三条请鲁言和青年团再研究一下”。

廖鲁言在无锡支持办社队厂。

3 月 4 日，廖鲁言上报《农业合作化运动简报（报周总理）》。

3 月，廖鲁言起草《关于农、林、水利和气象工作的汇报》。

3 月 9 日，廖鲁言出席国务院 25 次全体会议，廖对《农业生产合作社示范章程》说明后，会议通过。

3 月 13 日晚，毛泽东召集汇报会，邓小平和刘少奇、周恩来、彭真参加，听取廖鲁言、李登瀛、陶桓馥、陈正人、王观澜等汇报农、林、水利情况。

3 月 21 日，廖鲁言给周恩来、陈云报告（廖手稿）。

4 月 1 日下午，邓小平出席了刘少奇召集的汇报会，听取邓子恢、廖鲁言、陈正人、王观澜汇报关于召开农村工作会议情况。

4 月 3 日，廖鲁言出席国务院全体会议，廖说明后，通过《中央、国务院关于勤俭办社的联合指示》。

4 月 17 日，廖鲁言在全国农业水利先进生产者代表会议上讲话。

4 月 17 日，廖鲁言设宴欢迎捷克农业代表团。

4 月 27 日，中共中央发出《关于整风运动的指示》。

5月21日，廖鲁言设宴欢迎捷克专家。

6月14日，出席国务院第31次会议，廖说明后，通过《高级农业生产合作社示范章程》。

6月14日，出席人大常委第42次会议，廖说明后通过《高级农业生产合作社示范章程》。

6月15日，在一届全国人大三次会议上作《高级农业生产合作社示范章程》说明（见《人民日报》1956年6月15日）。

6月22日，廖鲁言签发《在全国建立畜牧兽医站的通知》。

7月18日，廖鲁言设宴欢迎阿尔巴尼亚农业代表团。

7月27日，廖鲁言设宴欢迎印度农业代表团。

7月30日，邓子恢接见印度农业代表团，廖鲁言在座。

8月，在北戴河。

8月10日，邓子恢接见第八届国际植物检疫及植物保护会议代表，廖鲁言在座。

8月13日，廖鲁言在各省市农村工作部部长会议上发言。

8月22日，邓子恢接见阿尔巴尼亚农业代表团，廖鲁言在座。

9月5日，邓小平阅毛泽东批《关于加强农业生产合作社的生产领导和组织建设的指示》。

注：毛批"此件请你看一下，发中委及省市书记，9月8日前交邓老修改，10日退中央，准备12日发表"。

9月14日，希腊访华团访问农业部，廖鲁言与访华团会见谈话。

9月15日至27日，出席中国共产党第八次代表大会。

9月18日，周恩来接见印度农业代表团，廖鲁言等在座。

11月，廖鲁言去江苏、安徽，主要是淮北农村调查。

12月6日，廖鲁言批发中央农村工作部简报《关于退社和大社问题》。

12月10日，廖鲁言在全国农业工作会议上作《1956年农业生产工作的总结和1957年的任务》总结报告。

12月25日，朱德副主席和廖鲁言等谈外贸出口。

12月26日，在全国农业工作会议上传达毛泽东的指示。

【一九五七年】（44岁）

1月16日，邓小平召集谭震林、汪锋、廖鲁言、刘春等，讨论牧区工作政策。

2月19日，廖鲁言在全国农业劳动模范代表会议上致开幕词（见《人民日报》1957年2月19日）。

2月20日，全国农业展览会在北京开幕，廖鲁言致开幕词。

2月27日，最高国务会议第11次扩大会议上听取毛泽东关于正确处理人民内部矛盾的问题讲话。

3月1日，廖鲁言在中国农业科学院成立大会致开幕词（邓子恢、聂荣臻到会讲话）。

3月19日，廖鲁言在全国农业社经营管理会议上作总结报告。

4、5月，在广东、广西（南宁、百色、玉林、海南岛、湛江、新会、中山等地）调研。

7月13日，廖鲁言上报《到两广视察归来的汇报提纲》。

7到9月，廖鲁言率中国农业代表团访问南斯拉夫、保加利亚、苏联。

9月12日，朱德在全国养猪生产会议上讲话。

9月20日至10月9日，参加八届三中全会。

注：毛泽东作《关于农业问题》的讲话，提出对我国当前主要矛盾的提法，八大的提法应该回到七届二中全会的提法。开始批评“反冒进”。

10月14日，廖鲁言在河北省水利积肥积极分子会议上讲话。

10月15日，刘少奇主持政治局会议，通过《1956～1967年全国农业发展纲要》。

10月，廖鲁言发表文章《我国农村社会主义建设的伟大纲领》（见《中国青年》1957〈23〉8）。

11月，廖鲁言在农业部庆祝十月革命四十周年大会上讲话《学习苏联，为建设社会主义的现代化农业而努力》发表（见《中国农报》1957（总173）4）。

11月15日，朱德致信邓子恢、廖鲁言，强调重视发展山区经济。

11月16日，廖鲁言修改《人民日报》社论稿《大家都来支援农业》。

11月18日，朱德在农村工作部召开的全国山区生产座谈会上作报告。

11 月，全国农林水利工会第一次全国代表大会召开，赖若愚、廖鲁言、王震、李葆华讲话。

12 月 20 日，朱德和廖鲁言谈话，谈工农配合。

12 月 23 日，朱德在全国农业工作会议上讲话。

12 月，廖鲁言在全国农业工作会议上讲话。

12 月，廖鲁言发表《工人农民互相支援，为实现农业发展纲要而奋斗》（见《中国工人》1957〈24〉）。

12 月 24 日，在全国农业工作会议上作总结（提纲）。

12 月 25 日，廖鲁言在中直俱乐部作《在农业合作化的基础上，鼓足革命的干劲，为提前实现全国农业发展纲要而奋斗》报告（见《农村工作通讯》1958〈2〉）。

【一九五八年】（45 岁）

1 月 9 日，廖鲁言发表《关于适当提高高级农业生产合作社公积金比例的说明》。

注：这是对人大决议《农业社公积金比例可适当提高》的说明。《决议》和《说明》都载于 1958 年 1 月 9 日《人民日报》。

1 月 13 日，廖鲁言在河北省社会主义农业建设积极分子代表会议上讲话。

1 月 11 至 22 日，南宁会议，讨论“二五”计划、《工作方法 60 条》，批评“反冒进”。

2 月 3 日，廖鲁言在拖拉机站长会议上讲话。

2 月 4 日，朱德在农业水利工会第一次全国代表大会上讲话。

2 月 24 日至 3 月 1 日，按毛泽东的指示，去浙江黄岩召开双轮双铧犁现场会，并作了总结（见《浙江日报》1958 年 3 月 21 日）。

3 月，廖鲁言写《关于农业方面的几点意见》。

注：这是廖鲁言成都会议上发言稿，毛加了一句话。

3 月，廖鲁言参加成都会议，会议决定将拖拉机站下放社队。

4 月，廖鲁言在全国种子工作会议上讲话（阐述“四自一辅”种子工作方针）。

4 月 9 日，廖鲁言修改《人民日报》社论《争取产生更多的先进单位》。

春，廖鲁言视察天津大港。

4月下旬到5月上旬，廖鲁言在长春召开东北三省农业书记会议，并在长春、农安、永吉、公主岭作农村调查。

5月5日，全国农具展览会在北京农业机械学院开幕，薄一波、谭震林、陈正人、廖鲁言等参观。

5月5日至23日，廖鲁言参加了在北京召开的八大二次会议。

注：会议通过“三面红旗”。

6月10日，发表《在农业战线上，鼓足干劲，力争上游，多快好省地建设社会主义》（廖鲁言在八大二次会议上讲话）。

6月，廖鲁言去成都参加云贵川三省农业书记会议（发言），并在简阳、内江农村调查。

6月19日，廖鲁言在部务会上讲话。

6月末7月初，去哈尔滨开三省农业书记会议（7月17日发言），在哈尔滨农学院作报告，并在绥化、蛟河农村调查。

7月10日，廖鲁言在东北农业协作区会议上发言。

7月17日，廖鲁言在黑龙江省农村工作会议上讲话。

7月22、23日，廖鲁言视察盖州市太阳升共产主义农庄。

7月中到9月初，在北戴河参加中央工作会议、中央政治局扩大会议。

注：8月29日通过《中国共产党第八届全国代表大会第二次会议关于一九五六年到一九六七年全国农业发展纲要的决议》、《中共中央关于在农村建立人民公社问题的决议》、《中共中央关于今冬明春在农村中普遍展开社会主义和共产主义教育运动的指示》、《中共中央关于深耕和改良土壤的指示》、《中共中央关于水利工作的指示》、《中共中央关于肥料问题的指示》。

9月10日，农业部党组向中央提交《关于1959年大豆生产的报告》，1958年9月16日中央批转。

9月13日，《人民日报》发表社论《为明年农业更大跃进而奋斗》。

9月中到10月初，在河南、湖南、湖北农村考察人民公社化运动。

10月1日，到麻城阜宁中一公社视察棉花生产。

10月16日上午，邓小平主持书记处会议，讨论人民公社问题，邓小平说，供给制要研究，食堂众口难调。

10 月，廖鲁言在西安参加农业书记会议，会后在兰州附近调查。

10 月，廖鲁言在甘肃干部会上作报告。

10 月末 11 月初，廖鲁言在南京参加华东各省市农业书记会议（发言），并到常熟、金坛农村调查。

10 月 27 日，廖鲁言在华东六省秋季农业协作会议上讲话。

11 月 5 日，廖鲁言在华东六省秋季协作会议上讲话。

11 月 6 日至 10 日，出席第一次郑州会议（部分中央领导和省市委书记参加的中央工作会议）。

注：开始纠正人民公社化运动中出现的错误。讨论社会主义、共产主义内容是什么；人民公社性质；资产阶级、资产阶级知识分子、民主人士等有关政策问题。

11 月上旬，廖鲁言经郑州去武汉参加中央工作会议和八届六中全会。

会议 12 月 10 日，八届六中全会通过《关于人民公社若干问题的决议》（见《农村工作通讯》1959.1）。

12 月 16 日，谭震林、廖鲁言向中央报送《关于农业生产和人民公社的主要情况和问题的意见》。12 月，中央批转。

12 月 25 日，全国农业社会主义建设先进单位代表会议在京开幕。

12 月 26 日，在全国农业社会主义建设先进单位代表会议上作《关于农业问题》的报告（见 12 月 27 日《人民日报》）。

《红旗》第十六期刊登廖鲁言《1959 年农业战线的任务》。

12 月 30 日上午，邓小平主持书记处会议，讨论正在召开的全国农业社会主义建设先进单位代表会议的十大建议。

【一九五九年】（46 岁）

1 月，廖鲁言《人民公社的性质及我国人民在现阶段的任务》刊载于《中国青年》1959（1）。

1 月，廖鲁言去朝鲜参加朝鲜合作社代表大会。

1 月 13 日，全国农村工作部长会议开幕（邓子恢主持）。

1 月 24 日，向中央报送《农业部党组关于 1959 年农业生产的报告》。1 月 26 日，中央批转。

1 月 24 日，廖鲁言作《七市六省副食品生产供应会议总结报告》。

1 月 30 日，廖鲁言上报《关于七市六省副食品生产供应会议的报告》。2 月 6 日，中央批转。

2 月，去郑州参加谭震林主持的小麦会议。

2、3 月，廖鲁言在江西省六级干部大会上作报告。

3 月 7 日，廖鲁言于杭州呈谭震林并报中央《关于全国农业厅局长会议的报告》。3 月 16 日，中央批转。

注：原定 3 月初在杭州召开的各省农业书记会议停开，留下农业厅局长开了 4 天会，检查春播。

3 月 7 日，在全国农业工作会议上总结讲话。

注：即在这 4 天农业厅局长会议的总结。

3 月 20 日，由南昌去上海参加中央工作会议和八届七中全会。

注：人民公社 18 个问题就是在这次会议上起草通过的。

5 月 8 日上午，陪同邓小平参观新建成的农业展览馆。

5 月 22 日，廖鲁言广播讲话《以夏粮为中心，掀起农业生产的新高潮》发表（见《中国农报》1959〈11〉）。

6 月，开始兼任国务院农林办公室副主任。

6 月 3 日，廖鲁言向中央报送《关于召开 14 个城市蔬菜会议的情况报告》。6 月 9 日，毛泽东批示。

6 月 3 日，廖鲁言修改人民日报社论稿《作好准备，战胜自然灾害》。

6 月 3 日，廖鲁言上报《关于 1960 年工业如何支援农业的初步意见的报告》。9 月 17 日，中央批复同意。

6 月 13 日，廖鲁言电话传达毛泽东指示。

6 月 25 日，廖鲁言在 14 省市秋种会议上发言。

6 月 29 日，上报《农业部党组关于冬种准备会议的报告》。7 月 10 日，中央批转。

6 月底，去庐山参加中央工作会议和八届八中全会。

8 月 27 日，参加中央电话会议。

注：廖鲁言讲“当前农业情况”，李先念讲“粮食、油料”，谭震林讲“抗灾、秋种工作”。

8 月 28 日，按周恩来要求，廖鲁言写出《统计工作的意见》。

注：6 月 25 日，统计局报《关于改进统计工作的报告》。6 月 29 日，

谭震林致彭真“要写一个长批语”。7 月 9 日，周恩来致信“鲁言同志：请你对中央批件和统计局党组报告，按照你的意见提出一个修改文字来”。8 月 28 日，鲁言把写好的意见报富春、震林。9 月 4 日，震林致富春“基本同意鲁言意见……”

9 月 26 日，廖鲁言在《人民日报》发表《十年来农业战线的光辉成就》。

9 月或 10 月，去沧州、白洋淀，并沿海边回到天津，考察沿海围垦情况。

9 月 29 日，农业部党组上报《关于庐山会议以来农村情况的报告》。10 月 15 日中央批转。

廖鲁言参观党校（杨献珍）小麦试验田，廖估产 1 000 斤，实产 700 多斤。

10 月，出席在北京召开的农业书记会议 。

11 月，去杭州参加中央召开的一次小会。

12 月，去蒙古人民共和国，参加蒙古农业合作社代表大会。

赶回京参加八届九中全会。

【一九六〇年】（47 岁）

1 月 16 日，建立业余教育委员会，廖鲁言任副主任。

1 月，起任国务院业余教育委员会副主任。

2 月 8 日，廖鲁言在农业厅局长会议上作《社会主义建设新阶段农业战线的任务》报告。

2 月 15 日，刘少奇主持中央政治局会议，听取廖鲁言汇报农业生产问题。

2 月 22 日，廖鲁言在全国农业厅局长会议上作总结。

农业部党组上报《关于全国农业科学会议情况报告》。

注：2 月 29 日，毛泽东批发。

3 月 7 日，农业部党组向中央和毛泽东报《关于全国农业工作会议的报告》。3 月 19 日，中央转发。

廖鲁言《全党全民动手，大办农业》刊登于《红旗》1960 年第 17 期。

3 月 10 日，邓小平阅廖鲁言《关于种植药用鸦片问题的报告》。3 月

14 日，毛泽东批“照办”。

注：此前，财政部、卫生部报“1960 年种植药用鸦片”，邓小平批给谭震林“种多少，在哪种”。

3 月 17 日，廖鲁言修改《人民日报》社论《人民公社应该制定土地利用规划》。

4 月 28 日，廖鲁言在天津召开的农村工作部长会议上作总结发言。

5 月 19 日，廖鲁言在全国农村统计工作经验交流会议作报告。

5、6 月，在上海参加中央工作会议。

7 月上旬，在北戴河参加中央工作会议。8 月底，回京。

注：《关于全党动手，大办农业，大办粮食的指示》就是这次会议上起草通过的。

7 月 16 日，农业部党组上报《关于纠正农业指标偏高的错误和对今后两年农业生产的意见》。

8 月 25 日，中央召开电话会议，李先念、廖鲁言、谭震林讲话。

注：主题是“积极组织秋季农产品收购进一步安排人民生活”。

9 月，去西北，在甘、宁、青、新调查，在兰州开西北几省农业书记会议。

注：“十二条”初稿就是回京后根据这次会议上的意见起草的。

10 月 11 日，廖鲁言随李先念副总理去河南信阳地区视察。

11 月 3 日，《中共中央关于农村人民公社当前政策问题的紧急指示》发布。

11 月 12 日，在五省一市农业机械汇报会议上作报告。

12 月 16 日，柬埔寨西哈努克亲王参观农展馆，乌兰夫、廖鲁言陪同。

12 月 16 日，廖鲁言在北京农业大学作报告。

12 月 21 日，廖鲁言发表《三级所有队为基础是现阶段人民公社的根本制度》文章。

【一九六一年】（48 岁）

1960 年 12 月至 1961 年 1 月，在北京参加中央工作会议。

1 月 22 日，廖鲁言向谭震林、李先念报送《清理农村赊销、预付、预购以及由此而涉及的农村积压生产资料的清理和农贷问题报告和清理办法》。

2 月，中共中央、国务院发布《关于全力开展春耕生产运动的号召》。

注：廖鲁言起草。

2 月初，去江苏常熟、苏州一带调查，主要是调查小城镇手工业与农林、农业的关系问题。

2 月 21 日，廖鲁言起草《中央关于退赔问题的指示》。

2 月 24 日，廖鲁言在农业部电话汇报会议上讲话（检查备耕情况）。

2 月下旬，去广州参加“60 条”的起草工作，接着参加在广州召开的中央工作会议。3 月底，回京。

3 月 15 日，邓小平约曾希圣、廖鲁言谈包产到户。

注：3 月 15 日～23 日，邓小平出席广州中央工作会议，讨论农业 60 条。

4 月，去山西农村蹲点，在长治小宋村，征求社员贫下中农对“60 条”的意见，并到荫城镇考察了制铁手工业，在荣河、河津、永济的黄河沿岸考察高扬程灌溉。

廖鲁言《鼓足干劲，力争丰收》文章刊载于《红旗》1961 年第 3、4 期合刊。

5 月中到 6 月中，先后参加了“60 条”起草委员会对初稿的修改工作和中央工作会议，“60 条”就是在这次会议上通过的。

6 月 14 日，谭震林、廖鲁言陪同越南政府代表团参观农展馆。

6 月 15 日，《中央关于讨论和试行〈农村人民公社工作条例（修正草案)〉的指示》发布。

7 月，廖鲁言修改《中央关于豫皖边境水利纠纷问题》。

7 月 4 日，在计划会议前廖鲁言将《拟着重研究的几个问题》报送李富春。

7 月中旬，去北戴河参加国家计委召开的计划工作会议，会上廖鲁言提出了《关于农业计划问题的意见》。

谭、廖向中央呈报《建议对农业计划工作实行根本改革的意见》、《从各方面节约劳动力充实农业生产的力量》，1961 年。

廖鲁言起草《关于大区农办主任、省厅长 36 个商品粮基地县县委书记会议情况报告》，1961 年。

8 月中旬，由北戴河去庐山参加中央工作会议。9 月中旬，回京。

9 月 1 日，廖鲁言起草《对今后 16 个月工业支援农业的意见和要求》。

9 月，廖鲁言起草《中央关于人民银行不举办对农村社办工业的基本建设贷款的指示》。

11 月 6 日，邓小平出席刘少奇召集的第一书记工作会议，大多赞成核算单位下放小队。

11 月 23 日，毛泽东批发邓子恢《关于下放基本核算单位的报告》。

11 月，廖鲁言任全国水土保持委员会主任。

11 月，到河北遵化县建明公社，征求王国藩对基本核算单位下放生产队的意见。

11 月 25 日，廖鲁言在全国农业工作会议开幕上讲话。

12 月 11 日，邓小平召集书记处会议，听取廖鲁言关于全国农业工作会议的汇报。

注：邓小平要求确保明年 820 亿斤粮、1 600 万担棉，否则一切都是空的。

12 月 14 日，廖鲁言在全国农业工作会议上作总结。

12 月 22 日，农业部党组向中央报告农业工作会议情况。

12 月，在北京参加中央工作会议，基本核算单位下放生产队的决定就是这次会议上通过的。

【一九六二年】(49 岁)

1 月 11 日至 2 月 7 日，在北京参加七千人大会。

4、5 月，住医院。

4 月 30 日，廖鲁言组织大批干部调查农业生产力下降情况。

6 月初到 7 月上旬，去东北调查。

6 月，在哈尔滨农学院作报告。

6 月 19 日，廖鲁言与王震陪总理视察黑龙江省农业机械化研究所。

7 月下旬，去北戴河参加中央工作会议。

注：7 月 25 日—8 月 24 日，毛泽东作《关于阶级、形势、矛盾问题》的讲话，分组会批判邓子恢。

9 月，参加八届十中全会。

10月5日，中央撤销农村工作部。

10月30日，廖鲁言修改《人民日报》社论《巩固集体经济，发展农业生产》。

11月29日，廖鲁言在全国农业工作会议上作总结。

注：1962年11月5日—29日开会，会议期间廖鲁言向刘少奇汇报。

12月22日，阿尔巴尼亚大使为阿中友协代表团访华举行酒会，陈毅、李先念、廖鲁言出席。

【一九六三年】(50岁)

1月，在北京参加中央工作会议。

1月11日，廖鲁言修改《人民日报》社论《加强生产队的领导核心》。

1月30日，廖鲁言修改《人民日报》社论《积极发展农村副业生产》。

2月11日，农业部党组向谭震林上报《关于华北、东北两大区防旱抗旱工作会议纪要》。2月13日，谭震林批转。

2月13日，廖鲁言在第九次全国计划会议农业组扩大会议上作报告。

3月2日，廖鲁言在全国蚕茶生产会议上总结发言。

3、4月，住了约50天医院。

5月初，去呼和浩特开全国牧业会议。

5月13日，廖鲁言在全国牧区会议上作总结。6月17日，中共中央、国务院批转总结稿。

8月9日，廖鲁言在国务院召开的全国集中产棉县棉花生产会议上讲话。

8月13日，廖鲁言在全国集中产棉县组长汇报会上讲话。

8月，廖鲁言去山西昔阳大寨大队视察严重水灾情况。

8月中，河北大水灾。

9月28日，在天津召开慰问大会，廖鲁言向模范单位授旗。

注：抗洪胜利后，中共中央、国务院、军委、华北局、河北省委组织联合慰问团，慰问灾区人民和参与救灾的海军。

9月中，回北京参加中央工作会议。

9月25日，廖鲁言在全国农业林业水利水产财务和经营管理工作会议上讲话。

10月末，去华北七省市调查，历时三个月，1964年1月末回京。

12月15日，廖鲁言在黄河中游水土流失重点区第二次会上总结发言。中共中央、国务院12月15日批转发言稿。

【一九六四年】（51岁）

2月9日，廖鲁言在北京召开的全国农业会议上作总结。2月17日，农业部党组向主席、中央并国务院上报会议情况和廖鲁言的总结提纲。

2月17日，中共中央、国务院批转《关于清理农村社队欠国家的赊销款、预付款和预购定金的办法》。注：该《办法》由商业部、粮食部、外贸部、农业部、农机部、水产部、财政部、供销总社、人民银行总行联合上报。

2月中，廖鲁言按李富春、谭震林指示搬进友谊宾馆，为全国计划会议准备文件。

3月6日，廖鲁言在全国集中产棉县棉花生产会议上讲话。

3月29日，第三次全国集中产棉县棉花生产会议领导小组向总理汇报会议情况。4月15日，中共中央、国务院批转。

3月16日，为表彰科教影片在为农业服务中的成绩，文化部、科委、农业部、科协、电影协会联合举行授奖会，廖鲁言讲话。

3月19日，廖鲁言修改《人民日报》社论《更广泛更扎实地开展农村的比学赶帮运动》。

4月20日至5月11日，在大寨蹲点调查。

视察立壁大队（山西）谷物高产情况。

5月11日晚，廖鲁言在大寨党团员贫下中农委员联系会议上讲话。

5月中旬，回京参加中央工作会议。

5月25日，廖鲁言向毛泽东和中央报送《大寨大队调查报告的信》和《大寨大队调查报告》。

6月3日至13日，视察福州音西公社（人多地少的典型）。

6月，商定下放河北省石家庄地委，兼任地委书记。

廖鲁言在刘瑞龙陪同下视察江苏南通启东县。

6月15日，廖鲁言在全国农业十大综合试验研究中心问题座谈会上讲话。

7 月初，去天津参加河北省委召开的地县委书记会议。

8 月，廖鲁言不同意谭震林让农机部办农机托拉斯的意见，按谭震林安排，把农业部农机局和农机学院转给农机部。

8 月中到 9 月中，在北京医院住院。

9 月 6 日，廖鲁言在石家庄地委工作会小组会上发言。

9 月 16 日，越南农业代表团到京，廖鲁言去车站迎接。

9 月，带职下放到河北省石家庄地区，兼任石家庄地委书记。

【一九六五年】(52 岁)

3 月，第三届全国人民代表大会上，廖鲁言仍被任命为农业部长。

【一九六七年】(54 岁)

年初，廖鲁言回农业部接受批判。从此他和家里失去联系。

年中，廖鲁言被监护审查。

【一九七二年】(59 岁)

11 月 19 日，廖鲁言病逝于北京军区总医院。

注：半夜家属接到廖鲁言病危通知，他的两个儿子赶到医院。廖已气管切开并昏迷，家属被告知病是肺炎，凌晨 5 点去世。卫戍区介绍：当晚 6 时至医院看病，9 时走入病房，12 时病危通知告诉农业部值班室。

编辑后记

廖鲁言 1932 年春入党，以后的革命经历，大致可分为三段：一、1932 年 8 月 1 日—1936 年 10 月 25 日坐国民党监狱；二、1937 年 1 月 1 日—1939 年 12 月 25 日是中国共产党山西省公开工作委员会成员，山西青年抗敌决死队营教导员、团政治主任、旅政治主任；三、1940 年 1 月 1 日到延安，从此一直在中央工作。1948 年起任中央政策研究室副主任，兼政务院参事室主任、政务院副秘书长，1952 年起任农村工作部副部长、国务院七办（农办）副主任兼农业部长等，20 余年一直在中央直接领导下工作。

廖鲁言在他革命的青年时期，就注重学习马列主义。特别是他把 4 年多的监狱生活变成了“大学”，如饥似渴地系统学习了大量马列著作，培养了自己的理论兴趣和理论修养。他面对现实中国纷繁复杂的内忧外患，锻炼自己冷静理智地用马克思主义的世界观和方法论分析现实社会矛盾，提高把握社会发展方向和规律的能力及政治敏感性，越来越坚定地树立起共产主义理想和信念，也越来越显露出他善于努力理解和把握党中央方针、政策并坚持按中央精神说话表态、努力践行的特点和能力。例如 1934 年在国民党监狱的一次审讯中，狱方以红军溃败（即撤出苏区开始长征）攻心劝降，廖鲁言回答：“红军不是溃败，是绕道北上抗日。”审讯回来党支部对此回答是否正确曾引起争论（因为当时看不到中央文件或公开文章），讨论后却一致认为他回答正确。

1940 年初开始，廖鲁言一直在中央工作。中央的中级干部是不承担决策和指挥任务的，但要求他们注重调查研究、掌握实际情况并认真思考，有真知灼见；要求他们兢兢业业完成交给他们的任务，对所交任务能提出实施建议，特别是政策建议；要求他们遵守纪律，可提意见，但不许不经请示公开与中央唱反调。在长期的中央工作过程中，廖鲁言养成了长于思考、兢兢业业工作、遵守纪律的习惯。1948 年底中央政策研究室组建完成时，廖鲁言在向中央的报告中说："政策研究室目前还没有承担起中央政治参谋的作用，只是做了中央政治秘书的一些工作。"廖鲁言给自己的毕生定位就是"做中央的政治参谋和政治秘书"。

廖鲁言一贯重视调查研究，一贯重视走群众路线。1941 年他就写了关于"友军"问题的小册子，1942 年他参加西北局的绥德、米脂调查并参与写成《绥、米土地问题初步研究》，新中国成立后每年约有 1/3 的时间在省市及农村了解情况。他调查研究都有调查提纲，亲自口问手记，包括情况数字、问题的普遍性及严重程度、造成该问题的具体因素、解决该问题的原则和具体措施等。凡发现有普遍性的问题或有典型意义的情况都向中央写报告。他的调研报告有情况、有分析，他提出的解决问题的建议大都比较切合实际而具有可行性。因此，常常被中央批转下发各省市。调查研究也有利于他把握中央政策的精神实质，他在合作化运动中一直强调使农民增加收入，他始终坚持"农民自愿"不是"放任自流"，而努力提高合作社的生产，就是提高农民互助合作积极性的主要方法。在农业生产中他一直强调"因地制宜"，认为这是不增加条件而增加生产的简便合理的办法。

廖鲁言的长于思考反映在他的文章中。解放初廖鲁言担任中央政策研究室副主任和政务院参事室主任，这两个单位都带有中央和政府的参谋和秘书性质。中央首长常直接交代他代起草一些供讨论的文件草稿和答复下面请示的电报稿以及写一些对政策法规宣传的阐释文章，工作涉及面广而杂，有土地改革、组织起来、支援前线与后方生产、婚姻法、土地征用、劳动就业、人民币流通、城市公私企业管理、农业贷款、人民代表会议工作、五反运动等等（可参见〔附录 3〕廖鲁言生平大事年表的相应时段），他都能圆满地完成任务。

廖鲁言的兢兢业业工作表现在他的工作量大，除了他的职务（农业部部长、农村工作部副部长）工作外，还有大量的有关工作。例如，受命或应邀写一些文章，给《人民日报》有关社论审定稿件，参与起草中央有关农业的政策文件，代中央起草某些决议或指示等。对这些工作他都认真完成，例如给《人民日报》审稿，从已查到的十几篇来看，他都不是只提原则意见，而是从内容到文字认真修改。他从来自己动笔，不要秘书代为起草任何文稿。

廖鲁言的遵守纪律也表现在他的文章中，他公开发表的文章许多都是受命或应邀写的。在这些文章中，提法都和中央的决议或精神保持一致。但是，在内部讨论或讲话中，他经常根据实际情况提出具有独立见解的思考问题，引起本部门领导层的思考、议论或向中央提出建议，使得经过实践检验的方针、政策经过调整而日臻完善、更符合实际。例如，在幅员辽阔、自然条件千差万别、生产力低下、几千年分散个体经营基础上的中国农业，在初步走向公有制的阶段，如何实行农业计划？廖鲁言从1955年开始就思考与调研这个问题。他在1956年底的农业厅（局）长会议上的报告中，说："国家计划只下达征购和收购计划，而农业生产计划可以由农业合作社自己制定，不必由国家层层下达生产任务。""我想，今后把生产指标作为参考指标，只发到县，且不再向农业合作社分配生产任务。国家只向农业合作社提出农产品收购任务，农业合作社在完成农业税和各种农产品的统购任务，履行同国家采购部门、商业部门所订立的合同义务的前提下，可以按照自己的需要和可能，自由地安排自己的生产。这样就可以从计划体制上来保证实现农业合作社的生产经营的独立性"。为了充分保护和调动农民的积极性，他不止一次地提出改革农业计划的设想。他在《关于农业生产的汇报提纲》（1960年12月12日）中指出："农村公社是集体所有制的，不是全民所有制的，单用国家计划来指导公社生产，看来不行，也容易助长瞎指挥和强迫命令。"在《关于国民经济当前政策的批示（草稿）》（1960年12月）中，他建议"应该采取计划指导和合同制度相结合的方法，两条腿走路。"强调"对集体所有制的农业经济，单靠国家计划这一条腿来指导生产是不行的，合同制度这一条腿是不可少的。"1961年他又和谭震林联名给中央写报告《建议对农业计划实行根本改革》。

廖鲁言对中央重要会议的主要领导人（毛泽东等）的讲话，都做认真记录（他初中时在暑假学过电报码，又自创了一些速记符号），回来经过整理誊清，几乎可以接近录音整理的程度。在中国共产党第七次全国代表大会时，他作为候补代表参加大会，被指定担任大会记录组长。这反映了他对掌握中央精神的重视，也是长期在中央工作养成的习惯。

廖鲁言的这些特点使本文集可以比较完整地反映当时的农业合作化

发展的全过程。他的公开文章可以反映农业合作化主要政策；他的调查研究报告都是有情况有数字有分析的，可以反映农村基层情况和当时政策的利弊；他每年在农业工作会议（有时也称农业厅局长会议）上的讲话或报告，都反映了每年的农业生产计划安排和当时国家经济能力；他在一些农业专业会议及与农业相关的机构的讲话，反映了计划经济下的农业工作的内容及与各方面的协调关系。我们编辑文集就是要给研究者和经验总结者留下资料。

本文集按时间顺序编排。廖鲁言从1947年参与整理编写《土地法大纲》开始，到1966年“文化大革命”，几乎参与了中央所有农村政策的制定工作和贯彻执行工作。本文集的目的就是从一个侧面反映中国共产党探索中国农业社会主义发展道路的前30年的历程。本文集提供的历史资料，希望能有助于总结新中国60年的经验教训，有助于解决现实的“三农”问题，为实现农业现代化，为实现建设中国特色社会主义强国梦，提供参考与借鉴。

本文集也是一本史料，为了能比较准确地存留当时的历史情况，本文集在选文章时，主要根据该文章在当时的重要性来选。我们从现在已经收集到的廖鲁言的169篇文章中选出来74篇，结集出版。

本文集的文章来源有几类：一是查阅搜集于各种报纸、刊物；二是一些会议的会议文件（其中有一些是以中央、国务院批转的文件形式下发的）；三是廖鲁言的一些会议讲话记录稿；四是源于中央档案馆保存的档案文件的抄件。参加本文集编辑的同志是刘锡庚、贺耀敏、武力、施智、郑有贵、廖玉同志。

本文集在编选过程中得到了农业部几届领导、办公厅、离退休干部局、档案处、图书资料室及其他一些单位和个人的大力支持，在此一并致谢。

《廖鲁言文集》编辑组

2013年8月

责任编辑：郑牧野
封面设计：肖 辉
版式设计：星河排版
责任校对：周 昕

图书在版编目(CIP)数据

廖鲁言文集/廖鲁言 著. -北京：人民出版社，2013.11
ISBN 978-7-01-012700-2

Ⅰ.①廖… Ⅱ.①廖… Ⅲ.①廖鲁言-文集②社会科学-文集 Ⅳ.①C53

中国版本图书馆 CIP 数据核字(2013)第 242536 号

廖鲁言文集
LIAOLUYAN WENJI

廖鲁言 著

人民出版社 出版发行
(100706 北京市东城区隆福寺街 99 号)

北京新华印刷有限公司印刷 新华书店经销

2013 年 11 月第 1 版 2013 年 11 月北京第 1 次印刷
开本：710 毫米×1000 毫米 1/16 印张：32.5
字数：450 千字 印数：0,001-3,000 册

ISBN 978-7-01-012700-2 定价：69.00 元

邮购地址 100706 北京市东城区隆福寺街 99 号
人民东方图书销售中心 电话 (010)65250042 65289539